Handelsgesetzbuch

für das Deutsche Reich

(mit Seerecht)

nebst Einführungsgesetz

je in alter und neuer Fassung.

Vergleichende Textausgabe

mit alphabetischem Sachregister.

München.

J. Schweitzer Verlag (Arthur Sellier).

1899.

Bemerkung.

Der in Wegfall kommende Text des alten Handelsgesetzbuchs ist als veraltet in lateinischer (Antiqua-)Schrift, der hiervon auch künftig geltende Text in gewöhnlicher deutscher Schrift (Fraktur), der neue, vom alten Handelsgesetzbuch abweichende Text in **fetter deutscher Schrift** gedruckt. Die über dem Striche stehenden, in gewöhnlicher Schrift gedruckten Zahlen sind die Verweisungsparagraphen nach dem alten, die unter dem Striche stehenden, fettgedruckten Zahlen sind die Verweisungsparagraphen nach dem neuen Handelsgesetzbuche.

Die gewöhnliche deutsche und die lateinische Schrift nebst den über dem Striche stehenden Zahlen geben daher den Wortlaut des alten, die gewöhnliche deutsche und die fette deutsche Schrift nebst den unter dem Striche stehenden fetten Zahlen den Wortlaut des neuen Handelsgesetzbuchs wieder.

Ueber jedem Paragraphen findet sich dessen Zahl nach dem alten Handelsgesetzbuch in gewöhnlicher Schrift und nach dem neuen Handelsgesetzbuch in fetter Schrift Letztere Zahl ist der Uebersicht halber nochmals am Rande ausgesetzt. Die links befindlichen römischen Zahlen deuten die Absätze des alten, die rechts befindlichen deutschen Zahlen die Absätze des neuen Handelsgesetzbuchs an.

Mit aller Sorgfalt ist darauf geachtet, daß wortwörtlich zu ersehen ist, was von dem alten Handelsgesetzbuche weggefallen, noch übrig geblieben und neu hinzugekommen oder geändert ist. Dadurch wird die genaueste vergleichende Darstellung des alten und des neuen Handelsgesetzbuchs ermöglicht. Freilich bestand hier oft Veranlassung, im Interesse der beabsichtigten Vergleichung die Paragraphen des alten Handelsgesetzbuchs zu verschieben. An welchen Stellen dies geschah, ist aus der auf Seite 605 ff. befindlichen, vergleichenden Zusammenstellung der Artikel des alten und der Paragraphen des neuen Handelsgesetzbuchs zu ersehen. Diese Zusammenstellung, welche in fortlaufender Reihenfolge sowohl bei jedem Artikel des alten Handelsgesetzbuchs den gegenübergestellten Paragraphen des neuen, wie bei jedem Paragraphen des neuen Handelsgesetzbuchs den gegenübergestellten Artikel des alten Handelsgesetzbuchs und die einschlägige Seitenzahl anzeigt, gibt daher insbesondere immer dann sofort Aufschluß, wenn irgendwo die Bevorzugung des Interesses an der Rechtsvergleichung auf Kosten der Uebersichtlichkeit erfolgen mußte. In einzelnen Fällen ist im Texte durch eingeklammerte Gesetzesstellen oder in Anmerkungen auf korrespondierende Stellen des alten oder des neuen Handelsgesetzbuchs besonders hingewiesen.

Das gleiche Verfahren ist bei dem Einführungsgesetze zum Handelsgesetzbuche beobachtet.

Herrn K. II. Staatsanwalt **Dr. Heinrich Becher** in München, der die Liebenswürdigkeit hatte, die Herausgabe durch Rath und That zu fördern, spricht die Verlagshandlung an dieser Stelle den verbindlichsten Dank aus.

Inhaltsverzeichniß.

A.

Gesetz,

betreffend die Einführung der Allgemeinen Deutschen Wechselordnung, der Nürnberger Wechsel-Novellen und des Allgemeinen Deutschen Handelsgesetzbuches als Bundesgesetze.*)

Vom 5. Juni 1869.

B.G.B. 1869 Seite 379 ff.

Einführungsgesetz zum Handelsgesetzbuche.

Vom 10. Mai 1897.

R.-Ges.-Bl. 1897 Seite 437 ff.

Wir **Wilhelm**, von Gottes Gnaden König von Preussen etc. verordnen im Namen des Norddeutschen Bundes, nach erfolgter Zustimmung des Bundesrathes und des Reichstages, was folgt

Wir Wilhelm, von Gottes Gnaden Deutscher Kaiser, König von Preußen rc. verordnen im Namen des Reichs, nach erfolgter Zustimmung des Bundesraths und des Reichstags, was folgt:

§ 1.**)

I Die allgemeine Deutsche Wechselordnung nebst den die

Artikel 1. Art. 1.

Das Handelsgesetzbuch tritt gleichzeitig mit dem 1

*) Die einzelnen, auch die nicht zum Norddeutschen Bunde gehörenden Staaten hatten nebenher noch besondere Einführungsgesetze erlassen, deren Abdruck jedoch aus Zweckmäßigkeitsgründen hier unterlassen ist. (Vergl. dazu §. 2.)

**) Siehe dazu § 6 am Schlusse.

Ergänzung und Erläuterung derselben betreffenden sogenannten Nürnberger Novellen, sowie das Allgemeine Deutsche Handelsgesetzbuch werden zu Bundesgesetzen erklärt und als solche in das gesammte Bundesgebiet eingeführt, jedoch unbeschadet der Vorschriften des Bundesgesetzes über die Nationalität der Kauffahrteischiffe und ihre Befugniss zur Führung der Bundesflagge vom 25. Oktober 1867 und des Bundesgesetzes über die Aufhebung der Schuldhaft vom 29. Mai 1868.	**Bürgerlichen Gesetzbuch in Kraft.** **Der sechste Abschnitt des ersten Buches des Handelsgesetzbuchs tritt mit Ausnahme des §. 65 am 1. Januar 1898 in Kraft.** 2 **Der siebente Abschnitt des dritten Buches des Handelsgesetzbuchs kann durch Kaiserliche Verordnung mit Zustimmung des Bundesraths vor dem im Abs. 1 bezeichneten Zeitpunkt in Kraft gesetzt werden.** 3

Art. 2.

Artikel 2.

In Handelssachen kommen die Vorschriften des Bürgerlichen Gesetzbuchs nur insoweit zur Anwendung, als nicht im Handelsgesetzbuch oder in diesem Gesetz ein Anderes bestimmt ist. 1

Im Uebrigen werden die Vorschriften der Reichsgesetze durch das Handelsgesetzbuch nicht berührt. 2

Art. 3.

Artikel 3.

Soweit in Reichsgesetzen oder in Landesgesetzen auf Vorschriften des Allgemeinen Deutschen Handelsgesetzbuchs verwiesen ist, treten die entsprechenden Vorschriften des Handelsgesetzbuchs an deren Stelle. 1

Art. 4.

Artikel 4.

Die nach dem bürgerlichen Rechte mit einer Eintragung in das Güterrechtsregister verbundenen Wirkungen treten, sofern ein Ehegatte Kaufmann ist und seine 1

Handelsniederlassung sich nicht in dem Bezirke des für den Wohnsitz des Ehemanns zuständigen Registergerichts befindet, in Ansehung der auf den Betrieb des Handelsgewerbes sich beziehenden Rechtsverhältnisse nur ein, wenn die Eintragung auch in das Güterrechtsregister des für den Ort der Handelsniederlassung zuständigen Gerichts erfolgt ist. Bei mehreren Niederlassungen genügt die Eintragung in das Register des Ortes der Hauptniederlassung.

Wird die Niederlassung verlegt, so finden die Vor- 2
schriften des §. 1559 des Bürgerlichen Gesetzbuchs entsprechende Anwendung.

Artikel 5. Art. 5.

Auf Bergwerksgesellschaften, die nach den Vor- 1
schriften der Landesgesetze nicht die Rechte einer juristischen Person besitzen, findet der §. 2 des Handelsgesetzbuchs keine Anwendung.

Artikel 6. Art. 6.

Die Vorschriften der §§. 474, 475 des Handelsgesetz- 1
buchs finden auch im Falle der Veräußerung eines Seeschiffs, das nicht zum Erwerbe durch die Seefahrt bestimmt ist, sowie im Falle der Veräußerung eines Antheils an einem solchen Schiffe Anwendung.

Artikel 7. Art. 7.

Die Vorschriften des §. 485 und des §. 486 Abs. 1 1
Nr. 3 des Handelsgesetzbuchs über die Haftung des Rheders für das Verschulden einer Person der Schiffsbesatzung sowie die Vorschriften der §§. 734 bis 739 des Handelsgesetzbuchs über die Haftung im Falle des Zusammenstoßes von Schiffen finden auch Anwendung, wenn die Verwendung eines Schiffes zur Seefahrt nicht des Erwerbes wegen erfolgt.

Gewöhnliche deutsche und fette deutsche Schrift = neues E.-G.

Art. 8. **Artikel 8.**

Aufgehoben werden: 1

1. das Gesetz, betreffend die Löschung nicht mehr bestehender Firmen und Prokuren im Handelsregister, vom 30. März 1888 (Reichs-Gesetzbl. S. 129);
2. der Artikel 80 der Wechselordnung;
3. der §. 68 der Seemannsordnung vom 27. Dezember 1872 (Reichs-Gesetzbl. S. 409);
4. der §. 86 Abs. 2 des Gesetzes, betreffend die Unfallversicherung der Seeleute und anderer bei der Seeschiffahrt betheiligter Personen, vom 13. Juli 1887 (Reichs-Gesetzbl. S. 329).

Art. 9. **Artikel 9.**

Die Gewerbeordnung wird dahin geändert: 1

I. Als §. 15a werden folgende Vorschriften eingestellt:

Gewerbetreibende, die einen offenen Laden haben oder Gast- oder Schankwirthschaft betreiben, sind verpflichtet, ihren Familiennamen mit mindestens einem ausgeschriebenen Vornamen an der Außenseite oder am Eingange des Ladens oder der Wirthschaft in deutlich lesbarer Schrift anzubringen.

Kaufleute, die eine Handelsfirma führen, haben zugleich die Firma in der bezeichneten Weise an dem Laden oder der Wirthschaft anzubringen; ist aus der Firma der Familienname des Geschäftsinhabers mit dem ausgeschriebenen Vornamen zu ersehen, so genügt die Anbringung der Firma.

Auf offene Handelsgesellschaften, Kommanditgesellschaften und Kommanditgesellschaften auf Aktien finden diese Vorschriften mit der Maßgabe Anwendung, daß für die Namen der persönlich haftenden Gesellschafter gilt, was in Betreff der Namen der Gewerbetreibenden bestimmt ist.

Sind mehr als zwei Betheiligte vorhanden, deren Namen hiernach in der Aufschrift anzugeben

wären, so genügt es, wenn die Namen von zweien mit einem das Vorhandensein weiterer Betheiligter andeutenden Zusatz aufgenommen werden. Die Polizeibehörde kann im einzelnen Falle die Angabe der Namen aller Betheiligter anordnen.

II. Als §. 133f wird folgende Vorschrift eingestellt:

Eine Vereinbarung zwischen dem Gewerbeunternehmer und einem der im §. 133a bezeichneten Angestellten, durch die der Angestellte für die Zeit nach der Beendigung des Dienstverhältnisses in seiner gewerblichen Thätigkeit beschränkt wird, ist für den Angestellten nur insoweit verbindlich, als die Beschränkung nach Zeit, Ort und Gegenstand nicht die Grenzen überschreitet, durch welche eine unbillige Erschwerung seines Fortkommens ausgeschlossen wird.

Die Vereinbarung ist nichtig, wenn der Angestellte zur Zeit des Abschlusses minderjährig ist.

III. Der §. 148 erhält folgenden Zusatz:

14. wer den Vorschriften des §. 15a zuwiderhandelt.

Artikel 10. Art. 10.

Das Gesetz betreffend die Erwerbs- und Wirthschaftsgenossenschaften, vom 1. Mai 1889 (Reichs-Gesetzbl. S. 55) wird dahin geändert: 1

I. An die Stelle des §. 13 tritt folgende Vorschrift:

Vor der Eintragung in das Genossenschaftsregister ihres Sitzes hat die Genossenschaft die Rechte einer eingetragenen Genossenschaft nicht.

II. Der §. 16 Abs. 4 wird durch folgende Vorschrift ersetzt:

Der Beschluß hat keine rechtliche Wirkung, bevor er in das Genossenschaftsregister des Sitzes der Genossenschaft eingetragen ist.

III. Der §. 23 Abs. 4 fällt weg.

IV. An die Stelle der §§. 28, 29 treten folgende Vorschriften:

§. 28.

Jede Aenderung des Vorstandes sowie die Beendigung der Vertretungsbefugniß eines Vorstandsmitgliedes ist durch den Vorstand zur Eintragung in das Genossenschaftsregister anzumelden. Eine Abschrift der Urkunden über die Bestellung oder über die Beendigung der Vertretungsbefugniß eines Vorstandsmitgliedes ist der Anmeldung beizufügen und wird bei dem Gericht aufbewahrt.

Die Vorstandsmitglieder haben ihre Unterschrift vor dem Gerichte zu zeichnen oder die Zeichnung in beglaubigter Form einzureichen.

§. 29.

Eine Aenderung des Vorstandes, eine Beendigung der Vertretungsbefugniß eines Vorstandsmitgliedes sowie eine Aenderung des Statuts rücksichtlich der Form für Willenserklärungen des Vorstandes kann, so lange sie nicht in das Genossenschaftsregister eingetragen und öffentlich bekannt gemacht ist, von der Genossenschaft einem Dritten nicht entgegengesetzt werden, es sei denn, daß dieser von der Aenderung oder Beendigung Kenntniß hatte.

Nach der Eintragung und Bekanntmachung muß der Dritte die Aenderung oder Beendigung gegen sich gelten lassen, es sei denn, daß er sie weder kannte noch kennen mußte.

Gewöhnliche deutsche und lateinische Schrift = altes E.G.

Für den Geschäftsverkehr mit einer in das Genossenschaftsregister eingetragenen Zweigniederlassung ist im Sinne dieser Vorschriften die Eintragung und Bekanntmachung durch das Gericht der Zweigniederlassung entscheidend.

V. Der §. 49 Abs. 1 wird durch folgende Vorschriften ersetzt:

Ein Beschluß der Generalversammlung kann wegen Verletzung des Gesetzes oder des Statuts im Wege der Klage angefochten werden. Die Klage muß binnen einem Monat erhoben werden.

Zur Anfechtung befugt ist jeder in der Generalversammlung erschienene Genosse, sofern er gegen den Beschluß Widerspruch zum Protokoll erklärt hat, und jeder nicht erschienene Genosse, sofern er zu der Generalversammlung unberechtigter Weise nicht zugelassen worden ist oder sofern er die Anfechtung darauf gründet, daß die Berufung der Versammlung oder die Ankündigung des Gegenstandes der Beschlußfassung nicht gehörig erfolgt sei. Außerdem ist der Vorstand und, wenn der Beschluß eine Maßregel zum Gegenstande hat, durch deren Ausführung sich die Mitglieder des Vorstandes und des Aufsichtsraths strafbar oder den Gläubigern der Genossenschaft haftbar machen würden, jedes Mitglied des Vorstandes und des Aufsichtsraths zur Anfechtung befugt.

VI. Im §. 49 Abs. 4 wird das Wort „ungültig“ ersetzt durch das Wort „nichtig“.

VII. Im §. 80 Abs. 2 Satz 1 werden die Worte „vom Vorstande“ ersetzt durch die Worte:

„von den Liquidatoren“.

VIII. Der §. 82 wird durch folgende Vorschriften ersetzt:

Gewöhnliche deutsche und fette deutsche Schrift = neues E.G.

Die ersten Liquidatoren sind durch den Vorstand, jede Aenderung in den Personen der Liquidatoren, sowie eine Beendigung ihrer Vertretungsbefugniß ist durch die Liquidatoren zur Eintragung in das Genossenschaftsregister anzumelden. Eine Abschrift der Urkunden über die Bestellung der Liquidatoren oder über die Aenderung in den Personen derselben ist der Anmeldung beizufügen und wird bei dem Gericht aufbewahrt.

Die Eintragung der gerichtlichen Ernennung oder Abberufung von Liquidatoren geschieht von Amtswegen.

Die Liquidatoren haben ihre Unterschrift persönlich vor dem Gerichte zu zeichnen oder die Zeichnung in beglaubigter Form einzureichen.

IX. Der §. 87 wird durch folgende Vorschriften ersetzt:

Die Liquidatoren haben die aus den §§. 26, 27, §. 31 Absatz 1, §. 32, §§. 42 bis 45, §. 46 Absatz 2, §. 49 sich ergebenden Rechte und Pflichten des Vorstandes und unterliegen gleich diesem der Ueberwachung des Aufsichtsraths. Sie haben sofort bei Beginn der Liquidation und demnächst in jedem Jahre eine Bilanz aufzustellen. Die erste Bilanz ist zu veröffentlichen; die Bekanntmachung ist zu dem Genossenschaftsregister einzureichen.

X. Der §. 88 Abs. 2 wird durch folgende Vorschriften ersetzt:

Meldet sich ein bekannter Gläubiger nicht, so ist der geschuldete Betrag, wenn die Berechtigung zur Hinterlegung vorhanden ist, für den Gläubiger zu hinterlegen. Ist die Berichtigung einer Verbindlichkeit zur Zeit nicht ausführbar oder ist eine Verbindlichkeit streitig, so darf die Vertheilung

Gewöhnliche deutsche und lateinische Schrift = altes E.G.

des Vermögens nur erfolgen, wenn dem Gläubiger Sicherheit geleistet ist.

XI. Der sechste Abschnitt erhält folgende Ueberschrift:

„Auflösung und Nichtigkeit der Genossenschaft.“.

Am Schlusse dieses Abschnitts werden folgende Vor- 2
schriften eingestellt:

§. 90a.

Enthält das Statut nicht die für dasselbe wesentlichen Bestimmungen oder ist eine dieser Bestimmungen nichtig, so kann jeder Genosse und jedes Mitglied des Vorstandes und des Aufsichtsraths im Wege der Klage beantragen, daß die Genossenschaft für nichtig erklärt werde.

§. 90b.

Als wesentlich im Sinne des §. 90a gelten die in den §§. 6, 7 und 125 bezeichneten Bestimmungen des Statuts mit Ausnahme derjenigen über die Beurkundung der Beschlüsse der Generalversammlung und den Vorsitz in dieser sowie über die Grundsätze für die Aufstellung und Prüfung der Bilanz.

Ein Mangel, der eine hiernach wesentliche Bestimmung des Statuts betrifft, kann durch einen den Vorschriften dieses Gesetzes über Aenderungen des Statuts entsprechenden Beschluß der Generalversammlung geheilt werden.

Die Berufung der Generalversammlung erfolgt, wenn sich der Mangel auf die Bestimmungen über die Form der Berufung bezieht, durch Einrückung in diejenigen öffentlichen Blätter, welche für die Bekanntmachung der Eintragungen in das Genossenschaftsregister des Sitzes der Genossenschaft bestimmt sind.

Gewöhnliche deutsche und fette deutsche Schrift = neues E.-G.

Betrifft bei einer Genossenschaft mit beschränkter Haftpflicht der Mangel die Bestimmungen über die Haftsumme, so darf durch die zur Heilung des Mangels beschlossenen Bestimmungen der Gesammtbetrag der von den einzelnen Genossen übernommenen Haftung nicht vermindert werden.

§. 90c.

Das Verfahren über die Klage auf Nichtigkeitserklärung und die Wirkungen des Urtheils bestimmen sich nach den Vorschriften des §. 49 Absatz 3 bis 5 und des §. 50.

§. 90d.

Ist die Nichtigkeit einer Genossenschaft in das Genossenschaftsregister eingetragen, so finden zum Zwecke der Abwickelung ihrer Verhältnisse die für den Fall der Auflösung geltenden Vorschriften entsprechende Anwendung.

Die Wirksamkeit der im Namen der Genossenschaft mit Dritten vorgenommenen Rechtsgeschäfte wird durch die Nichtigkeit nicht berührt.

Soweit die Genossen eine Haftung für die Verbindlichkeiten der Genossenschaft übernommen haben, sind sie verpflichtet, die zur Befriedigung der Gläubiger erforderlichen Beträge nach Maßgabe der Vorschriften des folgenden Abschnitts zu leisten.

XII. Im §. 116 Abs. 2 werden die Schlußworte „ohne daß den letzteren die Einrede der Theilung zusteht" gestrichen.

XIII. Der §. 117 Abs. 3 wird gestrichen.

XIV. Der §. 127 Abs. 1 erhält folgenden Zusatz:

Bekannte Gläubiger sind durch besondere Mittheilung zur Anmeldung aufzufordern.

Gewöhnliche deutsche und lateinische Schrift = altes E.G.

XV. Der §. 148 Abs. 3 fällt weg.

XVI. Der §. 152 Abs. 1 erhält folgende Fassung:

Die Mitglieder des Vorstandes sind von dem Gerichte (§. 10) zur Befolgung der im §. 8 Absatz 2, §.14, §§.28, 30, §.59 Absatz 2, §. 61, §. 76 Absatz 2, §77 Absatz 2, enthaltenen Vorschriften durch Ordnungsstrafen anzuhalten; die einzelne Strafe darf den Betrag von dreihundert Mark nicht übersteigen. In gleicher Weise sind die Mitglieder des Vorstandes und die Liquidatoren zur Befolgung der im §. 31 Absatz 2, §. 45, §. 46 Absatz 2, §. 49 Absatz 4 und 5, §. 82, §. 83 Absatz 2, §. 87 Absatz 1, §. 148 Absatz 2 enthaltenen Vorschriften anzuhalten.

Artikel 11. Art. 11.

Das Gesetz, betreffend die Gesellschaften mit beschränkter Haftung, vom 20. April 1892 (Reichs-Gesetzbl. 1
S. 477) wird dahin geändert:

I. Der §. 7 Abs. 1 wird durch folgende Vorschrift ersetzt:

Die Gesellschaft ist bei dem Gerichte, in dessen Bezirke sie ihren Sitz hat, zur Eintragung in das Handelsregister anzumelden.

II. Der §. 8 Abs. 3 wird durch folgende Vorschrift ersetzt:

Die Geschäftsführer haben ihre Unterschrift zur Aufbewahrung bei dem Gerichte zu zeichnen.

III. Der §. 9 Abs. 3 erhält folgende Fassung:

Die Ansprüche auf Grund der vorstehenden Bestimmungen verjähren in fünf Jahren seit der Eintragung der Gesellschaft in das Handelsregister.

Gewöhnliche deutsche und fette deutsche Schrift = neues E.G.

IV. Der §. 10 wird durch folgende Vorschriften ersetzt:

Bei der Eintragung in das Handelsregister sind die Firma und der Sitz der Gesellschaft, der Gegenstand des Unternehmens, die Höhe des Stammkapitals, der Tag des Abschlusses des Gesellschaftsvertrages und die Personen der Geschäftsführer anzugeben.

Enthält der Gesellschaftsvertrag besondere Bestimmungen über die Zeitdauer der Gesellschaft oder über die Befugniß der Geschäftsführer oder der Liquidatoren zur Vertretung der Gesellschaft, so sind auch diese Bestimmungen einzutragen.

In die Veröffentlichung, durch welche die Eintragung bekannt gemacht wird, sind außer dem Inhalte der Eintragung die nach §. 5 Absatz 4 getroffenen Festsetzungen und, sofern der Gesellschaftsvertrag besondere Bestimmungen über die Form enthält, in welcher öffentliche Bekanntmachungen der Gesellschaft erlassen werden, auch diese Bestimmungen aufzunehmen.

V. An die Stelle des §. 11 Abs. 1 tritt folgende Vorschrift:

Vor der Eintragung in das Handelsregister des Sitzes der Gesellschaft besteht die Gesellschaft mit beschränkter Haftung als solche nicht.

VI. Der §. 12 wird durch folgende Vorschriften ersetzt:

Auf die Anmeldung der Gesellschaft zur Eintragung in das Handelsregister eines Gerichts, in dessen Bezirke sie eine Zweigniederlassung besitzt, finden die Bestimmungen im §. 8 Absatz 1 und 2 keine Anwendung. Der Anmeldung ist eine von dem Gerichte der Hauptniederlassung beglaubigte Abschrift des Gesellschaftsvertrages und der Liste der Gesellschafter beizufügen.

Die Eintragung hat die im §. 10 Absatz 1 und 2 bezeichneten Angaben zu enthalten. In die Veröffentlichung, durch welche die Eintragung bekannt gemacht wird, sind auch die im §. 10 Absatz 3 bezeichneten Bestimmungen aufzunehmen, die nach §. 5 Absatz 4 getroffenen Festsetzungen jedoch nur dann, wenn die Eintragung innerhalb der ersten zwei Jahre nach der Eintragung in das Handelsregister des Sitzes der Gesellschaft erfolgt.

VII. Der §. 15 Abs. 3 Satz 2 fällt weg.

VIII. Der §. 20 Abs. 2 fällt weg.

IX. Im §. 23 und im §. 27 Abs. 2 werden die Worte „durch einen Makler oder zur Vornahme von Versteigerungen befugten Beamten öffentlich verkaufen" ersetzt durch die Worte:

„im Wege öffentlicher Versteigerung verkaufen".

X. An die Stelle des §. 39 treten folgende Vorschriften·

Jede Aenderung in den Personen der Geschäftsführer sowie die Beendigung der Vertretungsbefugniß eines Geschäftsführers ist zur Eintragung in das Handelsregister anzumelden.

Der Anmeldung ist eine Abschrift der Urkunden über die Bestellung der Geschäftsführer oder über die Beendigung der Vertretungsbefugniß beizufügen. Diese Bestimmung findet auf die Anmeldung zum Handelsregister einer Zweigniederlassung keine Anwendung.

Die Geschäftsführer haben ihre Unterschrift zur Aufbewahrung bei dem Gerichte zu zeichnen.

XI. Der §. 40 fällt weg.

XII. Im §. 53 werden die Worte: „nach den Artikeln 224 bis 226 Absatz 1 des Handelsgesetzbuchs" ersetzt durch die Worte:

„nach §. 243 Absatz 1, 2, 4, §§. 244 bis 248 und §. 249 Absatz 1, 2 des Handelsgesetzbuchs".

XIII. An die Stelle des §. 55 treten folgende Vorschriften:

Die Abänderung des Gesellschaftsvertrages ist zur Eintragung in das Handelsregister anzumelden.

Bei der Eintragung genügt, sofern nicht die Abänderung die im §. 10 Absatz 1 und 2 bezeichneten Angaben betrifft, die Bezugnahme auf die bei dem Gerichte eingereichten Urkunden über die Abänderung. Die öffentliche Bekanntmachung findet in Betreff aller Bestimmungen statt, auf welche sich die im §. 10 Absatz 3 und im §. 12 vorgeschriebenen Veröffentlichungen beziehen.

Die Abänderung hat keine rechtliche Wirkung, bevor sie in das Handelsregister des Sitzes der Gesellschaft eingetragen ist.

XIV. Als §. 59a wird folgende Vorschrift eingestellt:

Auf die Anmeldungen zu dem Handelsregister eines Gerichts, in dessen Bezirke die Gesellschaft eine Zweigniederlassung besitzt, finden die Bestimmungen im §. 58 Absatz 2, Absatz 3 Nr. 1 und im §. 59 Absatz 1 Nr. 4 keine Anwendung.

XV. Der fünfte Abschnitt erhält die Ueberschrift:

„Auflösung und Nichtigkeit der Gesellschaft.".

Gewöhnliche deutsche und lateinische Schrift = altes E.G.

XVI. An die Stelle des §. 60 Abs. 1 Nr. 4 tritt folgende Vorschrift:

4. durch die Eröffnung des Konkursverfahrens wird das Verfahren nach Abschluß eines Zwangsvergleichs aufgehoben oder auf Antrag des Gemeinschuldners eingestellt, so können die Gesellschafter die Fortsetzung der Gesellschaft beschließen.

XVII. Der §. 64 Abs. 3 fällt weg.

XVIII. An die Stelle des §. 65 treten folgende Vorschriften:

Die Auflösung der Gesellschaft ist außer dem Falle des Konkursverfahrens zur Eintragung in das Handelsregister anzumelden. Das Gleiche gilt von einer Fortsetzung der Gesellschaft in den im §. 60 Absatz 1 Nr. 4 bezeichneten Fällen.

Die Auflösung ist von den Liquidatoren zu drei verschiedenen Malen durch die im §. 30 Absatz 2 bezeichneten öffentlichen Blätter bekannt zu machen. Durch die Bekanntmachung sind zugleich die Gläubiger der Gesellschaft aufzufordern, sich bei derselben zu melden.

XIX. Der §. 67 wird durch folgende Vorschriften ersetzt:

Die ersten Liquidatoren sind durch die Geschäftsführer, jede Aenderung in den Personen der Liquidatoren sowie eine Beendigung ihrer Vertretungsbefugniß ist durch die Liquidatoren zur Eintragung in das Handelsregister anzumelden.

Der Anmeldung ist eine Abschrift der Urkunden über die Bestellung der Liquidatoren oder über die Aenderung in den Personen derselben beizufügen. Diese Vorschrift findet auf die Anmeldung zum

---

Gewöhnliche deutsche und fette deutsche Schrift = neues E.G.

Handelsregister einer Zweigniederlassung keine Anwendung.

Die Eintragung der gerichtlichen Ernennung oder Abberufung von Liquidatoren geschieht von Amtswegen.

Die Liquidatoren haben ihre Unterschrift zur Aufbewahrung bei dem Gerichte zu zeichnen.

XX. Der §. 69 fällt weg.

XXI. An die Stelle des §. 74 Abs. 2 treten folgende Vorschriften:

Meldet sich ein bekannter Gläubiger nicht, so ist der geschuldete Betrag, wenn die Berechtigung zur Hinterlegung vorhanden ist, für den Gläubiger zu hinterlegen. Ist die Berichtigung einer Verbindlichkeit zur Zeit nicht ausführbar oder ist eine Verbindlichkeit streitig, so darf die Vertheilung des Vermögens nur erfolgen, wenn dem Gläubiger Sicherheit geleistet ist.

XXII. Hinter den §. 75 werden im fünften Abschnitte folgende Vorschriften eingestellt:

§. 75a.

Enthält der Gesellschaftsvertrag nicht die nach §. 3 Absatz 1 wesentlichen Bestimmungen oder ist eine dieser Bestimmungen nichtig, so kann jeder Gesellschafter, jeder Geschäftsführer und, wenn ein Aufsichtsrath bestellt ist, jedes Mitglied des Aufsichtsraths im Wege der Klage beantragen, daß die Gesellschaft für nichtig erklärt werde.

Die Vorschriften der §§. 272, 273 des Handelsgesetzbuchs finden entsprechende Anwendung.

§. 75b.

Ein Mangel, der die Bestimmungen über die

Firma oder den Sitz der Gesellschaft oder den Gegenstand des Unternehmens betrifft, kann durch einstimmigen Beschluß der Gesellschafter geheilt werden.

§. 75c.

Ist die Nichtigkeit einer Gesellschaft in das Handelsregister eingetragen, so finden zum Zwecke der Abwickelung ihrer Verhältnisse die für den Fall der Auflösung geltenden Vorschriften entsprechende Anwendung.

Die Wirksamkeit der im Namen der Gesellschaft mit Dritten vorgenommenen Rechtsgeschäfte wird durch die Nichtigkeit nicht berührt.

Die Gesellschafter haben die versprochenen Einzahlungen zu leisten, soweit es zur Erfüllung der eingegangenen Verbindlichkeiten erforderlich ist.

XXIII. An die Stelle der §§. 76, 77 treten folgende Vorschriften:

§. 76.

Die in diesem Gesetze vorgesehenen Anmeldungen zum Handelsregister sind durch die Geschäftsführer oder die Liquidatoren, die im §. 7 Absatz 1, §. 12 Abs. 1, §. 58 Absatz 1, §. 59 Absatz 1 Nr. 3, §. 78 Absatz 5 vorgesehenen Anmeldungen sind durch sämmtliche Geschäftsführer zu bewirken.

§. 77.

In Ansehung der in §§. 7, 55, §. 58 Absatz 1, §. 59 Absatz 1 Nr. 3 §. 78 Absatz 5 bezeichneten Anmeldungen zum Handelsregister findet, soweit es sich um die Anmeldung zum Handelsregister des Sitzes der Gesellschaft handelt, eine Verhängung von Ordnungsstrafen nach §. 14 des Handelsgesetzbuchs nicht statt.

Gewöhnliche deutsche und fette deutsche Schrift = neues E.G.

XXIV. Im §. 80 Abs. 1 Nr. 1 werden die Worte „Eintragung des Gesellschaftsvertrags“ durch die Worte „Eintragung der Gesellschaft“ ersetzt.

Art. 12.

Artikel 12.

Das Gesetz, betreffend die privatrechtlichen Verhältnisse 1
der Binnenschiffahrt, vom 15. Juni 1895 (Reichs-Gesetzbl. S. 301) wird dahin geändert:

I. An die Stelle des §. 26 tritt folgende Vorschrift:

Auf das Frachtgeschäft zur Beförderung von Gütern auf Flüssen und sonstigen Binnengewässern finden die Vorschriften der §§. 425 bis 427, 430 bis 436, 439 bis 443, 445 bis 451 des Handelsgesetzbuchs Anwendung.

II. Im §. 36 Abs. 4 werden die Worte „gerichtlich oder in anderer sicherer Weise niederzulegen“ ersetzt durch die Worte „in einem öffentlichen Lagerhaus oder in anderer sicherer Weise zu hinterlegen“. Im §. 52 Abs. 1, 3, im §. 54 Abs. 2, 3, im §. 77 Abs. 2 und im §. 91 Abs. 3 werden die Worte „niederzulegen, Niederlegung, Niederlegungsverfahren, niedergelegt“ ersetzt durch die Worte „zu hinterlegen, Hinterlegung, Hinterlegungsverfahren, hinterlegt“.

III. Im §. 52 werden die Abs. 2, 3, durch folgende Vorschriften ersetzt:

Ist der Empfänger des Gutes nicht zu ermitteln oder verweigert er die Annahme oder ergiebt sich ein sonstiges Ablieferungshinderniß, so hat der Frachtführer den Absender unverzüglich hiervon in Kenntniß zu setzen und dessen Anweisung einzuholen. Ist dies den Umständen nach nicht thunlich oder ist der Absender mit der Ertheilung der Anweisung säumig oder die Anweisung nicht ausführbar, so kann der Frachtführer nach der Bestimmung im Absatz 1 verfahren, auch wenn die Wartezeit noch nicht abgelaufen ist. Er kann, falls das Gut dem Verderben ausgesetzt und Gefahr im Verzug ist, das Gut auch gemäß §. 373 Absatz 2 bis 4 des Handelsgesetzbuchs verkaufen lassen.

Von der Hinterlegung und dem Verkaufe des Gutes hat der Frachtführer den Absender und den Empfänger unverzüglich zu benachrichtigen; im Falle der Unterlassung ist er zum Schadensersatze verpflichtet. Ist der Empfänger nicht zu ermitteln, so hat die Benachrichtigung von der Hinterlegung durch öffentliche Bekanntmachung in ortsüblicher Weise zu erfolgen; im Uebrigen dürfen die Benachrichtigungen unterbleiben, soweit sie unthunlich sind.

IV. Der §. 55 erhält folgende Fassung:

In den Fällen der §§. 53 und 54 hat der Frachtführer an einem der ortsüblichen Löschplätze anzulegen. Ist durch Vereinbarung dem Empfänger das Recht zur Anweisung des Löschplatzes eingeräumt, so finden die Bestimmungen im §. 46 Absatz 2 und 3 Anwendung.

V. Der §. 56 Abs. 2 fällt weg. Der Abs. 3 erhält folgende Fassung:

Die Bestimmungen des §. 42 Absatz 1 finden entsprechende Anwendung.

VI. Im §. 58 fällt der Abs. 3 weg; der Abs. 4 wird durch folgende Vorschrift ersetzt:

Für den Verlust oder die Beschädigung von Kostbarkeiten, Kunstgegenständen, Geld und Werthpapieren haftet der Frachtführer nur, wenn ihm die Beschaffenheit oder der Werth des Gutes bei der Uebergabe zur Beförderung angegeben worden ist.

VII. Der §. 61 wird durch folgende Vorschriften ersetzt:

Nach der Annahme des Gutes durch den Empfangsberechtigten können wegen einer Beschädigung oder Minderung des Gutes, die bei der Annahme äußerlich erkennbar ist, Ansprüche nur geltend gemacht werden, wenn vor der Annahme der Zustand des Gutes durch amtlich bestellte Sachverständige festgestellt ist.

Wegen einer Beschädigung oder Minderung des Gutes, die bei der Annahme äußerlich nicht erkennbar ist, kann der Frachtführer auch nach der Annahme des Gutes in Anspruch genommen werden, wenn der Mangel in der Zeit zwischen der Uebernahme des Gutes durch den Frachtführer und der Ablieferung entstanden ist und die Feststellung des Mangels durch amtlich bestellte Sachverständige unverzüglich nach der Entdeckung und spätestens binnen einer Woche nach der Annahme beantragt wird. Ist dem Frachtführer der Mangel unverzüglich nach der Entdeckung und binnen der bezeichneten Frist angezeigt, so genügt es, wenn die Feststellung unverzüglich nach dem Zeitpunkte beantragt wird, bis zu welchem der Eingang einer Antwort des Frachtführers unter regelmäßigen Umständen erwartet werden darf.

Die Kosten einer von dem Empfangsberechtigten beantragten Feststellung sind von dem Frachtführer zu tragen, wenn ein Verlust oder eine Beschädigung ermittelt wird, für welche derselbe Ersatz leisten muß.

Der Frachtführer kann sich auf die Vorschriften der Absätze 1, 2 nicht berufen, wenn er den Schaden durch Vorsatz oder grobe Fahrlässigkeit herbeigeführt hat.

Gewöhnliche deutsche und lateinische Schrift = altes E.G.

VIII. Als §. 61a werden folgende Vorschriften eingestellt:

Der Frachtführer haftet für den durch verspätete Ablieferung des Gutes entstandenen Schaden, es sei denn, daß die Verspätung auf Umständen beruht, die durch die Sorgfalt eines ordentlichen Frachtführers nicht abgewendet werden konnten.

Ist die Fracht nebst den sonst auf dem Gute haftenden Forderungen bezahlt und das Gut angenommen, so kann der Anspruch nicht geltend gemacht werden, es sei denn, daß der Frachtführer die Verspätung durch Vorsatz oder grobe Fahrlässigkeit herbeigeführt hat.

Die Vorschrift im Absatz 2 findet auch auf andere Ansprüche gegen den Frachtführer aus dem Frachtvertrag Anwendung, soweit die Ansprüche nicht den Vorschriften des §. 61 unterliegen.

IX. Der §. 70 Abs. 1 wird durch folgende Vorschrift ersetzt:

Wird der Antritt oder die Fortsetzung der Reise ohne Verschulden des Absenders zeitweilig verhindert, so braucht der Absender die Aufhebung des Hindernisses nicht abzuwarten, er kann vielmehr vom Vertrage zurücktreten.

X. Der §. 72 fällt weg.

XI. Der §. 87 Abs. 4 wird gestrichen.

XII. Im §. 89 Abs. 2 Satz 1, im §. 97 Abs. 1 Satz 1 und im §. 103 Abs. 1 werden die Worte: „mit den im §. 41 der Konkursordnung bezeichneten Wirkungen" gestrichen.

XIII. Im §. 89 Abs. 3 wird der letzte Satz durch folgende Vorschrift ersetzt:

Die Geltendmachung des Pfandrechts durch den Frachtführer erfolgt nach Maßgabe der Vorschriften, die für das Pfandrecht des Frachtführers wegen der Fracht und der Auslagen gelten.

XIV. Der §. 91 Abs. 2 wird durch folgende Vorschrift ersetzt:

Gegen Hinterlegung des beanspruchten Beitrags bei einer öffentlichen Hinterlegungsstelle hat die Auslieferung der Güter zu erfolgen.

XV. Im §. 102 wird die Nr. 6 durch folgende Vorschrift ersetzt:

6. die Forderungen, welche der Berufsgenossenschaft nach den Vorschriften über die Unfallversicherung, der Versicherungsanstalt nach den Vorschriften über die Invalidenversicherung und den Gemeinden und Krankenkassen nach den Vorschriften über die Krankenversicherung gegen den Schiffseigner zustehen.

XVI. Der §. 110 fällt weg.

XVII. An die Stelle des §. 111 tritt folgende Vorschrift:

Wird außer dem Falle der Zwangsversteigerung das Schiff veräußert, so ist der Erwerber berechtigt, die Ausschließung der unbekannten Schiffsgläubiger mit ihren Pfandrechten im Wege des Aufgebotsverfahrens zu beantragen.

XVIII. Der §. 112 wird durch folgende Vorschrift ersetzt:

Die Vorschrift des §. 111 findet keine Anwendung, wenn nur der Antheil eines Miteigenthümers des Schiffes den Gegenstand der Veräußerung bildet.

XIX. An die Stelle des §. 114 tritt folgende Vorschrift:

Insoweit bei der Zwangsversteigerung oder bei einer sonstigen Veräußerung des Schiffes der Schiffseigner das Kaufgeld eingezogen hat, haftet er den Schiffsgläubigern, deren Pfandrechte in Folge der Zwangsversteigerung oder in Folge eines nach §. 111 eingeleiteten Aufgebotsverfahrens erloschen sind, persönlich in gleicher Weise, wie im Falle der Einziehung der Fracht.

XX. Im §. 118 wird die Nr. 8 gestrichen.

XXI. Der zehnte Abschnitt (§§. 131 bis 137) fällt weg.

XXII. Der §. 138 wird durch folgende Vorschrift ersetzt:

In bürgerlichen Rechtsstreitigkeiten, in welchen durch Klage oder Widerklage ein Anspruch auf Grund dieses Gesetzes geltend gemacht ist, wird die Verhandlung und Entscheidung letzter Instanz im Sinne des §. 8 des Einführungsgesetzes zum Gerichtsverfassungsgesetze dem Reichsgerichte zugewiesen.

Artikel 13.

Der Reichskanzler wird ermächtigt, die Texte des Ge- 1
setzes, betreffend die Erwerbs- und Wirthschaftsgenossenschaften, des Gesetzes, betreffend die Gesellschaften mit beschränkter Haftung, und des Gesetzes, betreffend die privatrechtlichen Verhältnisse der Binnenschiffahrt, wie sie sich aus den in den Artikeln 10 bis 12 vorgesehenen Aenderungen ergeben, unter fortlaufender Nummernfolge der Paragraphen und Abschnitte durch das Reichs-Gesetzblatt bekannt zu machen.

Hierbei sind die in den bezeichneten Gesetzen enthaltenen Verweisungen auf Vorschriften des Allgemeinen Deutschen Handelsgesetzbuchs durch Verweisungen auf die nach Artikel 3 des gegenwärtigen Gesetzes an die Stelle jener Vorschriften tretenden Vorschriften zu ersetzen. Den Verweisungen auf Vorschriften der Civilprozeßordnung und der Konkursordnung sind diese Gesetze in der Fassung zu Grunde zu legen, welche sie durch das im Artikel 1 des Einführungsgesetzes zum Bürgerlichen Gesetzbuche vorgesehene Gesetz erhalten. 2

Soweit in Reichsgesetzen oder in Landesgesetzen auf Vorschriften der im Abs. 1 bezeichneten Gesetze verwiesen ist, treten die entsprechenden Vorschriften der durch den Reichskanzler bekannt gemachten Texte an ihre Stelle. 3

Art. 14.

Artikel 14.

Das Börsengesetz vom 22. Juni 1896 (Reichs-Gesetzbl. 1
S. 157 wird dahin geändert:

I. Die §§. 33, 34 werden durch folgende Vorschriften ersetzt:

§. 33.

Das von dem Kursmakler zu führende Tagebuch ist vor dem Gebrauche dem Börsenvorstande zur Beglaubigung der Zahl der Blätter oder Seiten vorzulegen.

Wenn ein Kursmakler stirbt oder aus dem Amte scheidet, ist sein Tagebuch bei dem Börsenvorstande niederzulegen.

§. 34.

Die Kursmakler sind zur Vornahme von Verkäufen und Käufen befugt, die durch einen dazu öffentlich ermächtigten Handelsmakler zu bewirken sind.

II. Der §. 45 Satz 2 fällt weg.

Gewöhnliche deutsche und lateinische Schrift = altes E G.

III. Der §. 58 Abs. 2 wird durch folgende Vorschrift ersetzt:

Ehefrauen, die nicht Handelsfrauen sind, bedürfen der Genehmigung des Ehemannes.

IV. Der §. 63 Abs. 1 Satz 2 wird durch folgende Vorschrift ersetzt:

Für Ehefrauen, die nicht Handelsfrauen sind, genügt der Antrag des Ehemannes.

V. Der §. 69 erhält folgenden Abs. 2:

„Diese Vorschrift wird durch die Vorschrift des §. 764 des Bürgerlichen Gesetzbuchs nicht berührt."

VI. Die §§. 70 bis 74 fallen weg.

§ 2.

I Die bei oder nach der Einführung der Wechselordnung, der Nürnberger Novellen und des Handelsgesetzbuches in die einzelnen Bundesstaaten oder deren Landestheile im Wege der Landesgesetzgebung erlassenen Vorschriften bleiben als landesgesetzliche Vorschriften insoweit in Kraft, als sie nur eine Ergänzung und nicht eine Abänderung einer Bestimmung der Wechselordnung, der Nürnberger Novellen oder des Handelsgesetzbuches enthalten.

§ 3.

I Insbesondere bleiben fol-

Artikel 15. Art. 15.

1 **Die privatrechtlichen Vorschriften der Landesgesetze bleiben insoweit unberührt, als es in diesem Gesetze bestimmt oder als im Handelsgesetzbuch auf die Landesgesetze verwiesen ist.**

2 **Soweit die Landesgesetze unberührt bleiben, können auch neue landesgesetzliche Vorschriften erlassen werden.**

Artikel 16. Art. 16.

1 **Unberührt bleiben die landesgesetzlichen Vorschriften über Lagerscheine und Lagerpfandscheine, die Vorschriften über Lagerscheine jedoch nur insoweit, als sie den**

gende auf die Einführung der Wechselordnung und des Handelsgesetzbuches sich beziehende landesgesetzliche Vorschriften in Kraft:

Art. 17. A. in Ansehung der Wechselordnung:

Art. 18 die Vorschriften der §§ 5 bis 7 der für die freie und Hansestadt Hamburg am 5. März 1849 in Bezug auf die Einführung der Allgemeinen Deutschen Wechselordnung publizirten Verordnung und der entsprechenden §§ 8 bis 10 der Königlich Preußischen Verordnung, betreffend die Einführung der Allgemeinen Deutschen Wechselordnung in die Herzogthümer Holstein und Schleswig vom 13. Mai 1867;*)

B. in Ansehung des Handelsgesetzbuches:

§. 363 Abs. 2 und die §§. 364, 365, 424 des Handelsgesetzbuchs ergänzen.

Artikel 17.

Unberührt bleiben die landesgesetzlichen Vorschriften über Checks.

Artikel 18.

Unberührt bleiben die landesgesetzlichen Vorschriften über den Vertrag zwischen dem Brauer und dem Wirthe über die Lieferung von Bier, soweit sie das aus dem Vertrage sich ergebende Schuldverhältniß für den Fall regeln, daß nicht besondere Vereinbarungen getroffen werden.

1) die Vorschriften, nach welchen unter Landesgesetzen im Sinne des Handelsgesetzbuches nicht blos die förmlichen Gesetze, sondern das gesammte Landesrecht zu verstehen und in Ansehung der betreffenden Vorbehalte des Handelsgesetzbuches die Erlassung massgebender Vorschriften auf anderem Wege, als auf dem Wege der förmlichen Gesetzgebung, soweit dies nach dem Landesrecht zulässig, nicht ausgeschlossen ist;

2) die Vorschriften, welche in Ansehung der Eintragungen in das Handelsregister noch andere als die in dem

*) Vergl. dazu Art. 21.

Gewöhnliche deutsche und lateinische Schrift = altes E.G.

Handelsgesetzbuch bestimmten Eintragungen zulassen oder gebieten;

3) die Vorschriften, welche den Prokuristen zur Ertheilung von Konsensen vor den mit der Führung der Eigenthums- und Hypothekenbücher oder der Schuld- und Pfandprotokolle beauftragten Behörden und Beamten nur für den Fall befugt erklären, dass demselben diese Befugniss besonders beigelegt ist;

4) die Vorschriften, welche bestimmen, dass die Vorschriften des Landesrechts über die rechtlichen Voraussetzungen für den Erwerb des Eigenthums an unbeweglichen Sachen durch die Bestimmungen des Handelsgesetzbuches nicht berührt werden;

5) die Vorschriften, welche die Anwendung des Artikels 295 des Handelsgesetzbuches insoweit beschränken, als sie die abweichenden Vorschriften, welche das bürgerliche Recht für die zur Eintragung in das Hypothekenbuch bestimmten Schuldurkunden enthält, in Kraft erhalten;

6) die Vorschriften, welche die Artikel 306 und 307 des Handelsgesetzbuches auf Inhaberpapiere, so lange dieselben ausser Kurs gesetzt sind, für nicht anwendbar erklären;

7) die Vorschriften, welche bestimmen, dass unter Konkurs im Sinne des Handelsgesetzbuches auch das Falliment des Rheinischen Rechts und das Debitverfahren des Bremischen Rechts zu verstehen sei;

8) die Vorschriften, welche bestimmen, dass durch die Artikel 313 bis 316 des Handelsgesetzbuches die im bürgerlichen Rechte in einem weiteren Umfange begründete Zulassung des Zurückbehaltungsrechtes (Retentionsrechtes) nicht berührt werden.

Ar. 19. §. 4. | Artikel 19.

I Als Landesgesetze bleiben, auch insoweit sie Abänderungen des Handelsgesetzbuches enthalten, in Geltung: | Unberührt bleiben:

1.

für das Großherzogthum Mecklenburg-Schwerin die §§. 51 bis

55 der die Publikation des Handelsgesetzbuches betreffenden | 53, 55 der

Verordnung vom 28. Dezember 1863—,

betreffend die Publikation des Handelsgesetzbuchs, sowie die zur Abänderung dieser Verordnung ergangene Verordnung vom 22. Oktober 1869;

2.

für die freie Hansestadt Bremen die

am | Verordnung vom

12. Februar 1866

publizirte, die Löschung der Seeschiffe betreffende obrigkeitliche Verordnung; | , betreffend die Löschung der Seeschiffe, nebst den dazu später ergangenen Gesetzen;

3.

für die freie und Hansestadt Hamburg der §. 50 des

am 22. Dezember 1865 publizirten

Einführungsgesetzes zum Allgemeinen Deutschen Handelsgesetzbuche

vom 22. Dezember 1865.

§. 5.

I Die in Gemässheit der §§ 16 und 52 der unter dem 6. Juni 1864 von dem Senate der freien Hansestadt Bremen publizirten obrigkeitlichen Verordnung, betreffend die Einführung des Allgemeinen Deutschen Handelsgesetzbuches, den Privatgläubigern eines Handelsgesellschafters in Ansehung des Vermögens einer Handelsgesellschaft zu der Zeit, zu welcher dieses Gesetz in Geltung tritt, zustehenden Pfand- und Vorzugsrechte bleiben unberührt.

Artikel 20.*) Art. 20.

Unberührt bleiben die landesgesetzlichen Vorschriften, nach welchen ein Pfandrecht an einem im Bau begriffenen Schiffe ohne Uebergabe des Schiffes durch Eintragung in ein besonderes Register bestellt werden kann, sowie die landesgesetzlichen Vorschriften über die Zwangsversteigerung eines solchen Schiffes. 1

Artikel 21.**) Art. 21.

Unberührt bleiben die landesgesetzlichen Vorschriften zur Ausführung der Allgemeinen Deutschen Wechselordnung, soweit sie durch das Bundesgesetz vom 5. Juni 1869 (Bundes-Gesetzbl. S. 379) aufrecht erhalten sind. Dies gilt jedoch nicht für die Vorschriften über kaufmännische Anweisungen. 1

Artikel 22. Art. 22.

Die zur Zeit des Inkrafttretens des Handelsgesetzbuchs im Handelsregister eingetragenen Firmen können weitergeführt werden, soweit sie nach den bisherigen Vorschriften geführt werden durften. 1

Die Vorschriften des §. 20 des Handelsgesetzbuchs über die in die Firma der Aktiengesellschaften und der Kommanditgesellschaften auf Aktien aufzunehmenden Bezeichnungen finden jedoch auf die bei dem Inkrafttreten des Handelsgesetzbuchs 2

*) Vergl. hierher §§ 2, 3. — **) Vergl. hierher § 3 A.

für eine solche Gesellschaft in das Handelsregister eingetragene Firma Anwendung, wenn die Firma aus Personennamen zusammengesetzt ist und nicht erkennen läßt, daß eine Aktiengesellschaft oder eine Kommanditgesellschaft auf Aktien die Inhaberin ist.

Art. 23.

Artikel 23.

Auf die Errichtung einer Aktiengesellschaft oder Kommanditgesellschaft auf Aktien, die vor dem Inkrafttreten des Handelsgesetzbuchs zur Eintragung in das Handelsregister angemeldet ist, finden die bisherigen Vorschriften Anwendung, sofern vor diesem Zeitpunkte die Voraussetzungen erfüllt sind, an deren Nachweis die bisherigen Vorschriften die Eintragung knüpfen. 1

Art. 24.

Artikel 24.

Sind die Aktien einer bestehenden Aktiengesellschaft oder Kommanditgesellschaft auf Aktien gemäß den vor dem Inkrafttreten des Gesetzes vom 18. Juli 1884 (Reichs-Gesetzbl. S. 123) in Geltung gewesenen Vorschriften auf einen geringeren Betrag als eintausend Mark gestellt, so bleiben im Falle einer Zusammenlegung oder sonstigen Umwandlung dieser Aktien die Vorschriften des §. 180 Abs. 1 des Handelsgesetzbuchs außer Anwendung. Der Nennbetrag der Aktien darf jedoch nicht herabgesetzt werden. 1

Wird das Grundkapital einer bestehenden Aktiengesellschaft oder Kommanditgesellschaft auf Aktien durch Ausgabe neuer Aktien erhöht, so finden die Vorschriften des §. 180 Abs. 1 des Handelsgesetzbuchs auf die neuen Aktien Anwendung, auch wenn die Ausgabe mittelst Umwandlung von Aktien der im Abs. 1 bezeichneten Art geschieht. 2

Diese Vorschriften gelten auch für Interimsscheine. 3

Art. 25.

Artikel 25.

Die Vorschriften des §. 228 des Handelsgesetzbuchs

über die Kraftloserklärung abhanden gekommener oder vernichteter Aktien finden auch in dem Falle Anwendung, daß eine Aktie vor dem Inkrafttreten des Handelsgesetzbuchs abhanden gekommen oder vernichtet worden ist.

Artikel 26. Art. 26.

Die vor dem Inkrafttreten des Handelsgesetzbuchs erfolgte Außerkurssetzung einer auf den Inhaber lautenden Aktie verliert mit dem Inkrafttreten des Handelsgesetzbuchs ihre Wirkung. 1

Artikel 27. Art. 27.

Auf Personen, die bei dem Inkrafttreten des Handelsgesetzbuchs Mitglieder des Vorstandes einer Aktiengesellschaft sind, finden für die Dauer der Bestellung die Vorschriften des §. 236 des Handelsgesetzbuchs über den Betrieb eines Handelsgewerbes und über die Betheiligung an einer anderen Gesellschaft nur in der Beschränkung auf den Handelszweig der Aktiengesellschaft Anwendung. 1

Artikel 28. Art. 28.

Die Vorschrift des §. 283 Abs. 1 des Handelsgesetzbuchs über die Zusicherung von Rechten auf den Bezug neu auszugebender Aktien findet auf eine vor dem Inkrafttreten des Handelsgesetzbuchs ertheilte Zusicherung keine Anwendung. 1

§. 6.

Dieses Gesetz tritt am 1. Januar 1870 in Kraft.

Urkundlich unter Unserer Höchsteigenhändigen Unterschrift und beigedrucktem $\frac{\text{Bundes-}}{\textbf{Kaiserlichen}}$ Insiegel.

Gegeben Schloss Babelsberg, den 5. Juni 1869.	**Gegeben Urville, den 10. Mai 1897.**
(L. S.) **Wilhelm.**	**(L. S.) Wilhelm.**
Gr. v. Bismarck-Schönhausen.	**Fürst zu Hohenlohe.**

Gewöhnliche deutsche und fette deutsche Schrift = neues **E.G.**

B.

Altes Handelsgesetzbuch.

Handelsgesetzbuch.

Vom 10. Mai 1897.

R.-Ges.-Bl. 1897 Seite 279 ff.

Wir Wilhelm, von Gottes Gnaden Deutscher Kaiser, König von Preußen rc. verordnen im Namen des Reichs, nach erfolgter Zustimmung des Bundesraths und des Reichstags, was folgt:

Allgemeine Bestimmungen.

Art. 1.

I In Handelssachen kommen, insoweit dieses Gesetzbuch keine Bestimmungen enthält, die Handelsgebräuche und in deren Ermangelung das allgemeine bürgerliche Recht zur Anwendung.*)

Art. 2.

I An den Bestimmungen der Deutschen Wechselordnung wird durch dieses Gesetzbuch nichts geändert.**)

Art. 3.

II Wo dieses Gesetzbuch von dem Handelsgerichte spricht, tritt in Ermangelung eines besonderen Handelsgerichts das gewöhnliche Gericht an dessen Stelle.***)

Vom Handelsstande.

Erster Titel.

Von Kaufleuten.

Erstes Buch.

Handelsstand.

Erster Abschnitt.

Kaufleute.

§. 1 Art. 4. — §. 1.

I Als Kaufmann im Sinne dieses Gesetzbuchs ist anzusehen, wer gewerbsmässig Handelsgeschäfte / ein Handelsgewerbe betreibt. 1

*) Vgl. jetzt Art. 2 E.G. — **) Vgl. jetzt Art. 2 Abs. 2 E.G. — ***) Vgl. jetzt §§ 125 ff. freiw. Ger.Ges.

Gewöhnliche deutsche und lateinische Schrift = altes H.G.

Art. 271.

I Handelsgeschäfte sind:

1) der Kauf oder die anderweite Anschaffung von Waaren oder anderen beweglichen Sachen, von Staatspapieren, Aktien oder anderen für den Handelsverkehr bestimmten Werthpapieren, um dieselben weiter zu veräussern; es macht keinen Unterschied, ob die Waaren oder anderen beweglichen Sachen in Natur oder nach einer Bearbeitung oder Verarbeitung weiter veräußert werden sollen;

2) die Uebernahme einer Lieferung von Gegenständen der unter Ziffer 1 bezeichneten Art, welche der Uebernehmer zu diesem Zweck anschafft;

(Siehe Art. 272 Nr. 1)

Als Handelsgewerbe gilt jeder Gewerbebetrieb, der eine der nachstehend bezeichneten Arten von Geschäften zum Gegenstande hat: 2

1. **die** Anschaffung **und** Weiterveräußerung von beweglichen Sachen (Waaren) oder Werthpapieren, **ohne** Unterschied, ob die Waaren **unverändert** oder nach einer Bearbeitung oder Verarbeitung weiter veräußert werden;

2. die Uebernahme der Bearbeitung oder Verarbeitung **von Waaren** für Andere, **sofern der Betrieb** über den Umfang des Handwerks hinausgeht;

Gewöhnliche deutsche und fette deutsche Schrift = neues H.G.

3) die Uebernahme einer Versicherung gegen Prämie;

(Siehe Art. 272, Nr. 2.)

4) die Uebernahme der Beförderung von Gütern oder Reisenden zur See und das Darleihen gegen Verbodmung.

Art. 272.

I Handelsgeschäfte sind ferner die folgenden Geschäfte, wenn sie gewerbemässig betrieben werden:

1) die Uebernahme der Bearbeitung oder Verarbeitung beweglicher Sachen für Andere, wenn der Gewerbebetrieb des Uebernehmers über den Umfang des Handwerks hinausgeht;

2) die Bankier- oder Geldwechslergeschäfte;

3) die Geschäfte des Kommissionärs (Art. 360), des Spediteurs und des Frachtführers, sowie die Geschäfte der für den Transport von Personen bestimmten Anstalten;

4) die Vermittelung oder Abschliessung von Han-

3. die Uebernahme von Versicherungen gegen Prämie;

4. die Bankier- und Geldwechslergeschäfte;

5. die Uebernahme der Beförderung von Gütern oder Reisenden zur See, die Geschäfte der Frachtführer oder der zur Beförderung von Personen zu Lande oder auf Binnengewässern bestimmten Anstalten sowie die Geschäfte der Schleppschiffahrtsunternehmer;

(Siehe § 1 Nr. 2.)

(Siehe §. 1 Nr. 4.)

6. die Geschäfte der Kommissionäre, der Spediteure oder der Lagerhalter;

(Siehe §. 1 Nr. 5.)

7. die Geschäfte der Handlungsagenten oder der

delsgeschäften für andere Personen; die amtlichen Geschäfte der Handelsmäkler sind jedoch hierin nicht einbegriffen;

5) die Verlagsgeschäfte, sowie die sonstigen Geschäfte des Buch- oder Kunsthandels; ferner die Geschäfte der Druckereien, sofern nicht ihr Betrieb nur ein handwerksmässiger ist.

II Die bezeichneten Geschäfte sind auch alsdann Handelsgeschäfte, wenn sie zwar einzeln, jedoch von einem Kaufmann im Betriebe seines gewöhnlich auf andere Geschäfte gerichteten Handelsgewerbes gemacht werden.

Art. 273.

I Alle einzelnen Geschäfte eines Kaufmanns, welche zum Betriebe seines Handelsgewerbes gehören, sind als Handelsgeschäfte anzusehen.

II Dies gilt insbesondere für die gewerbliche Weiterveräußerung der zu diesem Zweck angeschafften Waaren, beweglichen Sachen und Werthpapiere, sowie für die Anschaffung von Geräthen, Material und anderen beweglichen Sachen, welche bei dem Betriebe des Gewerbes

Handelsmäkler;

8. die Verlagsgeschäfte sowie die sonstigen Geschäfte des Buch- oder Kunsthandels;

9. die Geschäfte der Druckereien, sofern ihr Betrieb **über den Umfang des Handwerks hinausgeht.**

(Siehe §. 343 Abs. 2.)

(Siehe § 343 Abs. 1.)

(Siehe oben §. 1 Nr. 1.)

Gewöhnliche deutsche und fette deutsche Schrift = neues H.G.

unmittelbar benutzt oder verbraucht werden sollen.

III Die Weiterveräusserungen, welche von Handwerkern vorgenommen werden, sind, insoweit dieselben nur in Ausübung ihres Handwerksbetriebes geschehen, als Handelsgeschäfte nicht zu betrachten.

Art. 5 s. bei §. 6.

§. 2

§. 2.

Ein gewerbliches Unternehmen, das nach Art und 1
Umfang einen in kaufmännischer Weise eingerichteten Geschäftsbetrieb erfordert, gilt, auch wenn die Voraussetzungen des §. 1 Abs. 2 nicht vorliegen, als Handelsgewerbe im Sinne dieses Gesetzbuchs, sofern die Firma des Unternehmers in das Handelsregister eingetragen worden ist. Der Unternehmer ist verpflichtet, die Eintragung nach den für die Eintragung kaufmännischer Firmen geltenden Vorschriften herbeizuführen.

§. 3

§. 3.

Auf den Betrieb der Land- und Forstwirthschaft 1
finden die Vorschriften der §§. 1, 2 keine Anwendung.

Ist mit dem Betriebe der Land- oder Forstwirthschaft 2
ein Unternehmen verbunden, das nur ein Nebengewerbe des land- oder forstwirthschaftlichen Betriebs darstellt, so findet auf dieses der §. 2 mit der Maßgabe Anwendung, daß der Unternehmer berechtigt, aber nicht verpflichtet ist, die Eintragung in das Handelsregister herbeizuführen; werden in dem Nebengewerbe Geschäfte der im §. 1 bezeichneten Art geschlossen, so gilt der Betrieb dessenungeachtet nur dann als Handelsgewerbe, wenn der Unternehmer von der Befugniß, seine Firma gemäß §. 2 in das Handelsregister eintragen zu lassen, Gebrauch gemacht hat. Ist die Eintragung erfolgt, so findet eine Löschung

der Firma nur nach den allgemeinen Vorschriften statt, welche für die Löschung kaufmännischer Firmen gelten.

Art. 10.	**§. 4.**	§. 4.
I Die Bestimmungen, welche dieses Gesetzbuch	**Die Vorschriften**	1

über die Firmen, die Handelsbücher und die Prokura

enthält,	

finden auf

Höker, Trödler, Hausirer und dergleichen Handelsleute von geringem Gewerbebetriebe, ferner auf Wirthe, gewöhnliche Fuhrleute, gewöhnliche Schiffer, und	**Handwerker sowie auf**

Personen, deren Gewerbe / **Gewerbebetrieb** nicht über den Umfang des Handwerksbetriebs / **Kleingewerbes** hinausgeht, keine Anwendung. Den Landesgesetzen bleibt vorbehalten, im Falle es erforderlich erscheint, diese Klassen genauer festzustellen.

II Vereinigungen	**Durch eine Vereinigung**	2

zum Betriebe eines Handelsgewerbes / **Gewerbes**, auf welches die bezeichneten Bestimmungen / **Vorschriften** keine Anwendung finden,

gelten nicht als Handelsgesellschaften.	**kann eine offene Handelsgesellschaft oder eine Kommanditgesellschaft nicht begründet werden.**	
III Den Landesgesetzen bleibt vorbehalten, zu verordnen, dass die bezeichneten Bestimmungen auch noch für andere Klassen von Kaufleuten ihres Staatsgebiets	**Die Landesregierungen sind befugt, Bestimmungen zu erlassen, durch welche die Grenze des Kleingewerbes auf der Grundlage der nach dem Geschäftsumfange be-**	3

Gewöhnliche deutsche und fette deutsche Schrift = neues H.G.

keine Anwendung finden sollen. Ebenso können sie aber auch verordnen, dass diese Bestimmungen auf einzelne der genannten Klassen, oder dass sie auf alle Kaufleute ihres Staatsgebiets Anwendung finden sollen.

messenen Steuerpflicht oder in Ermangelung einer solchen Besteuerung nach anderen Merkmalen näher festgesetzt wird.

§. 5. **§. 5.**

Ist eine Firma im Handelsregister eingetragen, so kann gegenüber demjenigen, welcher sich auf die Eintragung beruft, nicht geltend gemacht werden, daß das unter der Firma betriebene Gewerbe kein Handelsgewerbe sei oder daß es zu den im §. 4 Abs. 1 bezeichneten Betrieben gehöre. 1

§. 6. Art. 5. — **§. 6.**

I Die in Betreff der Kaufleute gegebenen 1

Bestimmungen gelten in gleicher Weise in Betreff der

Vorschriften finden auch auf die

Handelsgesellschaften

insbesondere auch der Kommanditgesellschaften auf Aktien und der Aktiengesellschaften.

II Dieselben gelten auch in Betreff der öffentlichen Banken in den Grenzen ihres Handelsbetriebes, unbeschadet der für sie bestehenden Verordnungen.

Anwendung.

Die Rechte und Pflichten eines Vereins, dem das Gesetz ohne Rücksicht auf den Gegenstand des Unternehmens die Eigenschaft eines Kaufmanns beilegt, werden durch die Vorschrift des §. 4 Abs. 1 nicht berührt. 2

Gewöhnliche deutsche und lateinische Schrift = altes H.G.

Art. 6.

I Eine Frau, welche gewerbsmässig Handelsgeschäfte betreibt (Handelsfrau), hat in dem Handelsbetriebe alle Rechte und Pflichten eines Kaufmanns.

II Dieselbe kann sich in Betreff ihrer Handelsgeschäfte auf die in den einzelnen Staaten geltenden Rechtswohlthaten der Frauen nicht berufen.

III Es macht hierbei keinen Unterschied, ob sie das Handelsgewerbe allein oder in Gemeinschaft mit Anderen, ob sie dasselbe in eigener Person oder durch einen Prokuristen betreibt.

Art. 7.

I Eine Ehefrau kann ohne Einwilligung ihres Ehemannes nicht Handelsfrau sein.

II Es gilt als Einwilligung des Mannes, wenn die Frau mit Wissen und ohne Einspruch desselben Handel treibt.

III Die Ehefrau eines Kaufmanns, welche ihrem Ehemanne nur Beihülfe in dem Handelsgewerbe leistet, ist keine Handelsfrau.

Art. 8.

I Eine Ehefrau, welche Handelsfrau ist, kann sich durch Handelsgeschäfte gültig verpflichten, ohne dass es zu den einzelnen Geschäften einer besonderen Einwilligung ihres Ehemannes bedarf.

II Sie haftet für die Handelsschulden mit ihrem ganzen Vermögen, ohne Rücksicht auf die Verwaltungsrechte und den Niessbrauch oder die sonstigen, an diesem Vermögen durch die Ehe begründeten Rechte des Ehemannes Es haftet auch das gemeinschaftliche Vermögen, soweit Gütergemeinschaft besteht; ob zugleich der Ehemann mit seinem persönlichen Vermögen haftet, ist nach den Landesgesetzen zu beurtheilen.

Art. 9.

I Eine Handelsfrau kann in Handelssachen selbstständig vor Gericht auftreten; es macht keinen Unterschied, ob sie unverheirathet oder verheirathet ist.

Art. 10 s. bei §. 4.

§. 7. Art. 11. — §. 7.

I Durch die 1

Landesgesetze, welche in gewerbepolizeilicher oder gewerbesteuerlicher Beziehung Erfordernisse zur Begründung der Eigenschaft eines Kaufmanns oder besonderer Klassen von Kaufleuten aufstellen,	**Vorschriften des öffentlichen Rechtes, nach welchen die Befugniß zum Gewerbebetrieb ausgeschlossen oder von gewissen Voraussetzungen abhängig gemacht ist,**

wird die Anwendung der

Bestimmungen	**die Kaufleute betreffenden Vorschriften**

dieses Gesetzbuchs

nicht ausgeschlossen; ebenso werden jene Gesetze durch dieses Gesetzbuch	

nicht berührt.

Zweiter Titel.	Zweiter Abschnitt.
Von dem Handelsregister.	**Handelsregister.**

§. 8. Art. 12.	§. 8.
I Bei jedem Handelsgerichte ist ein Handelsregister zu führen, in welches die in	**Das Handelsregister wird von den Gerichten geführt.** 1

diesem Gesetzbuche angeordneten Eintragungen aufzunehmen sind.

§. 9. §. 9.

II Das Handelsregister ist öffentlich.

Die Einsicht 1

desselben | **des Handelsregisters sowie der zum Handelsregister eingereichten Schriftstücke**

ist während der gewöhnlichen Dienststunden einem Jeden / **Jedem**

gestattet.

Auch | **Von den Eintragungen** 2

kann

von den Eintragungen gegen Erlegung der Kosten

eine Abschrift gefordert werden , / ;

die | **das Gleiche gilt in Ansehung der zum Handelsregister eingereichten Schriftstücke, sofern ein berechtigtes Interesse glaubhaft gemacht wird. Die Abschrift ist**

auf Verlangen zu beglaubigen ist.

Das Gericht hat auf Verlangen eine Bescheinigung darüber zu ertheilen, daß bezüglich des Gegenstandes einer Eintragung weitere Eintragungen nicht vorhanden sind oder daß eine bestimmte Eintragung nicht erfolgt ist. 3

Gewöhnliche deutsche und fette deutsche Schrift = neues H.G.

§. 10. Art. 13. — **§. 10.**

Altes H.G.	Neues H.G.	
I Die	**Das Gericht hat die**	1
Eintragungen in das Handelsregister		
sind von dem Handelsgerichte, sofern nicht in diesem Gesetzbuche in einzelnen Fällen ausdrücklich	**durch den Deutschen Reichsanzeiger und durch mindestens ein anderes Blatt bekannt zu machen. Soweit nicht das Gesetz**	
ein Anderes		
bestimmt ist, nach	**vorschreibt, werden die Eintragungen**	
ihrem ganzen Inhalte		
durch eine oder mehrere Anzeigen in öffentlichen Blättern ohne Verzug bekannt zu machen.	**nach veröffentlicht.**	

Mit dem Ablaufe des Tages, an welchem das letzte der die Bekanntmachung enthaltenden Blätter erschienen ist, gilt die Bekanntmachung als erfolgt. 2

§. 11. Art. 14. — **§. 11.**

I Jedes Handelsgericht / **Das Gericht** hat für seinen Bezirk alljährlich / **jährlich** im Monat Dezember die öffentlichen Blätter zu bestimmen / **bezeichnen**, in welchen im Laufe / **denen während** des nächstfolgenden / **nächsten** Jahres die im Artikel 13 / **§. 10** vorgeschriebenen Bekanntmachungen / **vorgesehenen Veröffentlichungen** erfolgen sollen. Der Beschluss ist in einem oder mehreren öffentlichen Blättern bekannt zu machen. 1

II Wenn eines der bestimmten Blätter im Laufe des Jahres zu erscheinen aufhört, so hat das Gericht ein anderes Blatt an dessen Stelle zu bestimmen und öffentlich bekannt zu machen.

III Inwiefern die Gerichte bei der Wahl der zu bestimmenden Blätter an Weisungen höherer Behörden gebunden sind, ist nach den Landesgesetzen zu beurtheilen.

Art. 15 f. bei §. 17.

§. 12.* §. 12.

Die Anmeldungen zur Eintragung in das Handels- 1
register sowie die zur Aufbewahrung bei dem Gerichte bestimmten Zeichnungen von Unterschriften sind persönlich bei dem Gerichte zu bewirken oder in öffentlich beglaubigter Form einzureichen.

Die gleiche Form ist für eine Vollmacht zur Anmeldung 2
erforderlich. Rechtsnachfolger eines Betheiligten haben die Rechtsnachfolge soweit thunlich durch öffentliche Urkunden nachzuweisen.

§. 13.** §. 13.

Soweit nicht in diesem Gesetzbuche ein Anderes vor- 1
geschrieben ist, sind die Eintragungen in das Handelsregister und die hierzu erforderlichen Anmeldungen und Zeichnungen von Unterschriften sowie die sonst vorgeschriebenen Einreichungen zum Handelsregister bei jedem Registergericht, in dessen Bezirke der Inhaber der Firma eine Zweigniederlassung besitzt, in gleicher Weise wie bei dem Gerichte der Hauptniederlassung zu bewirken.

Art. 21 Abs. III. |

1 Die / **Eine** Eintragung bei dem Handelsgerichte / **Gerichte** der Zweig- 2
niederlassung findet nicht statt, bevor nachgewiesen ist, daß die Eintragung bei dem Handelsgerichte / **Gerichte** der Hauptniederlassung geschehen ist.

*) Vergl. hierzu Art. 19, 88, 151 Abs. III, Satz I, Art. 153, 210.

**) Vergl. hierher Art. 21 Abs. I, III, Art. 152, 153, 179, 200, 205 Abs. II, Art. 243.

Diese Vorschriften kommen auch zur Anwendung, wenn 3
sich die Hauptniederlassung im Auslande befindet. Soweit nicht das ausländische Recht eine Abweichung erforderlich macht, haben die Anmeldungen, Zeichnungen und Eintragungen bei dem Gerichte der Zweigniederlassung in gleicher Weise zu geschehen, wie wenn sich die Hauptniederlassung im Inlande befände.

§. 14. §. 14.*

Wer verpflichtet ist, eine Anmeldung, eine Zeichnung 1
der Unterschrift oder eine Einreichung von Schriftstücken zum Handelsregister vorzunehmen, ist hierzu von dem Registergerichte durch Ordnungsstrafen anzuhalten. Die einzelne Strafe darf den Betrag von dreihundert Mark nicht übersteigen.

§. 15. §. 15.**

Solange eine in das Handelsregister einzutragende 1
Thatsache nicht eingetragen und bekannt gemacht ist, kann sie von demjenigen, in dessen Angelegenheiten sie einzutragen war, einem Dritten nicht entgegengesetzt werden, es sei denn, daß sie diesem bekannt war.

Ist die Thatsache eingetragen und bekannt gemacht 2
worden, so muß ein Dritter sie gegen sich gelten lassen, es sei denn, daß er sie weder kannte noch kennen mußte.

Für den Geschäftsverkehr mit einer in das Handels- 3
register eingetragenen Zweigniederlassung ist im Sinne dieser Vorschriften die Eintragung und Bekanntmachung durch das Gericht der Zweigniederlassung entscheidend.

§. 16. §. 16.

Ist durch eine rechtskräftige oder vollstreckbare Ent- 1
scheidung des Prozeßgerichts die Verpflichtung zur Mit-

*) Vergl. hierzu Art. 26 Abs. I, Art. 45 Abs. IV, Art. 89, Art. 129 Abs. IV, Art. 185 Abs. III, Art. 154, Art. 155 Abs. I, Art. 249g.

**) Vergl. hierzu Art. 25 Abs. II, III, Art. 46, 87 Abs. II, Art. 129 Abs. V, Art. 135 Abs. IV, Art. 155 Abs. III, Art. 200, 205 Abs. II.

wirkung bei einer Anmeldung zum Handelsregister oder ein Rechtsverhältniß, bezüglich dessen eine Eintragung zu erfolgen hat, gegen einen von mehreren bei der Vornahme der Anmeldung Betheiligten festgestellt, so genügt zur Eintragung die Anmeldung der übrigen Betheiligten. Wird die Entscheidung, auf Grund deren die Eintragung erfolgt ist, aufgehoben, so ist dies auf Antrag eines der Betheiligten in das Handelsregister einzutragen.

Ist durch eine rechtskräftige oder vollstreckbare Entscheidung des Prozeßgerichts die Vornahme einer Eintragung für unzulässig erklärt, so darf die Eintragung nicht gegen den Widerspruch desjenigen erfolgen, welcher die Entscheidung erwirkt hat. 2

Dritter Titel.	Dritter Abschnitt.
Von Handelsfirmen.	**Handelsfirma.**

Art. 15. — **§. 17.** §. 17.

I Die Firma eines **Kaufmanns** ist der Name, unter $\frac{\text{welchem}}{\textbf{dem}}$ er im Handel seine Geschäfte betreibt und die Unterschrift abgiebt. 1

Ein Kaufmann kann unter seiner Firma klagen und verklagt werden. 2

Art. 16. — **§. 18.** §. 18.

I Ein **Kaufmann**, $\frac{\text{welcher}}{\textbf{der}}$ sein Geschäft ohne Gesellschafter oder nur mit einem stillen Gesellschafter betreibt, $\frac{\text{darf nur}}{\textbf{hat}}$ seinen Familiennamen (bürgerlichen Namen) mit $\frac{\text{oder}}{\textbf{mindestens}}$ 1 ohne / **einem ausgeschriebenen** Vornamen als Firma führen / **zu führen**.

II Es darf der / **Der** Firma keinen / **darf kein** Zusatz beifügen / **beigefügt werden**, 2
welcher / **der** ein Gesellschaftsverhältniß andeutet . / **oder** **sonst geeignet ist, eine Täuschung über die Art oder den Umfang des Geschäfts oder die Verhältnisse des Geschäftsinhabers herbeizuführen.** Dagegen sind andere Zusätze gestattet, welche / **die** zur näheren Bezeichnung / **Unterscheidung** der Person oder des Geschäfts dienen, **sind gestattet.**

§. 19. Art. 17. — **§. 19.**

I Die Firma einer offenen Handelsgesellschaft 1
muss, wenn in dieselbe nicht die Namen sämmtlicher Gesellschafter aufgenommen sind, | **hat**
den Namen wenigstens eines der Gesellschafter mit einem das Vorhandensein einer Gesellschaft andeutenden Zusatz **oder die Namen aller Gesellschafter** zu enthalten.

II Die Firma einer **Kommanditgesellschaft** muss / **hat** den Namen 2
wenigstens eines persönlich haftenden Gesellschafters mit einem das Vorhandensein einer Gesellschaft andeutenden Zusatze zu enthalten.

Die Beifügung von Vornamen ist nicht erforderlich. 3

III Die Namen anderer Personen als der persönlich haften- 4
den Gesellschafter dürfen in die Firma einer **offenen Handelsgesellschaft oder einer Kommanditgesellschaft** nicht aufgenommen **werden**; / **.** auch darf sich keine offene Handelsgesell-

Gewöhnliche deutsche und lateinische Schrift = altes H.G.

schaft oder Kommanditgesellschaft als Aktiengesellschaft bezeichnen, selbst wenn das Kapital der Kommanditisten in Aktien zerlegt ist.

Art. 18. — **§. 20.** §. 20.

I Die Firma einer Aktiengesellschaft **sowie die Firma einer** 1
Kommanditgesellschaft auf Aktien muss / **ist** in der Regel von dem Gegenstande ihrer Unternehmung entlehnt sein. / **des Unternehmens zu entlehnen; die erstere Firma hat außerdem die Bezeichnung „Aktiengesellschaft", die letztere Firma die Bezeichnung „Kommanditgesellschaft auf Aktien" zu enthalten.**

II Der Name von Gesellschaftern oder anderen Personen darf in die Firma nicht aufgenommen werden.

Art. 19 siehe bei §. 29, vergl. auch §. 12.

Art. 20 siehe bei §. 30.

Art. 21.

I Die Firma muss auch für die an einem anderen Orte oder in einer anderen Gemeinde errichtete Zweigniederlassung bei dem für die letztere zuständigen Handelsgerichte angemeldet werden.*)

II Besteht an einem Orte oder in der Gemeinde, wo (Siehe hierzu bei §. 30 Abs. 3.) die Zweigniederlassung errichtet wird, bereits eine gleiche Firma, so muss der Firma ein Zusatz beigefügt werden, durch welchen sie sich von jener bereits vorhandenen Firma deutlich unterscheidet.

III Die Eintragung bei dem Handelsgerichte der Zweigniederlassung findet nicht statt, bevor nachgewiesen ist, dass

*) Vergl. hierzu §. 13 Abs. 1.

die Eintragung bei dem Handelsgerichte der Hauptniederlassung geschehen ist.**)

§. 21. **§. 21.**

Wird ohne eine Aenderung der Person der Name des Geschäftsinhabers oder der in der Firma enthaltene Name eines Gesellschafters geändert, so kann die bisherige Firma fortgeführt werden. 1

§. 22. Art. 22. — **§. 22.**

I Wer ein bestehendes Handelsgeschäft durch Vertrag / **unter Lebenden** oder Erbgang / **oder von Todeswegen** erwirbt, kann dasselbe unter der bisherigen / **darf für das Geschäft die bisherige** Firma mit oder ohne einen / **Beifügung eines** das Nachfolgeverhältniß andeutenden Zusatz / **Zusatzes** fortführen, wenn der bisherige Geschäftsinhaber oder dessen Erben oder die etwaigen Miterben in die Fortführung der Firma ausdrücklich willigen. **Die Verpflichtung einer Aktiengesellschaft oder einer Kommanditgesellschaft auf Aktien, die im §. 20 vorgeschriebene Bezeichnung in ihre Firma aufzunehmen, wird hierdurch nicht berührt.** 1

Wird ein Handelsgeschäft auf Grund eines Nießbrauchs, eines Pachtvertrags oder eines ähnlichen Verhältnisses übernommen, so finden diese Vorschriften entsprechende Anwendung. 2

§. 23. Art. 23. — **§. 23.**

I Die Veräusserung einer	**Die**	1
Firma	Firma	
als solcher, abgesondert von dem	**kann nicht ohne das**	

**) Vergl. hierzu §. 13 Abs. 2.

Handelsgeschäft, für welches sie bisher geführt wurde / **wird**, ist / **ver-** nicht zulässig / **äußert werden**.

Art. 24. — **§. 24.** §. 24.

I Wenn	**Wird Jemand** 1
in ein bestehendes Handelsgeschäft	
Jemand	

als Gesellschafter eintritt, / **aufgenommen** oder wenn / **tritt** ein **neuer Ge-** sellschafter zu einer / **in eine** Handelsgesellschaft neu hinzutritt oder / **ein oder scheidet** aus einer solchen austritt / **ein Gesellschafter aus**, so kann ungeachtet dieser Veränderung die ursprüngliche / **bisherige** Firma fortgeführt werden.

II Jedoch ist beim Austreten	**Bei dem Ausscheiden** 2
eines Gesellschafters	
dessen ausdrückliche	**, dessen Name in der Firma enthalten ist, bedarf es zur Fortführung der Firma der ausdrücklichen**
Einwilligung	
in die Fortführung der Firma erforderlich, wenn sein Name in der Firma enthalten ist.	**des Gesellschafters oder seiner Erben.**

Art. 25 s. bei §. 31.

§. 25. §. 25.

Wer ein unter Lebenden erworbenes Handelsgeschäft unter der bisherigen Firma mit oder ohne Beifügung eines das Nachfolgeverhältniß andeutenden Zusatzes fortführt, haftet für alle im Betriebe des Geschäfts be- 1 gründeten Verbindlichkeiten des früheren Inhabers. Die in dem Betriebe begründeten Forderungen gelten den Schuldnern gegenüber als auf den Erwerber übergegangen, falls der bisherige Inhaber oder seine Erben in die Fortführung der Firma gewilligt haben.

Eine abweichende Vereinbarung ist einem Dritten 2
gegenüber nur wirksam, wenn sie in das Handelsregister eingetragen und bekannt gemacht oder von dem Erwerber oder dem Veräußerer dem Dritten mitgetheilt worden ist.

Wird die Firma nicht fortgeführt, so haftet der Er- 3
werber eines Handelsgeschäfts für die früheren Geschäftsverbindlichkeiten nur, wenn ein besonderer Verpflichtungsgrund vorliegt, insbesondere wenn die Uebernahme der Verbindlichkeiten in handelsüblicher Weise von dem Erwerber bekannt gemacht worden ist.

§. 26.

§. 26.

Ist der Erwerber des Handelsgeschäfts auf Grund 1
der Fortführung der Firma oder auf Grund der im §. 25 Abs. 3 bezeichneten Bekanntmachung für die früheren Geschäftsverbindlichkeiten haftbar, so verjähren die Ansprüche der Gläubiger gegen den früheren Inhaber mit dem Ablaufe von fünf Jahren, falls nicht nach den allgemeinen Vorschriften die Verjährung schon früher eintritt.

Die Verjährung beginnt im Falle des §. 25 Abs. 1 2
mit dem Ende des Tages, an welchem der neue Inhaber der Firma in das Handelsregister des Gerichts der Hauptniederlassung eingetragen worden ist, im Falle des §. 25 Abs. 3 mit dem Ende des Tages, an welchem die Kundmachung der Uebernahme stattgefunden hat. Konnte der Gläubiger die Leistung erst in einem späteren Zeitpunkte verlangen, so beginnt die Verjährung mit diesem Zeitpunkte.

§. 27.

§. 27.

Wird ein zu einem Nachlasse gehörendes Handels- 1
geschäft von dem Erben fortgeführt, so finden auf die

Haftung des Erben für die früheren Geschäftsverbindlichkeiten die Vorschriften des §. 25 entsprechende Anwendung.

Die unbeschränkte Haftung nach §. 25 Abs. 1 tritt nicht ein, wenn die Fortführung des Geschäfts vor dem Ablaufe von drei Monaten nach dem Zeitpunkt, in welchem der Erbe von dem Anfalle der Erbschaft Kenntniß erlangt hat, eingestellt wird. Auf den Lauf der Frist finden die für die Verjährung geltenden Vorschriften des §. 206 des Bürgerlichen Gesetzbuchs entsprechende Anwendung. Ist bei dem Ablaufe der drei Monate das Recht zur Ausschlagung der Erbschaft noch nicht verloren, so endigt die Frist nicht vor dem Ablaufe der Ausschlagungsfrist. 2

§. 28. §. 28.

Tritt Jemand als persönlich haftender Gesellschafter oder als Kommanditist in das Geschäft eines Einzelkaufmanns ein, so haftet die Gesellschaft, auch wenn sie die frühere Firma nicht fortführt, für alle im Betriebe des Geschäfts entstandenen Verbindlichkeiten des früheren Geschäftsinhabers. Die in dem Betriebe begründeten Forderungen gelten den Schuldnern gegenüber als auf die Gesellschaft übergegangen. 1

Eine abweichende Vereinbarung ist einem Dritten gegenüber nur wirksam, wenn sie in das Handelsregister eingetragen und bekannt gemacht oder von einem Gesellschafter dem Dritten mitgetheilt worden ist. 2

Art. 19. — §. 29. §. 29.

I Jeder Kaufmann ist verpflichtet, seine Firma und den 1
Ort seiner Handelsniederlassung bei dem Handelsgerichte / Gericht, in dessen Bezirke seine Handelsniederlassung sich / sich die Niederlassung befindet, behufs der / zur Eintragung in das Handelsregister anzumelden; er

Gewöhnliche deutsche und fette deutsche Schrift = neues H.G.

hat dieselbe nebst einer persönlichen Unterschrift vor dem
seine Firma zur Aufbewahrung bei dem
Handelsgerichte
Gerichte — zu zeichnen oder die Zeichnung derselben in beglaubigter Form einzureichen.

§. 30. Art. 29. — **§. 30.**

I Jede neue Firma muß sich von allen an demselben Orte oder in derselben Gemeinde bereits bestehenden und in das Handelsregister eingetragenen Firmen deutlich unterscheiden. 1

II Hat ein Kaufmann mit einem in das Handelsregister 2
gleiche Vor- und Familien-
bereits eingetragenen Kaufmanne
die gleichen Vornamen und
namen, der-
den gleichen Familiennamen und will auch er sich dieser
selben dieser
Namen als seiner Firma bedienen, so muß er der Firma ei-
welchen sich dieselbe
nen Zusatz beifügen, durch den sie sich von der bereits eingetragenen Firma deutlich unterscheidet.

Besteht an dem Orte oder in der Gemeinde, wo eine Zweigniederlassung errichtet wird, bereits eine gleiche eingetragene Firma, so muß der Firma für die Zweigniederlassung ein der Vorschrift des Abs. 2 entsprechender Zusatz beigefügt werden. 3

Durch die Landesregierungen kann bestimmt werden, daß benachbarte Orte oder Gemeinden als ein Ort oder als eine Gemeinde im Sinne dieser Vorschriften anzusehen sind. 4

§. 31. Art. 25. — **§. 31.**

I Wenn die | **Eine Aenderung der** 1
Firma

geändert wird oder erlischt,	
oder	
wenn die	**ihrer**
Inhaber	
der Firma sich ändern, so ist dies nach den Bestimmungen des Artikels 19 bei dem Handelsgerichte	**, sowie die Verlegung der Niederlassung an einen anderen Ort ist nach den Vorschriften des §. 29 zur Eintragung in das Handelsregister**
anzumelden.	

Das Gleiche gilt, wenn die Firma erlischt. Kann die Anmeldung des Erlöschens einer eingetragenen Firma durch die hierzu Verpflichteten nicht auf dem im §. 14 bezeichneten Wege herbeigeführt werden, so hat das Gericht das Erlöschen von Amtswegen einzutragen. 2

II Ist die Aenderung oder das Erlöschen nicht in das Handelsregister eingetragen und öffentlich bekannt gemacht, so kann derjenige, bei welchem jene Thatsachen eingetreten sind, dieselben einem Dritten nur insoferne entgegensetzen, als er beweist, dass sie dem Letzteren bekannt waren.*)

III Ist die Eintragung und Bekanntmachung geschehen, so muss ein Dritter die Aenderung oder das Erlöschen gegen sich gelten lassen, sofern nicht die Umstände die Annahme begründen, dass er diese Thatsachen weder gekannt habe, noch habe kennen müssen.**)

§. 32. §. 32.

Wird über das Vermögen eines Kaufmanns der Konkurs eröffnet, so ist dies von Amtswegen in das Handelsregister einzutragen. Das Gleiche gilt von der Aufhebung des Eröffnungsbeschlusses sowie von der Einstellung und 1

*) Vergl. hierzu § 15 Abs. 1 **) Vergl. hierzu §. 15 Abs. 2.

Aufhebung des Konkurses. Eine öffentliche Bekanntmachung der Eintragungen findet nicht statt. Die Vorschriften des §. 15 bleiben außer Anwendung.

§. 33. **§. 33.**

Eine juristische Person, deren Eintragung in das 1
Handelsregister mit Rücksicht auf den Gegenstand oder auf die Art und den Umfang ihres Gewerbebetriebs zu erfolgen hat, ist von sämmtlichen Mitgliedern des Vorstandes zur Eintragung anzumelden.

Der Anmeldung sind die Satzung der juristischen 2
Person und die Urkunden über die Bestellung des Vorstandes in Urschrift oder in öffentlich beglaubigter Abschrift beizufügen. Bei der Anmeldung zum Handelsregister einer Zweigniederlassung bedarf es der Beifügung der Urkunden über die Bestellung des Vorstandes nicht.

Bei der Eintragung sind die Firma und der Sitz 3
der juristischen Person, der Gegenstand des Unternehmens und die Mitglieder des Vorstandes anzugeben. Besondere Bestimmungen der Satzung über die Befugniß des Vorstandes zur Vertretung der juristischen Person oder über die Zeitdauer des Unternehmens sind gleichfalls einzutragen.

§. 34. **§. 34.**

Jede Aenderung der nach §. 33 Abs. 3 einzutragenden 1
Thatsachen oder der Satzung, die Auflösung der juristischen Person, falls sie nicht die Folge der Eröffnung des Konkurses ist, sowie die Personen der Liquidatoren und die besonderen Bestimmungen über ihre Vertretungsbefugniß sind zur Eintragung in das Handelsregister anzumelden.

Bei der Eintragung einer Aenderung der Satzung 2
genügt, soweit nicht die Aenderung die im §. 33 Abs. 3 bezeichneten Angaben betrifft, die Bezugnahme auf die bei dem Gericht eingereichten Urkunden über die Aenderung.

Die Anmeldung hat durch den Vorstand oder, sofern 3

Gewöhnliche deutsche und lateinische Schrift = altes H.G.

die Eintragung erst nach der Anmeldung der ersten Liquidatoren geschehen soll, durch die Liquidatoren zu erfolgen.

Die Eintragung gerichtlich bestellter Vorstandsmitglieder oder Liquidatoren geschieht von Amtswegen. 4

Im Falle des Konkurses finden die Vorschriften des §. 32 Anwendung. 5

§. 35. §. 35.

Die Mitglieder des Vorstandes und die Liquidatoren einer juristischen Person haben ihre Unterschrift zur Aufbewahrung bei dem Gerichte zu zeichnen. 1

§. 36. §. 36.

Ein Unternehmen des Reichs, eines Bundesstaats oder eines inländischen Kommunalverbandes braucht nicht in das Handelsregister eingetragen zu werden. Erfolgt die Anmeldung, so ist die Eintragung auf die Angabe der Firma sowie des Sitzes und des Gegenstandes des Unternehmens zu beschränken. 1

Art. 26.

I Das Handelsgericht hat die Betheiligten zur Befolgung der Vorschriften der Artikel 19, 21 und 25 von Amtswegen durch Ordnungsstrafen anzuhalten.*)

II In gleichen Weise hat es gegen diejenigen einzuschreiten, welche sich einer

§. 37. §. 37.

Wer eine 1

nach den Vorschriften dieses Titels ihnen / **Abschnitts ihm** nicht zustehenden / **zustehende**

*) Vergl. hierzu §. 14 Satz 1.

Gewöhnliche deutsche und fette deutsche Schrift neues H.G.

Firma

bedienen.

gebraucht, ist von dem Registergerichte zur Unterlassung des Gebrauchs der Firma durch Ordnungsstrafen anzuhalten. Die Höhe der Strafen bestimmt sich nach §. 14 Satz 2.

Art. 27.

I Wer 2

durch den unbefugten Gebrauch einer Firma

in seinen Rechten

dadurch

verletzt

ist

wird, daß ein Anderer eine Firma unbefugt gebraucht,

kann

den Unberechtigten auf

von diesem die

Unterlassung

der weiteren Führung

des Gebrauchs

der Firma

und auf Schadensersatz belangen.

II Ueber das Vorhandensein und die Höhe des Schadens entscheidet das Handelsgericht nach seinem freien Ermessen.

verlangen. Ein nach sonstigen Vorschriften begründeter Anspruch auf Schadensersatz bleibt unberührt.

III Das Handelsgericht kann die Veröffentlichung des Erkenntnisses auf Kosten des Verurtheilten verordnen.

Vierter Titel.	Vierter Abschnitt.
Von den Handelsbüchern.	**Handelsbücher.**

Art. 28. — **§. 38.** §. 38.

I Jeder Kaufmann ist verpflichtet, Bücher zu führen 1
, aus welchen / **und in diesen** seine Handelsgeschäfte und die Lage seines Vermögens

vollständig zu ersehen ist.	**nach den Grundsätzen ordnungsmäßiger Buchführung ersichtlich zu machen.**

II Er ist verpflichtet, 2

die empfangenen Handelsbriefe*) aufzubewahren und	

eine Abschrift (Kopie oder Abdruck) der abgesandten / **abgesendeten** Handelsbriefe zurückzubehalten und

nach der Zeitfolge in ein Kopirbuch einzutragen.	**diese Abschriften sowie die empfangenen Handelsbriefe geordnet aufzubewahren.**

Art. 29. — **§. 39.** §. 39.

I Jeder Kaufmann hat bei dem Beginne seines Gewerbes / **Handelsgewerbes** seine Grundstücke, seine Forderungen und Schulden, 1
den Betrag seines baaren Geldes und seine anderen Vermögensstücke / **sonstigen Vermögensgegenstände** genau zu verzeichnen, dabei den Werth

*) Vergl. hierzu §. 44 Abs. 2.

Gewöhnliche deutsche und fette deutsche Schrift = neues H.G.

der einzelnen Vermögensstücke / **Vermögensgegenstände** anzugeben und einen das Verhältniß des Vermögens und der Schulden darstellenden Abschluß zu machen ; / .

er / **Er** hat demnächst in jedem Jahre / **für den Schluß eines jeden Geschäftsjahrs** ein solches Inventar und eine solche Bilanz seines Vermögens anzufertigen. / **aufzustellen; die Dauer des Geschäftsjahrs darf zwölf Monate nicht überschreiten. Die Aufstellung des Inventars und der Bilanz ist innerhalb der einem ordnungsmäßigen Geschäftsgang entsprechenden Zeit zu bewirken.** 2

II Hat der Kaufmann ein Waarenlager, dessen Inventur / **bei dem** nach der Beschaffenheit des Geschäfts | **die Aufnahme des Inventars** nicht füglich in jedem Jahre geschehen kann, so genügt es, wenn das Inventar des Waarenlagers | **sie** alle zwei Jahre aufgenommen wird / **erfolgt**. **Die Verpflichtung zur jährlichen Aufstellung der Bilanz wird hierdurch nicht berührt.** 3

III Für Handelsgesellschaften kommen dieselben Bestimmungen in Bezug auf das Gesellschaftsvermögen zur Anwendung. 4

Art. 30 s. bei §. 41.

§. 40. Art. 31. — **§. 40.**

Die Bilanz ist in Reichswährung aufzustellen. 1

Gewöhnliche deutsche und lateinische Schrift = altes H.G.

I Bei der $\frac{\text{Aufnahme}}{\textbf{Aufstellung}}$ des Inventars und der Bilanz sind sämmtliche $\frac{\text{Vermögensstücke}}{\textbf{Vermögensgegenstände}}$ und $\frac{\text{Forderungen}}{\textbf{Schulden}}$ nach dem Werthe anzusetzen, $\frac{\text{welcher}}{\textbf{der}}$ ihnen $\frac{\text{zur Zeit der Aufnahme}}{\textbf{in dem Zeitpunkte}}$ beizulegen ist $\frac{.}{,}$ **für welchen die Aufstellung stattfindet.** 2

II Zweifelhafte Forderungen sind nach ihrem wahrscheinlichen Werthe anzusetzen, uneinbringliche Forderungen aber abzuschreiben. 3

Art. 30. — **§. 41.** §. 41.

I Das Inventar und die Bilanz sind von dem Kaufmanne zu unterzeichnen. Sind mehrere persönlich haftende Gesellschafter vorhanden, so haben sie alle zu unterzeichnen. 1

II Das Inventar und die Bilanz können in ein dazu bestimmtes Buch eingeschrieben oder jedesmal besonders aufgestellt werden. Im letzteren Falle sind $\frac{\text{dieselben}}{\textbf{sie}}$ zu sammeln und in zusammenhängender Reihenfolge geordnet aufzubewahren. 2

§. 42. §. 42.

Unberührt bleibt bei einem Unternehmen des Reichs, eines Bundesstaats oder eines inländischen Kommunalverbandes die Befugniß der Verwaltung, die Rechnungsabschlüsse in einer von den Vorschriften der §§. 39 bis 41 abweichenden Weise vorzunehmen. 1

Art. 32. — **§. 43.** §. 43.

I Bei der Führung der Handelsbücher und bei den $\frac{\text{übrigen}}{\textbf{sonst}}$ erforderlichen Aufzeichnungen $\frac{\text{muss}}{\textbf{hat}}$ sich der Kaufmann einer lebenden Sprache und der Schriftzeichen einer solchen zu bedienen. 1

Gewöhnliche deutsche und fette deutsche Schrift = neues H.G.

II Die Bücher müssen / **sollen** gebunden und jedes von ihnen muss Blatt für Blatt **oder Seite für Seite** mit fortlaufenden Zahlen versehen sein. 2

III An Stellen, welche / **die** der Regel nach zu beschreiben sind, dürfen keine leeren Zwischenräume gelassen werden. Der ursprüngliche Inhalt einer Eintragung darf nicht durch / **mittelst** Durchstreichen / **Durchstreichens** oder auf andere Weise unleserlich gemacht, es darf nichts radirt, noch / **auch** dürfen solche Veränderungen **nicht** vorgenommen werden, bei deren Beschaffenheit es ungewiß ist / **läßt**, ob sie bei der ursprünglichen Eintragung oder erst später gemacht worden sind. 3

§. 44. Art. 33. — **§. 44.**

I Die Kaufleute sind verpflichtet, ihre Handelsbücher während / **bis zum Ablaufe von** zehn Jahre / **Jahren**, von dem Tage der in dieselben geschehenen / **darin vorgenommenen** letzten Eintragung an gerechnet, aufzubewahren. 1

II Dasselbe gilt in Ansehung der empfangenen Handelsbriefe **und der Abschriften der abgesendeten Handelsbriefe**,* sowie in Ansehung der Inventare und Bilanzen. 2

Art. 34 bis 36

(von der Beweiskraft der Handelsbücher sind schon durch § 13 Nr. 2 des Einführungsgesetzes zur Civilprozessordnung aufgehoben).

*) Vergl. dazu Art. 28 Abs. II.

Art. 37*. — **§. 45.** §. 45.

I Im Laufe eines Rechtsstreits kann der Richter / **das Gericht** auf den 1
Antrag einer Partei **oder von Amtswegen** die Vorlegung
der Handelsbücher der Gegenpartei verordnen / **einer Partei anordnen**.

Die Vorschriften der Civilprozeßordnung über die Verpflichtung des Prozeßgegners zur Vorlegung von Urkunden bleiben unberührt. 2

Art. 38. — **§. 46.** §. 46.

I Wenn / **Werden** in einem Rechtsstreite Handelsbücher vorgelegt 1
werden, so ist von dem / **ihrem** Inhalte derselben, soweit er den Streitpunkt betrifft, unter Zuziehung der Parteien Einsicht zu nehmen und im geeigneten Falle / **geeignetenfalls** ein Auszug zu fertigen. Der übrige Inhalt der Bücher ist dem Richter / **Gericht** insoweit offen zu legen, als dies / **es** zur Prüfung ihrer ordnungsmäßigen Führung nothwendig ist.

Art. 39

(über das Verbot der Versendung der Handelsbücher zum Zwecke der Beweisaufnahme ist schon durch § 13 Nr. 2 des Einführungsgesetzes zur Civilprozessordnung aufgehoben.)

Art. 40. — **§. 47.** §. 47.

I Die Mittheilung der Handelsbücher zur vollständigen Kenntnissnahme von ihrem ganzen Inhalte kann	**Bei Vermögensauseinandersetzungen, insbesondere**	1

*) Art. 37 Abs. II ist schon durch §. 13 Nr. 2 des Einführungsgesetzes zur Civilprozessordnung aufgehoben.

Gewöhnliche deutsche und fette deutsche Schrift = neues H.G.

in Erbschafts- $\frac{\text{oder}}{}$ Gütergemeinschafts- $\frac{\text{sowie in}}{\text{und}}$ Gesellschafts- theilungssachen

und im Konkurse, soweit es die Bücher des Gemeinschuldners betrifft*), gerichtlich verordnet werden.

kann das Gericht die Vorlegung der Handelsbücher zur Kenntnißnahme von ihrem ganzen Inhalt anordnen.

Fünfter Titel.

Fünfter Abschnitt.

Von den Prokuristen und Handelsbevollmächtigten.

Prokura und Handelsvollmacht.

§. 48. Art. 41. — **§. 48.**

I Wer von dem Eigenthümer einer Handelsniederlassung (Prinzipal) beauftragt ist, in dessen Namen und für dessen Rechnung das Handelsgeschäft zu betreiben und per procura die Firma zu zeichnen, ist Prokurist.

Die Prokura kann nur von dem Inhaber des Handelsgeschäfts oder seinem gesetzlichen Vertreter und nur mittelst ausdrücklicher Erklärung ertheilt werden. 1

II Die Bestellung des Prokuristen kann durch Ertheilung einer ausdrücklich als Prokura bezeichneten Vollmacht, oder durch ausdrückliche Bezeichnung des Bevollmächtigten als Prokuristen, oder durch die Ermächtigung, per procura die Firma des Prinzipals zu zeichnen, geschehen.

III Die $\frac{\text{Prokura}}{\textbf{Ertheilung}}$ kann $\frac{\text{mehreren}}{\textbf{an mehrere}}$ Personen gemeinschaftlich $\frac{\text{ertheilt werden (Kollektivprokura).}}{\textbf{erfolgen (Gesammtprokura).}}$ 2

*) Vergl. jetzt §. 122 K.O.

Gewöhnliche deutsche und lateinische Schrift = altes H.G.

Art. 42. — **§. 49.** §. 49.

I Die Prokura ermächtigt zu allen Arten von gerichtlichen 1
und außergerichtlichen Geschäften und Rechtshandlungen, welche / **die**
der Betrieb eines Handelsgewerbes mit sich bringt ; / . sie ersetzt jede nach den Landesgesetzen erforderliche Spezialvollmacht; sie berechtigt zur Anstellung und Entlassung von Handlungsgehülfen und Bevollmächtigten.

II Zur Veräußerung und Belastung von Grundstücken ist 2
der Prokurist nur ermächtigt, wenn ihm diese Befugniß besonders ertheilt ist.

Art. 43. — **§. 50.** §. 50.

I Eine Beschränkung des Umfanges der Prokura 1

(Art. 42) hat dritten Personen gegenüber keine rechtliche Wirkung.	**ist Dritten gegenüber unwirksam.**

II Dies gilt insbesondere von der Beschränkung, daß die 2
Prokura nur für gewisse Geschäfte oder gewisse Arten von Geschäften gelte oder dass sie nur unter gewissen Umständen oder für eine gewisse Zeit oder an einzelnen Orten ausgeübt werden solle / **soll**.

Eine Beschränkung der Prokura auf den Betrieb einer von mehreren Niederlassungen des Geschäftsinhabers ist Dritten gegenüber nur wirksam, wenn die Niederlassungen unter verschiedenen Firmen betrieben werden. Eine Verschiedenheit der Firmen im Sinne dieser Vorschrift wird auch dadurch begründet, daß für eine Zweigniederlassung der Firma ein Zusatz beigefügt wird, der sie als Firma der Zweigniederlassung bezeichnet. 3

Art. 44. — §. 51. §. 51.

I Der Prokurist hat in der Weise zu zeichnen, daß er der 1
Firma

einen	**seinen Namen mit einem**

die Prokura andeutenden

Zusatz und seinen Namen	**Zusatze**

beifügt.

II Bei einer Kollektivprokura hat jeder Prokurist der mit diesem Zusatze versehenen Firmazeichnung seinen Namen beizufügen.

Art. 45 s. bei §. 53.

§. 52. Art. 54. — **§. 52.**

I Die Prokura oder Handlungsvollmacht ist **ohne Rücksicht auf das der Ertheilung zu Grunde liegende Rechtsverhältniß** zu jeder Zeit / **jederzeit** widerruflich, unbeschadet der Rechte / **des Anspruchs** aus dem bestehenden Dienstverhältnisse. / **auf die vertragsmäßige Vergütung.** 1

Die Prokura ist nicht übertragbar. 2

II Der	**Die Prokura erlischt nicht durch den** 3

Tod des

Prinzipals hat das Erlöschen der Prokura oder Handlungsvollmacht nicht zur Folge.	**Inhabers des Handelsgeschäfts.**

§. 53. Art. 45. — **§. 53.**

I Die Ertheilung der Prokura ist 1

vom Prinzipal persönlich oder in beglaubigter Form beim Handelsgerichte	**von dem Inhaber des Handelsgeschäfts**

zur Eintragung in das Handelsregister anzumelden. **Ist die Prokura als Gesammtprokura ertheilt, so muß auch dies zur Eintragung angemeldet werden.**

II Der Prokurist hat die Firma nebst seiner Namensunter- 2

schrift [persönlich vor dem Handelsgerichte / **zur Aufbewahrung bei dem Gerichte**] zu zeichnen (Art. 44) oder die Zeichnung in beglaubigter Form einzureichen.

III Das Erlöschen der Prokura ist von dem Prinzipal **in** gleicher Weise **wie die Ertheilung** zur Eintragung in das Handelsregister **anzumelden**.*) 3

IV Die Betheiligten sind zur Befolgung dieser Vorschriften von Amtswegen durch Ordnungsstrafen anzuhalten.**)

Art. 46.***)

I Wenn das Erlöschen der Prokura nicht in das Handelsregister eingetragen und öffentlich bekannt gemacht ist, so kann der Prinzipal dasselbe einem Dritten nur dann entgegensetzen, wenn er beweist, dass es Letzterem beim Abschlusse des Geschäftes bekannt war.

II Ist die Eintragung und Bekanntmachung geschehen, so muss ein Dritter das Erlöschen der Prokura gegen sich gelten lassen, sofern nicht durch die Umstände die Annahme begründet wird, dass er das Erlöschen beim Abschlusse des Geschäfts weder gekannt habe, noch habe kennen müssen.

Art. 47. — **§. 54.** §. 54.

I [Wenn ein Prinzipal Jemanden / **Ist Jemand**] ohne Ertheilung der Prokura, 1 sei es **zum** Betrieb [seines ganzen / **eines**] Handelsgewerbes oder [zu / **zur Vornahme**] einer bestimmten **zu einem Handelsgewerbe gehörigen** Art von Geschäften oder

zu einzelnen Geschäften, in seinem Handelsgewerbe bestellt (Handlungsbevollmächtigter)	**zur Vornahme einzelner zu einem Handelsgewerbe gehöriger Geschäfte ermächtigt,**

so erstreckt sich die Vollmacht **(Handlungsvollmacht)** auf alle

*) Vergl. auch §. 12. **) Vergl. jetzt §. 14 Satz 1. ***) Vergl. jetzt §. 15 Abs. 1, 2.

Geschäfte und Rechtshandlungen, welche / die der Betrieb eines derartigen Handelsgewerbes oder die Ausführung / Vornahme derartiger Geschäfte mit sich bringt.

II Jedoch ist der Handlungsbevollmächtigte zum Eingehen | **Zur Veräußerung oder Belastung von Grundstücken, zur Eingehung** 2

von Wechselverbindlichkeiten, zur Aufnahme von Darlehen und zur Prozeßführung

| **ist der Handlungsbevollmächtigte**

nur ermächtigt, wenn ihm eine solche Befugniß besonders ertheilt ist.

Sonstige Beschränkungen der Handlungsvollmacht braucht ein Dritter nur dann gegen sich gelten zu lassen, wenn er sie kannte oder kennen mußte. 3

III Im Uebrigen bedarf er zu den Geschäften, auf welche sich seine Vollmacht erstreckt, der in den Landesgesetzen vorgeschriebenen Spezialvollmacht nicht.

Art. 48 s. bei §. 57.

§. 55. Art. 49. — **§. 55.***)

I Die Bestimmungen der beiden vorhergehenden Artikel / **Vorschriften des §. 54** 1

finden auch Anwendung auf Handlungsbevollmächtigte, welche ihr Prinzipal / **Anwendung, die** als Handlungsreisende zu / **zur Vornahme von Geschäften an auswärtigen Orten** verwendet **werden, an denen sich eine Niederlassung des Geschäftsinhabers nicht befindet.**

II Dieselben / **Die Reisenden** gelten insbesondere für ermächtigt, den 2

*) Vergl. auch § 87.

Gewöhnliche deutsche und lateinische Schrift = altes H.G.

Kaufpreis aus den von ihnen abgeschlossenen Verkäufen einzuziehen $\frac{\text{oder}}{\textbf{und}}$ dafür Zahlungsfristen zu bewilligen.

Die Anzeige von Mängeln einer Waare, die Erklärung, daß eine Waare zur Verfügung gestellt werde, sowie andere Erklärungen solcher Art können dem anwesenden Reisenden gegenüber abgegeben werden. 3

Art. 50. — **§. 56.** §. 56.

I Wer in einem Laden oder in einem offenen Magazin oder Waarenlager angestellt ist, gilt $\frac{\text{für}}{\textbf{als}}$ ermächtigt $\frac{\text{, daselbst Verkäufe}}{\textbf{zu Verkäufen}}$ und Empfangnahmen vorzunehmen, $\frac{\text{welche}}{\textbf{die}}$ in einem derartigen Laden, Magazin oder Waarenlager gewöhnlich geschehen. 1

Art. 51.

I Wer die Waare und eine unquittirte Rechnung überbringt, gilt deshalb noch nicht für ermächtigt, die Zahlung zu empfangen.

Art. 52.

I Durch das Rechtsgeschäft, welches ein Prokurist oder ein Handlungsbevollmächtigter gemäss der Prokura oder der Vollmacht im Namen des Prinzipals schliesst, wird der letztere dem Dritten gegenüber berechtigt und verpflichtet.

II Es ist gleichgültig, ob das Geschäft ausdrücklich im Namen des Prinzipals geschlossen worden ist, oder ob die Umstände ergeben, dass es nach dem Willen der Kontrahenten für den Prinzipal geschlossen werden sollte.

III Zwischen dem Prokuristen oder Bevollmächtigten und dem Dritten erzeugt das Geschäft weder Rechte noch Verbindlichkeiten.

Art. 53 s. bei §. 58.

Art. 48. — **§. 57.** §. 57

I **Der Handlungsbevollmächtigte hat sich bei der Zeichnung** 1

Gewöhnliche deutsche und fette deutsche Schrift = neues H G.

jedes eine Prokura andeutenden Zusatzes zu enthalten; er hat mit einem das Vollmachtsverhältniß ausdrückenden Zusatze zu zeichnen.

§. 58. Art. 53. — §. 58.

I Der Prokurist oder der Handlungsbevollmächtigte kann 1
ohne Einwilligung / Zustimmung des Prinzipals / Inhabers des Handelsgeschäfts seine Prokura oder Handlungsvollmacht auf einen Anderen nicht übertragen.

Art. 54 s. bei §. 52.

Art. 55.

I Wer ein Handelsgeschäft als Prokurist oder als Handlungsbevollmächtigter schliesst, ohne Prokura oder Handlungsvollmacht erhalten zu haben, ingleichen ein Handlungsbevollmächtigter, welcher bei Abschluss eines Geschäfts seine Vollmacht überschreitet, ist dem Dritten persönlich nach Handelsrecht verhaftet; der Dritte kann nach seiner Wahl ihn auf Schadensersatz oder Erfüllung belangen.

II Diese Haftungspflicht tritt nicht ein, wenn der Dritte, ungeachtet er den Mangel der Prokura oder der Vollmacht oder die Ueberschreitung der letzteren kannte, sich mit ihm eingelassen hat.

Art. 56

I Ein Prokurist oder ein zum Betriebe eines ganzen Handelsgewerbes bestellter Handlungsbevollmächtigter darf ohne Einwilligung des Prinzipals weder für eigene Rechnung, noch für Rechnung eines Dritten Handelsgeschäfte machen.

II Eine Einwilligung des Prinzipals ist schon dann anzunehmen, wenn ihm bei Ertheilung der Prokura oder der Vollmacht bekannt war, dass der Prokurist oder Handlungsbevollmächtigte für eigene oder fremde Rechnung Handelsgeschäfte betreibe, und er die Aufgebung dieses Betriebes nicht bedungen hat.

III Uebertritt der Prokurist oder Handlungsbevollmächtigte

diese Vorschrift, so kann der Prinzipal Ersatz des verursachten Schadens fordern. Auch muss sich der Prokurist oder Handlungsbevollmächtigte auf Verlangen des Prinzipals gefallen lassen, dass die für seine Rechnung gemachten Geschäfte als für Rechnung des Prinzipals geschlossen angesehen werden.

Sechster Titel.

Von den Handlungsgehülfen.

Sechster Abschnitt.

Handlungsgehülfen und Handlungslehrlinge.

Art. 57. — **§. 59.** §. 59.

I Die Natur der Dienste und die Ansprüche der Handlungsgehülfen (Handlungsdiener, Handlungslehrlinge) auf Gehalt und Unterhalt werden, in Ermangelung einer Uebereinkunft, durch den

Wer in einem Handelsgewerbe zur Leistung kaufmännischer Dienste gegen Entgelt angestellt ist (Handlungsgehülfe), hat, soweit nicht besondere Vereinbarungen über die Art und den Umfang seiner Dienstleistungen oder über die ihm zukommende Vergütung getroffen sind, die dem Ortsgebrauch entsprechenden Dienste zu leisten sowie die dem 1

Ortsgebrauch

oder durch das Ermessen des Gerichts, nöthigenfalls nach Einholung eines Gutachtens von Sachverständigen, bestimmt.

entsprechende Vergütung zu beanspruchen. In Ermangelung eines Ortsgebrauchs gelten die den Umständen nach angemessenen Leistungen als vereinbart.

Art. 58.

I Ein Handlungsgehülfe ist nicht ermächtigt, Rechtsge-

Gewöhnliche deutsche und fette deutsche Schrift = neues H.G.

schäfte im Namen und für Rechnung des Prinzipals vorzunehmen.

II Wird er jedoch von dem Prinzipal zu Rechtsgeschäften in dessen Handelsgewerbe beauftragt, so finden die Bestimmungen über Handlungsbevollmächtigte Anwendung.

§. 60. Art. 59. — **§. 60.**

I Ein / **Der** Handlungsgehülfe darf ohne Einwilligung des Prinzipals weder 1

für eigne Rechnung noch für Rechnung eines Dritten Handelsgeschäfte	**ein Handelsgewerbe betreiben noch in dem Handelszweige des Prinzipals für eigne oder fremde Rechnung Geschäfte**

machen.

Die Einwilligung zum Betrieb eines Handelsgewerbes gilt als ertheilt, wenn dem Prinzipal bei der Anstellung des Gehülfen bekannt ist, daß er das Gewerbe betreibt, und der Prinzipal die Aufgabe des Betriebs nicht ausdrücklich vereinbart. 2

II In dieser Beziehung kommen die für den Prokuristen und Handlungsbevollmächtigten geltenden Bestimmungen (Art. 56) zur Anwendung.*)

§. 61. **§. 61.**)**

Verletzt der Handlungsgehülfe die ihm nach §. 60 obliegende Verpflichtung, so kann der Prinzipal Schadensersatz fordern; er kann statt dessen verlangen, daß der Handlungsgehülfe die für eigene Rechnung gemachten Geschäfte als für Rechnung des Prinzipals eingegangen gelten lasse und die aus Geschäften für fremde Rechnung bezogene Vergütung herausgebe oder seinen Anspruch auf die Vergütung abtrete. 1

*) Vergl. dazu auch §. 61 Abs. 1 und §. 76 Abs. 1.
**) Vergl. dazu Art. 59.

Die Ansprüche verjähren in drei Monaten von dem 2
Zeitpunkt an, in welchem der Prinzipal Kenntniß von dem Abschlusse des Geschäfts erlangt; sie verjähren ohne Rücksicht auf diese Kenntniß in fünf Jahren von dem Abschlusse des Geschäfts an.

§. 62.

§. 62.

Der Prinzipal ist verpflichtet, die Geschäftsräume 1
und die für den Geschäftsbetrieb bestimmten Vorrichtungen und Geräthschaften so einzurichten und zu unterhalten, auch den Geschäftsbetrieb und die Arbeitszeit so zu regeln, daß der Handlungsgehülfe gegen eine Gefährdung seiner Gesundheit, soweit die Natur des Betriebs es gestattet, geschützt und die Aufrechterhaltung der guten Sitten und des Anstandes gesichert ist.

Ist der Handlungsgehülfe in die häusliche Gemein- 2
schaft aufgenommen, so hat der Prinzipal in Ansehung des Wohn- und Schlafraums, der Verpflegung sowie der Arbeits- und Erholungszeit diejenigen Einrichtungen und Anordnungen zu treffen, welche mit Rücksicht auf die Gesundheit, die Sittlichkeit und die Religion des Handlungsgehülfen erforderlich sind.

Erfüllt der Prinzipal die ihm in Ansehung des Lebens 3
und der Gesundheit des Handlungsgehülfen obliegenden Verpflichtungen nicht, so finden auf seine Verpflichtung zum Schadensersatze die für unerlaubte Handlungen geltenden Vorschriften der §§. 842 bis 846 des Bürgerlichen Gesetzbuchs entsprechende Anwendung.

Die dem Prinzipal hiernach obliegenden Verpflicht- 4
ungen können nicht im voraus durch Vertrag aufgehoben oder beschränkt werden.

Art. 60 — §. 63.*)

§. 63.

I Ein / **Wird der** Handlungsgehülfe, welcher durch / **durch** unver- 1

*) Vergl. auch §. 76 Abs 1.

schuldetes Unglück an der Leistung seines Dienstes zeitweise / **der Dienste** verhindert

wird, geht dadurch seiner Ansprüche	**, so behält er seinen Anspruch**

auf Gehalt und Unterhalt

nicht verlustig. Jedoch hat er auf diese Vergünstigung nur für	**, jedoch nicht über**

die Dauer von sechs Wochen Anspruch / **hinaus**.

Der Handlungsgehülfe ist nicht verpflichtet, sich den Betrag anrechnen zu lassen, der ihm für die Zeit der Verhinderung aus einer Kranken- oder Unfallversicherung zukommt. Eine Vereinbarung, welche dieser Vorschrift zuwiderläuft, ist nichtig. 2

§. 64. **§. 64.**

Die Zahlung des dem Handlungsgehülfen zukommenden Gehalts hat am Schlusse jedes Monats zu erfolgen. Eine Vereinbarung, nach der die Zahlung des Gehalts später erfolgen soll, ist nichtig. 1

§. 65. **§. 65.**

Ist bedungen, daß der Handlungsgehülfe für Geschäfte, die von ihm geschlossen oder vermittelt werden, Provision erhalten solle, so finden die für die Handlungsagenten geltenden Vorschriften des §. 88 und des §. 91 Satz 1 Anwendung. 1

§. 66. Art. 61. — **§. 66.**

I Das Dienstverhältniß zwischen dem Prinzipal und dem Handlungsdiener / **Handlungsgehülfen** kann, **wenn es für unbestimmte Zeit eingegangen ist,** von jedem Theile mit Ablauf / **für den Schluß** eines Kalendervierteljahrs 1

nach vorgängiger sechswöchentlicher Kündigung aufgehoben	**unter Einhaltung einer Kündigungsfrist von sechs Wochen gekündigt**

werden.

§. 67. §. 67.

Ist / **Wird** durch Vertrag eine kürzere oder längere Zeitdauer 1
oder eine kürzere oder längere Kündigungsfrist bedungen, so

hat es hierbei sein Bewenden.	**muß sie für beide Theile gleich sein; sie darf nicht weniger als einen Monat betragen.**

Die Kündigung kann nur für den Schluß eines Kalendermonats zugelassen werden. 2

Die Vorschriften des Abs. 1 finden auch in dem Falle Anwendung, wenn das Dienstverhältniß für bestimmte Zeit mit der Vereinbarung eingegangen wird, daß es in Ermangelung einer vor dem Ablaufe der Vertragszeit erfolgten Kündigung als verlängert gelten soll. 3

Eine Vereinbarung, die diesen Vorschriften zuwiderläuft, ist nichtig. 4

Abs. II siehe bei §. 77.

§. 68. §. 68.

Die Vorschriften des §. 67 finden keine Anwendung, wenn der Handlungsgehülfe einen Gehalt von mindestens fünftausend Mark für das Jahr bezieht. 1

Sie bleiben ferner außer Anwendung, wenn der Handlungsgehülfe für eine außereuropäische Handelsniederlassung angenommen ist und nach dem Vertrage der Prinzipal für den Fall, daß er das Dienstverhältniß kündigt, die Kosten der Rückreise des Handlungsgehülfen zu tragen hat. 2

§. 69. §. 69.

Wird ein Handlungsgehülfe nur zu vorübergehender 1

Aushülfe angenommen, so finden die Vorschriften des §. 67 keine Anwendung, es sei denn, daß das Dienstverhältniß über die Zeit von drei Monaten hinaus fortgesetzt wird. Die Kündigungsfrist muß jedoch auch in einem solchen Falle für beide Theile gleich sein.

§. 70.

Art. 62. — **§. 70.*)**

I Die Aufhebung des Dienstverhältnisses vor der bestimmten Zeit (Art. 61) kann aus wichtigen Gründen von jedem Theile verlangt werden.	**Das Dienstverhältniß kann von jedem Theile ohne Einhaltung einer Kündigungsfrist gekündigt werden, wenn ein wichtiger Grund vorliegt.** 1

Wird die Kündigung durch vertragswidriges Verhalten des anderen Theiles veranlaßt, so ist dieser zum Ersatze des durch die Aufhebung des Dienstverhältnisses entstehenden Schadens verpflichtet. 2

II Die Beurtheilung der Wichtigkeit der Gründe bleibt dem Ermessen des Richters überlassen.

§. 71.

Art. 63. — **§. 71.**)**

I Gegen den Prinzipal kann insbesondere die Aufhebung des Dienstverhältnisses ausgesprochen werden, wenn derselbe	**Als ein wichtiger Grund, der den Handlungsgehülfen zur Kündigung ohne Einhaltung einer Kündigungsfrist berechtigt, ist es, sofern nicht besondere Umstände eine andere Beurtheilung rechtfertigen, namentlich anzusehen:** 1 **1. wenn der Handlungsgehülfe zur Fortsetzung seiner Dienste unfähig wird;** **2. wenn der Prinzipal**

*) Vergl. auch §. 77 Abs. 3.
**) Vergl. auch §. 77 Abs. 3.

den Gehalt oder den gebührenden Unterhalt nicht gewährt,;

oder wenn er sich thätlicher Misshandlungen oder schwerer	3. wenn der Prinzipal den ihm nach §. 62 obliegenden Verpflichtungen nachzukommen verweigert;
	4. wenn sich der Prinzipal Thätlichkeiten, erhebliche

Ehrverletzungen oder unsittliche Zumuthungen gegen den Handlungsgehülfen

schuldig macht.	zu Schulden kommen läßt oder es verweigert, den Handlungsgehülfen gegen solche Handlungen eines anderen Angestellten oder eines Familienangehörigen des Prinzipals zu schützen.

Art. 64. — §. 72.*) §. 72.

I Gegen den Handlungsgehülfen kann insbesondere die Aufhebung des Dienstverhältnisses ausgesprochen werden:	Als ein wichtiger Grund, der den Prinzipal zur Kündigung ohne Einhaltung einer Kündigungsfrist berechtigt, ist es, sofern nicht besondere Umstände eine andere Beurtheilung rechtfertigen, namentlich anzusehen: 1

1. wenn derselbe / der Handlungsgehülfe im Dienste untreu ist oder

*) Vergl. auch §. 77 Abs. 3.

das Vertrauen mißbraucht

2) wenn derselbe ohne Einwilligung des Prinzipals für eigene Rechnung oder für Rechnung eines Dritten Handelsgeschäfte macht;	**oder die ihm nach §. 60 obliegende Verpflichtung verletzt;**
3) wenn derselbe seine Dienste zu leisten verweigert oder ohne einen rechtmässigen Hinderungsgrund während einer den Umständen nach erheblichen Zeit unterlässt;	**2. wenn er seinen Dienst während einer den Umständen nach erheblichen Zeit unbefugt verläßt oder sich beharrlich weigert, seinen Dienstverpflichtungen nachzukommen;**

4. / **3.** wenn derselbe / **er** durch anhaltende Krankheit oder Kränk- / **,** lichkeit oder durch eine längere Freiheitsstrafe oder Abwesenheit **oder durch eine die Zeit von acht Wochen übersteigende militärische Dienstleistung** an **der** Verrichtung seiner Dienste verhindert wird;

5. / **4.** wenn derselbe / **er** sich thätlicher Misshandlungen / **Thätlichkeiten** oder er- / **er-** heblicher / **hebliche** Ehrverletzungen gegen den Prinzipal **oder dessen Stellvertreter** schuldig macht / **zu Schulden kommen läßt**

6) wenn derselbe sich einem unsittlichen Lebenswandel ergiebt.

Erfolgt die Kündigung, weil der Handlungsgehülfe 2
durch unverschuldetes Unglück längere Zeit an der Verrichtung seiner Dienste verhindert ist, so wird dadurch der im §. 63 bezeichnete Anspruch des Gehülfen nicht berührt.

Art. 65 s. bei §. 83.

Gewöhnliche deutsche und lateinische Schrift = altes H.G.

§. 73. § 73.

Bei der Beendigung des Dienstverhältnisses kann der 1
Handlungsgehülfe ein schriftliches Zeugniß über die Art
und Dauer der Beschäftigung fordern. Das Zeugniß ist
auf Verlangen des Handlungsgehülfen auch auf die Führ-
ung und die Leistungen auszudehnen.

Auf Antrag des Handlungsgehülfen hat die Orts- 2
polizeibehörde das Zeugniß kosten- und stempelfrei zu
beglaubigen.

§. 74. §. 74.

Eine Vereinbarung zwischen dem Prinzipal und dem 1
Handlungsgehülfen, durch welche dieser für die Zeit nach
der Beendigung des Dienstverhältnisses in seiner gewerb-
lichen Thätigkeit beschränkt wird, ist für den Handlungs-
gehülfen nur insoweit verbindlich, als die Beschränkung
nach Zeit, Ort und Gegenstand nicht die Grenzen über-
schreitet, durch welche eine unbillige Erschwerung des
Fortkommens des Handlungsgehülfen ausgeschlossen wird.

Die Beschränkung kann nicht auf einen Zeitraum 2
von mehr als drei Jahren von der Beendigung des Dienst-
verhältnisses an erstreckt werden.

Die Vereinbarung ist nichtig, wenn der Handlungs- 3
gehülfe zur Zeit des Abschlusses minderjährig ist.

§. 75. §. 75.

Giebt der Prinzipal durch vertragswidriges Verhalten 1
dem Handlungsgehülfen Grund, das Dienstverhältniß ge-
mäß den Vorschriften der §§. 70, 71 aufzulösen, so kann
er aus einer Vereinbarung der im §. 74 bezeichneten Art
Ansprüche nicht geltend machen. Das Gleiche gilt, wenn
der Prinzipal das Dienstverhältniß kündigt, es sei denn,
daß für die Kündigung ein erheblicher Anlaß vorliegt, den
er nicht verschuldet hat, oder daß während der Dauer der
Beschränkung dem Handlungsgehülfen das zuletzt von ihm
bezogene Gehalt fortgezahlt wird.

Hat der Handlungsgehülfe für den Fall, daß er die in der Vereinbarung übernommene Verpflichtung nicht erfüllt, eine Strafe versprochen, so kann der Prinzipal nur die verwirkte Strafe verlangen; der Anspruch auf Erfüllung oder auf Ersatz eines weiteren Schadens ist ausgeschlossen. Die Vorschriften des Bürgerlichen Gesetzbuchs über die Herabsetzung einer unverhältnißmäßig hohen Vertragsstrafe bleiben unberührt. 2

Vereinbarungen, welche diesen Vorschriften zuwiderlaufen, sind nichtig. 3

§. 76.

§. 76.*)

Die Vorschriften der §§. 60 bis 63, 74, 75 finden auch auf Handlungslehrlinge Anwendung. 1

Der Lehrherr ist verpflichtet, dafür zu sorgen, daß der Lehrling in den bei dem Betriebe des Geschäfts vorkommenden kaufmännischen Arbeiten unterwiesen wird; er hat die Ausbildung des Lehrlinges entweder selbst oder durch einen geeigneten, ausdrücklich dazu bestimmten Vertreter zu leiten. Die Unterweisung hat in der durch den Zweck der Ausbildung gebotenen Reihenfolge und Ausdehnung zu geschehen. 2

Der Lehrherr darf dem Lehrlinge die zu seiner Ausbildung erforderliche Zeit und Gelegenheit durch Verwendung zu anderen Dienstleistungen nicht entziehen; auch hat er ihm die zum Besuche des Gottesdienstes an Sonntagen und Festtagen erforderliche Zeit und Gelegenheit zu gewähren. Er hat den Lehrling zur Arbeitsamkeit und zu guten Sitten anzuhalten. 3

In Betreff der Verpflichtung des Lehrherrn, dem Lehrlinge die zum Besuch einer Fortbildungsschule erforderliche Zeit zu gewähren, bewendet es bei den Vorschriften des §. 120 der Gewerbeordnung. 4

---

*) Vergl. dazu Art. 59, 60.

Art. 61 Abs. II.*) — §. 77. §. 77.

II In Betreff der Handlungslehrlinge ist die | Die 1

Dauer der Lehrzeit

| bestimmt sich

nach dem Lehrvertrag und , in Ermangelung vertragsmäßiger Bestimmungen / Festsetzung nach den örtlichen Verordnungen oder dem Ortsgebrauche zu beurtheilen.

Das Lehrverhältniß kann, sofern nicht eine längere Probezeit vereinbart ist, während des ersten Monats nach dem Beginne der Lehrzeit ohne Einhaltung einer Kündigungsfrist gekündigt werden. Eine Vereinbarung, nach der die Probezeit mehr als drei Monate betragen soll, ist nichtig. 2

Nach dem Ablaufe der Probezeit finden auf die Kündigung des Lehrverhältnisses die Vorschriften der §§. 70 bis 72 Anwendung. Als ein wichtiger Grund zur Kündigung durch den Lehrling ist es insbesondere auch anzusehen, wenn der Lehrherr seine Verpflichtungen gegen den Lehrling in einer dessen Gesundheit, Sittlichkeit oder Ausbildung gefährdenden Weise vernachlässigt.**) 3

Im Falle des Todes des Lehrherrn kann das Lehrverhältniß innerhalb eines Monats ohne Einhaltung einer Kündigungsfrist gekündigt werden. 4

§. 78. §. 78.

Wird von dem gesetzlichen Vertreter des Lehrlinges oder, sofern dieser volljährig ist, von ihm selbst dem Lehrherrn die schriftliche Erklärung abgegeben, daß der Lehr- 1

*) Art. 61 Abs. I siehe oben bei §§. 66 bis 69.
**) Vergl. hierher Art. 63, 64.

ling zu einem anderen Gewerbe oder zu einem anderen Beruf übergehen werde, so endigt, wenn nicht der Lehrling früher entlassen wird, das Lehrverhältniß nach dem Ablauf eines Monats.

Tritt der Lehrling der abgegebenen Erklärung zuwider 2
vor dem Ablaufe von neun Monaten nach der Beendigung des Lehrverhältnisses in ein anderes Geschäft als Handlungslehrling oder als Handlungsgehülfe ein, so ist er dem Lehrherrn zum Ersatze des diesem durch die Beendigung des Lehrverhältnisses entstandenen Schadens verpflichtet. Mit ihm haftet als Gesammtschuldner der neue Lehrherr oder Prinzipal, sofern er von dem Sachverhalte Kenntniß hatte.

§. 79. **§. 79.**

Ansprüche wegen unbefugten Austritts aus der Lehre 1
kann der Lehrherr gegen den Lehrling nur geltend machen, wenn der Lehrvertrag schriftlich geschlossen ist.

§. 80. **§. 80.**

Bei der Beendigung des Lehrverhältnisses hat der 1
Lehrherr dem Lehrling ein schriftliches Zeugniß über die Dauer der Lehrzeit und die während dieser erworbenen Kenntnisse und Fähigkeiten sowie über sein Betragen auszustellen.

Auf Antrag des Lehrlinges hat die Ortspolizeibehörde 2
das Zeugniß kosten- und stempelfrei zu beglaubigen.

§. 81. **§. 81.**

Personen, die nicht im Besitze der bürgerlichen Ehren- 1
rechte sind, dürfen Handlungslehrlinge weder halten noch sich mit der Anleitung von Handlungslehrlingen befassen. Der Lehrherr darf solche Personen zur Anleitung von Handlungslehrlingen nicht verwenden.

Die Entlassung von Handlungslehrlingen, welche diesem 2
Verbote zuwider beschäftigt werden, kann von der Polizeibehörde erzwungen werden.

Gewöhnliche deutsche und lateinische Schrift = altes H.G.

§. 82. §. 82.

Wer die ihm nach §. 62 Abs. 1, 2, oder nach §. 76 Abs. 2, 3 dem Lehrlinge gegenüber obliegenden Pflichten in einer dessen Gesundheit, Sittlichkeit oder Ausbildung gefährdenden Weise verletzt, wird mit Geldstrafe bis zu einhundertfünfzig Mark bestraft. 1

Die gleiche Strafe trifft denjenigen, welcher entgegen der Vorschrift des §. 81 Handlungslehrlinge hält, ausbildet oder ausbilden läßt. 2

Art. 65. — §. 83. §. 83.

I Hinsichtlich der Personen, welche bei / **in** dem Betrieb des / **eines** 1
Handelsgewerbes Gesindedienste verrichten, / **andere als kaufmännische Dienste leisten,**
hät / **bewendet** es bei den für das Gesindedienstverhältniss / **Arbeitsverhältniß dieser Personen**
geltenden Bestimmungen sein Bewenden. / **Vorschriften.**

Siebenter Abschnitt.

Handlungsagenten.

§. 84. §. 84.

Wer, ohne als Handlungsgehülfe angestellt zu sein, ständig damit betraut ist, für das Handelsgewerbe eines Anderen Geschäfte zu vermitteln oder im Namen des Anderen abzuschließen (Handlungsagent), hat bei seinen Verrichtungen das Interesse des Geschäftsherrn mit der Sorgfalt eines ordentlichen Kaufmanns wahrzunehmen. 1

Er ist verpflichtet, dem Geschäftsherrn die erforderlichen Nachrichten zu geben, namentlich ihm von jedem Geschäftsabschluß unverzüglich Anzeige zu machen. 2

§. 85. **§. 85.**

**Hat ein Handlungsagent, der nur mit der Vermitte- 1
lung von Geschäften betraut ist, ein Geschäft im Namen des Geschäftsherrn mit einem Dritten abgeschlossen, so gilt es als von dem Geschäftsherrn genehmigt, wenn dieser nicht unverzüglich, nachdem er von dem Abschlusse Kenntniß erlangt hat, dem Dritten gegenüber erklärt, daß er das Geschäft ablehne.**

§. 86. **§. 86.**

**Zur Annahme von Zahlungen für den Geschäftsherrn 1
sowie zur nachträglichen Bewilligung von Zahlungsfristen ist der Handlungsagent nur befugt, wenn ihm die Ermächtigung dazu besonders ertheilt ist.**

**Die Anzeige von Mängeln einer Waare, die Erklär- 2
ung, daß eine Waare zur Verfügung gestellt werde, sowie andere Erklärungen solcher Art können dem Handlungsagenten gegenüber abgegeben werden.**

§. 87. **§. 87.**

**Ist der Handlungsagent als Handlungsreisender thätig, 1
so finden die Vorschriften des §. 55 Anwendung.**

§. 88. **§. 88.**

**Soweit nicht über die dem Handlungsagenten zu ge- 1
währende Vergütung ein Anderes vereinbart ist, gebührt ihm eine Provision für jedes zur Ausführung gelangte Geschäft, welches durch seine Thätigkeit zu Stande gekommen ist. Besteht die Thätigkeit des Handlungsagenten in der Vermittelung oder Abschließung von Verkäufen, so ist im Zweifel der Anspruch auf die Provision erst nach dem Eingange der Zahlung und nur nach dem Verhältnisse des eingegangenen Betrags erworben.**

**Ist die Ausführung eines Geschäfts in Folge des Ver- 2
haltens des Geschäftsherrn ganz oder theilweise unter-**

blieben, ohne daß hierfür wichtige Gründe in der Person
desjenigen vorlagen, mit welchem das Geschäft abgeschlossen
ist, so hat der Handlungsagent die volle Provision zu be-
anspruchen.

Ist die Höhe der Provision nicht bestimmt, so ist die 3
übliche Provision zu entrichten.

Die Abrechnung über die zu zahlenden Provisionen 4
findet, soweit nicht ein Anderes vereinbart ist, am Schlusse
eines jeden Kalenderhalbjahrs statt.

§. 89. §. 89.

Ist der Handlungsagent ausdrücklich für einen bestimmten 1
Bezirk bestellt, so gebührt ihm die Provision im Zweifel
auch für solche Geschäfte, welche in dem Bezirk ohne seine
Mitwirkung durch den Geschäftsherrn oder für diesen ge-
schlossen sind.

§. 90. §. 90.

Für die im regelmäßigen Geschäftsbetrieb entstandenen 1
Kosten und Auslagen kann der Handlungsagent in Er-
mangelung einer entgegenstehenden Vereinbarung oder eines
abweichenden Handelsgebrauchs Ersatz nicht verlangen.

§. 91. §. 91.

Der Handlungsagent kann bei der Abrechnung mit dem 1
Geschäftsherrn die Mittheilung eines Buchauszugs über die
durch seine Thätigkeit zu Stande gekommenen Geschäfte
fordern. Das gleiche Recht steht ihm in Ansehung solcher
Geschäfte zu, für die ihm nach §. 89 die Provision gebührt.

§. 92. §. 92.

Das Vertragsverhältniß zwischen dem Geschäftsherrn 1
und dem Handlungsagenten kann, wenn es für unbestimmte
Zeit eingegangen ist, von jedem Theile für den Schluß
eines Kalendervierteljahrs unter Einhaltung einer Kündig-
ungsfrist von sechs Wochen gekündigt werden.

Das Vertragsverhältniß kann von jedem Theile ohne Einhaltung einer Kündigungsfrist gekündigt werden, wenn ein wichtiger Grund vorliegt. 2

Siebenter Titel.

Von den Handelsmäklern oder Sensalen.

§. 93. Art. 66.

I Die Handelsmäkler (Sensale) sind amtlich bestellte Vermittler für Handelsgeschäfte.

II Sie leisten vor Antritt ihres Amtes den Eid, dass sie die ihnen obliegenden Pflichten getreu erfüllen wollen.

Art. 67.

I Die Handelsmäkler vermitteln für Auftraggeber Käufe und Verkäufe über Waaren, Schiffe, Wechsel, inländische und ausländische Staatspapiere, Aktien und andere Handelspapiere, ingleichen Verträge über Versicherungen, Bodmerei, Befrachtung und Miethe von Schiffen, sowie über Land- und Wassertransporte und andere den Handel betreffende Gegenstände.

Abs. II siehe bei §. 97.

Achter Abschnitt.

Handelsmäkler.

§. 93.

Wer gewerbsmäßig für andere Personen, ohne von ihnen auf Grund eines Vertragsverhältnisses ständig damit betraut zu sein, die Vermittelung von Verträgen über Anschaffung oder Veräußerung von Waaren oder Werthpapieren, über Versicherungen, Güterbeförderungen, Bodmerei, Schiffsmiethe oder sonstige Gegenstände des Handelsverkehrs übernimmt, hat die Rechte und Pflichten eines Handelsmäklers. 1

Auf die Vermittelung anderer als der bezeichneten Geschäfte, insbesondere auf die Vermittelung von Ge- 2

schäften über unbewegliche Sachen, finden, auch wenn die Vermittelung durch einen Handelsmäkler erfolgt, die Vorschriften dieses Abschnitts keine Anwendung.

Art. 68.

I Die Anstellung der Handelsmäkler geschieht entweder im Allgemeinen für alle Arten von Mäklergeschäften oder nur für einzelne Arten derselben.

Art. 69.

I Die Handelsmäkler haben insbesondere folgende Pflichten:

1) sie dürfen für eigene Rechnung keine Handelsgeschäfte machen, weder unmittelbar noch mittelbar, auch nicht als Kommissionaire, sie dürfen für die Erfüllung der Geschäfte, welche sie vermitteln, sich nicht verbindlich machen oder Bürgschaft leisten, alles dies unbeschadet der Gültigkeit der Geschäfte;

2) sie dürfen zu keinem Kaufmann in dem Verhältnisse eines Prokuristen, Handlungsbevollmächtigten oder Handlungsgehülfen stehen;

3) sie dürfen sich nicht mit anderen Handelsmäklern zu einem gemeinschaftlichen Betriebe der Mäklergeschäfte oder eines Theiles derselben vereinigen; zur gemeinschaftlichen Vermittelung einzelner Geschäfte sind sie unter Zustimmung der Auftraggeber befugt;

4) sie müssen die Mäklerverrichtungen persönlich betreiben und dürfen sich zur Abschliessung der Geschäfte eines Gehülfen nicht bedienen;

5) sie sind zur Verschwiegenheit über die Aufträge, Verhandlungen und Abschlüsse verpflichtet, soweit nicht das Gegentheil durch die Parteien bewilligt oder durch die Natur des Geschäfts geboten ist;

6) sie dürfen zu keinem Geschäfte die Einwilligung der Parteien oder deren Bevollmächtigten anders annehmen, als durch ausdrückliche und persönliche Erklärung;

es ist den Mäklern weder erlaubt, von Abwesenden Aufträge zu übernehmen, noch sich zur Vermittelung eines Unterhändlers zu bedienen.

Art. 70.

I Handelsmäklern, welche Schiffsmäkelei betreiben, kann gestattet werden, den Schiffern im Einziehen und Vorschiessen der Frachten und Unkosten als Abrechner oder in anderer ortsüblicher Weise Hülfsdienste zu leisten.

Art. 71, 72 siehe bei §. 100.

§. 94. Art. 73. — **§. 94.**

I Der Handelsmäkler 1

muss ohne Verzug	**hat, sofern nicht die Parteien ihm dies erlassen oder der Ortsgebrauch mit Rücksicht auf die Gattung der Waare davon entbindet, unverzüglich**

nach Abschluss / **dem Abschlusse** des Geschäfts jeder Partei eine von ihm

unterzeichnete Schlußnote **zuzustellen**, welche die

in dem vorhergehenden Artikel als Gegenstand der Eintragung bezeichneten Thatsachen enthält, zustellen.	**Parteien, den Gegenstand und die Bedingungen des Geschäfts, insbesondere bei Verkäufen von Waaren oder Werthpapieren deren Gattung und Menge, sowie den Preis und die Zeit der Lieferung, enthält.**

II Bei Geschäften, welche / **die** nicht sofort erfüllt werden sollen, 2
ist die Schlußnote den Parteien zu ihrer Unterschrift zuzu=

Gewöhnliche deutsche und lateinische Schrift = altes H.G.

stellen und jeder Partei das/**die** von der anderen unterschriebene Exemplar/**Schlußnote** zu übersenden.

III Verweigert eine Partei die Annahme oder Unterschrift der Schlußnote, so muss/**hat** der Handelsmäkler davon der anderen Partei ohne Verzug/**unverzüglich** Anzeige zu machen.

Art. 74 bis 79 siehe bei §. 101.

§. 95. §. 95

Nimmt eine Partei eine Schlußnote an, in der sich der Handelsmäkler die Bezeichnung der anderen Partei vorbehalten hat, so ist sie an das Geschäft mit der Partei, welche ihr nachträglich bezeichnet wird, gebunden, es sei denn, daß gegen diese begründete Einwendungen zu erheben sind. 1

Die Bezeichnung der anderen Partei hat innerhalb der ortsüblichen Frist, in Ermangelung einer solchen innerhalb einer den Umständen nach angemessenen Frist zu erfolgen. 2

Unterbleibt die Bezeichnung oder sind gegen die bezeichnete Person oder Firma begründete Einwendungen zu erheben, so ist die Partei befugt, den Handelsmäkler auf die Erfüllung des Geschäfts in Anspruch zu nehmen. Der Anspruch ist ausgeschlossen, wenn sich die Partei auf die Aufforderung des Handelsmäklers nicht unverzüglich darüber erklärt, ob sie Erfüllung verlange. 3

Art. 80. — **§. 96.** §. 96

I Der Handelsmäkler muss,/**hat,** sofern nicht die Parteien ihm 1
dieses/**dies** erlassen oder der Ortsgebrauch mit Rücksicht auf die

---

Gewöhnliche deutsche und fette deutsche Schrift = neues H. G.

Gattung der Waare davon entbindet, von jeder durch seine Vermittelung nach Probe verkauften Waare die Probe,

nachdem er dieselbe behufs der Wiedererkennung gezeichnet hat,	**falls sie ihm übergeben ist,**

so lange $\frac{\text{aufbewahren,}}{\textbf{aufzubewahren,}}$ bis die Waare ohne Einwendung gegen ihre Beschaffenheit angenommen oder das Geschäft in anderer Weise erledigt $\frac{\text{ist.}}{\textbf{wird.}}$ **Er hat die Probe durch ein Zeichen kenntlich zu machen.**

§ 97. Art. 67 Abs. II.*) — **§. 97.**

I Durch die übertragene Geschäftsvermittlung ist ein	**Der**

1

Handelsmäkler

noch nicht als bevollmächtigt anzusehen,	**gilt nicht als ermächtigt,**

eine Zahlung oder eine andere im Vertrage bedungene Leistung in Empfang zu nehmen.

§ 98. Art. 81. — **§. 98.**

I Jedes Verschulden des Handelsmäklers berechtigt die dadurch beschädigte Partei, Schadloshaltung von ihm zu fordern.	**Der Handelsmäkler haftet jeder der beiden Parteien für den durch sein Verschulden entstehenden Schaden.**

1

Art. 82.

I Der Handelsmäkler hat die Mäklergebühr (Sensarie) zu fordern, sobald das Geschäft geschlossen und, wenn es ein bedingtes war, unbedingt geworden und von ihm seiner Verpflichtung wegen Zustellung der Schlussnoten Genüge ge-

*) Art. 67 Abs. I siehe oben bei §. 93.

schehen ist, unbeschadet anderweiter Bestimmung durch örtliche Verordnungen oder durch Ortsgebrauch.

II Ist das Geschäft nicht zum Abschlusse gekommen, oder nicht zu einem unbedingten geworden, so kann für die Unterhandlungen keine Mäklergebühr gefordert werden.

III Der Betrag der Mäklergebühr wird durch örtliche Verordnungen geregelt; in Ermangelung derselben entscheidet der Ortsgebrauch.

Art. 83. — **§. 99.** §. 99.

I **Ist unter den Parteien nichts darüber vereinbart, wer** 1
die Mäklergebühr / **den Mäklerlohn** **bezahlen soll, so ist** dieselbe / **er** **in Ermangelung**
örtlicher Verordnungen oder **eines abweichenden Ortsgebrauchs von jeder Partei zur Hälfte zu entrichten.**

Art. 84.

I Ueber die Anstellung der Handelsmäkler und über die Bestrafung der von ihnen im Berufe begangenen Pflichtverletzungen das Erforderliche zu bestimmen, bleibt den Landesgesetzen überlassen.

II Den Landesgesetzen bleibt vorbehalten, die Vorschriften dieses Titels nach Massgabe der örtlichen Bedürfnisse zu ergänzen; es kann insbesondere den Handelsmäklern das ausschliessliche Recht zur Vermittelung von Handelsgeschäften beigelegt werden.

III Auch kann in den Landesgesetzen oder in örtlichen Verordnungen der in diesem Titel den Handelsmäklern zugewiesene Kreis von Amtsverrichtungen und Befugnissen (Art. 67, 70) oder der Umfang ihrer Pflichten (Art. 69) erweitert oder eingeschränkt werden.

Art. 85 f. bei §. 105.

Art. 71. | **§. 100.** §. 100.

I **Der Handelsmäkler** 1

muss ausser seinem Handbuche | **ist verpflichtet,**

Gewöhnliche deutsche und fette deutsche Schrift = neues H.G.

ein Tagebuch zu führen

in welches letztere	und in dieses

alle abgeschlossenen Geschäfte täglich einzutragen sind.

Das Eingetragene hat er täglich zu unterzeichnen.	
II Das Tagebuch muss vor dem Gebrauche Blatt für Blatt mit fortlaufenden Zahlen bezeichnet und der vorgesetzten Behörde zur Beglaubigung der Zahl der Blätter vorgelegt werden.	
Art. 72.	

I Die Eintragungen

in das Tagebuch müssen die Namen der Kontrahenten, die Zeit des Abschlusses, die Bezeichnung des Gegenstandes und die Bedingungen des Geschäfts, insbesondere bei Verkäufen von Waaren die Gattung und Menge derselben, sowie den Preis und die Zeit der Lieferung enthalten.	**sind nach der Zeitfolge zu bewirken; sie haben die im §. 94 Abs. 1 bezeichneten Angaben zu enthalten. Das Eingetragene ist von dem Handelsmäkler täglich zu unterzeichnen.**
II Die Eintragungen müssen in Deutscher Sprache, oder, sofern die Geschäftssprache des Ortes eine andere ist, in dieser geschehen; sie müssen nach Ordnung des Datums und ohne leere Zwischenräume erfolgen.	

III Die 2

Bestimmungen	**Vorschriften der §§. 43, 44**

Gewöhnliche deutsche und lateinische Schrift = altes H.G.

über die Einrichtung **und Aufbewahrung** der Handelsbücher (Art. 32) finden auch auf das Tagebuch des Mäklers / **Handelsmäklers** Anwendung.

Art. 74. — **§. 101.** §. 101.

I Der Handelsmäkler ist verpflichtet, den Parteien zu jeder Zeit / **jederzeit** auf Verlangen beglaubigte Auszüge aus dem Tagebuche 1 zu geben, die **von ihm unterzeichnet sind und** Alles enthalten müssen, **was** von dem Mäkler / **ihm** in Ansehung des die Parteien angehenden / **vermittelten** Geschäfts eingetragen ist.

Art 75.

I Wenn ein Handelsmäkler stirbt oder aus dem Amte scheidet, so ist sein Tagebuch bei der Behörde niederzulegen.

Art. 76.

I Der Abschluss eines durch Handelsmäkler vermittelten Vertrages ist von der Eintragung desselben in das Tagebuch oder von der Aushändigung der Schlussnoten unabhängig.

II Diese Thatsachen dienen nur zum Beweise des abgeschlossenen Vertrages.

Art. 77 und 78

(sind schon durch §. 13 Nr. 2 des Einführungsgesetzes zur Civilprozessordnung aufgehoben.)

Art. 79. — **§. 102.** §. 102.

I Im Laufe eines Rechtsstreits kann der Richter selbst / **das Gericht auch** 1 ohne Antrag einer Partei die Vorlegung des Tagebuchs verordnen / **anordnen**, um dasselbe einzusehen und / **es** mit der Schlußnote,

Gewöhnliche deutsche und fette deutsche Schrift = neues H G.

den Auszügen und / oder anderen Beweismitteln zu vergleichen.

(Art. 79 Abs. II ist schon durch § 13 Nr. 2 des Einführungsgesetzes zur Civilprozessordnung aufgehoben.)

§. 103. **§. 103.**

Handelsmäkler, die den Vorschriften über die Führung und Aufbewahrung des Tagebuchs zuwiderhandeln, werden mit Geldstrafe bis zu eintausend Mark bestraft. 1

§. 104. **§. 104.**

Auf Personen, welche die Vermittelung von Waarengeschäften im Kleinverkehre besorgen, finden die Vorschriften über Schlußnoten und Tagebücher keine Anwendung. 1

Von den Handelsgesellschaften.	Zweites Buch. Handelsgesellschaften und stille Gesellschaft.
Erster Titel.	Erster Abschnitt.
Von der offenen Handelsgesellschaft.	**Offene Handelsgesellschaft.**
Erster Abschnitt.	Erster Titel.
Von der Errichtung der Gesellschaft.	**Errichtung der Gesellschaft.**

Art. 85. — **§. 105.** §. 105.

I Eine offene Handelsgesellschaft ist vorhanden, wenn zwei oder mehrere Personen ein Handelsgewerbe unter gemeinschaftlicher Firma betreiben und	**Eine Gesellschaft, deren Zweck auf den Betrieb eines Handelsgewerbes unter gemeinschaftlicher Firma gerichtet ist, ist eine offene Handelsgesellschaft, wenn** 1

bei keinem der Gesellschafter die

Betheiligung auf Vermögenseinlagen	**Haftung gegenüber den Gesellschaftsgläubigern**

beschränkt ist.

II Zur Gültigkeit des Gesellschaftsvertrages bedarf es der schriftlichen Abfassung oder anderer Förmlichkeiten nicht.

Gewöhnliche deutsche und fette deutsche Schrift = neues H.G.

Auf die offene Handelsgesellschaft finden, soweit nicht in diesem Abschnitt ein Anderes vorgeschrieben ist, die Vorschriften des Bürgerlichen Gesetzbuchs über die Gesellschaft Anwendung. 2

§. 106. Art. 86. — **§. 106.**

I Die (Errichtung einer offenen Handelsgesellschaft / **Gesellschaft**) ist von 1
den Gesellschaftern bei dem (Handelsgerichte, / **Gericht,**) in dessen Bezirke (die Gesellschaft / **sie**) ihren Sitz hat, und bei jedem Handelsgerichte, in dessen Bezirk sie eine Zweigniederlassung hat, (behufs der / **zur**) Eintragung in das Handelsregister anzumelden.

II Die Anmeldung (muss / **hat zu**) enthalten: 2

1. den Namen, Vornamen, Stand und Wohnort jedes Gesellschafters;
2. die Firma der Gesellschaft und den Ort, wo sie ihren Sitz hat;
3. den Zeitpunkt, mit welchem die Gesellschaft begonnen hat ; / .
4. im Falle vereinbart ist, dass nur einer oder einige der Gesellschafter die Gesellschaft vertreten sollen, die Angabe, welcher oder welche dazu bestimmt sind, ingleichen, ob das Recht nur in Gemeinschaft ausgeübt werden soll. | (s. §. 125 Abs. 4)

§. 107. Art. 87. — **§. 107.**

I (Wenn / **Wird**) die Firma einer bestehenden Gesellschaft geändert 1
oder der Sitz der Gesellschaft an einen anderen Ort verlegt

Gewöhnliche deutsche und lateinische Schrift = altes H.G.

wird oder $\frac{\text{wenn neue}}{\text{tritt ein neuer}}$ Gesellschafter in $\frac{\text{dieselbe eintreten,}}{\text{die Gesellschaft ein,}}$
oder wenn einem Gesellschafter die Befugniss, die Gesellschaft zu vertreten (Art. 86 Ziff. 4), nachträglich ertheilt, oder wenn eine solche Befugniss aufgehoben wird*), so

sind diese Thatsachen bei dem Handelsgerichte behufs der	ist dies ebenfalls zur

Eintragung in das Handelsregister anzumelden.

II Bei der Aenderung der Firma, bei der Verlegung des Sitzes der Gesellschaft und bei der Aufhebung der Vertretungsbefugniss richtet sich die Wirkung gegen Dritte in den Fällen der geschehenen oder der nicht geschehenen Eintragung und Bekanntmachung nach den Bestimmungen des Artikels 25.**)

Art. 88. — §. 108. §. 108.

I Die Anmeldungen (Art. 86, 87 $\frac{\text{müssen}}{\text{sind}}$ von $\frac{\text{allen}}{\text{sämmtlichen}}$ 1
Gesellschaftern

persönlich vor dem Handelsgerichte unterzeichnet oder in beglaubigter Form eingereicht werden. Sie sind ihrem ganzen Inhalte nach in das Handelsregister einzutragen.	zu bewirken.

II Die Gesellschafter, welche die Gesellschaft vertreten sollen, 2
haben die Firma nebst ihrer Namensunterschrift $\frac{\text{persönlich}}{\text{zur Auf-}}$
$\frac{\text{vor dem Handelsgerichte}}{\text{bewahrung bei dem Gerichte}}$ zu zeichnen $\frac{\text{oder}}{\text{,}}$ die Zeichnung derselben in beglaubigter Form einzureichen.***)

*) Vergl. jetzt §. 125 Abs. 4. **) Vergl. jetzt §. 15, Abs. 1, 2.
***) Vergl. auch jetzt §. 12 Abs. 4.

Art. 89.*)

I Das Handelsgericht hat die Betheiligten zur Befolgung der vorstehenden Anordnungen (Art. 86—88) von Amtswegen durch Ordnungsstrafen anzuhalten.

Zweiter Abschnitt.

Von dem Rechtsverhältniss der Gesellschafter unter einander.

Zweiter Titel.

Rechtsverhältniß der Gesellschafter unter einander.

§. 109. Art. 90. — §. 109.

I Das Rechtsverhältniß der Gesellschafter unter einander richtet sich zunächst nach dem Gesellschaftsvertrage—; 1

II Soweit über die in den nachfolgenden Artikeln dieses Abschnitts berührten Punkte keine Vereinbarung getroffen ist, kommen die Bestimmungen dieser Artikel zur Anwendung.

die Vorschriften der §§. 110 bis 122 finden nur insoweit Anwendung, als nicht durch den Gesellschaftsvertrag ein Anderes bestimmt ist.

Art. 91.

I Wenn Geld oder andere verbrauchbare oder vertretbare Sachen, oder wenn unverbrauchbare oder unvertretbare Sachen nach einer Schätzung, die nicht blos zum Zweck der Gewinnvertheilung geschieht, in die Gesellschaft eingebracht werden, so werden diese Gegenstände Eigenthum der Gesellschaft.

II Im Zweifel wird angenommen, dass die in das Inventar der Gesellschaft mit der Unterschrift sämmtlicher Gesell-

*) Vergl. jetzt §. 14 Abs. 1.

schafter eingetragenen, bis dahin einem Gesellschafter gehörigeu, beweglichen oder unbeweglichen Sachen Eigenthum der Gesellschaft geworden sind.

Art. 92.

I Ein Gesellschafter ist nicht verpflichtet, die Einlage über den vertragsmässigen Betrag zu erhöhen, oder die durch Verlust verminderte Einlage zu ergänzen.

Art. 93. — **§. 110.** §. 110.

I Für die Auslagen, welche ein / **Macht der** Gesellschafter in den Gesellschaftsangelegenheiten 1

macht, für die Verbindlichkeiten, welche er wegen derselben übernimmt und für die Verluste, welche	**Aufwendungen, die er den Umständen nach für erforderlich halten darf, oder erleidet**

er unmittelbar durch seine Geschäftsführung oder aus Gefahren, welche von derselben unzertrennlich / **die mit ihr untrennbar verbunden** sind, erleidet, / **Verluste, so** ist ihm die Gesellschaft verhaftet / **zum Ersatze verpflichtet**.

II Von den vorgeschossenen Geldern kann er Zinsen fordern, vom Tage des geleisteten Vorschusses an gerechnet.	**Aufgewendetes Geld hat die Gesellschaft von der Zeit der Aufwendung an zu verzinsen.** 2

III Für die Bemühungen bei dem Betriebe der Gesellschaftsgeschäfte steht dem Gesellschafter ein Anspruch auf Vergütung nicht zu.

Art. 94.

I Jeder Gesellschafter ist verpflichtet, in den Angelegenheiten der Gesellschaft den Fleiss und die Sorgfalt anzuwenden, welche er in seinen eigenen Angelegenheiten anzuwenden pflegt.

Gewöhnliche deutsche und fette deutsche Schrift = neues H.G

II Er haftet der Gesellschaft für den Schaden, welcher ihr durch sein Verschulden entstanden ist. Er kann gegen diesen Schaden nicht die Vortheile aufrechnen, welche er der Gesellschaft in anderen Fällen durch seinen Fleiss verschafft hat.

§. 111. Art. 95. — **§. 111.**

I Ein Gesellschafter, welcher / **der** seine Geldeinlagen nicht zur 1
rechten Zeit einzahlt oder eingenommene Gesellschaftsgelder / **eingenommenes Gesellschaftsgeld** nicht zur rechten Zeit an die Gesellschaftskasse abliefert oder unbefugt Geld aus der Gesellschaftskasse für sich entnimmt, ist von Rechtswegen zur Entrichtung von / **hat** Zinsen seit / **von** dem Tage verpflichtet / **an zu entrichten**, an welchem die Zahlung oder die Ablieferung hätte geschehen sollen oder die Herausnahme des Geldes erfolgt ist.

II Die Verpflichtung zum Ersatze des etwa entstandenen / **Geltendmachung eines** 2
grösseren / **weiteren** Schadens und die übrigen rechtlichen Folgen der Handlung werden hierdurch / **ist** nicht ausgeschlossen.

§. 112. Art. 96. — **§. 112.**

I Ein Gesellschafter darf ohne Genehmigung / **Einwilligung** der anderen Ge- 1
sellschafter weder in dem Handelszweige der Gesellschaft für eigene Rechnung oder für Rechnung eines Dritten Geschäfte machen noch an einer anderen gleichartigen Handelsgesellschaft als offener / **persönlich haftender** Gesellschafter Theil nehmen.

II Eine Genehmigung / **Die Einwilligung** zur Theilnahme an einer anderen 2

---

gleichartigen Handelsgesellschaft ist schon dann anzunehmen, / **Gesellschaft gilt als ertheilt,**
wenn den übrigen Gesellschaftern bei Eingehung der Gesell-
schaft bekannt war / **ist**, daß der Gesellschafter an jener Handels- / **einer anderen**
gesellschaft / **Gesellschaft** als offener / **persönlich haftender** Gesellschafter Theil
nehme / **nimmt**, und gleichwohl das Aufgeben der Theilnahme / **die Aufgabe dieser Betheiligung**
nicht ausdrücklich bedungen worden ist / **wird**.

Art. 97. — **§. 113.** §. 113.

I Ein	**Verletzt ein** 1
Gesellschafter	Gesellschafter
, welcher den vorstehenden Bestimmungen zuwiderhandelt, muss sich auf Verlangen der	**die ihm nach §. 112 obliegende Verpflichtung, so kann die**
Gesellschaft	Gesellschaft
gefallen lassen,	**Schadensersatz fordern; sie kann statt dessen von dem Gesellschafter verlangen,**

daß er die für seine / **eigene** Rechnung gemachten Geschäfte als für Rechnung der Gesellschaft

geschlossen angesehen werden; auch kann die Gesellschaft statt dessen den Ersatz des entstandenen Schadens fordern; alles dieses unbeschadet des Rechts, die Auflösung des Gesellschaftsvertrags in den geeigneten Fällen herbeizuführen.	**eingegangen gelten lassen und die aus Geschäften für fremde Rechnung bezogene Vergütung herausgebe oder seinen Anspruch auf die Vergütung abtrete.**

Ueber die Geltendmachung dieser Ansprüche beschließen die übrigen Gesellschafter. 2

II Das Recht der Gesellschaft, in ein von dem Gesellschafter für eigene Rechnung gemachtes Geschäft einzutreten oder Schadensersatz zu fordern, erlischt nach | **Die Ansprüche verjähren in** 3

drei Monaten von dem Zeitpunkt an gerechnet, in welchem die Gesellschaft / **übrigen Gesellschafter** von dem Abschlusse des Geschäfts **oder von der Theilnahme des Gesellschafters an der anderen Gesellschaft** Kenntniß erhalten hat. / **erlangen; sie verjähren ohne Rücksicht auf diese Kenntniß in fünf Jahren von ihrer Entstehung an.**

Das Recht der Gesellschafter, die Auflösung der Gesellschaft zu verlangen, wird durch diese Vorschriften nicht berührt. 4

Art. 98.

I Ein Gesellschafter kann ohne die Einwilligung der übrigen Gesellschafter keinen Dritten in die Gesellschaft aufnehmen.

II Wenn ein Gesellschafter einseitig einen Dritten an seinem Antheile betheiligt oder seinen Antheil an denselben abtritt, so erlangt dieser gegen die Gesellschaft unmittelbar keine Rechte; er ist insbesondere zur Einsicht der Handelsbücher und Papiere der Gesellschaft nicht berechtigt.

Art. 99 s. bei §. 114.
Art. 100 s. bei §. 115.
Art. 101 s. bei §. 117.

§. 114. Art. 102. — **§. 114.**

I Wenn im Gesellschaftsvertrage die Geschäftsführung nicht einem oder mehreren Gesellschaftern übertragen ist, so | **Zur Führung der Geschäfte der Gesellschaft** 1 sind alle Gesellschafter

zum Betriebe der Geschäfte der Gesellschaft gleichmässig

berechtigt und verpflichtet.

II Erhebt ein Gesellschafter gegen die Vornahme einer Handlung Widerspruch, so muss dieselbe unterbleiben.*)

Art. 103 s. bei §. 116.

Art. 99.

I Wenn | Ist im Gesellschaftsvertrage 2

die Geschäftsführung

in dem Gesellschaftsvertrage

einem **Gesellschafter** oder mehreren $\frac{\text{der Gesellschafter}}{\textbf{Gesellschaftern}}$ übertragen $\frac{\text{ist}}{,}$ so $\frac{\text{schliessen diese}}{\textbf{sind}}$ die übrigen Gesellschafter von der Geschäftsführung $\frac{\text{aus;}}{\textbf{ausgeschlossen.}}$ sie sind berechtigt, ungeachtet des Widerspruchs der übrigen Gesellschafter, alle Handlungen vorzunehmen, welche der gewöhnliche Betrieb des Handelsgewerbes der Gesellschaft mit sich bringt.**)

Art. 100. — **§. 115.** §. 115.

II Ist hingegen | **Steht die Geschäftsführung allen oder** 1

mehreren Gesellschaftern

die Geschäftsführung ohne diese ausdrückliche Beschränkung übertragen, so darf | **zu, so ist**

jeder $\frac{\text{derselben}}{\textbf{von ihnen}}$ allein

alle zur Geschäftsführung gehörenden Handlungen vornehmen. Jedoch muss, wenn | **zu handeln berechtigt; widerspricht jedoch ein anderer geschäftsführender Gesellschaf-**

*) Vergl. jetzt §. 115 Abs. 1. **) Vergl. jetzt §. 116 Abs. 1.

einer unter ihnen gegen die Vornahme einer Handlung Widerspruch erhebt, dieselbe	**ter der Vornahme einer Handlung, so muß diese**

unterbleiben.*)

I Wenn die Geschäftsführung mehreren Gesellschaftern mit der ausdrücklichen Beschränkung übertragen ist,	**Ist im Gesellschaftsvertrage bestimmt,**	2

daß

einer nicht ohne den andern	**die Gesellschafter, denen die Geschäftsführung zusteht, nur zusammen**

handeln $\frac{\text{könne,}}{\textbf{können,}}$ so

darf keiner allein Geschäfte vornehmen,	**bedarf es für jedes Geschäft der Zustimmung aller geschäftsführenden Gesellschafter,**

es sei denn, daß Gefahr im Verzug ist.

§. 116.	Art. 99 Halbsatz II.	**§. 116.**	
	I Sie**) sind berechtigt, ungeachtet des Widerspruchs der übrigen Gesellschafter,	**Die Befugniß zur Geschäftsführung erstreckt sich auf**	1

alle Handlungen

vorzunehmen, welche	**, die**

der gewöhnliche Betrieb des Handelsgewerbes der Gesellschaft mit sich bringt.

Art. 103.		
I Ein	**Zur Vornahme der Handlungen, die darüber hinausgehen, ist ein**	2

*) Vergl. hierher auch Art. 102 Abs. II bei §. 114.

**) „Sie" d. h. die geschäftsführenden Gesellschafter. Vergl. schon bei §. 114.

Beschluß der sämmtlichen / sämmtlicher Gesellschafter

muss vor der Vornahme von Geschäften eingeholt werden, welche über den gewöhnlichen	**erforderlich.**

Betrieb des Handelsgewerbes der Gesellschaft hinausgehen, oder welche dem Zweck derselben fremd sind.

II Dies ist auch dann erforderlich, wenn die Geschäftsführung einem oder mehreren Gesellschaftern übertragen ist.

III Zur Fassung des Beschlusses ist Stimmeneinhelligkeit erforderlich. Ist diese nicht zu erlangen, so muss die Handlung, in Ansehung deren Beschluss gefasst werden soll, unterbleiben.*)

Art. 104.

I Zur Bestellung eines Prokuristen 3

ist, sofern nicht Gefahr im Verzuge ist, die Einwilligung	**bedarf es der Zustimmung**

aller geschäftsführenden Gesellschafter,

und wenn keine solche ernannt sind, die Einwilligung aller Gesellschafter erforderlich.	**es sei denn, daß Gefahr im Verzug ist.**

II Der Widerruf der Prokura kann von jedem der zur Ertheilung derselben / **oder zur Mitwirkung bei der Ertheilung** befugten Gesellschafter geschehen / **erfolgen**.

Art. 105 s. bei §. 118.

Art. 101. — **§. 117.** §. 117.

I Die im Gesellschaftsvertrage einem oder mehreren Gesellschaftern geschehene	**Die Befugniß zur Geschäftsführung kann einem Gesellschafter auf Antrag** 1

*) Vergl. jetzt § 119

Gewöhnliche deutsche und fette deutsche Schrift = neues H G

Uebertragung der Geschäftsführung kann, so lange die Gesellschaft dauert, nicht ohne rechtmässige Ursache widerrufen werden.

II Die Beurtheilung, ob eine rechtmässige Ursache vorliege, bleibe dem Ermessen des Richters überlassen.

III Der Widerruf kann insbesondere in den im Art. 125 Ziff. 2—5 bezeichneten Fällen für begründet erklärt werden.

der übrigen Gesellschafter durch gerichtliche Entscheidung entzogen werden, wenn ein wichtiger Grund vorliegt; ein solcher Grund ist insbesondere grobe Pflichtverletzung oder Unfähigkeit zur ordnungsmäßigen Geschäftsführung.

§. 118. Art. 105. — **§. 118.**

I Jeder | **Ein** 1

Gesellschafter **kann**, auch wenn er

nicht in dem Geschäftsbetriebe der Gesellschaft thätig ist, kann sich

von der Geschäftsführung ausgeschlossen ist, sich von den Angelegenheiten der Gesellschaft

persönlich

von dem Gange der Gesellschaftsangelegenheiten

unterrichten,

er kann jederzeit in das Geschäftslokal kommen,

die Handelsbücher und **die** Papiere der Gesellschaft einsehen und

auf ihrer Grundlage | **sich aus ihnen**

eine Bilanz zu seiner Uebersicht anfertigen.

II Ist im Gesellschaftsvertrage ein Anderes bestimmt, so verliert diese Bestimmung ihre Wirkung, wenn eine Unredlichkeit in der Geschäftsführung nachgewiesen wird.	**Eine dieses Recht ausschließende oder beschränkende Vereinbarung steht der Geltendmachung des Rechtes nicht entgegen, wenn Grund zu der Annahme unredlicher Geschäftsführung besteht.** 2

Art. 106 s. bei §. 121.

§. 119.*) §. 119.

Für die von den Gesellschaftern zu fassenden Beschlüsse bedarf es der Zustimmung aller zur Mitwirkung bei der Beschlußfassung berufenen Gesellschafter. 1

Hat nach dem Gesellschaftsvertrage die Mehrheit der Stimmen zu entscheiden, so ist die Mehrheit im Zweifel nach der Zahl der Gesellschafter zu berechnen. 2

Art. 107. — **§. 120.** §. 120.

I Am Schlusse eines jeden / **jedes** Geschäftsjahrs wird auf Grund des Inventars und der Bilanz der Gewinn oder der Verlust dieses / **des** Jahres ermittelt und für jeden Gesellschafter sein Antheil daran berechnet. 1

II Der Gewinn jedes Gesellschafters / **einem Gesellschafter zukommende Gewinn** wird seinem Antheile am Gesellschaftsvermögen / **dem Kapitalantheile des Gesellschafters** zugeschrieben . / **;** der **auf einen Gesellschafter entfallende** Verlust **sowie das während des Geschäftsjahrs auf den Kapitalantheil entnommene Geld wird** von demselben / **davon** abgeschrieben.**) 2

Art. 108 s. bei §. 122.

*) Vergl. hierzu Art. 103 Abs. III bei §. 116.
**) Vergl. auch Art. 106 Abs. II.

Gewöhnliche deutsche und fette deutsche Schrift = neues H.G.

§. 121. Art. 106. — §. 121.

I Jedem Gesellschafter werden am Schlusse eines jeden Geschäftsjahres von seiner Einlage, oder, wenn sich dieselbe beim Schlusse des vorigen Jahres durch Hinzurechnung seines Antheils am Gewinne vermehrt oder durch Abrechnung seines Antheils am Verluste vermindert hat, von seinem Antheile am Gesellschaftsvermögen Zinsen zu vier vom Hundert gutgeschrieben und von den während des Geschäftsjahres auf den Antheil entnommenen Geldern Zinsen in demselben Maasstabe zur Last geschrieben.

II Die dem Gesellschafter hiernach zukommenden Zinsen vermehren seinen Antheil am Gesellschaftsvermögen.*)

III Vor Deckung dieser Zinsen ist kein Gewinn vorhanden, und der Verlust der Gesellschaft wird durch dieselben vermehrt oder gebildet.

Von dem Jahresgewinne gebührt jedem Gesellschafter zunächst ein Antheil in Höhe von 1

seines Kapitalantheils. Reicht der Jahresgewinn hierzu nicht aus, so bestimmen sich die Antheile nach einem entsprechend niedrigeren Satze.

Bei der Berechnung des nach Abs. 1 einem Gesellschafter zukommenden Gewinnantheils werden Leistungen, die der Gesellschafter im Laufe des Geschäftsjahres als Einlage gemacht hat, nach dem Verhältnisse der seit der Leistung abgelaufenen Zeit berücksichtigt. Hat der Gesellschafter im Laufe des Geschäftsjahrs Geld auf seinen Kapitalantheil entnommen, so werden die entnommenen Beträge nach dem 2

*) Vergl. hierzu auch §. 120 Abs. 2.

Gewöhnliche deutsche und lateinische Schrift = altes H.G.

	Verhältnisse der bis zur Entnahme abgelaufenen Zeit berücksichtigt.
Art. 109. I Der Gewinn oder	**Derjenige Theil des Jahresgewinns, welcher die nach den Abs. 1, 2 zu berechnenden Gewinnantheile übersteigt, sowie der** 3

Verlust **eines Geschäftsjahrs** wird, in Ermangelung einer anderen Vereinbarung unter die Gesellschafter nach Köpfen vertheilt.

Art. 110 s. bei §. 123.

Art 108. — **§. 122.** §. 122.

II Er*) darf jedoch, auch ohne diese Einwilligung, auf seinen Antheil am Gesellschaftsvermögen die Zinsen desselben für das letztverflossene Jahr	**Jeder Gesellschafter ist berechtigt, aus der Gesellschaftskasse Geld bis zum Betrage von vier vom Hundert seines für das letzte Geschäftsjahr festgestellten Kapitalantheils zu seinen Lasten zu erheben** 1

und, soweit es nicht zum offenbaren Nachtheil / **Schaden** der Gesellschaft gereicht,

Gelder bis zu einem Betrage entnehmen, welcher seinen Antheil	**auch die Auszahlung seines den bezeichneten Betrag übersteigenden Antheils**

am Gewinne des letztverflossenen / **letzten** Jahres nicht übersteigt / **zu verlangen**.

I Ein / **Im Uebrigen ist ein** Gesellschafter darf / **nicht befugt,** ohne Einwilligung der übrigen / **anderen** Gesellschafter seine Einlage oder seinen 2

*) Der Gesellschafter Siehe Abs. I.

Gewöhnliche deutsche und fette deutsche Schrift = neues H.G.

Antheil am Gesellschaftsvermögen nicht / **Kapitalantheil zu** vermindern.

Art. 109 s. bei §. 121.

Dritter Abschnitt.
Von dem Rechtsverhältniss der Gesellschaft zu dritten Personen.

Dritter Titel.
Rechtsverhältniß der Gesellschafter zu Dritten.

§. 123. Art. 110. — **§. 123.**

I Die rechtliche Wirksamkeit einer / **der** offenen Handelsgesell- 1
schaft tritt im Verhältnisse zu dritten Personen / **Dritten** mit dem Zeit-
punkt ein, in welchem die Errichtung der Gesellschaft in das
Handelsregister eingetragen ist, / **wird.**

oder die Gesellschaft auch nur ihre Geschäfte begonnen hat.

Beginnt die Gesellschaft ihre Geschäfte **schon vor der Eintragung, so tritt die Wirksamkeit mit dem Zeitpunkte des Geschäftsbeginns ein, soweit nicht aus dem §. 2 sich ein Anderes ergiebt.** 2

II Die Beschränkung, / **Eine Vereinbarung,** 3
daß die Gesellschaft erst mit einem späteren Zeitpunkt als dem
der Eintragung ihren Anfang nehmen soll, hat gegen dritte Personen keine rechtliche Wirkung. / **ist Dritten gegenüber unwirksam.**

Art. 111. — §. 124. §. 124.

I Die offene Handelsgesellschaft kann unter ihrer Firma 1
Rechte erwerben und Verbindlichkeiten eingehen, Eigenthum und andere dingliche Rechte an Grundstücken erwerben, vor Gericht klagen und verklagt werden.

II Ihr ordentlicher Gerichtsstand ist bei dem Gericht, in dessen Bezirk sie ihren Sitz hat.

Zur Zwangsvollstreckung in das Gesellschaftsvermögen 2
ist ein gegen die Gesellschaft gerichteter vollstreckbarer Schuldtitel erforderlich.

Art. 112 s. bei §. 128.
Art. 113 s. bei §. 130.
Art. 114 s. bei §. 126.

Art. 115.*) — §. 125. §. 125.

I Die Gesellschaft wird durch Rechtsgeschäfte eines Gesellschafters nicht verpflichtet, wenn derselbe von der Befugniss, die Gesellschaft zu vertreten, ausgeschlossen (Art. 86 Ziff. 4), oder seine Befugniss, die Gesellschaft zu vertreten, aufgehoben ist (Art 87), sofern hinsichtlich dieser Ausschliessung oder Aufhebung die Voraussetzungen vorhanden sind, unter welchen nach Artikel 46 hinsichtlich des Erlöschens der Prokura die Wirkung gegen Dritte eintritt.

Zur Vertretung der Gesellschaft ist jeder Gesellschafter ermächtigt, wenn er nicht durch den Gesellschaftsvertrag von der Vertretung ausgeschlossen ist. 1

Im Gesellschaftsvertrage kann bestimmt werden, daß alle oder mehrere Gesellschafter nur in Gemeinschaft zur Vertretung der Gesellschaft ermächtigt sein sollen (Gesammtvertretung). Die zur Gesammtvertretung berechtigten Gesellschafter können einzelne von ihnen zur Vornahme bestimmter Geschäfte oder bestimmter Ar- 2

*) Vergl auch § 15 Abs. 1, 2.

ten von Geschäften ermächtigen. Ist der Gesellschaft gegenüber eine Willenserklärung abzugeben, so genügt die Abgabe gegenüber einem der zur Mitwirkung bei der Vertretung befugten Gesellschafter.

Im Gesellschaftsvertrage kann bestimmt werden, daß die Gesellschafter, wenn nicht mehrere zusammen handeln, nur in Gemeinschaft mit einem Prokuristen zur Vertretung der Gesellschaft ermächtigt sein sollen. Die Vorschriften des Abs. 2 Satz 2, 3 finden in diesem Falle entsprechende Anwendung. 3

Der Ausschluß eines Gesellschafters von der Vertretung, die Anordnung einer Gesammtvertretung oder eine gemäß Abs. 3 Satz 1 getroffene Bestimmung sowie jede Aenderung in der Vertretungsmacht eines Gesellschafters ist von sämmtlichen Gesellschaftern zur Eintragung in das Handelsregister anzumelden. 4

Art. 116—118 s. bei §. 126.

§. 126. Art. 114. — **§. 126.**

I Jeder zur Vertretung der Gesellschaft befugte Gesellschafter ist ermächtigt, alle Arten von Geschäften	**Die Vertretungsmacht der Gesellschafter erstreckt sich auf alle gerichtlichen und außergerichtlichen Geschäfte** 1

und Rechtshandlungen

im Namen der Gesellschaft vorzunehmen, insbesondere auch die der Gesellschaft gehörenden Grundstücke zu veräussern und zu belasten. II Die Gesellschaft wird durch die Rechtsgeschäfte, welche ein zur Vertretung der Gesellschaft befugter Gesellschafter in ihrem Namen schliesst, berechtigt und verpflichtet; es ist gleichgültig,	**, einschließlich der Veräußerung und Belastung von Grundstücken**

ob das Geschäft ausdrücklich im Namen der Gesellschaft geschlossen worden ist, oder ob die Umstände ergeben, dass es nach dem Willen der Kontrahenten für die Gesellschaft geschlossen werden sollte.

Art. 117.

I Die Gesellschaft wird vor Gericht von jedem Gesellschafter gültig vertreten, welcher von der Befugniss, die Gesellschaft zu vertreten, nicht ausgeschlossen ist.

II Zur Behändigung von Vorladungen und anderen Zustellungen an die Gesellschaft genügt es, wenn dieselbe an einen der zur Vertretung befugten Gesellschafter geschieht.

Art. 118.

I Die | sowie der

Ertheilung

sowie die Aufhebung | und des Widerrufs

einer Prokura.

geschieht mit rechtlicher Wirkung gegen Dritte durch einen der zur Vertretung der Gesellschaft befugten Gesellschafter.

Art. 119 s. nach §. 130.

Art. 116.

I Eine Beschränkung des Umfanges der 2

Befugniss eines Gesellschafters, die Gesellschaft zu ver- | Vertretungsmacht ist Dritten gegenüber unwirksam; dies

Gewöhnliche deutsche und fette deutsche Schrift = neues H.G.

treten, hat dritten Personen gegenüber keine rechtliche Wirkung; insbesondere ist die | gilt insbesondere von der

Beschränkung nicht zulässig, daß sich die Vertretung sich nur auf gewisse Geschäfte oder Arten von Geschäften erstrecken oder daß sie nur unter gewissen Umständen oder für eine gewisse Zeit oder an einzelnen Orten stattfinden solle. / soll.

In Betreff der Beschränkung auf den Betrieb einer von mehreren Niederlassungen der Gesellschaft finden die Vorschriften des §. 50 Abs. 3 entsprechende Anwendung. 3

§. 127.

§. 127.

Die Vertretungsmacht kann einem Gesellschafter auf Antrag der übrigen Gesellschafter durch gerichtliche Entscheidung entzogen werden, wenn ein wichtiger Grund vorliegt; ein solcher Grund ist insbesondere grobe Pflichtverletzung oder Unfähigkeit zur ordnungsmäßigen Vertretung der Gesellschaft. 1

§. 128.

Art. 112. — §. 128.

I Die Gesellschafter haften für alle / die Verbindlichkeiten der Gesellschaft solidarisch und mit ihrem ganzen Vermögen / den Gläubigern als Gesammtschuldner persönlich. 1

II Eine entgegenstehende Verabredung hat gegen Dritte keine rechtliche Wirkung / Vereinbarung ist Dritten gegenüber unwirksam.

Gewöhnliche deutsche und lateinische Schrift = altes H.G.

§. 129. §. 129.

Wird ein Gesellschafter wegen einer Verbindlichkeit 1
der Gesellschaft in Anspruch genommen, so kann er Einwendungen, die nicht in seiner Person begründet sind, nur insoweit geltend machen, als sie von der Gesellschaft erhoben werden können.

Der Gesellschafter kann die Befriedigung des Gläubigers 2
verweigern, solange der Gesellschaft das Recht zusteht, das ihrer Verbindlichkeit zu Grunde liegende Rechtsgeschäft anzufechten.

Die gleiche Befugniß hat der Gesellschafter, solange 3
sich der Gläubiger durch Aufrechnung gegen eine fällige Forderung der Gesellschaft befriedigen kann.

Aus einem gegen die Gesellschaft gerichteten vollstreck- 4
baren Schuldtitel findet die Zwangsvollstreckung gegen die Gesellschafter nicht statt.

Art. 113. — **§. 130.** §. 130.

I Wer in eine bestehende $\frac{\text{Handelsgesellschaft}}{\textbf{Gesellschaft}}$ eintritt, haftet 1
gleich den anderen Gesellschaftern **nach Maßgabe der §§. 128, 129** für $\frac{\text{alle von der Gesellschaft}}{\textbf{die}}$ vor seinem Eintritte $\frac{\text{eingegangenen}}{\textbf{begründeten}}$ Verbindlichkeiten **der Gesellschaft**, $\frac{\text{es mag}}{\textbf{ohne Unterschied, ob}}$ die Firma eine Aenderung $\frac{\text{erleiden}}{\textbf{erleidet}}$ oder nicht.

II $\frac{\text{Ein entgegenstehender Vertrag}}{\textbf{Eine entgegenstehende Vereinbarung}}$ ist $\frac{\text{gegen Dritte ohne Wirkung}}{\textbf{Dritten gegenüber unwirksam}}$. 2

Art. 119.

I Die Privatgläubiger eines Gesellschafters sind nicht befugt, die zum Gesellschaftsvermögen gehörigen Sachen, Forder-

Gewöhnliche deutsche und fette deutsche Schrift = neues H. G.

ungen und Rechte oder einen Antheil an denselben zum Behuf ihrer Befriedigung oder Sicherstellung in Anspruch zu nehmen. Gegenstand der Exekution, des Arrestes oder der Beschlagnahme kann für sie nur dasjenige sein, was der Gesellschafter selbst an Zinsen und an Gewinnantheilen zu fordern berechtigt ist, und was ihm bei der Auseinandersetzung zukommt.

Art. 120.

I Die Bestimmung des vorigen Artikels gilt auch in Betreff der Privatgläubiger, zu deren Gunsten eine Hypothek oder ein Pfandrecht an dem Vermögen eines Gesellschafters kraft des Gesetzes oder aus einem andern Rechtsgrunde besteht. Ihre Hypothek oder ihr Pfandrecht erstreckt sich nicht auf die zum Gesellschaftsvermögen gehörigen Sachen, Forderungen und Rechte, oder auf einen Antheil an denselben, sondern nur auf dasjenige, was in dem letzten Satze des vorigen Artikels bezeichnet ist.

II Jedoch werden die Rechte, welche an den von einem Gesellschafter in das Vermögen der Gesellschaft eingebrachten Gegenständen bereits zur Zeit des Einbringens bestanden, durch die vorstehenden Bestimmungen nicht berührt.

Art. 121.

I Eine Kompensation zwischen Forderungen der Gesellschaft und Privatforderungen des Gesellschaftsschuldners gegen einen einzelnen Gesellschafter findet während der Dauer der Gesellschaft weder ganz noch theilweise statt; nach Auflösung der Gesellschaft ist sie zulässig, wenn und insoweit die Gesellschaftsforderung dem Gesellschafter bei der Auseinandersetzung überwiesen ist.

Art. 122.

I Im Falle des Konkurses der Gesellschaft werden die Gläubiger derselben aus dem Gesellschaftsvermögen abgesondert befriedigt, und können aus dem Privatvermögen der Gesellschafter nur wegen des Ausfalls ihre Befriedigung suchen; den Landesgesetzen bleibt vorbehalten, zu bestimmen, ob und wie weit den Privatgläubigern der Gesellschafter ein Absonderungsrecht in Bezug auf das Privatvermögen derselben zusteht.

Vierter Abschnitt.	**Vierter Titel.**
Von der Auflösung der Gesellschaft und dem Austreten einzelner Gesellschafter aus derselben.	**Auflösung der Gesellschaft und Ausscheiden von Gesellschaftern.**

Art. 123. — **§. 131.** §. 131.

I Die Gesellschaft / **offene Handelsgesellschaft** wird aufgelöst: 1

5./1. durch **den** Ablauf der Zeit, auf deren Dauer die Gesellschaft eingegangen ist, sofern nicht die Gesellschafter dieselbe stillschweigend fortsetzen; in diesem Falle gilt sie von da an als auf unbestimmte Dauer eingegangen; / **für welche sie** eingegangen ist;

4./2. durch gegenseitige Uebereinkunft; / **Beschluß der Gesellschafter;**

1./3. durch die Eröffnung des Konkurses über die / **das Vermögen der** Gesellschaft;

2./4. durch den Tod eines

der Gesellschafter, wenn nicht der Vertrag bestimmt, dass die Gesellschaft mit den Erben des Verstorbenen fortbestehen soll;	**Gesellschafters, sofern nicht aus dem Gesellschaftsvertrage sich ein Anderes ergiebt;**

Gewöhnliche deutsche und fette deutsche Schrift = neues H.G.

3. durch die Eröffnung des Konkurses über das Ver-
5. mögen eines der Gesellschafter / **Gesellschafters** oder durch die eingetretene rechtliche Unfähigkeit eines der Gesellschafter zur selbstständigen Vermögensverwaltung;

6. durch

die von Seiten eines Gesellschafters geschehene Aufkündigung, wenn die Gesellschaft auf unbestimmte Dauer eingegangen ist.	**Kündigung und durch gerichtliche Entscheidung.**
Eine auf Lebenszeit eingegangene Gesellschaft ist als eine Gesellschaft von unbestimmter Dauer zu betrachten.	(Siehe jetzt §. 134.)

§. 132. Art. 124. — **§. 132.**

I Die Aufkündigung einer Gesellschaft von unbestimmter Dauer Seitens eines Gesellschafters muss, wenn nicht ein Anderes vereinbart ist,	**Die Kündigung eines Gesellschafters kann, wenn die Gesellschaft für unbestimmte Zeit eingegangen ist, nur für den Schluß eines Geschäftsjahrs erfolgen; sie muß**	1

mindestens sechs Monate vor

Ablauf des Geschäftsjahres der Gesellschaft erfolgen.	**diesem Zeitpunkte stattfinden.**

§. 133. Art. 125. — **§. 133.**

I Ein Gesellschafter / **Auf Antrag eines Gesellschafters** kann die Auflösung 1
der Gesellschaft vor Ablauf / **dem Ablaufe** der für ihre Dauer bestimmten Zeit oder bei

Gesellschaften von unbestimmter Dauer	**einer für unbestimmte Zeit eingegangenen Gesellschaft**

Gewöhnliche deutsche und lateinische Schrift = altes H.G.

ohne

vorherige Aufkündigung verlangen, sofern hiezu wichtige Gründe vorhanden sind.

Kündigung durch gerichtliche Entscheidung ausgesprochen werden, wenn ein wichtiger Grund vorliegt.

II Die Beurtheilung ob solche Gründe anzunehmen sind, bleibt im Falle des Widerspruchs dem Ermessen des Richters überlassen.

III Die Auflösung kann insbesondere ausgesprochen werden:

1) wenn durch äussere Umstände die Erreichung des gesellschaftlichen Zwecks unmöglich wird;

2) wenn ein Gesellschafter bei der Geschäftsführung oder bei der Rechnungslegung unredlich verfährt;

Ein solcher Grund ist insbesondere vorhanden, wenn ein anderer Gesellschafter eine ihm nach dem Gesellschaftsvertrag obliegende wesentliche Verpflichtung vorsätzlich oder aus grober Fahrlässigkeit verletzt oder wenn die Erfüllung einer solchen Verpflichtung unmöglich wird. 2

3) wenn ein Gesellschafter die Erfüllung der ihm obliegenden wesentlichen Verpflichtungen unterlässt;

4) wenn ein Gesellschafter die Firma oder das Vermögen der Gesellschaft für seine Privatzwecke missbraucht;

5) wenn ein Gesellschafter durch anhaltende Krankheit oder aus anderen Ursachen zu den ihm obliegenden Geschäften der Gesellschaft unfähig wird.

Eine Vereinbarung, durch welche das Recht des Gesellschafters, die Auflösung der Gesellschaft zu verlangen, ausgeschlossen oder diesen Vorschriften zuwider beschränkt wird, ist nichtig. 3

Art. 126 f. bei § 135.

Gewöhnliche deutsche und fette deutsche Schrift = neues H.G.

§. 134. Art. 123 Nr. 6 Abs. II. — §. 134.*)

I Eine (auf / Gesellschaft, die für die) Lebenszeit (eingegangene / eines Gesell- 1
(Gesellschaft / schafters eingegangen) ist

als eine Gesellschaft von unbestimmter Dauer zu betrachten.	oder nach dem Ablaufe der für ihre Dauer bestimmten Zeit stillschweigend fortgesetzt wird, steht im Sinne der Vorschriften der §§. 132, 133 einer für unbestimmte Zeit eingegangenen Gesellschaft gleich.**)

§. 135. Art. 126. — §. 135.

I Hat ein Privatgläubiger eines Gesellschafters 1

nach fruchtlos vollstreckter Exekution in dessen Privatvermögen die Exekution in das dem Gesellschafter bei dereinstiger Auflösung der Gesellschaft zukommende Guthaben erwirkt, so ist er berechtigt, es mag die Gesellschaft auf	, nachdem innerhalb der letzten sechs Monate eine Zwangsvollstreckung in das bewegliche Vermögen des Gesellschafters ohne Erfolg versucht ist, auf Grund eines nicht blos vorläufig vollstreckbaren Schuldtitels die Pfändung und Ueberweisung des Anspruchs auf dasjenige erwirkt, was dem Gesellschafter bei der Auseinandersetzung zukommt, so kann er die Gesellschaft ohne Rücksicht darauf, ob sie für

bestimmte oder unbestimmte (Dauer / Zeit) eingegangen

*) Siehe auch bei §. 131. **) Vergl. hierzu auch Art. 125.

sein, behufs seiner Befriedigung nach vorher von ihm geschehener Aufkündigung die Auflösung der Gesellschaft zu verlangen.	**ist,**
II Die Aufkündigung muss mindestens	

sechs Monate vor

Ablauf	**dem Ende**

des Geschäftsjahrs

der Gesellschaft geschehen.	**für diesen Zeitpunkt kündigen.**

§. 136. §. 136.

Wird die Gesellschaft in anderer Weise als durch Kündigung aufgelöst, so gilt die Befugniß eines Gesellschafters zur Geschäftsführung zu seinen Gunsten gleichwohl als fortbestehend, bis er von der Auflösung Kenntniß erlangt oder die Auflösung kennen muß. 1

§. 137. §. 137.

Wird die Gesellschaft durch den Tod eines Gesellschafters aufgelöst, so hat der Erbe des verstorbenen Gesellschafters den übrigen Gesellschaftern den Tod unverzüglich anzuzeigen und bei Gefahr im Verzuge die von seinem Erblasser zu besorgenden Geschäfte fortzuführen, bis die übrigen Gesellschafter in Gemeinschaft mit ihm anderweit Fürsorge treffen können. Die übrigen Gesellschafter sind in gleicher Weise zur einstweiligen Fortführung der von ihnen zu besorgenden Geschäfte verpflichtet. Die Gesellschaft gilt insoweit als fortbestehend. 1

Die Vorschriften des Abs. 1 Satz 2, 3 finden auch im Falle der Auflösung der Gesellschaft durch die Eröffnung des Konkurses über das Vermögen eines Gesellschafters Anwendung. 2

§. 138. Art. 127. — **§. 138.**

I Wenn die Gesellschafter vor der Auflösung der Gesellschaft übereingekommen sind, dass ungeachtet des Ausscheidens eines oder mehrerer Gesellschafter,	**Ist im Gesellschaftsvertrage bestimmt, daß, wenn ein Gesellschafter kündigt oder stirbt oder wenn der Konkurs über sein Vermögen eröffnet wird,** 1

die **Gesellschaft unter den übrigen Gesellschaftern** fortgesetzt werden / **fortbestehen** soll, so

endigt die Gesellschaft nur in Beziehung auf den Ausscheidenden; im Uebrigen besteht sie mit allen ihren bisherigen Rechten und Verbindlichkeiten fort.	**scheidet mit dem Zeitpunkt, in welchem mangels einer solchen Bestimmung die Gesellschaft aufgelöst werden würde, der Gesellschafter, in dessen Person das Ereigniß eintritt, aus der Gesellschaft aus.**

§ 139. **§. 139.**

Ist im Gesellschaftsvertrage bestimmt, daß im Falle des Todes eines Gesellschafters die Gesellschaft mit dessen Erben fortgesetzt werden soll, so kann jeder Erbe sein Verbleiben in der Gesellschaft davon abhängig machen, daß ihm unter Belassung des bisherigen Gewinnantheils die Stellung eines Kommanditisten eingeräumt und der auf ihn fallende Theil der Einlage des Erblassers als seine Kommanditeinlage anerkannt wird. 1

Nehmen die übrigen Gesellschafter einen dahin gehenden Antrag des Erben nicht an, so ist dieser befugt, ohne Einhaltung einer Kündigungsfrist sein Ausscheiden aus der Gesellschaft zu erklären. 2

Die bezeichneten Rechte können von dem Erben nur innerhalb einer Frist von drei Monaten nach dem Zeitpunkt, in welchem er von dem Anfalle der Erbschaft Kenntniß erlangt hat, geltend gemacht werden. Auf den Lauf 3

der Frist finden die für die Verjährung geltenden Vorschriften des §. 206 des Bürgerlichen Gesetzbuchs entsprechende Anwendung. Ist bei dem Ablaufe der drei Monate das Recht zur Ausschlagung der Erbschaft noch nicht verloren, so endigt die Frist nicht vor dem Ablaufe der Ausschlagungsfrist.

Scheidet innerhalb der Frist des Abs. 3 der Erbe aus der Gesellschaft aus oder wird innerhalb der Frist die Gesellschaft aufgelöst oder dem Erben die Stellung eines Kommanditisten eingeräumt, so haftet er für die bis dahin entstandenen Gesellschaftsschulden nur nach Maßgabe der die Haftung des Erben für die Nachlaßverbindlichkeiten betreffenden Vorschriften des bürgerlichen Rechtes. 4

Der Gesellschaftsvertrag kann die Anwendung der Vorschriften der Abs. 1 bis 4 nicht ausschließen; es kann jedoch für den Fall, daß der Erbe sein Verbleiben in der Gesellschaft von der Einräumung der Stellung eines Kommanditisten abhängig macht, sein Gewinnantheil anders als der des Erblassers bestimmt werden. 5

Art. 128. — **§. 140.** §. 140.

I Wenn die Auflösung der Gesellschaft aus Gründen gefordert werden darf, welche	**Tritt** 1

in der Person des Gesellschafters

liegen (Art. 125),	**ein Umstand ein, der nach §. 133 für die übrigen Gesellschafter das Recht begründet, die Auflösung der Gesellschaft zu verlangen,**

so kann **vom Gericht** anstatt derselben auf / **der Auflösung die** Ausschließung

dieses Gesellschafters **aus der Gesellschaft** erkannt / **ausgesprochen** werden,

sofern die sämmtlichen übrigen Gesellschafter hierauf antragen / **dies beantragen**.

Gewöhnliche deutsche und fette deutsche Schrift = neues H.G.

Art. 129 s. bei §. 143.

Art. 130.

I Wenn ein Gesellschafter ausscheidet oder ausgeschlossen wird, so erfolgt **Für** 2

die Auseinandersetzung **zwischen der Gesellschaft**

mit demselben auf Grund der **und dem ausgeschlossenen Gesellschafter ist die**

Vermögenslage

, in welcher sich die **der**

Gesellschaft

zur Zeit des Ausscheidens oder zur Zeit der Behändigung der Klage auf Ausschliessung befindet. **in dem Zeitpunkte maßgebend, in welchem die Klage auf Ausschließung erhoben ist.**

II An den späteren Geschäften, Rechten und Verbindlichkeiten nimmt der Ausgeschiedene oder Ausgeschlossene nur insofern Antheil, als dieselben eine unmittelbare Folge dessen sind, was vor jenem Zeitpunkte bereits geschehen war.

III Der Ausgeschiedene oder Ausgeschlossene muss sich die Beendigung der laufenden Geschäfte in der Weise gefallen lassen, wie sie nach dem Ermessen der verbleibenden Gesellschafter am vortheilhaftesten ist.

IV Jedoch ist er, wenn eine frühere vollständige Auseinandersetzung nicht möglich ist, berechtigt, am Schlusse eines jeden Geschäftsjahres Rechnungsablage über die inzwischen erledigten Geschäfte, sowie die Auszahlung der ihm hiernach gebührenden Beträge zu fordern; auch kann er am Schlusse eines jeden Geschäftsjahres den Nachweis über den Stand der noch laufenden Geschäfte fordern.

Art. 131.

I Ein ausgeschiedener oder ausgeschlossener Gesellschafter

muss sich die Auslieferung seines Antheils am Gesellschaftsvermögen in einer den Werth desselben darstellenden Geldsumme gefallen lassen; er hat kein Recht auf einen verhältnissmässigen Antheil an den einzelnen Forderungen, Waaren oder anderen Vermögensstücken der Gesellschaft.

Art. 132. — **§. 141.** §. 141.

I **Macht ein Privatgläubiger eines Gesellschafters von dem** 1

nach Artikel 126 ihm / **ihm nach §. 135**	**zustehenden Rechte Gebrauch, so können**

die übrigen Gesellschafter auf Grund eines einstimmigen / **von ihnen gefaßten Beschlusses**

statt der Auflösung der Gesellschaft die Auseinandersetzung und die Auslieferung des Antheils des Schuldners nach den Bestimmungen der vorhergehenden Artikel vornehmen; der letztere ist dann als aus der Gesellschaft ausgeschieden zu betrachten.	**dem Gläubiger erklären, daß die Gesellschaft unter ihnen fortbestehen solle. In diesem Falle scheidet der betreffende Gesellschafter mit dem Ende des Geschäftsjahrs aus der Gesellschaft aus.**

Diese Vorschriften finden im Falle der Eröffnung des Konkurses über das Vermögen eines Gesellschafters mit der Maßgabe Anwendung, daß die Erklärung gegenüber dem Konkursverwalter zu erfolgen hat und daß der Gemeinschuldner mit dem Zeitpunkte der Eröffnung des Konkurses als aus der Gesellschaft ausgeschieden gilt. 2

Art. 133 s. bei §. 145.

§. 142. §. 142.

Sind nur zwei Gesellschafter vorhanden, so kann, wenn in der Person des einen von ihnen die Voraussetzungen vorliegen, unter welchen bei einer größeren Zahl von Gesellschaftern seine Ausschließung aus der Gesellschaft zulässig sein würde, der andere Gesellschafter auf seinen Antrag vom Gerichte für berechtigt erklärt werden, 1

das Geschäft ohne Liquidation mit Aktiven und Passiven zu übernehmen.

Macht bei einer aus zwei Gesellschaftern bestehenden 2
Gesellschaft ein Privatgläubiger des einen Gesellschafters von der ihm nach §. 135 zustehenden Befugniß Gebrauch oder wird über das Vermögen des einen Gesellschafters der Konkurs eröffnet, so ist der andere Gesellschafter berechtigt, das Geschäft in der bezeichneten Weise zu übernehmen.

Auf die Auseinandersetzung finden die für den Fall 3
des Ausscheidens eines Gesellschafters aus der Gesellschaft geltenden Vorschriften entsprechende Anwendung.

143. Art. 129. — **§. 143.**

I Die Auflösung der Gesellschaft muss / **ist,** wenn sie nicht in 1
Folge der Eröffnung des Konkurses über die / **das Vermögen der** Gesellschaft geschieht / **eintritt, von sämmtlichen Gesellschaftern zur Eintragung** in das Handelsregister eingetragen werden. / **anzumelden.**

II Diese Eintragung muss selbst dann geschehen, wenn die Gesellschaft durch Ablauf der Zeit, für welche sie eingegangen war, beendigt wird.

III Gleich der Auflösung der Gesellschaft muss auch das / **Das Gleiche gilt von dem** 2
Ausscheiden oder die Ausschliessung eines Gesellschafters aus der Gesellschaft in das Handelsregister eingetragen werden.

Gewöhnliche deutsche und lateinische Schrift = altes H.G.

Ist anzunehmen, daß der Tod eines Gesellschafters die Auflösung oder das Ausscheiden zur Folge gehabt hat, so kann, auch ohne daß die Erben bei der Anmeldung mitwirken, die Eintragung erfolgen, soweit einer solchen Mitwirkung besondere Hindernisse entgegenstehen. 3

IV Das Handelsgericht hat die Betheiligten zur Anmeldung dieser Thatsachen von Amtswegen durch Ordnungsstrafen anzuhalten.*)

V Dritten Personen kann die Auflösung der Gesellschaft oder das Ausscheiden oder die Ausschliessung eines Gesellschafters aus derselben nur insofern entgegengesetzt werden, als hinsichtlich einer solchen Thatsache die Voraussetzungen vorhanden sind, unter welchen nach Art. 25 hinsichtlich des Erlöschens der Firma oder der Aenderung ihrer Inhaber die Wirkung gegen Dritte eintritt.**)

§. 144. §. 1

Ist die Gesellschaft durch die Eröffnung des Konkurses über ihr Vermögen aufgelöst, der Konkurs aber nach Abschluß eines Zwangsvergleichs aufgehoben oder auf Antrag des Gemeinschuldners eingestellt, so können die Gesellschafter die Fortsetzung der Gesellschaft beschließen. 1

Die Fortsetzung ist von sämmtlichen Gesellschaftern zur Eintragung in das Handelsregister anzumelden. 2

Fünfter Abschnitt. | Fünfter Titel.

Von der Liquidation der Gesellschaft. | Liquidation der Gesellschaft.

Art. 133. — **§. 145.** §. 1

I Nach **der** Auflösung der Gesellschaft ausser dem Fall des Konkurses | **findet die Liquidation statt,** 1

*) Vergl. jetzt §. 14 Satz 1. **) Vergl. jetzt § 15 Abs. 1, 2.

derselben	sofern nicht eine andere Art der Auseinandersetzung von den Gesellschaftern vereinbart oder über das Vermögen der Gesellschaft der Konkurs eröffnet ist.
	Ist die Gesellschaft durch Kündigung des Gläubigers eines Gesellschafters oder durch die Eröffnung des Konkurses über das Vermögen eines Gesellschafters aufgelöst, so kann die Liquidation nur mit Zustimmung des Gläubigers oder des Konkursverwalters unterbleiben.

§. 146.	§. 146.
erfolgt die	Die

1

Liquidation $\frac{,}{\text{erfolgt}}$

sofern sie nicht durch einstimmigen Beschluß der Gesellschafter oder durch den Gesellschaftsvertrag einzelnen Gesellschaftern oder anderen Personen übertragen ist, durch $\frac{\text{die sämmtlichen}}{\text{sämmtliche}}$ bisherigen Gesellschafter oder deren Vertreter als Liquidatoren.

Ist einer der Gesellschafter gestorben, so haben dessen Rechtsnachfolger	Mehrere Erben eines Gesellschafters haben

einen $\frac{\text{gemeinschaftlichen}}{\text{gemeinsamen}}$ Vertreter zu bestellen.

II Auf den Antrag eines $\frac{\text{Gesellschafters}}{\text{Betheiligten}}$ kann aus wichtigen Gründen die Ernennung von Liquidatoren durch $\frac{\text{den Richter}}{\text{das Gericht}}$ erfolgen, in dessen Bezirke die Gesellschaft 2

Gewöhnliche deutsche und lateinische Schrift = altes H.G.

ihren Sitz hat $\frac{\text{. Der Richter}}{\text{; das Gericht}}$ kann in einem solchen Falle Personen zu Liquidatoren ernennen oder als solche beiordnen, $\frac{\text{welche}}{\text{die}}$ nicht zu den Gesellschaftern gehören. **Als Betheiligter gilt außer den Gesellschaftern im Falle des §. 135 auch der Gläubiger, durch den die Kündigung erfolgt ist.**

Ist über das Vermögen eines Gesellschafters der Konkurs eröffnet, so tritt der Konkursverwalter an die Stelle des Gesellschafters. 3

Art. 134. — **§. 147.** §. 147.

Die Abberufung von Liquidatoren geschieht durch ein- 1
stimmigen Beschluß $\frac{\text{aller Gesellschafter}}{\text{der nach §. 146 Abs. 2, 3 Betheiligten}}$; sie kann auch auf den Antrag eines $\frac{\text{Gesellschafters}}{\text{Betheiligten}}$ aus wichtigen Gründen auch durch $\frac{\text{den Richter}}{\text{das Gericht}}$ erfolgen.

Art. 135. — **§. 148.** §. 148.

I Die Liquidatoren sind von $\frac{\text{den}}{\text{sämmtlichen}}$ Gesellschaftern 1
beim Handelsgerichte zur Eintragung in das Handelsregister anzumelden $\frac{;}{.}$

sie haben ihre Unterschrift persönlich vor dem Handelsgerichte zu zeichnen oder die Zeichnung in beglaubigter Form einzureichen. II Das Austreten eines Liquidators oder das Erlöschen der Vollmacht eines solchen ist gleichfalls zur Eintragung	**Das Gleiche gilt von jeder Aenderung in den Personen der Liquidatoren oder in ihrer Vertretungsmacht. Im Falle des Todes eines Gesellschafters kann, wenn anzunehmen ist, daß die Anmeldung den Thatsachen entspricht, die Eintragung er-**

in das Handelsregister anzumelden.	**folgen, auch ohne daß die Erben bei der Anmeldung mitwirken, soweit einer solchen Mitwirkung besondere Hindernisse entgegenstehen.**

Die Eintragung gerichtlich bestellter Liquidatoren sowie die Eintragung der gerichtlichen Abberufung von Liquidatoren geschieht von Amtswegen. 2

Die Liquidatoren haben die Firma nebst ihrer Namensunterschrift zur Aufbewahrung bei dem Gerichte zu zeichnen. 3

III Die Gesellschafter sind zur Befolgung dieser Vorschriften von Amtswegen durch Ordnungsstrafen anzuhalten.*)

IV Dritten Personen kann die Ernennung von Liquidatoren, sowie das Austreten eines Liquidators oder das Erlöschen der Vollmacht eines solchen nur insofern entgegengesetzt werden, als hinsichtlich dieser Thatsachen die Voraussetzungen vorhanden sind, unter welchen nach Artikel 25 und 46 hinsichtlich einer Aenderung der Inhaber einer Firma oder des Erlöschens einer Prokura die Wirkung gegen Dritte eintritt.**)

Art. 136 s. bei §. 150.

§. 149.

Art. 137. — **§. 149.**

I Die Liquidatoren haben die laufenden Geschäfte zu beendigen, die Verpflichtungen der aufgelösten Gesellschaft zu erfüllen, die Forderungen derselben einzuziehen und das / **, das übrige Vermögen** 1

der Gesellschaft zu versilbern; sie haben die Gesellschaft gerichtlich und aussergerichtlich zu vertreten; sie können für dieselbe Vergleiche schliessen und Kompromisse eingehen. Zur	**in Geld umzusetzen und die Gläubiger zu befriedigen; zur**

*) Vergl. jetzt §. 14 Abs. 1. **) Vergl. jetzt §. 15 Abs. 1, 2.

Gewöhnliche deutsche und lateinische Schrift = altes H.G.

Beendigung schwebender Geschäfte können die Liquidatoren / **sie** auch neue Geschäfte eingehen.

| **Die Liquidatoren vertreten innerhalb ihres Geschäftskreises die Gesellschaft gerichtlich und außergerichtlich.**

II Die Veräusserung von unbeweglichen Sachen kann durch die Liquidatoren ohne Zustimmung der sämmtlichen Gesellschafter nicht anders, als durch öffentliche Versteigerung bewirkt werden.

Art. 136. — **§. 150.** §. 150.

I Sind mehrere Liquidatoren vorhanden, so können sie die zur Liquidation gehörenden Handlungen mit rechtlicher Wirkung nur in Gemeinschaft vornehmen, sofern nicht ausdrücklich bestimmt ist, daß sie einzeln handeln können; **eine solche Bestimmung ist in das Handelsregister einzutragen.** 1

Durch die Vorschrift des Abs. 1 wird nicht ausgeschlossen, daß die Liquidatoren einzelne von ihnen zur Vornahme bestimmter Geschäfte oder bestimmter Arten von Geschäften ermächtigen. Ist der Gesellschaft gegenüber eine Willenserklärung abzugeben, so findet die Vorschrift des §. 125 Abs. 2 Satz 3 entsprechende Anwendung. 2

Art. 138. — **§. 151.** §. 151.

I Eine Beschränkung des Umfanges der Geschäftsbefugnisse / **Befugnisse** der Liquidatoren (Art 137) hat gegen dritte Personen keine rechtliche Wirkung. / **ist Dritten gegenüber unwirksam.** 1

Art. 139 s. bei §. 153.

Art. 140. — **§. 152.** §. 152.

I Die | **Gegenüber den nach §. 146 Abs. 2, 3 Betheiligten haben die** 1

Gewöhnliche deutsche und fette deutsche Schrift = neues H.G.

Liquidatoren [haben, selbst / **, auch**] wenn sie vom [Richter / **Gerichte**] bestellt sind,

den Gesellschaftern gegenüber bei	**den Anordnungen Folge zu leisten, welche die Betheiligten in Betreff**

der Geschäftsführung

den von diesen	

einstimmig

getroffenen Anordnungen Folge zu geben.	**beschließen.**

Art. 141 s. bei §. 155.

§. 153. Art. 139. — **§. 153.**

I Die Liquidatoren haben ihre Unterschrift in der Weise abzugeben, daß sie der bisherigen, nun als Liquidationsfirma zu bezeichnenden Firma ihren Namen beifügen. 1

§. 154. **§. 154.**

Die Liquidatoren haben bei dem Beginne sowie bei der Beendigung der Liquidation eine Bilanz aufzustellen. 1

§. 155.

Art. 142 Abs. I.	**§. 155.**
I Die Liquidatoren haben die schliessliche Auseinandersetzung unter den Gesellschaftern herbeizuführen.	**Das nach Berichtigung der Schulden verbleibende Vermögen der Gesellschaft ist von den Liquidatoren nach dem Verhältnisse der Kapitalantheile, wie sie sich auf Grund der Schlußbilanz ergeben, unter die Gesellschafter zu vertheilen.** 1

Art. 141.

I [Die / **Das**] während der Liquidation [entbehrlichen Gelder werden / **entbehrliche Geld wird**] vorläufig unter die Gesellschafter vertheilt. 2

II Zur Deckung

von Schulden der Gesellschaft, welche erst später fällig werden, sowie zur Deckung der Ansprüche, welche	**noch nicht fälliger oder streitiger Verbindlichkeiten sowie zur Sicherung der**

den einzelnen Gesellschaftern

bei der Auseinandersetzung zustehen, sind die erforderlichen Gelder	**bei der Schlußvertheilung zukommenden Beträge ist das Erforderliche**

zurückzubehalten.

	Die Vorschriften des §. 122 Abs. 1 finden während der Liquidation keine Anwendung.	
Art. 142 Abs. II. I Streitigkeiten, welche über die Auseinandersetzung entstehen, fallen der richterlichen Entscheidung anheim.	**Entsteht über die Vertheilung des Gesellschaftsvermögens Streit unter den Gesellschaftern, so haben die Liquidatoren die Vertheilung bis zur Entscheidung des Streites auszusetzen.**	3

Art. 143.

I Wenn ein Gesellschafter Sachen in die Gesellschaft eingebracht hat, welche Eigenthum derselben geworden sind, so fallen dieselben bei der Auseinandersetzung nicht an ihn zurück, sondern er erhält den Werth aus dem Gesellschaftsvermögen erstattet, für welchen sie gemäss Uebereinkunft übernommen wurden.

II Fehlt es an dieser Werthbestimmung, so geschieht die Erstattung nach dem Werthe, welchen die Sachen zur Zeit der Einbringung hatten.

Art. 144.	**§. 156.**	§. 156.
I Ungeachtet der Auflös-	**Bis**	1

ung der Gesellschaft kommen | bis

zur Beendigung der Liquidation

| kommen

in Bezug auf das Rechtsverhältniß der bisherigen Gesellschafter unter einander sowie der Gesellschaft zu $\frac{\text{dritten Personen}}{\text{Dritten}}$

die Vorschriften des zweiten und dritten $\frac{\text{Abschnitts}}{\text{Titels}}$ zur Anwendung, soweit sich $\frac{\text{aus den Bestimmungen des}}{\text{nicht aus dem}}$ gegenwärtigen $\frac{\text{Abschnitts und}}{\text{Titel oder}}$ aus dem $\frac{\text{Wesen}}{\text{Zwecke}}$ der Liquidation nicht ein Anderes ergiebt.

II Der Gerichtsstand, welchen die Gesellschaft zur Zeit ihrer Auflösung hatte, bleibt bis zur Beendigung der Liquidation für die aufgelöste Gesellschaft bestehen.

III Zustellungen an die Gesellschaft geschehen mit rechtlicher Wirkung an einen der Liquidatoren.

§. 157. **Art. 145. — §. 157.**

I Nach der Beendigung der Liquidation

| **ist das Erlöschen der Firma von den Liquidatoren zur Eintragung in das Handelsregister anzumelden.** 1

werden die | **Die** 2

Bücher und $\frac{\text{Schriften}}{\text{Papiere}}$ der aufgelösten Gesellschaft

| **werden**

einem der gewesenen Gesellschafter oder einem Drtiten in Verwahrung gegeben. Der Gesellschafter oder der Dritte wird in Ermangelung einer $\frac{\text{gütlichen Uebereinkunft}}{\text{Verständigung}}$ durch das $\frac{\text{Handels-}}{\text{Gericht}}$

gericht bestimmt, **in dessen Bezirke die Gesellschaft ihren Sitz hat.**

II Die Gesellschafter und deren Rechtsnachfolger / **Erben** behalten das Recht auf Einsicht und Benutzung der Bücher und Papiere. 3

§. 158. §. 158.

Vereinbaren die Gesellschafter statt der Liquidation eine andere Art der Auseinandersetzung, so finden, solange noch ungetheiltes Gesellschaftsvermögen vorhanden ist, im Verhältnisse zu Dritten die für die Liquidation geltenden Vorschriften entsprechende Anwendung. 1

Sechster Abschnitt.	Sechster Titel.
Von der Verjährung der Klagen gegen die Gesellschafter.	**Verjährung.**

Art. 146. — §. 159. §. 159.

I Die Klagen / **Ansprüche** gegen einen Gesellschafter aus Ansprüchen gegen die / **Verbindlichkeiten der** Gesellschaft verjähren in fünf Jahren nach **der** Auflösung der Gesellschaft oder nach seinem / **dem** Ausscheiden **des Gesellschafters** oder seiner Ausschliessung aus derselben, sofern nicht 1

nach Beschaffenheit der Forderung eine kürzere Verjährungsfrist gesetzlich eintritt.	**der Anspruch gegen die Gesellschaft einer kürzeren Verjährung unterliegt.**

II Die Verjährung beginnt mit dem Tage / **Ende des Tages**, an welchem die Auflösung der Gesellschaft oder das Ausscheiden 2

Gewöhnliche deutsche und fette deutsche Schrift = neues H.G.

oder die Ausschliessung **des Gesellschafters** aus derselben in das Handelsregister **des für den Sitz der Gesellschaft zuständigen Gerichts** eingetragen ist. / **wird.**

III **Wird** 3

die Forderung	**der Anspruch des Gläubigers gegen die Gesellschaft**

erst nach der Eintragung fällig, so beginnt die Verjährung mit dem Zeitpunkte der Fälligkeit.

Art. 147.

I Ist noch ungetheiltes Gesellschaftsvermögen vorhanden, so kann dem Gläubiger die fünfjährige Verjährung nicht entgegengesetzt werden, sofern er seine Befriedigung nur aus dem Gesellschaftsvermögen sucht.

§. 160. Art. 148. — **§. 160.**

I Die Verjährung zu Gunsten eines ausgeschiedenen oder ausgeschlossenen Gesellschafters wird durch Rechtshandlungen nicht unterbrochen, welche gegen die fortbestehende Gesellschaft oder einen anderen Gesellschafter vorgenommen werden.	**Die Unterbrechung der Verjährung gegenüber der aufgelösten Gesellschaft wirkt auch gegenüber den Gesellschaftern, welche der Gesellschaft zur Zeit der Auflösung angehört haben.** 1

II Die Verjährung zu Gunsten eines bei der Auflösung einer Gesellschaft zu derselben gehörigen Gesellschafters wird nicht durch Rechtshandlungen gegen einen anderen Gesellschafter, wohl aber durch Rechtshandlungen gegen die Liquidatoren unterbrochen.

Art. 149.

I Die Verjährung läuft auch gegen Minderjährige und bevormundete Personen, sowie gegen juristische Personen, denen gesetzlich die Rechte der Minderjährigen zustehen, ohne Zulassung der Wiedereinsetzung in den vorigen Stand, jedoch mit Vorbehalt des Regresses gegen die Vormünder und Verwalter.

Zweiter Titel.

Von der Kommanditgesellschaft.

Erster Abschnitt.

Von der Kommanditgesellschaft im Allgemeinen.

Zweiter Abschnitt.

Kommanditgesellschaft.

Art. 150. — **§. 161.** §. 161.

I Eine Kommanditgesellschaft ist vorhanden, wenn bei einem unter einer gemeinschaftlichen Firma betriebenen Handelsgewerbe ein oder mehrere Gesellschafter sich nur mit Vermögenseinlagen betheiligen

Eine Gesellschaft, deren Zweck auf den Betrieb eines Handelsgewerbes unter gemeinschaftlicher Firma gerichtet ist, ist eine Kommanditgesellschaft, wenn bei einem oder bei einigen von den Gesellschaftern die Haftung gegenüber den Gesellschaftsgläubigern auf den Betrag einer bestimmten Vermögenseinlage beschränkt ist 1

(Kommanditisten), während bei

einem oder mehreren anderen Gesellschaftern die Betheiligung nicht in dieser Weise beschränkt ist

dem anderen Theile der Gesellschafter eine Beschränkung der Haftung nicht stattfindet

(persönlich haftende Gesellschafter).

II Sind mehrere persönlich haftende Gesellschafter vor-

Soweit nicht in diesem Abschnitt ein Anderes vor- 2

handen, so ist in Ansehung ihrer die Gesellschaft zugleich eine offene Gesellschaft. | geschrieben ist, finden auf die Kommanditgesellschaft die für die offene Handelsgesellschaft geltenden Vorschriften Anwendung.

III Zur Gültigkeit des Gesellschaftsvertrages bedarf es der schriftlichen Abfassung nicht.

Art. 151.

I Die Errichtung einer Kommanditgesellschaft ist von sämmtlichen Gesellschaftern bei dem Handelsgerichte, in dessen Bezirk die Gesellschaft ihren Sitz hat, behufs der Eintragung in das Handelsregister anzumelden. | (Vergl. jetzt §. 161 Abs. 2 und §. 106.)

§. 162. §. 162.

II Die Anmeldung 1

muss enthalten: | der Gesellschaft hat außer den im §. 106 Abs. 2 vorgesehenen Angaben die Bezeichnung der

1) den Namen, Vornamen, Stand und Wohnort jedes persönlich haftenden Gesellschafters;

2) den Namen, Vornamen, Stand und Wohnort jedes

Kommanditisten

mit der Bezeichnung desselben als solchen; | und

3) die Firma der Gesellschaft und den Ort, wo sie ihren Sitz hat;

4) den Betrag der

Vermögenseinlage je- | Einlage eines jeden von

des Kommanditisten. III Die Anmeldung muss von allen Gesellschaftern persönlich vor dem Handelsgerichte unterzeichnet, oder in beglaubigter Form eingereicht werden; sie ist nach ihrem ganzen Inhalt in das Handelsregister einzutragen.	**ihnen zu enthalten.** (Vergl. jetzt §. 161 Abs. 2, §. 108, §. 12 Abs. 1.)

Bei der Bekanntmachung der 2

Kommanditgesellschaft in den öffentlichen Blättern (Art. 13) unterbleibt die Angabe der Namen, des Standes und des Wohnortes	**Eintragung ist nur die Zahl der Kommanditisten anzugeben; der Name, der Stand und der Wohnort**

der Kommanditisten sowie

die Angabe des Betrages ihrer Vermögenseinlagen.	**der Betrag ihrer Einlagen werden nicht bekannt gemacht.**

Diese Vorschriften finden im Falle des Eintritts eines Kommanditisten in eine bestehende Handelsgesellschaft und im Falle des Ausscheidens eines Kommanditisten aus einer Kommanditgesellschaft entsprechende Anwendung. 3

Art. 152.*)

I Bei jedem Handelsgerichte, in dessen Bezirk die Kommanditgesellschaft eine Zweigniederlassung hat, muss dies behufs der Eintragung in das Handelsregister angemeldet werden.

II Die Anmeldung muss die in Artikel 151 Ziffer 1 bis 4 bezeichneten Angaben enthalten, und von sämmtlichen persönlich haftenden Gesellschaftern vor dem Handelsgericht unterzeichnet oder in beglaubigter Form eingereicht werden.

---

*) S. jetzt §. 13 Abs. 1, 2.

Art. 153.*)

I Die persönlich haftenden Gesellschafter, welche die Gesellschaft vertreten sollen, haben die Firma nebst ihrer Namensunterschrift persönlich vor dem Handelsgericht, in dessen Bezirk die Gesellschaft ihren Sitz hat, und vor jedem Handelsgericht, in dessen Bezirk sie eine Zweigniederlassung hat, zu zeichnen oder die Zeichnung in beglaubigter Form einzureichen.

Art. 154.**)

I Das Handelsgericht hat die persönlich haftenden Gesellschafter zur Befolgung der in den Artikeln 151, 152 und 153 enthaltenen Vorschriften von Amtswegen durch Ordnungsstrafen anzuhalten.

Art. 155.***)

I Wenn die Firma einer bestehenden Kommanditgesellschaft geändert, oder der Sitz der Gesellschaft an einen anderen Ort verlegt wird, so sind diese Thatsachen von sämmtlichen Gesellschaftern in der durch Artikel 151 bestimmten Weise behufs der Eintragung in das Handelsregister anzumelden. Das Handelsgericht hat die persönlich haftenden Gesellschafter zur Befolgung dieser Anordnung von Amtswegen durch Ordnungsstrafen anzuhalten.†)

II Bei der Bekanntmachung kommt in Betreff der Kommanditisten die Vorschrift des Artikels 151 zur Anwendung.††)

III Die Wirkung gegen Dritte richtet sich nach den Bestimmungen des Artikels 25.†††)

Art. 156.

I Wenn in eine bestehende Kommanditgesellschaft ein neuer Kommanditist eintritt, so muss dies von sämmtlichen Gesellschaftern zur Eintragung in das Handelsregister und

*) S. jetzt §. 161 Abs. 2, §. 108 Abs. 2, §. 12 Abs. 1, §. 13 Abs. 1, 2. **) S. jetzt §. 161 Abs. 2, §. 108, §. 14 Satz 1. ***) S. jetzt §. 161 Abs. 2, §. 107, §. 108 Abs. 1, §. 14 Satz 1. †) S. jetzt §. 162 Abs. 2. ††) S. jetzt §. 15 Abs. 1, 2. †††) S. jetzt §. 161 Abs. 2, §. 107, §. 108, §. 162 Abs. 3.

zur Bekanntmachung nach den Bestimmungen des Artikels 151 angemeldet werden.

Art. 157. — **§. 163.** §. 163.

I Das Rechtsverhältniss	**Für das Verhältniß** 1

der Gesellschafter unter einander

richtet sich zunächst nach dem Gesellschaftsvertrage. Soweit keine Vereinbarung getroffen ist, kommen die gesetzlichen Bestimmungen über das Rechtsverhältniss der offenen Gesellschafter unter einander auch hier zur Anwendung, jedoch mit den Abweichungen, welche die nachfolgenden Artikel (158 bis 162) ergeben.	**gelten in Ermangelung abweichender Bestimmungen des Gesellschaftsvertrags die besonderen Vorschriften der §§. 164 bis 169.**

Art. 158.*) — **§. 164.** §. 164.

I Die Geschäftsführung der Gesellschaft wird durch den oder die persönlich haftenden Gesellschafter besorgt.	
II Ein Kommanditist ist zur	**Die Kommanditisten sind von der** 1

Führung der Geschäfte der Gesellschaft

weder berechtigt noch verpflichtet.	**ausgeschlossen; sie können einer Handlung der**
III Er kann gegen die Vornahme einer Handlung der Geschäftsführung durch die	

persönlich haftenden Gesellschafter

(Artikel 99 bis 102) Widerspruch nicht erheben.	**nicht widersprechen, es sei denn, daß die Handlung**

*) Vergl. auch §. 161 Abs. 2.

über den gewöhnlichen Betrieb des Handelsgewerbes der Gesellschaft hinausgeht. Die Vorschriften des §. 116 Abs. 3 bleiben unberührt.

§. 165. Art. 159. — §. 165.

Art. 159 (altes H.G.)	§. 165
I Ein Kommanditist darf ohne Genehmigung der anderen Gesellschafter in dem Handelszweig der Gesellschaft für eigene oder fremde Rechnung Geschäfte machen und an einer anderen gleichartigen Handelsgesellschaft als offener Gesellschafter Theil nehmen.	Die §§. 112, 113 finden auf die Kommanditisten keine Anwendung. 1

§. 166. Art. 160. — §. 166.

I Jeder / Der Kommanditist ist berechtigt, die abschriftliche Mittheilung der jährlichen Bilanz zu verlangen und die / ihre Richtigkeit derselben / Richtigkeit unter Einsicht der Bücher und Papiere zu prüfen. 1

II Die im 2

Artikel 105 bezeichneten	§. 118 dem von der Geschäftsführung ausgeschlossenen Gesellschafter eingeräumten

weiteren Rechte eines offenen Gesellschafters stehen einem / dem Kommanditisten nicht zu.

III Jedoch kann das Handelsgericht auf den	Auf 3

Antrag eines Kommanditisten

| kann das Gericht,

wenn wichtige Gründe dazu vorliegen, die Mittheilung einer Bilanz oder sonstiger Aufklärungen nebst / sowie die Vorlegung der Bücher und Papiere zu jeder Zeit / jederzeit anordnen.

Art. 161.	§. 167.	§. 167.
I*) Die Bestimmungen des Artikel 106 bis 108 über die Verzinsung der Einlage	Die Vorschriften des §. 120	1

über die jährliche Berechnung des Gewinns oder Verlustes

und über die Befugniss, Zinsen und Gewinn zu erheben,

gelten auch in Betreff des / für den Kommanditisten.

	Jedoch wird der einem Kommanditisten zukommende Gewinn seinem Kapitalantheile nur so lange zugeschrieben, als dieser den Betrag der bedungenen Einlage nicht erreicht.	2
II Jedoch nimmt ein Kommanditist an	An	3

dem Verluste

| nimmt der Kommanditist

nur bis zum Betrage

seiner eingezahlten oder rückständigen Einlage Antheil.	seines Kapitalantheils und seiner noch rückständigen Einlage Theil.	
III Er ist nicht verpflichtet, die Zinsen und den Gewinn,	(Siehe jetzt § 169 Abs. 3.)	

*) Zu Abs. I und II vergl. jetzt auch § 168 Abs. 1, § 169 Abs. I.

Gewöhnliche deutsche und fette deutsche Schrift = neues H G.

welche er bezogen hat, wegen späterer Verluste zurückzuzahlen; jedoch wird, so lange seine ursprüngliche Einlage durch Verlust vermindert ist, der jährliche Gewinn zur Deckung des Verlustes verwendet.

§. 168. Art. 162. — §. 168.

1 Die Antheile der Gesellschafter am Gewinne bestimmen sich, soweit der Gewinn den Betrag von vier vom Hundert der Kapitalantheile nicht übersteigt, nach den Vorschriften des §. 121 Abs. 1, 2.

I Ist über die Höhe der Betheiligung an Gewinn und Verlust nichts vereinbart, so wird dieselbe nach richterlichem Ermessen, nöthigenfalls unter Zuziehung von Sachverständigen, festgestellt.

2 In Ansehung des Gewinns, welcher diesen Betrag übersteigt, sowie in Ansehung des Verlustes gilt, soweit nicht ein Anderes vereinbart ist, ein den Umständen nach angemessenes Verhältniß der Antheile als bedungen.

§. 169. §. 169.

1 Der §. 122 findet auf den Kommanditisten keine Anwendung. Dieser hat nur Anspruch auf Auszahlung des ihm zukommenden Gewinns; er kann auch die Auszahlung des Gewinns nicht fordern, solange sein Kapitalantheil durch Verlust unter den auf die bedungene Einlage geleisteten Betrag herabgemindert ist oder durch die Auszahlung unter diesen Betrag herabgemindert werden würde.*)

2 Der Kommanditist ist nicht verpflichtet, den bezogenen Gewinn wegen späterer Verluste zurückzuzahlen.**)

*) Vergl. Art. 161 Abs. I.
**) Vergl. Art. 169 Abs. III.

Art. 163.*)

I Im Verhältniss zu dritten Personen tritt die rechtliche Wirksamkeit einer Kommanditgesellschaft mit dem Zeitpunkte ein, in welchem die Errichtung der Gesellschaft bei dem Handelsgericht, in dessen Bezirk die Gesellschaft ihren Sitz hat, in das Handelsregister eingetragen ist, oder die Gesellschaft auch nur ihre Geschäfte begonnen hat.

II Die Beschränkung, dass die Gesellschaft erst mit einem späteren Zeitpunkt als dem die Eintragung ihren Anfang nehmen soll, hat gegen dritte Personen keine rechtliche Wirkung.

(Abs. III siehe bei §. 176.).

Art. 164.

I Die Kommanditgesellschaft kann unter ihrer Firma Rechte erwerben und Verbindlichkeiten eingehen, Eigenthum und andere dingliche Rechte an Grundstücken erwerben, vor Gericht klagen und verklagt werden.**)

II Ihr ordentlicher Gerichtsstand ist bei dem Gericht, in dessen Bezirk sie ihren Sitz hat.

Art. 165, 166 s. bei §§. 171 bis 173.

Art. 167. — §. 170. §. 170.

I Die Kommanditgesellschaft wird durch die persönlich haftenden Gesellschafter berechtigt und verpflichtet; sie wird durch dieselben vor Gericht vertreten.	**Der Kommanditist ist zur Vertretung der Gesellschaft nicht ermächtigt.** 1

II Zur Behändigung von Vorladungen und anderen Zustellungen an die Gesellschaft genügt es, wenn dieselbe an einen der zur Vertretung befugten Gesellschafter geschieht.

*) Vergl. jetzt §. 161 Abs. 2, §. 123.
**) Vergl. jetzt § 161 Abs 2, §. 124 Abs. 1.

III Ein Kommanditist, welcher für die Gesellschaft Geschäfte schliesst, ohne ausdrücklich zu erklären, dass er nur als Prokurist oder als Bevollmächtigter handle, ist aus diesen Geschäften gleich einem persönlich haftenden Gesellschafter verpflichtet.

Art. 168.

I Der Name eines Kommanditisten darf in der Firma der Gesellschaft nicht enthalten sein; im entgegengesetzten Falle haftet er den Gläubigern der Gesellschaft gleich einem offenen Gesellschafter.

Art. 169.

I Die Bestimmungen der Art. 119, 120, 121 und 122 finden auch bei der Kommanditgesellschaft Anwendung.

Art. 170 s. bei §. 177.

§. 171. Art. 165. — **§. 171.**

I Für die Verbindlichkeiten der Gesellschaft haftet der Kommanditist nur mit der Einlage und, soweit diese nicht eingezahlt ist, mit dem versprochenen Betrage.	**Der Kommanditist haftet den Gläubigern der Gesellschaft bis zur Höhe seiner Einlage unmittelbar; die Haftung ist ausgeschlossen, soweit die Einlage geleistet ist.** 1
II Die Einlage des Kommanditisten kann während des Bestehens der Gesellschaft weder ganz noch theilweise zurückbezahlt oder erlassen werden.	**Ist über das Vermögen der Gesellschaft der Konkurs eröffnet, so wird während der Dauer des Verfahrens das den Gesellschaftsgläubigern nach Abs. 1 zustehende Recht durch den Konkursverwalter ausgeübt.** 2
III Zinsen können ihm von der Gesellschaft nur insoweit bezahlt werden, als dadurch	

die ursprüngliche Einlage nicht vermindert wird.

IV Er kann bis zur Wiederergänzung der durch Verlust verminderten Einlage weder Zinsen noch Gewinn beziehen.

V Er haftet für die Verbindlichkeiten der Gesellschaft, wenn und insoweit er diesen Bestimmungen entgegen Zahlungen von der Gesellschaft empfangen hat.

VI Er ist jedoch nicht verpflichtet, die Zinsen und den Gewinn zurückzuzahlen, welche er auf Grund einer in gutem Glauben errichteten Bilanz in gutem Glauben bezogen hat.

§. 172.

§. 172.

1 Im Verhältnisse zu den Gläubigern der Gesellschaft wird nach der Eintragung in das Handelsregister die Einlage eines Kommanditisten durch den in der Eintragung angegebenen Betrag bestimmt.

2 Auf eine nicht eingetragene Erhöhung der aus dem Handelsregister ersichtlichen Einlage können sich die Gläubiger nur berufen, wenn die Erhöhung in handelsüblicher Weise kundgemacht oder ihnen in anderer Weise von der Gesellschaft mitgetheilt worden ist.

3 Eine Vereinbarung der Gesellschafter, durch die einem Kommanditisten die Einlage erlassen oder gestundet wird, ist den Gläubigern gegenüber unwirksam.

4 Soweit die Einlage eines Kommanditisten zurückbezahlt wird, gilt sie den Gläubigern gegenüber als nicht geleistet. Das Gleiche gilt, soweit ein Kommanditist Gewinnantheile entnimmt, während sein Kapitalantheil durch Verlust unter den Betrag der geleisteten Einlage herabgemindert ist, oder soweit durch die Entnahme der Kapitalantheil unter den bezeichneten Betrag herabgemindert wird.

5 Was ein Kommanditist auf Grund einer in gutem Glauben errichteten Bilanz in gutem Glauben als Gewinn bezieht, ist er in keinem Falle zurückzuzahlen verpflichtet.

Gewöhnliche deutsche und fette deutsche Schrift = neues H.G.

§. 173. Art. 166. — **§. 173.**

I Wer in eine bestehende Handelsgesellschaft als Komman- 1
ditist eintritt, haftet nach Maßgabe des vorhergehenden Artikels / **der §§. 171, 172**
für alle von der Gesellschaft / **die** vor seinem Eintritte eingegangenen / **begründeten**
Verbindlichkeiten **der Gesellschaft,** es mag / **ohne Unterschied, ob** die
Firma eine Aenderung erleiden / **erleidet** oder nicht.

II Ein entgegenstehender Vertrag ist gegen Dritte ohne rechtliche Wirkung.	**Eine entgegenstehende Vereinbarung ist Dritten gegenüber unwirksam.** 2

§. 174. **§. 174.**

Eine Herabsetzung der Einlage eines Kommanditisten ist, solange sie nicht in das Handelsregister des Gerichts, in dessen Bezirke die Gesellschaft ihren Sitz hat, eingetragen ist, den Gläubigern gegenüber unwirksam; Gläubiger, deren Forderungen zur Zeit der Eintragung begründet waren, brauchen die Herabsetzung nicht gegen sich gelten zu lassen. 1

§. 175. **§. 175.**

Die Erhöhung sowie die Herabsetzung einer Einlage ist durch die sämmtlichen Gesellschafter zur Eintragung in das Handelsregister anzumelden. Die Bekanntmachung der Eintragung erfolgt gemäß §. 162 Abs. 2. Auf die Eintragung in das Handelsregister des Sitzes der Gesellschaft finden die Vorschriften des §. 14 keine Anwendung. 1

§. 176. Art. 163 Abs. III.*) | **§. 176.**

III Hat die Gesellschaft vor der Eintragung ihre Geschäfte 1
begonnen, **bevor sie in das Handelsregister des Gerichts, in dessen Bezirke sie ihren Sitz hat, eingetragen ist,** so

*) Art. 163 Abs. I, II siehe nach §. 169.

haftet jeder Kommanditist dritten Personen / **, der dem Geschäftsbeginne zugestimmt hat,** für die bis zur Eintragung entstandenen / **begründeten** Verbindlichkeiten der Gesellschaft gleich einem persönlich haftenden Gesellschafter, wenn er nicht beweist, / **es sei denn,** daß denselben seine beschränkte Betheiligung bei der Gesellschaft / **als Kommanditist dem Gläubiger** bekannt war. **Diese Vorschrift kommt nicht zur Anwendung, soweit sich aus dem §. 2 ein Anderes ergiebt.**

Tritt ein Kommanditist in eine bestehende Handelsgesellschaft ein, so findet die Vorschrift des Abs. 1 Satz 1 für die in der Zeit zwischen seinem Eintritt und dessen Eintragung in das Handelsregister begründeten Verbindlichkeiten der Gesellschaft entsprechende Anwendung. 2

Art. 170. — **§. 177.** §. 177.

I Wenn ein Kommanditist stirbt oder zur Verwaltung seines Vermögens rechtlich unfähig wird, so hat dies | **Der Tod eines Kommanditisten hat** 1

die Auflösung der Gesellschaft nicht zur Folge.

II Im Uebrigen gelten die in den Artikeln 123 bis 128 für die offene Gesellschaft gegebenen Bestimmungen auch für die Kommanditgesellschaft.*)

Art. 171.**)

I Wenn eine Kommanditgesellschaft aufgelöst wird, oder wenn ein Kommanditist mit seiner ganzen Einlage oder mit einem Theile derselben ausscheidet, so müssen diese Thatsachen in das Handelsregister eingetragen werden.

*) Vergl. jetzt §. 161 Abs. 2.
**) Vergl. jetzt §. 161 Abs. 2, §. 143, §. 162 Abs. 3, §. 175.

II Bei der Bekanntmachung unterbleibt die Bezeichnung des Kommanditisten und die Angabe des Betrages der Einlage.

III Die Bestimmungen des Artikels 129 kommen auch hier zur Anwendung.

Art. 172.*)

I Was bei der offenen Gesellschaft über die Art der Auseinandersetzung (Artikel 130, 131 und 132), über die Liquidation und über die Verjährung der Klagen gegen die Gesellschafter bestimmt ist, gilt auch bei der Kommanditgesellschaft in Betreff aller Gesellschafter.

(Den II. Abschnitt, Art. 173 bis 206a, siehe jetzt bei §§. 320 bis 334.)

<table>
<tr><td>Dritter Titel.
Von der Aktiengesellschaft.</td><td>Dritter Abschnitt.
Aktiengesellschaft.</td></tr>
<tr><td>Erster Abschnitt.
Allgemeine Grundsätze.</td><td>Erster Titel.
Allgemeine Vorschriften.</td></tr>
</table>

§. 178. Art. 207. — **§. 178.**

<table>
<tr><td>I Eine Gesellschaft ist eine Aktiengesellschaft, wenn sich die</td><td>Die</td><td>1</td></tr>
<tr><td colspan="2">sämmtlichen Gesellschafter</td><td></td></tr>
<tr><td>nur</td><td>der Aktiengesellschaft sind</td><td></td></tr>
<tr><td colspan="2">mit Einlagen</td><td></td></tr>
<tr><td>betheiligen,</td><td>auf das in Aktien zerlegte Grundkapital der Gesellschaft betheiligt,</td><td></td></tr>
</table>

*) Vergl. jetzt §. 161 Abs. 2.

ohne persönlich für die / **deren** Verbindlichkeiten der Gesellschaft zu haften.

II Das Einlagekapital (Grundkapital) wird in Aktien zerlegt.

§. 179. §. 179.

III **Die Aktien sind untheilbar.** 1

IV Dieselben / **Sie** können auf **den** Inhaber oder auf Namen lauten. 2

V Antheilscheine, in welchen der Bezug der Aktien zugesichert wird oder welche sonst über das Antheilsrecht des Aktionärs | **Aktien, die vor der vollen Leistung des Nennbetrags oder, falls der Ausgabepreis höher ist, vor der vollen Leistung dieses Betrags ausgegeben werden, dürfen nicht auf den Inhaber lauten. Das Gleiche gilt von Antheilscheinen, die den Aktionären** 3

vor **der** Ausgabe der Aktien ausgestellt werden (Interimsscheine)

dürfen nicht auf den Inhaber lauten. | **.***)

Werden auf Namen lautende Aktien vor der vollen Leistung der Einzahlungen ausgegeben, so ist der Betrag der geleisteten Einzahlungen in den Urkunden anzugeben. 4

Art. 207a. — **§. 180.** §. 180.

I Die Aktien müssen auf einen Betrag von mindestens eintausend Mark gestellt werden. 1

*) Vergl. auch Art. 215c Abs. III.

Gewöhnliche deutsche und fette deutsche Schrift = neues H.G.

II Für ein gemeinnütziges Unternehmen kann im Falle eines besonderen örtlichen Bedürfnisses der Bundesrath die Ausgabe von Aktien, welche / **die** auf Namen lauten, zu einem geringeren, jedoch mindestens zweihundert Mark erreichenden Betrage zulassen. Die gleiche Genehmigung kann in dem Falle ertheilt werden, dass / **wenn** für ein Unternehmen das Reich oder / **,** ein Bundesstaat oder ein Provinzial-, Kreis- oder Amtsverband / **Kommunalverband** oder eine sonstige öffentliche Korporation / **Körperschaft** auf die Aktien einen bestimmten Ertrag bedingungslos und ohne Zeitbeschränkung gewährleistet hat. 2

III Auf Namen lautende Aktien, deren Uebertragung an die Einwilligung / **Zustimmung** der Gesellschaft gebunden ist, dürfen auf einen Betrag von weniger als eintausend, jedoch nicht von weniger als zweihundert Mark gestellt werden. 3

Im Falle des Abs. 2 soll die ertheilte Genehmigung, im Falle des Abs. 3 sollen die Beschränkungen, denen nach §. 222 Abs. 4 die Aktionäre in Ansehung der Uebertragung ihrer Rechte unterliegen, in den Aktien ersichtlich gemacht werden.*) 4

IV Die vorstehenden Bestimmungen	**Diese Vorschriften** 5
gelten auch	
von Interimsscheinen.	**für Interimsscheine.**

Art. 208 s. bei §. 210.

§. 181.

§. 181.

Zur Unterzeichnung von Aktien und Interimsscheinen genügt eine im Wege der mechanischen Vervielfältigung 1

*) Vergl. Art. 215c Abs. IV.

hergestellte Namensunterschrift. Die Gültigkeit der Unterzeichnung kann durch eine in die Urkunde aufgenommene Bestimmung von der Beobachtung einer besonderen Form abhängig gemacht werden.

Art. 209. — §. 182. §. 182.

I Der Inhalt des Gesellschaftsvertrags (Statut) muß durch / **von** 1
mindestens fünf Personen, welche Aktien übernehmen, in gerichtlicher oder notarieller Verhandlung festgestellt werden. In derselben / **der Verhandlung** ist zugleich der Betrag **und, wenn verschiedene Gattungen von Aktien ausgegeben werden, die Gattung** der von jedem Einzelnen / **Jedem** übernommenen Aktien anzugeben.

II Der Gesellschaftsvertrag muß bestimmen: 2

1. die Firma und den Sitz der Gesellschaft;
2. den Gegenstand des Unternehmens;
3. die Höhe des Grundkapitals und der einzelnen Aktien;
4. die Art der Aktien, ob sie auf Inhaber oder auf Namen lauten, und im Falle der Ausgabe beider Arten die Zahl der Aktien einer jeden Art;*)

5. / 4. die Art der Bestellung und Zusammensetzung des Vorstandes;

6 / 5. die Form, in welcher / **der** die Zusammenberufung / **Berufung** der Generalversammlung der Aktionäre geschieht;

7. / 6 die Form, in welcher / **der** die von der Gesellschaft ausgehenden Bekanntmachungen erfolgen.

III Bekanntmachungen, welche / **die** durch öffentliche Blätter erfolgen sollen, sind in den Deutschen Reichsanzeiger einzurücken. 3

*) Vergl jetzt § 183.

Andere Blätter außer diesem hat / bestimmt der Gesellschaftsvertrag zu bestimmen.

§. 183. (Vergl. Art. 209 Abs. II Nr 4.)

§. 183.

1 **Ist im Gesellschaftsvertrage nichts darüber bestimmt, ob die Aktien auf den Inhaber oder auf Namen lauten sollen, so sind sie auf Namen zu stellen.**

(Vergl. Art. 209a Abs. I Nr. 3.)

2 **Im Gesellschaftsvertrage kann bestimmt werden, daß auf Verlangen des Aktionärs die Umwandlung seiner auf Namen lautenden Aktie in eine Inhaberaktie oder umgekehrt stattzufinden hat.**

§. 184. Vergl. Art. 209a Abs. II

§. 184.

1 **Für einen geringeren als den Nennbetrag dürfen Aktien nicht ausgegeben werden.**

2 **Die Ausgabe**

Art. 209a.

I Der Aufnahme in den Gesellschaftsvertrag bedürfen Bestimmungen, nach welchen
1) das Unternehmen auf eine gewisse Zeit beschränkt wird;
2) Aktien für einen höheren als den Nominalbetrag ausgegeben werden;

1 **für einen höheren Betrag ist statthaft, wenn sie im Gesellschaftsvertrage zugelassen ist.**
(Vergl. jetzt §. 183 Abs. 2.)

3) eine Umwandlung der Aktien rücksichtlich ihrer Art statthaft ist;

§. 185.

§. 185.

Im Gesellschaftsvertrage können

Gewöhnliche deutsche und lateinische Schrift = altes H.G.

4) für einzelne Gattungen von Aktien verschiedene Rechte, insbesondere

betreffs der Zinsen oder Dividenden oder des Antheils am Gesellschaftsvermögen, gewährt werden;	**in Betreff der Vertheilung des Gewinns oder des Gesellschaftsvermögens, festgesetzt werden.**
5) über gewisse Gegenstände die Generalversammlung der Aktionäre nicht schon durch einfache Stimmenmehrheit, sondern nur durch eine grössere Stimmenmehrheit oder nach anderen Erfordernissen Beschluss fassen kann.	(Vergl. jetzt §. 251.)
II Für einen geringeren als den Nominalbetrag darf die Ausgabe der Aktien nicht festgesetzt werden.	(Vergl. jetzt §. 184 Abs. 1).

Art. 209 b. — **§. 186.** §. 186.

I Jeder zu Gunsten einzelner Aktionäre bedungene besondere Vortheil muß $\frac{\text{in dem}}{\textbf{im}}$ Gesellschaftsvertrag unter Bezeichnung des Berechtigten festgesetzt werden. 1

II Werden auf das Grundkapital von Aktionären Einlagen $\frac{\text{gemacht, welche}}{\textbf{gemacht, die}}$ nicht durch Baarzahlung zu leisten sind, gemacht, 2

oder seitens der zu errichtenden Gesellschaft	**oder werden**

vorhandene oder herzustellende Anlagen oder sonstige

Vermögensstücke	**Vermögensgegenstände von der zu errichtenden Gesellschaft**

Gewöhnliche deutsche und fette deutsche Schrift = neues H.G.

übernommen, so müssen

die Person des Aktionärs oder des Kontrahenten,	

der Gegenstand der Einlage oder der Uebernahme,

	die Person, von welcher die Gesellschaft den Gegenstand erwirbt,

und der Betrag der für die Einlage zu gewährenden Aktien oder die für den übernommenen Gegenstand zu gewährende Vergütung $\frac{\text{in dem}}{\textbf{im}}$ Gesellschaftsvertrage festgesetzt werden.

II Von diesen Festsetzungen gesondert ist der Gesammtaufwand, welcher zu Lasten der Gesellschaft an Aktionäre oder Andere als Entschädigung oder Belohnung für die Gründung oder deren Vorbereitung gewährt wird, im Gesellschaftsvertrage festzusetzen. 3

III Jedes Abkommen über die vorbezeichneten Gegenstände, welches nicht die vorgeschriebene Festsetzung $\frac{\text{in dem}}{\textbf{im}}$ Gesellschaftsvertrage gefunden hat, ist der Gesellschaft gegenüber unwirksam. 4

§. 187. Art. 209c. — **§. 187.**

I Die Aktionäre, welche $\frac{\text{das Statut}}{\textbf{den Gesellschaftsvertrag}}$ festgestellt haben oder welche andere als durch Baarzahlung zu leistende Einlagen machen, gelten als die Gründer der Gesellschaft. 1

§. 188. Art. 209d. — **§. 188.**

I In dem Falle, dass sämmtliche Aktien durch	**Uebernehmen** 1

die Gründer

übernommen werden,	**alle Aktien, so**

gilt mit der Uebernahme **der Aktien** die Gesellschaft als errichtet.

II Soweit die Uebernahme nicht schon bei der Feststellung 2
des Statuts / Gesellschaftsvertrags erfolgt ist, kann sie in einer besonderen gerichtlichen oder notariellen Verhandlung unter Angabe der Beträge, welche die einzelnen Gründer noch übernehmen, bewirkt werden.

Art. 209e. — **§. 189.** §. 189.

I Werden nicht sämmtliche Aktien durch | **Uebernehmen** 1
die Gründer
übernommen, so muss | **nicht alle Aktien, so hat**
der Errichtung der Gesellschaft die Zeichnung der übrigen Aktien vorhergehen / **vorherzugehen**.

Die Zeichnung erfolgt durch schriftliche Erklärung, aus 2
welcher / **der** die Betheiligung nach der Anzahl und, im Falle / **falls verschiedene Aktien ausgegeben werden,** einer Verschiedenheit der Aktien nach dem Betrag, Art oder der Gattung derselben / **der Aktien** hervorgehen muß.

II Die Erklärung (Zeichnungsschein) 3
, welche in zwei Exemplaren unterzeichnet werden soll, | **soll doppelt ausgestellt werden; sie**
hat zu enthalten:

1. das Datum / **den Tag der Feststellung** des Statuts / **Gesellschaftsvertrags,**
die im Artikel 209 Absatz 2, 209 b / **§. 182 Abs. 2 und im §. 186** vorgesehenen Festsetzungen und
im Falle verschiedener | **wenn mehrere**
Gattungen von Aktien

mit verschiedener Berechtigung ausgegeben werden,
den Gesammtbetrag einer jeden;

2. den Namen, Stand und Wohnort der Gründer;
3. den Betrag, für welchen die Ausgabe der Aktie stattfindet, und den Betrag der festgesetzten Einzahlungen;
4. den Zeitpunkt, [mit dessen Eintritt / **in welchem**] die Zeichnung unverbindlich wird, sofern nicht bis dahin die Errichtung der Gesellschaft beschlossen ist.

III Zeichnungsscheine, welche diesen Inhalt nicht vollständig haben oder außer dem unter [Ziffer 4 / **Nr. 4**] bezeichneten Vorbehalte Beschränkungen in der Verpflichtung des Zeichners enthalten, sind [ungültig. Ist / **nichtig. Erfolgt**] ungeachtet eines hiernach [ungültigen / **nichtigen oder wegen verspäteter Errichtung der Gesellschaft unverbindlichen**] Zeichnungsscheins die Eintragung [des Gesellschafts- / **der Gesellschaft**] vertrags in das Handelsregister erfolgt, so ist der Zeichner, wenn er auf Grund einer dem [ersten Absatze / **Abs. 2**] entsprechenden Erklärung in der [zur / **Generalversammlung, die zur**] Beschlußfassung über die Errichtung der Gesellschaft [berufenen Generalversammlung gestimmt / **berufen wird, stimmt**] oder später als Aktionär Rechte [ausgeübt / **ausübt**] oder Verpflichtungen erfüllt hat, der Gesellschaft wie aus einem gültigen Zeichnungsscheine verpflichtet. 4

IV Jede nicht in dem Zeichnungsschein enthaltene Beschränkung ist der Gesellschaft gegenüber unwirksam. 5

Gewöhnliche deutsche und lateinische Schrift = altes H.G.

Art. 209f. — **§. 190.** §. 190.

I Jede Aktiengesellschaft muss ausser dem Vorstande einen | **Uebernehmen die Gründer alle Aktien, so haben sie gleichzeitig mit der Errichtung der Gesellschaft oder in einer besonderen gerichtlichen oder notariellen Verhandlung den ersten** 1

Aufsichtsrath

haben. | **der Gesellschaft zu bestellen.**

Uebernehmen die Gründer nicht alle Aktien, so haben sie nach der Zeichnung des Grundkapitals eine Generalversammlung zur Wahl des Aufsichtsraths zu berufen. 2

Diese Vorschriften finden auch auf die Bestellung des ersten Vorstandes Anwendung, sofern nicht nach dem Gesellschaftsvertrage die Bestellung in anderer Weise als durch Wahl der Generalversammlung zu geschehen hat. 3

Art. 209g. — **§. 191.** §. 191

I Die Gründer haben $\frac{\text{in dem}}{\textbf{im}}$ Falle des $\frac{\text{Artikels 209 b Absatz 2}}{\textbf{§. 186 Abs. 2}}$ in einer $\frac{\text{von ihnen zu unterzeichnenden}}{\textbf{schriftlichen}}$ Erklärung die **wesentlichen** Umstände darzulegen, $\frac{\text{mit Rücksicht auf welche ihnen die Höhe}}{\textbf{von welchen die Angemessenheit}}$ der für die eingelegten oder übernommenen Gegenstände gewährten Beträge $\frac{\text{gerechtfertigt erscheint.}}{\textbf{abhängt}}$ 1

II $\frac{\text{Hierbei haben sie}}{\textbf{Sie haben hierbei}}$ insbesondere die dem Erwerbe der Gesellschaft vorausgegangenen Rechtsgeschäfte, $\frac{\text{welche}}{\textbf{die}}$ auf 2

Gewöhnliche deutsche und fette deutsche Schrift = neues H.G.

denselben / **den Erwerb durch die Gesellschaft** hingezielt haben, sowie / **ferner** die früheren Erwerbs- und Herstellungspreise aus den letzten zwei / **beiden** Jahren **und im Falle des Ueberganges eines Unternehmens auf die Gesellschaft die Betriebserträgnisse aus den letzten beiden Geschäftsjahren** anzugeben.

§. 192. Art. 209h. — **§. 192.**

I Die Mitglieder des Vorstandes und des Aufsichtsraths haben den Hergang der Gründung zu prüfen. 1

Sind Mitglieder zugleich Gründer oder haben sie der Gesellschaft ein Vermögensstück überlassen oder sich	**Gehört ein Mitglied des Vorstandes oder des Aufsichtsraths zu den Gründern oder hat sich ein Mitglied**

2

einen besonderen Vortheil **oder für die Gründung oder deren Vorbereitung eine Entschädigung oder Belohnung** ausbedungen (Art. 209b) **oder liegt ein Fall des §. 186 Abs. 2 vor,** so muss / **hat** außerdem eine Prüfung durch besondere Revisoren

stattfinden, welche	**stattzufinden.** **Die Revisoren werden durch**

3

das für die Vertretung des Handelsstandes berufene Organ und / — in Ermangelung eines solchen

der Vorstand, und der Aufsichtsrath zu bestellen	**durch das Gericht bestellt, in dessen Bezirke die Gesellschaft ihren Sitz**

hat.

§ 193. **§. 193.**

II Die Prüfung hat sich **insbesondere** auf die Richtigkeit und Vollständigkeit der Angaben zu erstrecken, welche rück- / **die in** 1

Gewöhnliche deutsche und lateinische Schrift = altes H G.

sichtlich / **Ansehung** der Zeichnung und Einzahlung des Grundkapitals und / **sowie in Ansehung** der im Artikel 209b / **im §. 186** vorgesehenen Festsetzungen von den Gründern, insbesondere in der in Artikel 209g vorgeschriebenen Erklärung, gemacht sind. **Der Inhalt der im §. 191 bestimmten Erklärung ist auch in der Richtung zu prüfen, ob bezüglich der Angemessenheit der für die eingelegten oder übernommenen Gegenstände gewährten Beträge Bedenken obwalten.**

III Ueber die Prüfung ist unter Darlegung der im vorstehenden / **Abs. 1** Absatze bezeichneten Umstände schriftlich Bericht zu erstatten. 2

Sind die Revisoren durch das für die Vertretung des Handelsstandes berufene Organ bestellt, so haben sie diesem ein Exemplar des Berichts einzureichen. Die Einsicht des eingereichten Berichts ist Jedem gestattet. 3

§. 194. §. 194.

Ergeben sich zwischen den im §. 192 Abs. 2, 3 bezeichneten Revisoren und den Gründern Meinungsverschiedenheiten über den Umfang der von den Gründern zu gewährenden Aufklärungen und Nachweise, so entscheidet endgültig diejenige Stelle, von welcher die Revisoren ernannt sind. Solange sich die Gründer weigern, der Entscheidung nachzukommen, unterbleibt die Erstattung des Prüfungsberichts. 1

Die Revisoren haben Anspruch auf Ersatz angemessener baarer Auslagen und auf Vergütung für ihre Thätigkeit. Die Auslagen und die Vergütung werden durch die im Abs. 1 bezeichnete Stelle festgesetzt. 2

Art. 210. — §. 195. §. 195.

I Der Gesellschaftsvertrag muss / **Die Gesellschaft ist** bei dem Handelsgerichte / **Gericht,** 1

in dessen Bezirke die Gesellschaft / sie ihren Sitz hat, von sämmtlichen Gründern und Mitgliedern des Vorstandes und des Aufsichtsraths zur Eintragung in das Handelsregister
eingetragen werden. | anzumelden.

II Der Anmeldung 2

behufs der Eintragung in das Handelsregister müssen beigefügt sein: | sind beizufügen:

1. der Gesellschaftsvertrag und die im §. 182 Abs. 1 und im §. 188 Abs. 2 bezeichneten Verhandlungen;

1. in dem Falle des Artikels 209 b die / 2. im Falle des §. 186 die Verträge, welche den dort bezeichneten Festsetzungen zum / zu Grunde liegenden / liegen oder zu ihrer Ausführung geschlossenen Verträge, / geschlossen sind, die Artikel 209g / im §. 191 vorgesehene Erklärung und eine Berechnung des der Gesellschaft zur Last fallenden Gründungsaufwandes, in welcher / der die Vergütungen nach Art und Höhe und die Empfänger einzeln aufzuführen sind;

2. in dem Falle, dass / 3. wenn nicht alle Aktien von den Gründern übernommen sind, zum Nachweise der Zeichnung des Grundkapitals die Duplikate der Zeichnungsscheine und ein von den Gründern in beglaubigter Form unterschriebenes Verzeichniß der sämmtlichen / aller Aktionäre, welches die auf jeden entfallenen Aktien sowie die auf letztere / die letzteren geschehenen Einzahlungen angiebt;

3. / 4. die Urkunden über die Bestellung des Vorstandes und des Aufsichtsraths. / ;

Gewöhnliche deutsche und lateinische Schrift = altes H.G.

5. die in Gemässheit des Artikels 209h / **gemäß §. 193 Abs. 2** erstatteten Berichte nebst deren / **ihren** urkundlichen Grundlagen **sowie im Falle des §. 193 Abs. 3 die Bescheinigung, daß der Prüfungsbericht der Revisoren bei dem zur Vertretung des Handelsstandes berufenen Organ eingereicht ist;**

4. in dem Falle, dass / **6. wenn** der Gegenstand des Unternehmens der staatlichen Genehmigung bedarf, sowie in den Fällen des Artikels 207a / **§. 180** Absatz 2 die Genehmigungsurkunde.

III In der Anmeldung ist die Erklärung abzugeben, daß auf jede Aktie, soweit nicht andere als durch Baarzahlung zu leistende Einlagen gemacht / **bedungen** sind, der eingeforderte Betrag baar eingezahlt und im Besitze des Vorstandes sei / **ist**. **Der Betrag, zu welchem die Aktien ausgegeben werden, und der hierauf baar eingezahlte Betrag sind anzugeben;** Die Einforderung / **dieser** muß mindestens ein Viertheil des Nominal- / **Nenn**betrages / **betrags** und im Falle einer / **der** Ausgabe der / **von** Aktien für einen höheren als den Nominalbetrag / **Nennbetrag** auch den Mehrbetrag umfassen. Als Baarzahlung gilt nur die Zahlung in deutschem Gelde, in Reichskassenscheinen sowie in gesetzlich zugelassenen Noten deutscher Banken. 3

IV Die Anmeldung muss von sämmtlichen Gründern und Mitgliedern | **Die Mitglieder** des Vorstandes 4

Gewöhnliche deutsche und fette deutsche Schrift = neues H.G.

und Aufsichtsraths vor dem Handelsgerichte unterzeichnet oder in beglaubigter Form eingereicht werden.	**haben ihre Namensunterschrift zur Aufbewahrung bei dem Gerichte zu zeichnen.**

V Die der Anmeldung beigefügten Schriftstücke werden bei 5
dem $\frac{\text{Handelsgerichte}}{\textbf{Gericht}}$ in Urschrift oder in beglaubigter Abschrift aufbewahrt.

§. 196. Art. 210a. — **§. 196.**

I $\frac{\text{In dem Falle, dass}}{\textbf{Haben}}$ die Gründer nicht alle Aktien über- 1
nommen $\frac{\text{haben,}}{\textbf{, so}}$ beruft das $\frac{\text{Handelsgericht}}{\textbf{im §. 195 bezeichnete Gericht}}$ ohne Verzug eine Generalversammlung der in dem Verzeichniß aufgeführten Aktionäre zur Beschlußfassung über die Errichtung der Gesellschaft.

II Die Versammlung findet unter der Leitung des Ge- 2
richts statt.

III **Der** Vorstand und **der** Aufsichtsrath haben sich über 3
die Ergebnisse der ihnen $\frac{\text{rücksichtlich}}{\textbf{in Ansehung}}$ der Gründung obliegenden Prüfung auf Grund der **im §. 193 Abs. 2 bezeichneten** Berichte (Artikel 209h) und $\frac{\text{deren}}{\textbf{ihrer}}$ urkundlichen Grundlagen zu erklären. Jedes Mitglied des Vorstandes und des Aufsichtsraths kann bis zur Beschlußfassung die Unterzeichnung der Anmeldung zurückziehen.

IV Die der Errichtung der Gesellschaft zustimmende Mehr- 4
heit muß mindestens ein Viertheil $\frac{\text{sämmtlicher}}{\textbf{aller}}$ in dem Verzeichniß aufgeführten oder als Rechtsnachfolger derselben in der Generalversammlung zugelassenen Aktionäre $\frac{\text{begreifen und}}{\textbf{umfassen;}}$

der Betrag ihrer Antheile muß mindestens ein Viertheil des gesammten Grundkapitals darstellen. **Auch wenn diese Mehrheit erreicht wird, gilt die Errichtung als abgelehnt, sofern hinsichtlich eines Theiles der Aktionäre die Voraussetzungen des §. 186 vorliegen und sich die Mehrheit der von anderen Aktionären abgegebenen Stimmen gegen die Errichtung erklärt.**

Die Zustimmung aller erschienenen Aktionäre ist erforderlich, 5
wenn die im Artikel 209 Ziffer 1 bis 5 und 209 a / **§. 182 Abs. 2 Nr. 1 bis 4, im §. 183, im §. 184 Abs. 2 sowie die im §. 185** bezeichneten Bestimmungen des Gesellschaftsvertrags abgeändert oder die im Artikel 209h / **§. 186** vorgesehenen Festsetzungen zu Lasten der Gesellschaft erweitert werden sollen. **Dasselbe gilt, wenn die Dauer der Gesellschaft über die im Gesellschaftsvertrage bestimmte Zeit verlängert oder die im Gesellschaftsvertrage für Beschlüsse der Generalversammlung vorgesehenen erschwerenden Erfordernisse beseitigt werden sollen.**

V Die Beschlußfassung ist zu vertagen, wenn es von den 6
Aktionären mit einfacher Stimmenmehrheit verlangt wird.

Art. 210b. — **§. 197.** §. 1

I Auf | **Soweit nicht in den §§. 190, 196 ein Anderes bestimmt ist, finden auf** 1
die Berufung und Beschlußfassung der vor der Eintragung des Gesellschaftsvertrags / **der Gesellschaft** stattfindenden Generalversammlungen
kommen, soweit nicht in Artikel 210 a ein Anderes bestimmt ist, die Regeln zur entsprechenden | **die Vorschriften entsprechende**
Anwendung, welche für die Gesellschaft nach der Eintragung maßgebend sind.

§. 198.	§. 198.

Bei der Eintragung der Gesellschaft in das Handels- 1
register sind die Firma und der Sitz der Gesellschaft, der Gegenstand des Unternehmens, die Höhe des Grundkapitals, der Tag der Feststellung des Gesellschaftsvertrags und die Mitglieder des Vorstandes anzugeben.

Enthält der Gesellschaftsvertrag besondere Bestimm- 2
ungen über die Zeitdauer der Gesellschaft oder über die Befugniß der Mitglieder des Vorstandes oder der Liquidatoren zur Vertretung der Gesellschaft, so sind auch diese Bestimmungen einzutragen.

§. 199.	Art. 210c. — **§. 199.**
I Der eingetragene Gesellschaftsvertrag ist im Auszuge von dem Handelsgerichte zu veröffentlichen.	
II Die	**In die** 1
Veröffentlichung	Veröffentlichung
muss enthalten:	**, durch welche die Eintragung bekannt gemacht wird, sind außer dem Inhalte der Eintragung aufzunehmen:**
1) das Datum des Gesellschaftsvertrages und die in Artikel 209 Absatz 2 und 3, 209a Ziffer 1 und 4 und 209b	**1. die sonstigen im §. 182 Abs. 2, 3 und in den §§. 183, 185, 186**
bezeichneten Festsetzungen;	bezeichneten Festsetzungen;
	2. der Betrag, zu welchem die Aktien ausgegeben werden;
2) den Namen	**3. der Name**

, Stand und Wohnort der Gründer und

Gewöhnliche deutsche und lateinische Schrift = altes H.G.

die Angabe, ob sie die sämmtlichen Aktien übernommen haben;

3) den Namen / 4. **der Name**, Stand und Wohnort der Mitglieder des Vorstandes und des **ersten** Aufsichtsraths sowie der in Gemässheit des Artikels 209 h bestellten Revisoren.

III Ist im Gesellschaftsvertrage eine Form bestimmt, in welcher der Vorstand seine Willenserklärungen kundgiebt und für die Gesellschaft zeichnet, so ist auch diese Bestimmung zu veröffentlichen.

Zugleich ist bekannt zu machen, daß von den mit der Anmeldung der Gesellschaft eingereichten Schriftstücken, insbesondere von dem Prüfungsberichte des Vorstandes, des Aufsichtsraths und der Revisoren, bei dem Gericht Einsicht genommen werden kann. Im Falle des §. 193 Abs. 3 ist ferner bekannt zu machen, daß von dem Prüfungsberichte der Revisoren auch bei dem zur Vertretung des Handelsstandes berufenen Organ Einsicht genommen werden kann. 2

Art. 211. — **§. 200.** §. 200.

I Vor erfolgter / **der** Eintragung in das Handelsregister **des** Sitzes **der** Gesellschaft besteht die Aktiengesellschaft als solche nicht. 1

II Ist vor der Eintragung / **Wird vorher** im Namen der Gesellschaft gehandelt worden, so haften die Handelnden / **haftet der Handelnde** persönlich und / **; handeln** solidarisch. **Mehrere, so haften sie als Gesammtschuldner.**

Die Antheilsrechte können vor der Eintragung der Gesellschaft in das Handelsregister mit Wirksamkeit gegenüber der Gesellschaft nicht übertragen, Aktien oder Interimsscheine können vorher nicht ausgegeben werden. 2

Gewöhnliche deutsche und fette deutsche Schrift = neues H.G.

§. 201. Art. 212. — §. 201.

I Jede Zweigniederlassung muss bei dem Handelsgerichte,

Die Anmeldung der Gesellschaft zur Eintragung in das Handelsregister eines Gerichts, 1

in dessen Bezirke sie

sich befindet, behufs der Eintragung in das Handelsregister angemeldet werden.

eine Zweigniederlassung besitzt, ist durch sämmtliche Mitglieder des Vorstandes zu bewirken.

II Die Anmeldung ist von sämmtlichen Mitgliedern des Vorstandes vor dem Handelsgerichte zu unterzeichnen oder in beglaubigter Form einzureichen.

Der Anmeldung ist der Gesellschaftsvertrag in Urschrift oder in öffentlich beglaubigter Abschrift beizufügen; die Vorschriften des §. 195 Abs. 2, 3 finden keine Anwendung. 2

III Dieselbe / **Die Eintragung** hat die im Artikel 201 c Absatz 2 und 3 / **§. 198** bezeichneten Angaben zu enthalten. 3

In die Veröffentlichung, durch welche die Eintragung bekannt gemacht wird, sind außer dem Inhalte der Eintragung auch die sonstigen im §. 182 Abs. 2, 3 und in den §§. 183, 185 bezeichneten Festsetzungen aufzunehmen. Erfolgt die Eintragung innerhalb der ersten zwei Jahre, nachdem die Gesellschaft in das Handelsregister ihres Sitzes eingetragen worden ist, so sind alle im §. 199 bezeichneten Angaben 4

zu veröffentlichen; in diesem Falle ist der Anmeldung ein Exemplar der für den Sitz der Gesellschaft ergangenen gerichtlichen Bekanntmachung beizufügen.

Im Uebrigen finden die Vorschriften im Artikel 179 Absatz 2 und 3 Anwendung.

Befindet sich der Sitz der Gesellschaft im Auslande, so ist das Bestehen der Aktiengesellschaft als solcher und, sofern der Gegenstand des Unternehmens oder die Zulassung zum Gewerbebetrieb im Inlande der staatlichen Genehmigung bedarf, auch diese mit der Anmeldung nachzuweisen. Die Angaben, deren öffentliche Bekanntmachung nach Abs. 4 zu erfolgen hat, sind in die Anmeldung aufzunehmen. 5

Art. 213 s. bei §. 210.

Art. 213a. — **§. 202.** §. 202.

I Der Gesellschaft sind die Gründer für die Richtigkeit und Vollständigkeit der Angaben, welche sie rücksichtlich / **in Ansehung** der Zeichnung und Einzahlung des Grundkapitals sowie rücksichtlich / **in Ansehung** der im Artikel 209b / **§. 186** vorgesehenen Festsetzungen behufs / **zum Zwecke der** Eintragung des Gesellschaftsvertrags / **der Gesellschaft** in das Handelsregister machen, solidarisch / **als Gesammtschuldner** verhaftet; sie 1 haben, unbeschadet der Verpflichtung zum Ersatze des sonst etwa [entstandenen / **entstehenden**] Schadens, insbesondere einen an der Zeichnung des Grundkapitals fehlenden Betrag zu übernehmen, fehlende Einzahlungen zu leisten und eine Vergütung, [welche / **die**] nicht unter den zu bezeichnenden Gründungsaufwand aufgenommen ist, zu ersetzen. [Imgleichen sind der Gesellschaft in / **Wird die Gesellschaft**] dem Falle, dass sie von Gründern durch Einlagen oder Uebernahmen der im [Artikel 209 b / **§. 186**] bezeichneten Art böslicherweise geschädigt [ist, die sämmtlichen / **, so sind ihr alle**] Gründer für den Ersatz des [entstandenen / **entstehenden**] Schadens [solidarisch / **als Gesammtschuldner**] verpflichtet.

II Von dieser Verbindlichkeit ist ein Gründer befreit, wenn 2
er beweist, dass er die Unrichtigkeit oder Unvollständigkeit der Angabe oder die bösliche Schädigung weder [gekannt habe / **kannte**] noch bei Anwendung der Sorgfalt eines ordentlichen Geschäftsmanns [habe kennen müssen. / **kennen mußte.**]

III Entsteht durch Zahlungsunfähigkeit eines Aktionärs der 3
Gesellschaft ein Ausfall, so sind ihr die Gründer, welche

bei der Anmeldung des Gesellschaftsvertrags die	**die Betheiligung des Aktionärs in Kenntniß seiner**

Zahlungsunfähigkeit

kannten,	**angenommen haben, als Gesammtschuldner**

zum Ersatze solidarisch verpflichtet.

IV [Ausser / **Mit**] den Gründern sind der Gesellschaft zum Schadens- 4 ersatz solidarisch / **als Gesammtschuldner** verpflichtet:

1. in dem Falle, dass / **wenn** eine Vergütung nicht unter den zu bezeichnenden Gründungsaufwand aufgenommen ist, der Empfänger, wenn er / **welcher** zur Zeit des Empfanges wußte oder nach den Umständen annehmen mußte, daß die Verheimlichung beabsichtigt oder erfolgt war, und jeder Dritte, welcher zur Verheimlichung wissentlich mitgewirkt hat;

2. in dem / **im** Falle einer böslichen Schädigung durch Einlagen oder Uebernahmen jeder Dritte, welcher zu derselben / **dieser Schädigung** wissentlich mitgewirkt hat.

Art. 213b. — **§. 203.** §. 203.

I Wer vor der Eintragung des Gesellschaftsvertrages / **der Gesellschaft** in das 1
Handelsregister oder in den ersten zwei Jahren nach der Eintragung

, um Aktien in den Verkehr einzuführen,

eine öffentliche Ankündigung derselben / **der Aktien** erläßt,

um sie in den Verkehr einzuführen,

ist der Gesellschaft im Falle der Unrichtigkeit oder Unvollständigkeit von Angaben, welche die Gründer rücksichtlich / **in Ansehung** der Zeichnung oder Einzahlung des Grundkapitals oder der in Artikel 209b / **in Ansehung der im §. 186** vorgesehenen Festsetzungen

Gewöhnliche deutsche und fette deutsche Schrift = neues H.G.

behufs / **zum Zwecke der** Eintragung des Gesellschaftsvertrages / **der Gesellschaft** in das Handelsregister gemacht haben / **machen**, sowie in dem / **im** Falle einer böslichen Schädigung der Gesellschaft durch Einlagen oder Uebernahmen für den Ersatz des ihr daraus entstandenen / **entstehenden** Schadens neben / **mit** den im Artikel 213a / **§. 202** bezeichneten Personen solidarisch / **als Gesammtschuldner** verhaftet, sofern ihm nachgewiesen wird, dass / **wenn** er die Unrichtigkeit oder Unvollständigkeit der Angaben oder die bösliche Schädigung gekannt hat / **kannte** oder bei Anwendung der Sorgfalt eines ordentlichen Geschäftsmanns hat kennen müssen. / **kennen mußte.**

§. 204. Art. 213c. — **§. 204.**

I Mitglieder des Vorstandes und des Aufsichtsraths, welchen nachgewiesen wird, dass sie / **die** bei der ihnen durch Artikel 209h / **die §§. 192, 193** auferlegten Prüfung die Sorgfalt eines ordentlichen Geschäftsmanns verletzt haben / **außer Acht lassen**, haften der Gesellschaft solidarisch / **als Gesammtschuldner** für den ihr daraus entstandenen / **entstehenden** Schaden, soweit der Ersatz desselben / **des Schadens** von den in Gemässheit der Artikel 213a und §. 213b / **nach den §§. 202, 203** verpflichteten Personen nicht zu erlangen ist. 1

§. 205. Art. 213d. — **§. 205.**

I Vergleiche oder Verzichtleistungen, welche die der Gesell- 1 schaft aus der Gründung zustehenden Ansprüche gegen die (in Gemässheit der Artikel 213a bis 213c / **nach den §§. 202 bis 204**) verpflichteten Personen betreffen, sind erst nach **dem** Ablaufe von (drei / **fünf**) Jahren seit **der** Eintragung (des Gesellschaftsvertrages / **der Gesellschaft**) in das Handelsregister und nur mit Zustimmung der Generalversammlung zulässig; sie sind unzulässig, soweit in der Versammlung eine Minderheit, deren Antheile den fünften Theil des Grundkapitals darstellen, Widerspruch erhebt. Die (Zeitbeschränkung / **zeitliche Beschränkung**) findet (nicht / **keine**) Anwendung, sofern **sich** der Verpflichtete im Falle der Zahlungsunfähigkeit zur Abwendung oder Beseitigung des Konkursverfahrens mit seinen Gläubigern sich vergleicht.

Art. 213e. — **§. 206.** §. 206.

I Die Ansprüche der Gesellschaft gegen die (in Gemässheit der Artikel 213a bis 213c / **nach den §§. 202 bis 204**) verpflichteten Personen verjähren in fünf Jahren (seit / **von der**) Eintragung (des Gesellschaftsvertrages / **der Gesellschaft**) in das Handelsregister **an.** 1

Art 213f. — **§. 207.** §. 207.

I Werden vor Ablauf von zwei Jahren seit Eintragung des Gesellschaftsvertrages in das Handelsregister seitens der Gesellschaft Verträge geschlossen, durch welche	**Verträge der Gesellschaft, nach denen** 1

sie vorhandene oder herzustellende Anlagen, **die dauernd zu ihrem Geschäftsbetriebe bestimmt sind,** oder unbewegliche Gegenstände für eine den zehnten Theil des Grundkapitals

Gewöhnliche deutsche und fette deutsche Schrift = neues H G.

übersteigende Vergütung erwerben soll, so bedürfen dieselben

bedürfen

zu ihrer Wirksamkeit der Zustimmung der Generalversammlung, **falls sie vor dem Ablaufe von zwei Jahren seit der Eintragung der Gesellschaft in das Handelsregister geschlossen werden.**

II Vor der Beschlußfassung hat der Aufsichtsrath den Vertrag zu prüfen und über die Ergebnisse seiner Prüfung schriftlich Bericht zu erstatten. 2

III Die Antheile der zustimmenden Mehrheit müssen in dem Falle, dass der Vertrag im ersten Jahre geschlossen wird, mindestens ein Viertheil des Grundkapitals, anderenfalls	**Der Beschluß, durch welchen dem Vertrage die Zustimmung ertheilt wird, bedarf einer Mehrheit, die** 3

mindestens drei Viertheile des

in der Generalversammlung	**bei der Beschlußfassung**

vertretenen Grundkapitals

darstellen.	**umfaßt. Wird der Vertrag im ersten Jahre nach der Eintragung der Gesellschaft in das Handelsregister ge-**

schlossen, so müssen außerdem die Antheile der zustimmenden Mehrheit mindestens ein Viertheil des gesammten Grundkapitals darstellen.

IV Der genehmigte	**Nach erfolgter Zustimmung der Generalversammlung hat der Vorstand den** 4

Vertrag

ist	

in Urschrift oder in **öffentlich** beglaubigter Abschrift mit dem Berichte des Aufsichtsraths nebst dessen urkundlichen Grundlagen und mit dem Nachweise über die Beschlussfassung zum

Handelsregister einzureichen. **Zum Handelsregister einer Zweigniederlassung findet die Einreichung nicht statt.**

(Abs. V siehe bei §. 208.)	
IV Die vorstehenden Bestimmungen finden auf den Erwerb unbeweglicher Gegenstände nicht Anwendung, sofern auf ihn der Gegenstand des Unternehmens gerichtet ist oder der Erwerb im Wege der Zwangsvollstreckung geschieht.	**Bildet der Erwerb von Grundstücken den Gegenstand des Unternehmens, so finden auf einen solchen Erwerb die Vorschriften der Abs. 1 bis 4 keine Anwendung. Das Gleiche gilt für den Erwerb von Grundstücken im Wege der Zwangsversteigerung.** 5
Art. 213f Abs. V.	**§. 208.** §. 208.
V Hat der Erwerb	**Erwirbt die Gesellschaft vor dem Ablaufe der im §. 207 Abs. 1 bezeichneten Frist Vermögensgegenstände** 1

in Ausführung einer vor

der Errichtung der Gesellschaft	**ihrer Eintragung in das Handelsregister**

von den Gründern getroffenen Vereinbarung stattgefunden, so kommen in Betreff der Rechte der Gesellschaft auf Entschädigung und in Betreff der ersatzpflichtigen Personen die Vorschriften der $\frac{\text{Artikel 213a und 213d}}{\textbf{§§. 202, 205, 206}}$ zur Anwendung.

Art. 214.*)

I Jeder Beschluss der Generalversammlung, welcher die Fortsetzung der Gesellschaft oder eine Abänderung des Inhalts des Gesellschaftsvertrages zum Gegenstande hat, muss in das Handelsregister eingetragen und in gleicher Weise, wie der ursprüngliche Vertrag veröffentlicht werden (Art. 210c, 212).

---

*) Siehe jetzt §. 277

II Der Beschluss hat keine rechtliche Wirkung, bevor derselbe bei dem Handelsgerichte, in dessen Bezirke die Gesellschaft ihren Sitz hat, in das Handelsregister eingetragen ist.

Art. 215 bis 215b s. bei §§. 274 bis 281.

§. 209. Art. 215c. — **§. 209.**

I Interimsscheine, welche auf Inhaber lauten, sind nichtig; die Ausgeber haften den Besitzern solidarisch für allen durch die Ausgabe verursachten Schaden.

II Das Gleiche gilt, wenn

Aktien oder Interimsscheine 1

, die

auf einen geringeren als den nach Artikel 207a zugelassenen / **§. 180 zulässigen**

Betrag gestellt

sind, oder wenn sie ausgegeben werden, bevor der Gesellschaftsvertrag bei dem Handelsgerichte, in dessen Bezirke die Gesellschaft ihren Sitz hat, in das Handelsregister eingetragen ist.

werden, sind nichtig. Die Ausgeber haften den Besitzern für den durch die Ausgabe verursachten Schaden als Gesammtschuldner.

Das Gleiche gilt im Falle der Ausgabe von Interimsscheinen, die auf den Inhaber lauten, sowie im Falle der Ausgabe von Aktien oder Interimsscheinen vor der Eintragung der Gesellschaft in das Handelsregister. 2

III Vor der vollen Leistung des Nominalbetrages oder des in den Fällen der Artikel 209a Ziffer 2, 215a Absatz 2 festgesetzten Betrages soll die Aktie nicht ausgegeben werden. Imgleichen sollen im Falle einer stattgefundenen Erhöhung des Grundkapitals vor Eintragung derselben in das Handelsregister des im vorigen Absatze bezeichneten Gerichts Aktien oder Interimsscheine nicht ausgegeben werden.*)

IV Aus Aktien und Interimsscheinen, welche in Gemässheit des Artikels 207a auf einen Betrag von weniger als eintausend Mark gestellt sind, sollen im Falle des zweiten Absatzes des bezeichneten Artikels die ertheilte Genehmigung, im Falle des dritten Absatzes die Beschränkungen hervorgehen, welchen die Aktionäre in Bezug auf die Form einer Uebertragung ihrer Rechte und die Einwilligung der Gesellschaft in dieselbe unterworfen sind.**)

Art. 215d siehe jetzt bei §§. 226, 227.

Art. 216 bis 218 siehe jetzt bei §§. 213, 215, 217.

Zweiter Abschnitt.	Zweiter Titel.
Rechtsverhältniss der Aktionäre.*)	**Rechtsverhältnisse der Gesellschaft und der Gesellschafter.**
Art. 213.	**§. 210.**

§. 210.

I Die Aktiengesellschaft als solche hat selbständig ihre Rechte 1
und Pflichten; sie kann Eigenthum und andere dingliche Rechte an Grundstücken erwerben, sie kann vor Gericht klagen und verklagt werden.

II Ihr ordentlicher Gerichtsstand ist bei dem Gerichte, in dessen Bezirke sie ihren Sitz hat.

Art. 208.

I Eine / **Die** Aktiengesellschaft gilt als Handelsgesellschaft, auch 2
wenn der Gegenstand des Unternehmens nicht in Handelsgeschäften / **dem Betrieb eines Handelsgewerbes** besteht.

*) Vergl. jetzt § 179 Abs 3, § 287. **) Vergl jetzt §. 180 Abs. 4.
***) Dieser Abschnitt beginnt erst bei Art 216

Gewöhnliche deutsche und fette deutsche Schrift = neues H G.

§. 211. Art. 219. | §. 211.

I Die Verpflichtung des Aktionärs 1

zu den Zwecken der Gesellschaft und zur Erfüllung ihrer Verbindlichkeiten beizutragen, | **zur Leistung von Kapitaleinlagen**

wird durch den $\frac{\text{Nominalbetrag}}{\textbf{Nennbetrag}}$ der Aktie

in den Fällen der Artikel 209a Ziffer 2, 215a Absatz 2 durch den Betrag, für welchen die Aktie ausgegeben ist, | **und, falls der Ausgabepreis höher ist, durch diesen**

begrenzt.

§. 212. II Rücksichtlich der Einzahlung der auf die Aktie zu leistenden Beträge, sowie rücksichtlich einer zu leistenden Einlage finden die Bestimmungen der Artikel 184 bis 184c auf den Aktionär und die Rechtsvorgänger desselben Anwendung. | **§. 212.**

1 **Neben den Kapitaleinlagen kann im Gesellschaftsvertrage den Aktionären die Verpflichtung zu wiederkehrenden, nicht in Geld bestehenden Leistungen auferlegt werden, sofern die Uebertragung der Antheilsrechte an die Zustimmung der Gesellschaft gebunden ist. Die Verpflichtung und der Umfang der Leistungen müssen aus den Aktien oder Interimsscheinen zu ersehen sein.**

2 **Im Gesellschaftsvertrage können für den Fall, daß die Verpflichtung nicht oder nicht gehörig erfüllt wird, Vertragsstrafen festgesetzt werden.**

	Im Gesellschaftsvertrage kann bestimmt werden, daß die Gesellschaft die Zustimmung zur Uebertragung der Antheilsrechte nur aus wichtigen Gründen verweigern darf. 3 (Vergl. dazu auch §. 218 bis §. 221.)

Art. 216. — **§. 213.** §. 213.

I Jeder Aktionär hat einen verhältnissmässigen Antheil an dem Vermögen der Gesellschaft.

II Er kann den eingezahlten Betrag	**Die Aktionäre können ihre Einlagen** 1

nicht zurückfordern

und hat,	**; sie haben,**

solange die Gesellschaft besteht, nur einen Anspruch auf den reinen Gewinn / **Reingewinn,** soweit dieser **nicht** nach **dem Gesetz oder** dem Gesellschaftsvertrage zur / **von der** Vertheilung unter die Aktionäre / **ausge-** bestimmt / **schlossen** ist.

§. 214. §. 214.

1 **Die Antheile am Gewinne bestimmen sich nach dem Verhältnisse der Aktienbeträge.**

2 **Sind die Einzahlungen nicht auf alle Aktien in demselben Verhältnisse geleistet, so erhalten die Aktionäre aus dem vertheilbaren Gewinne vorweg einen Betrag von vier vom Hundert der geleisteten Einzahlungen; reicht der Jahresgewinn hierzu nicht aus, so bestimmt sich der Betrag nach einem entsprechend niedrigeren Satze. Einzahlungen, die im Laufe des Geschäftsjahrs zu leisten waren, werden nach dem Verhältnisse der Zeit berück-**

Gewöhnliche deutsche und fette deutsche Schrift = neues H.G.

sichtigt, welche seit dem für die Leistung bestimmten Zeitpunkte verstrichen ist.

Im Gesellschaftsvertrage kann eine andere Art der Gewinnvertheilung vorgesehen werden. 3

§. 215. Art. 217. — **§. 215.**

I Zinsen von bestimmter Höhe dürfen für die Aktionäre 1
nicht / **weder** bedungen noch ausbezahlt werden; es darf nur dasjenige unter sie vertheilt werden, was sich nach der jährlichen Bilanz als reiner Gewinn / **Reingewinn** ergiebt.

II Jedoch können für / **Für** den in dem Gesellschaftsvertrage ange- 2
gebenen Zeitraum, welchen die Vorbereitung des Unternehmens bis zum Anfange des vollen Betriebs erfordert, **können** den Aktionären Zinsen von bestimmter Höhe bedungen werden; **der Gesellschaftsvertrag muß den Zeitpunkt bezeichnen, in welchem die Entrichtung von Zinsen spätestens aufhört.**

§. 216. **§. 216.**

Für wiederkehrende Leistungen, zu denen die Aktionäre 1
nach dem Gesellschaftsvertrage neben den Kapitaleinlagen verpflichtet sind, darf eine den Werth der Leistungen nicht übersteigende Vergütung ohne Rücksicht darauf bezahlt werden, ob die jährliche Bilanz einen Reingewinn ergiebt.

§. 217. Art. 218. — **§. 217.**

I Der

Die Aktionäre haften für 1
die Verbindlichkeiten der Gesellschaft, soweit sie den Vorschriften dieses Gesetzbuchs entgegen Zahlungen von der Gesellschaft empfangen haben. Was ein

Aktionär

ist in keinem Falle verpflichtet, die	
in gutem Glauben	
empfangenen	**als Gewinnantheil oder als**
Zinsen	
und Dividenden zurückzugeben.	**bezogen hat, ist er in keinem Falle zurückzuzahlen verpflichtet.**

Ist über das Vermögen der Gesellschaft der Konkurs eröffnet, so wird während der Dauer des Verfahrens das den Gesellschaftsgläubigern gegen die Aktionäre zustehende Recht durch den Konkursverwalter ausgeübt. 2

Die nach diesen Vorschriften begründeten Ansprüche verjähren in fünf Jahren vom Empfang der Zahlung an. 3

Art. 219 s. bei §§. 211, 212.

§. 218.*) §. 218.

Ein Aktionär, der den auf die Aktie eingeforderten Betrag nicht zur rechten Zeit einzahlt, hat Zinsen von dem Tage an zu entrichten, an welchem die Zahlung hätte geschehen sollen. Die Geltendmachung eines weiteren Schadens ist nicht ausgeschlossen. 1

Im Gesellschaftsvertrage können für den Fall, daß die Einzahlung nicht rechtzeitig erfolgt, Vertragsstrafen festgesetzt werden. 2

Ist im Gesellschaftsvertrage nicht ein Anderes bestimmt, so hat die Aufforderung zur Einzahlung in der Weise zu geschehen, in welcher die Bekanntmachungen der Gesellschaft nach dem Gesellschaftsvertrag erfolgen. 3

§. 219.**) §. 219.

Erfolgt die Einzahlung nicht rechtzeitig, so kann den säumigen Aktionären für die Zahlung eine Frist mit der 1

*) Vergl. hierzu Art. 184. **) Vergl. hierzu Art. 184a Abs. 1, 2.

Gewöhnliche deutsche und fette deutsche Schrift = neues H.G.

Androhung bestimmt werden, daß sie nach dem Ablaufe der Frist ihres Antheilsrechts und der geleisteten Einzahlungen verlustig erklärt werden.

Die Aufforderung muß dreimal in den im §. 182 Abs. 3 bezeichneten Blättern (Gesellschaftsblättern) bekannt gemacht werden; die erste Bekanntmachung muß mindestens drei Monate, die letzte Bekanntmachung mindestens einen Monat vor dem Ablaufe der für die Einzahlung gesetzten Nachfrist erfolgen. Sind die Antheilsrechte nicht ohne Zustimmung der Gesellschaft übertragbar, so genügt an Stelle der öffentlichen Bekanntmachungen der einmalige Erlaß besonderer Aufforderungen an die säumigen Aktionäre; in diesen Aufforderungen muß eine Nachfrist gewährt werden, die mindestens einen Monat von dem Empfange der Aufforderung an beträgt. 2

Zahlt ein Aktionär den auf die Aktie zu leistenden Betrag ungeachtet der Aufforderung nicht ein, so ist er seines Antheilsrechts und der geleisteten Einzahlungen zu Gunsten der Gesellschaft für verlustig zu erklären. Die Erklärung erfolgt mittelst Bekanntmachung in den Gesellschaftsblättern. 3

An Stelle der bisherigen Urkunde ist eine neue auszugeben, die außer den früher geleisteten Theilzahlungen den eingeforderten Betrag zu umfassen hat. Wegen des Ausfalls, den die Gesellschaft an diesem Betrag oder an den später eingeforderten Beträgen erleidet, bleibt ihr der ausgeschlossene Aktionär verhaftet. 4

§. 220.

§. 220.*)

Soweit der ausgeschlossene Aktionär den eingeforderten Betrag nicht zahlt, ist dafür der Gesellschaft der letzte und jeder frühere in dem Aktienbuche verzeichnete Rechtsvorgänger verhaftet, ein früherer Rechtsvorgänger, soweit die Zahlung von dessen Rechtsnachfolger nicht zu erlangen ist. Dies wird vermuthet, wenn von dem 1

*) Vergl. hierzu Art. 184b Abs. 1, 2.

letzteren die Zahlung nicht bis zum Ablaufe von einem Monate geleistet wird, nachdem an ihn die Zahlungsaufforderung und an den Rechtsvorgänger die Benachrichtigung von dieser erfolgt ist. Der Rechtsvorgänger erhält gegen Zahlung des rückständigen Betrags die neu auszugebende Urkunde.

Die Haftpflicht des Rechtsvorgängers ist auf die innerhalb der Frist von zwei Jahren auf die Aktien eingeforderten Beträge beschränkt. Die Frist beginnt mit dem Tage, an welchem die Uebertragung des Antheilsrechts zum Aktienbuche der Gesellschaft angemeldet wird. 2

Ist die Zahlung des rückständigen Betrags von Rechtsvorgängern nicht zu erlangen, so kann die Gesellschaft das Antheilsrecht zum Börsenpreis und in Ermangelung eines solchen durch öffentliche Versteigerung verkaufen.*) 3

§. 221.)** §. 221.

Die Aktionäre und deren Rechtsvorgänger können von den in den §§. 211, 220 bezeichneten Leistungen nicht befreit werden. Sie können gegen diese Leistung eine Forderung an die Gesellschaft nicht aufrechnen. 1

Art. 220.

Für die Eintragung der Interimsscheine und der auf Namen gestellten Aktien in

§. 222. §. 222.

Auf Namen lautende Aktien sind mit genauer Bezeichnung des Inhabers nach Namen, Wohnort und Stand in das Aktienbuch der Gesellschaft einzutragen. 1

Sie können, soweit nicht der Gesellschaftsvertrag ein Anderes bestimmt, ohne Zustimmung der Gesellschaft auf Andere übertragen werden. 2

*) Vergl. hierzu Art 184b Abs 4. **) Vergl. hierzu Art. 184a Abs. 3, Art. 184b Abs 3 und Art. 181c Satz 1

das Aktienbuch, sowie für die Uebertragung derselben auf andere Personen sind die Vor-

§. 223.

Die Uebertragung kann durch Indossament geschehen. In Betreff der Form des Indossaments, in Betreff der Legitimation des Inhabers und in Betreff seiner Verpflichtung zur Herausgabe finden die Vorschriften der Artikel 11 bis 13, des Artikels 36 Satz 1 bis 4 und des Artikels 74 der Wechselordnung entsprechende Anwendung. 3

Zur Uebertragung von Aktien, die gemäß §. 180 Abs. 3 auf einen Betrag von weniger als eintausend Mark gestellt sind, ist die Zustimmung des Aufsichtsraths und der Generalversammlung erforderlich. Die Uebertragung dieser Aktien kann nur mittelst einer die Person des Erwerbers bezeichnenden, gerichtlich oder notariell beglaubigten Erklärung erfolgen. 4

§. 223.

Geht eine auf Namen lautende Aktie auf einen Anderen über, so ist dies, unter Vorlegung der Aktie und des Nachweises des Ueberganges, bei der Gesellschaft anzumelden und im Aktienbuche zu vermerken. 1

Die Echtheit der auf der

schriften der Artikel 182 und 183 massgebend.

Aktie befindlichen Indossamente oder der Abtretungserklärungen zu prüfen, ist die Gesellschaft nicht verpflichtet. 2

Im Verhältnisse zu der Gesellschaft gilt nur derjenige als Aktionär, welcher als solcher im Aktienbuche verzeichnet ist. 3

§. 224. §. 224.

Die Vorschriften der §§. 222, 223 finden auch auf die Eintragung der Interimsscheine und deren Uebergang auf Andere Anwendung. 1

Art. 221 s. bei §§. 250, 252. — Art. 222 s. bei §§. 271—273. — Art 222a s. bei §§ 266, 267. — Art. 223 s. bei §. 268. — Art. 224 s. bei §§. 243—245. — Art. 225 s. bei §. 246. — Art. 225a s. bei §. 248. — Art. 226 s. bei §. 249.

§. 225. §. 225.

Steht eine Aktie mehreren Mitberechtigten zu, so können sie die Rechte aus der Aktie nur durch einen gemeinschaftlichen Vertreter ausüben. 1

Für die auf die Aktie zu bewirkenden Leistungen haften sie als Gesammtschuldner. 2

Hat die Gesellschaft eine Willenserklärung dem Aktionär gegenüber abzugeben, so genügt, falls ein gemeinschaftlicher Vertreter der Mitberechtigten nicht vorhanden ist, die Abgabe der Erklärung gegenüber einem Mitberechtigten. Auf mehrere Erben eines Aktionärs findet diese Vorschrift nur in Ansehung von Willenserklärungen Anwendung, die nach dem Ablauf eines Monats seit dem Anfalle der Erbschaft abgegeben werden. 3

Art. 215d. — §. 226. §. 226.

I Die Aktiengesellschaft soll eigene Aktien im geschäftlichen / regelmäßigen 1

Gewöhnliche deutsche und fette deutsche Schrift = neues H G.

Betriebe / **Geschäftsbetriebe**, sofern nicht eine Kommission zum Einkauf ausgeführt wird, weder erwerben noch zum Pfande nehmen.

2 Sie darf eigene / **Eigene** Interimsscheine **kann sie** im geschäftlichen Betriebe / **regelmäßigen Geschäftsbetrieb** auch in Ausführung einer Einkaufskommission weder erwerben noch zum Pfande nehmen. **Das Gleiche gilt von eigenen Aktien, auf welche der Nennbetrag oder, falls der Ausgabepreis höher ist, dieser noch nicht voll geleistet ist.**

§. 227. (altes H.G.)	§. 227.
II Eine Amortisation der Aktien ist zulässig, sofern sie unter Beobachtung der für die Zurückzahlung oder	1 **Die Einziehung (Amortisation) von Aktien kann nur erfolgen, wenn sie im Gesellschaftsvertrag angeordnet oder gestattet ist. Die Bestimmung muß in dem ursprünglichen Gesellschaftsvertrag oder durch eine vor der Zeichnung der Aktien bewirkte Aenderung des Gesellschaftsvertrags getroffen sein, es sei denn, daß die Einziehung nicht mittelst Ausloosung, Kündigung oder in ähnlicher Weise, sondern mittelst Ankaufs der Aktien geschehen soll.** 2 **Jede Art der Einziehung darf, sofern sie nicht nach den für die**

Herabsetzung des Grundkapitals maßgebenden Vorschriften

erfolgt. Ohne Beobachtung derselben darf die Gesellschaft ihre Aktien	**stattfindet,**

nur aus dem nach der jährlichen Bilanz sich ergebenden / **verfügbaren** Gewinn

und nur in dem Falle amortisiren, dass dies durch den ursprünglichen Gesellschaftsvertrag oder durch einen, den letzteren vor Ausgabe der Aktien abändernden Beschluss zugelassen ist.	**erfolgen.**

§. 228. §. 228.

Ist eine Aktie oder ein Interimsschein abhanden gekommen oder vernichtet, so kann die Urkunde, wenn nicht das Gegentheil darin bestimmt ist, im Wege des Aufgebotsverfahrens für kraftlos erklärt werden. Die Vorschriften des §. 799 Abs. 2 und des §. 800 des Bürgerlichen Gesetzbuchs finden entsprechende Anwendung. 1

Sind Gewinnantheilscheine auf den Inhaber ausgegeben, so erlischt mit der Kraftloserklärung der Aktie oder des Interimsscheins auch der Anspruch aus den noch nicht fälligen Gewinnantheilscheinen. 2

§. 229. §. 229.

Ist eine Aktie oder ein Interimsschein in Folge einer Beschädigung oder einer Verunstaltung zum Umlaufe nicht mehr geeignet, so kann der Berechtigte, sofern der wesentliche Inhalt und die Unterscheidungsmerkmale der Urkunde noch mit Sicherheit erkennbar sind, von der Gesellschaft die Ertheilung einer neuen Urkunde gegen Aushändigung der beschädigten oder verunstalteten verlangen. Die Kosten hat er zu tragen und vorzuschießen. 1

§. 230. §. 230.

Neue Gewinnantheilscheine dürfen an den Inhaber des Erneuerungsscheins nicht ausgegeben werden, wenn der Besitzer der Aktie oder des Interimsscheins der Ausgabe 1

widersprochen hat. Die Scheine sind in diesem Falle dem Besitzer der Aktie oder des Interimsscheins auszuhändigen, wenn er die Haupturkunde vorlegt.

Dritter Abschnitt.	**Dritter Titel.**
Rechte und Pflichten des Vorstandes.	**Verfassung und Geschäftsführung.**

§. 231. Art. 227. — **§. 231.**

I Die Aktiengesellschaft wird durch den Vorstand gerichtlich und außergerichtlich vertreten. 1

II Der Vorstand kann aus einer oder mehreren Personen bestehen; diese können besoldet oder unbesoldet, Aktionäre oder Andere sein. 2

III Ihre / **Die** Bestellung **zum Mitgliede des Vorstandes** ist zu jeder Zeit / **jederzeit** widerruflich, unbeschadet der Entschädigungsansprüche aus bestehenden Verträgen / **des Anspruchs auf die vertragsmäßige Vergütung**. 3

Art. 228.*)

I Die jeweiligen Mitglieder des Vorstandes müssen alsbald nach ihrer Bestellung zur Eintragung in das Handelsregister (Art. 210, 212) angemeldet werden. Der Anmeldung ist ihre Legitimation beizufügen.

II Sie haben ihre Unterschrift vor dem Handelsgerichte zu zeichnen, oder die Zeichnung derselben in beglaubigter Form einzureichen.

§. 232. Art. 229. — **§. 232.**

I Der Vorstand hat in der durch den Gesellschaftsvertrag	**Zu Willenserklärungen, insbesondere zur Zeichnung** 1

*) Vergl. jetzt §. 234, §. 195 Abs. 4, §. 13.

bestimmten Form seine Willenserklärungen kundzugeben und für die Gesellschaft zu zeichnen. Ist nichts darüber bestimmt, so ist die Zeichnung durch sämmtliche Mitglieder des Vorstandes erforderlich.

des Vorstandes für die Gesellschaft, bedarf es der Mitwirkung sämmtlicher Mitglieder des Vorstandes, sofern nicht im Gesellschaftsvertrag ein Anderes bestimmt ist. Der Vorstand kann jedoch einzelne Mitglieder zur Vornahme bestimmter Geschäfte oder bestimmter Arten von Geschäften ermächtigen. Ist eine Willenserklärung der Gesellschaft gegenüber abzugeben, so genügt die Abgabe gegenüber einem Mitgliede des Vorstandes.

2 **Steht nicht jedem einzelnen Vorstandsmitgliede die selbständige Vertretung der Gesellschaft nach dem Gesellschaftsvertrage zu, so kann durch diesen bestimmt werden, daß die Vorstandsmitglieder, wenn nicht mehrere zusammen handeln, in Gemeinschaft mit einem Prokuristen zur Vertretung der Gesellschaft befugt sein sollen. Auch kann durch den Gesellschaftsvertrag der Aufsichtsrath ermächtigt werden, einzelnen Mitgliedern des Vorstandes die Befugniß zu ertheilen, die Gesellschaft allein oder in Gemeinschaft mit einem Prokuristen zu vertreten. Die Vorschriften des**

Abs. 1 Satz 2, 3 finden in diesen Fällen entsprechende Anwendung.

§. 233. **§. 233.**

II Die Zeichnung geschieht in der Weise, | **Der Vorstand hat in der Weise zu zeichnen,** 1

daß die Zeichnenden zu der Firma der Gesellschaft oder zu der Benennung des Vorstandes ihre $\frac{\text{Unterschrift}}{\textbf{Namensunterschrift}}$ hinzufügen.

Art. 230.

I Die Gesellschaft wird durch die von dem Vorstande in ihrem Namen geschlossenen Rechtsgeschäfte berechtigt und verpflichtet; es ist gleichgültig, ob das Geschäft ausdrücklich im Namen der Gesellschaft geschlossen worden ist, oder ob die Umstände ergeben, dass es nach dem Willen der Kontrahenten für die Gesellschaft geschlossen werden sollte.

Art. 231, 232 s. bei §§. 235, 236.

§. 234. Art. 233. — **§. 234.***)

I Jede Aenderung in der Zusammensetzung des Vorstandes **oder der Vertretungsbefugniß eines Vorstandsmitgliedes sowie eine auf Grund des §. 232 Abs. 2 Satz 2 von dem Aufsichtsrathe getroffene Anordnung** $\frac{\text{muss}}{\textbf{ist}}$ **durch den Vorstand** zur Eintragung in das Handelsregister (Art. 210, 212) $\frac{\text{angemeldet werden}}{\textbf{anzumelden}}$. 1

Der Anmeldung ist eine öffentlich beglaubigte Abschrift der Urkunden über die Aenderung oder Anordnung beizufügen. Diese Vorschrift findet auf die Anmeldung zum Handelsregister einer Zweigniederlassung keine Anwendung. 2

*) Vergl. auch Art. 228.

Die Vorstandsmitglieder haben ihre Unterschrift zur Aufbewahrung bei dem Gerichte zu zeichnen. 3

II Dritten Personen kann die Aenderung nur insofern entgegengesetzt werden, als in Betreff dieser Aenderung die im Artikel 46 in Betreff des Erlöschens der Prokura bezeichneten Voraussetzungen vorhanden sind. Entscheidend hierfür ist die Eintragung bei dem Handelsgerichte, in dessen Bezirke die Gesellschaft ihren Sitz hat.**)

Art. 234 ff. s. bei §§. 238 ff.

Art. 231. — **§. 235.** §. 235.

I Der Vorstand ist der Gesellschaft gegenüber verpflichtet, 1 die Beschränkungen einzuhalten, welche in dem / **im** Gesellschaftsvertrag oder durch Beschlüsse der Generalversammlung für den Umfang seiner Befugniß, die Gesellschaft zu vertreten, festgesetzt sind.

II Gegen dritte Personen hat / **Dritten gegenüber ist** jedoch eine Beschränkung der 2 Befugniss / **Vertretungsbefugniß** des Vorstandes, die Gesellschaft zu vertreten, keine rechtliche Wirkung / **unwirksam**. Dies gilt insbesondere für den Fall, daß die Vertretung sich nur auf gewisse Geschäfte oder Arten von Geschäften erstrecken oder nur unter gewissen Umständen oder für eine gewisse Zeit oder an einzelnen Orten stattfinden soll oder daß für einzelne Geschäfte die Zustimmung der Generalversammlung, des Aufsichtsraths oder eines anderen Organs der Gesellschaft erfordert ist / **wird**.

Art. 232. — **§. 236.** §. 236.

Die Bestimmungen des	**Die Mitglieder des Vor-** 1

**) Siehe jetzt §§. 13, 15.

Artikels 196a über den Betrieb von Geschäften in dem Handelszweige der Gesellschaft, sowie über die Theilnahme an einer anderen gleichartigen Gesellschaft finden auf

standes dürfen ohne Einwilligung der Gesellschaft weder ein Handelsgewerbe betreiben noch in dem Handelszweige der Gesellschaft für eigene oder fremde Rechnung Geschäfte machen, auch nicht an einer anderen Handelsgesellschaft als persönlich haftende Gesellschafter Theil nehmen. Die Einwilligung wird durch dasjenige Organ der Gesellschaft ertheilt, welchem die Bestellung des Vorstandes obliegt.

Verletzt ein Vorstandsmitglied die ihm nach Abs. 1 obliegende Verpflichtung, so kann die Gesellschaft Schadensersatz fordern; sie kann statt dessen von dem Mitgliede verlangen, daß es die für eigene Rechnung gemachten Geschäfte als für Rechnung der Gesellschaft eingegangen gelten lasse und die aus Geschäften für fremde Rechnung bezogene Vergütung herausgebe oder seinen Anspruch auf die Vergütung abtrete. 2

Die Ansprüche der Gesellschaft verjähren in drei Monaten von dem Zeitpunkt an, in welchem die übrigen Vorstandsmitglieder und der 3

die Mitglieder des Vorstandes entsprechende Anwendung.

Aufsichtsrath von dem Abschlusse des Geschäfts oder von der Theilnahme des Vorstandsmitgliedes an der anderen Gesellschaft Kenntniß erlangen; sie verjähren ohne Rücksicht auf diese Kenntniß in fünf Jahren von ihrer Entstehung an.

Art. 232a s. bei §. 242.

Art. 233 s. bei §. 234.

§. 237. §. 237.

1 **Wird den Mitgliedern des Vorstandes ein Antheil am Jahresgewinne gewährt, so ist der Antheil von dem nach Vornahme sämmtlicher Abschreibungen und Rücklagen verbleibenden Reingewinne zu berechnen.**

Art. 234 — **§. 238.** §. 238.

1 Der Vorstand kann, sofern | **Sofern**

nicht durch den Gesellschaftsvertrag oder durch Beschluß der Generalversammlung ein Anderes bestimmt ist,

| **darf der Vorstand**

einen Prokuristen nur mit Zustimmung des Aufsichtsraths bestellen. Diese Beschränkung hat Dritten gegenüber keine rechtliche Wirkung.

Art. 235.

I Der Betrieb von Geschäften der Gesellschaft, sowie die Vertretung der Gesellschaft in Bezug auf diese Geschäftsführung kann auch sonstigen Bevollmächtigten oder Beamten der Gesellschaft zugewiesen werden. In diesem Falle bestimmt sich die Befugniss derselben nach der ihnen ertheilten Vollmacht; sie erstreckt sich im Zweifel auf alle Rechtshandlungen, welche die Ausführung derartiger Geschäfte gewöhnlich mit sich bringt.

Art. 236, 237, 238, 238a s. bei §§. 253 bis 259.

§. 239. Art. 239. — **§. 239.**

I Der Vorstand ist verpflichtet, / **hat** Sorge **dafür** zu tragen, 1
daß die erforderlichen Bücher der Gesellschaft geführt werden.

II Er muss in der durch den Gesellschaftsvertrag bestimmten Frist, welche über die ersten sechs Monate des Geschäftsjahres nicht erstreckt werden kann, und in Ermangelung einer solchen Frist in den ersten drei Monaten desselben für das verflossene Geschäftsjahr eine Bilanz, eine Gewinn- und Verlustrechnung, sowie einen den Vermögensstand und die Verhältnisse der Gesellschaft entwickelnden Bericht dem Aufsichtsrathe und mit dessen Bemerkungen der Generalversammlung vorlegen.*) Er hat die Vorlagen mindestens zwei Wochen vor der Versammlung in dem Geschäftslokale der Gesellschaft zur Einsicht der Aktionäre auszulegen. Jeder Aktionär ist berechtigt, auf seine Kosten eine Abschrift der Bilanz, der Gewinn- und Verlustrechnung, sowie des Geschäftsberichts zu verlangen.**)

Art. 239a s. bei §§. 264, 266.

Art. 239b s. bei §§. 261, 262, 265.

§. 240. Art. 240. — **§. 240.**

I Erreicht der Verlust, welcher aus / **der sich bei der Aufstellung** der 1
Jahresbilanz oder einer

im Laufe des Geschäftsjahres aufgestellten Bilanz sich | **Zwischenbilanz**

ergiebt, die Hälfte des Grundkapitals, so muss / **hat** der Vorstand

*) Vergl. jetzt §. 260 Abs. 2. **) Vergl. jetzt §. 263 Abs. 1, 2.

unverzüglich die Generalversammlung zu berufen und dieser davon Anzeige zu machen.

II Sobald Zahlungsunfähigkeit der Gesellschaft eintritt, 2
muss / **hat** der Vorstand die Eröffnung des Konkurses zu beantragen; dasselbe gilt, wenn aus / **sich bei der Aufstellung** der Jahresbilanz oder einer

im Laufe des Geschäftsjahres aufgestellten Bilanz sich	**Zwischenbilanz**

ergiebt, daß das Vermögen nicht mehr die Schulden deckt.

Art. 241. — **§. 241.** §. 241.

I Die Mitglieder des Vorstandes sind aus den von ihnen im Namen der Gesellschaft vorgenommenen Rechtshandlungen Dritten gegenüber für die Verbindlichkeiten der Gesellschaft persönlich nicht verpflichtet.

II Die Mitglieder des Vorstandes haben bei ihrer Geschäftsführung die Sorgfalt eines ordentlichen Geschäftsmanns anzuwenden. 1

III Mitglieder, welche / **die** ihre Obliegenheiten verletzen, **haften** 2
der Gesellschaft **als** solidarisch / **Gesammtschuldner** für den dadurch entstandenen / **daraus entstehenden** Schaden.

IV **Insbesondere** sind sie 3

	zum Ersatze verpflichtet, wenn entgegen den Vorschriften dieses Gesetzbuchs:
in den Fällen des Artikels 226	**1. Einlagen an die Aktionäre zurückgezahlt,**
	2. den Aktionären Zinsen oder Gewinnantheile gezahlt,

Gewöhnliche deutsche und fette deutsche Schrift = neues H.G.

3. eigene Aktien oder Interimsscheine der Gesellschaft erworben, zum Pfande genommen oder eingezogen,
4. Aktien vor der vollen Leistung des Nennbetrags oder, falls der Ausgabepreis höher ist, vor der vollen Leistung dieses Betrags ausgegeben werden,
5. die Vertheilung des Gesellschaftsvermögens oder eine theilweise Zurückzahlung des Grundkapitals erfolgt,
6. Zahlungen geleistet werden, nachdem die

Ziffer 1 bis 5, sowie in dem Falle einer nach der

Zahlungsunfähigkeit

oder | der Gesellschaft eingetreten ist oder ihre

Ueberschuldung

der Gesellschaft (Art. 240 Abs. 2) geleisteten Zahlung zum Ersatze verpflichtet. | sich ergeben hat.

V In den vorbezeichneten Fällen des Abs. 3 kann der Ersatzanspruch auch von den Gläubigern der Gesellschaft, soweit sie von dieser ihre Befriedigung nicht erlangen können, selbständig geltend gemacht werden. Die Ersatzpflicht wird ihnen gegenüber weder durch einen Verzicht der Gesellschaft noch dadurch nicht aufgehoben, daß die Handlung auf einem Beschlusse der Generalversammlung beruht. 4

VI Die Ansprüche auf Grund der vorstehenden Bestimmungen / dieser Vorschriften verjähren in fünf Jahren. 5

Art. 242 ff. s. bei §§. 292 ff.

Gewöhnliche deutsche und lateinische Schrift = altes H.G.

§. 242. §. 242.

Die für die Mitglieder des Vorstandes geltenden Vorschriften finden auch auf die Stellvertreter von Mitgliedern Anwendung. 1

Art. 224.

I Die für den Aufsichtsrath einer Kommanditgesell-

§. 243. §. 243.

Der Aufsichtsrath besteht, sofern nicht der Gesellschaftsvertrag eine höhere Zahl festsetzt, aus drei von der Generalversammlung zu wählenden Mitgliedern. 1

Die Wahl des ersten Aufsichtsraths gilt für die Zeit bis zur Beendigung der ersten Generalversammlung, welche nach dem Ablauf eines Jahres seit der Eintragung der Gesellschaft in das Handelsregister zur Beschlußfassung über die Jahresbilanz abgehalten wird. 2

Später kann der Aufsichtsrath nicht für eine längere Zeit als bis zur Beendigung derjenigen Generalversammlung gewählt werden, welche über die Bilanz für das vierte Geschäftsjahr nach der Ernennung beschließt; das Geschäftsjahr, in welchem die Ernennung erfolgt, wird hierbei nicht mitgerechnet. 3

Die Bestellung zum Mitgliede des Aufsichtsraths 4

§. 244.

schaft auf Aktien in den Artikeln 191 und 192 gegebenen Bestimmungen finden auf den

§. 245.

kann auch vor dem Ablaufe des Zeitraums, für den das Mitglied gewählt ist, durch die Generalversammlung widerrufen werden. Sofern nicht der Gesellschaftsvertrag ein Anderes bestimmt, bedarf der Beschluß einer Mehrheit, die mindestens drei Viertheile des bei der Beschlußfassung vertretenen Grundkapitals umfaßt.

§. 244.

**Jede Aenderung in den 1
Personen der Mitglieder des Aufsichtsraths ist von dem Vorstand unverzüglich in den Gesellschaftsblättern bekannt zu machen. Der Vorstand hat die Bekanntmachung zum Handelsregister einzureichen.**

§. 245.

**Erhalten die Mitglieder 1
des Aufsichtsraths für ihre Thätigkeit eine Vergütung, die in einem Antheil am Jahresgewinne besteht, so ist der Antheil von dem Reingewinne zu berechnen, welcher nach Vornahme sämmtlicher Abschreibungen und Rücklagen sowie nach Abzug eines für die Aktionäre bestimmten Betrags von mindestens vier vom Hundert**

des eingezahlten Grund- kapitals verbleibt.

Ist die den Mitgliedern des Aufsichtsraths zukommende Vergütung im Gesellschaftsvertrage festgesetzt, so kann eine Abänderung des Gesellschaftsvertrags, durch welche die Vergütung herabgesetzt wird, von der Generalversammlung mit einfacher Stimmenmehrheit beschlossen werden. 2

Aufsichtsrath einer Aktiengesellschaft Anwendung.

Den Mitgliedern des ersten Aufsichtsraths kann eine Vergütung für ihre Thätigkeit nur durch einen Beschluß der Generalversammlung bewilligt werden. Der Beschluß kann nicht früher als in derjenigen Generalversammlung gefaßt werden, mit deren Beendigung die Zeit, für welche der erste Aufsichtsrath gewählt ist, abläuft. 3

Art. 225. — **§. 246.** §. 246

I Der Aufsichtsrath hat den Vorstand bei seiner **die** Geschäftsführung **der Gesellschaft** in allen Zweigen der Verwaltung zu überwachen und **sich** zu dem Zwecke sich von dem Gange der Angelegenheiten der Gesellschaft zu unterrichten. 1

Er kann jederzeit über ~~dieselben~~ **diese Angelegenheiten** Berichterstattung von dem Vorstande verlangen und selbst oder durch einzelne von ihm zu bestimmende Mitglieder die Bücher und Schriften

Gewöhnliche deutsche und fette deutsche Schrift = neues H.G.

der Gesellschaft einsehen sowie den **Bestand** der Gesellschafts-kasse und die Bestände an $\frac{\text{Effekten}}{\textbf{Werthpapieren}}$, Handelspapieren und Waaren untersuchen. Er hat die Jahresrechnungen, die Bilanzen und die Vorschläge zur Gewinnvertheilung zu prüfen und darüber der Generalversammlung der Aktionäre Bericht zu erstatten.

II Er hat eine Generalversammlung zu berufen, wenn dies im Interesse der Gesellschaft erforderlich ist. 2

III Weitere Obliegenheiten des Aufsichtsraths werden durch den Gesellschaftsvertrag bestimmt. 3

IV Die Mitglieder des Aufsichtsraths können die Ausübung ihrer Obliegenheiten nicht $\frac{\text{anderen Personen}}{\textbf{Anderen}}$ übertragen. 4

§. 247. **§. 247.**

Der Aufsichtsrath ist befugt, die Gesellschaft bei der Vornahme von Rechtsgeschäften mit den Vorstandsmitgliedern zu vertreten und gegen die letzteren die von der Generalversammlung beschlossenen Rechtsstreitigkeiten zu führen. 1

Handelt es sich um die Verantwortlichkeit der Mitglieder des Aufsichtsraths, so kann dieser ohne und selbst gegen den Beschluß der Generalversammlung gegen die Mitglieder des Vorstandes klagen. 2

§. 248. Art. 225a. — **§. 248.**

I Die Mitglieder des Aufsichtsraths $\frac{\text{dürfen}}{\textbf{können}}$ nicht zugleich Mitglieder des Vorstandes oder dauernd Stellvertreter $\frac{\text{derselben}}{\textbf{von Vorstandsmitgliedern}}$ sein, auch nicht als Beamte die Geschäfte der Gesellschaft führen. 1

Nur für einen im voraus begrenzten Zeitraum kann der Aufsichtsrath einzelne seiner Mitglieder zu Stellvertretern von 2

---

behinderten Mitgliedern des Vorstandes bestellen; während dieses Zeitraums und bis zur ertheilten Entlastung des Vertreters darf der letztere eine Thätigkeit als Mitglied des Aufsichtsraths nicht ausüben. **Auf die in solcher Weise bestellten Vertreter finden die Vorschriften des §. 236 keine Anwendung.**

II Scheiden aus dem Vorstande Mitglieder aus, so dürfen / **können** 3
dieselben / **sie** nicht vor ertheilter / **der** Entlastung in den Aufsichtsrath gewählt werden.

Art. 226. — **§. 249.** §. 249.

I Die Mitglieder des Aufsichtsraths haben bei **der** Erfüllung 1
der ihnen nach Artikel 225 zugewiesenen / **ihrer** Obliegenheiten die Sorgfalt eines ordentlichen Geschäftsmanns anzuwenden.

II Dieselben sind der Gesellschaft neben den Mitgliedern des Vorstandes persönlich und solidarisch

Mitglieder, die ihre Obliegenheiten verletzen, haften der Gesellschaft mit den Vorstandsmitgliedern als Gesammtschuldner für den daraus entstehenden Schaden. 2

Insbesondere sind sie 3

zum Ersatze verpflichtet, wenn mit ihrem Wissen und ohne ihr Einschreiten

entgegen den gesetzlichen Bestimmungen:

1) Einlagen an die Aktionäre zurückbezahlt;
2) Zinsen oder Dividenden gezahlt;
3) eigene Aktien oder Interimsscheine der Gesellschaft erworben,

die im §. 241 Abs. 3 be-

zum Pfande genommen oder amortisirt worden;

4) Aktien vor der vollen Leistung des Nominalbetrages oder des in den Fällen der Artikel 209a Ziffer 2, 215a Absatz 2 festgesetzten Betrages oder Aktien oder Interimsscheine im Falle einer stattgefundenen Erhöhung des Grundkapitals vor Eintragung derselben in das Handelsregister desjenigen Gerichts, in dessen Bezirke die Gesellschaft ihren Sitz hat, ausgegeben sind;

5) die Vertheilung des Gesellschaftsvermögens, eine theilweise Zurückzahlung oder eine Herabsetzung des Grundkapitals oder im Falle des Artikels 215 Absatz 4 die Vereinigung der Vermögen der beiden Gesellschaften erfolgt ist.

zeichneten Handlungen vorgenommen werden.

III Der Ersatzanspruch kann in den Fällen des zweiten Absatzes auch von den Gläubigern der Gesellschaft, soweit sie von dieser ihre Befriedigung nicht erlangen können,

Auf die Geltendmachung des Ersatzanspruchs findet die Vorschriften des §. 241 Abs. 4 Anwendung.

selbständig geltend gemacht werden. Die Ersatzpflicht wird ihnen gegenüber dadurch nicht aufgehoben, dass die Handlung auf einem Beschlusse der Generalversammlung beruht.

IV Die Ansprüche auf Grund der $\frac{\text{vorstehenden Bestimmungen}}{\textbf{Vorschriften der Abs. 1 bis 3}}$ verjähren in fünf Jahren. 4

Art. 221. — **§. 250.** §. 250

I Die Rechte, welche den Aktionären in den Angelegenheiten der Gesellschaft, insbesondere in $\frac{\text{Beziehung}}{\textbf{Bezug}}$ auf die Führung der Geschäfte, die Prüfung der Bilanz und die Bestimmung der Gewinnvertheilung zustehen, werden in der Generalversammlung durch Beschlußfassung $\frac{\text{der erschienenen Aktionäre}}{\textbf{in der Generalversammlung}}$ ausgeübt. 1

II Rücksichtlich der Bedingungen und der Ausübung des Stimmrechts kommen die Vorschriften im Artikel 190 zur Anwendung.*)

§. 251.**) §. 251

Die Beschlüsse der Generalversammlung bedürfen der Mehrheit der abgegebenen Stimmen (einfache Stimmenmehrheit), soweit nicht durch das Gesetz oder den Gesellschaftsvertrag eine größere Mehrheit oder sonstige Erfordernisse vorgeschrieben sind. 1

Für Wahlen können im Gesellschaftsvertrag andere Bestimmungen getroffen werden. 2

§. 252.***) §. 252

Jede Aktie gewährt das Stimmrecht. Das Stimmrecht wird nach den Aktienbeträgen ausgeübt. Der Gesell- 1

*) Siehe jetzt §. 252 **) Vergl. bisher Art 209a Abs. 1 Nr 5.
***) Vergl. bisher Art. 221 Abs. II.

schaftsvertrag kann für den Fall, daß ein Aktionär mehrere Aktien besitzt, die Ausübung des Stimmrechts durch Festsetzung eines Höchstbetrags oder von Abstufungen beschränken. Werden mehrere Gattungen von Aktien ausgegeben, so kann der Gesellschaftsvertrag den Aktien der einen Gattung ein höheres Stimmrecht beilegen als den Aktien einer anderen Gattung.

Das Stimmrecht kann durch einen Bevollmächtigten ausgeübt werden. Für die Vollmacht ist die schriftliche Form erforderlich und genügend; die Vollmacht bleibt in der Verwahrung der Gesellschaft. 2

Wer durch die Beschlußfassung entlastet oder von einer Verpflichtung befreit werden soll, hat hierbei kein Stimmrecht und darf ein solches auch nicht für Andere ausüben. Dasselbe gilt von einer Beschlußfassung, welche die Vornahme eines Rechtsgeschäfts mit einem Aktionär oder die Einleitung oder Erledigung eines Rechtsstreits zwischen ihm und der Gesellschaft betrifft. 3

Im Uebrigen richten sich die Bedingungen und die Form der Ausübung des Stimmrechts nach dem Gesellschaftsvertrage. 4

§. 253. Art. 236. — **§. 253.**

I Die Generalversammlung der Aktionäre wird durch den Vorstand berufen, soweit nicht nach dem Gesetz oder dem Gesellschaftsvertrag auch andere Personen dazu befugt sind. 1

II Die Generalversammlung ist, außer den im Gesetz oder im Gesellschaftsvertrag ausdrücklich bestimmten Fällen, zu berufen, wenn es im / **das** Interesse der Gesellschaft erforderlich / **es** erscheint / **erfordert**. 2

§. 254. Art. 237. — **§. 254.**

Die Generalversammlung ist zu berufen, wenn 1

I Aktionäre, deren Antheile zusammen den zwanzigsten

Theil des Grundkapitals

darstellen, sind berechtigt, in einer von ihnen unterzeichneten Eingabe | **erreichen, die Berufung schriftlich**

unter Angabe des Zweckes und der Gründe

die Berufung der Generalversammlung zu |

verlangen. Ist in dem Gesellschaftsvertrage das Recht, die Berufung der Generalversammlung zu verlangen, an den Besitz eines geringeren Antheils am Grundkapital geknüpft, so hat es hierbei sein Bewenden.

II In gleicher Weise haben die Aktionäre das Recht, zu verlangen, daß Gegenstände zur Beschlußfassung einer Generalversammlung angekündigt werden. 2

III Wird dem Verlangen **weder durch den Vorstand noch durch den Aufsichtsrath** entsprochen, so kann das Handels- / **Gericht** 3

gericht / **des Sitzes der Gesellschaft** die Aktionäre, welche das Verlangen gestellt haben, zur Berufung der Generalversammlung oder zur Ankündigung des Gegenstandes ermächtigen. **Zugleich kann das Gericht über die Führung des Vorsitzes in der Versammlung Bestimmung treffen. Auf die Ermächtigung muß bei der Berufung oder Ankündigung Bezug genommen werden.** Mit der Berufung oder Ankündigung ist die gerichtliche Ermächtigung zu veröffentlichen.

Die Generalversammlung beschließt darüber, ob die entstandenen Kosten von der Gesellschaft getragen werden sollen. 4

Art. 238. | **§. 255.** §. 255.

I Die Berufung der Generalversammlung hat in der durch den Gesellschaftsvertrag bestimmten Weise mit einer Frist von mindestens zwei Wochen **vor dem Tage der Versammlung** zu erfolgen. **Der Tag der Berufung und der Tag der Generalversammlung sind hiebei nicht mitzurechnen.** 1

Ist in dem / **im** Gesellschaftsvertrage die Ausübung des Stimmrechts davon abhängig gemacht, daß die Aktien bis zu einem bestimmten Zeitpunkte vor der Generalversammlung hinterlegt werden, so ist die Frist derart zu bemessen, daß für die Hinterlegung mindestens zwei Wochen frei bleiben. **In diesem Falle genügt auch die Hinterlegung bei einem Notar.** 2

Ist im Gesellschaftsvertrag eine Bestimmung der im Abs. 2 bezeichneten Art nicht getroffen, so müssen die Anmeldungen zur Theilnahme an der Generalversammlung zugelassen werden, wenn sie nicht später als am dritten Tage vor der Versammlung erfolgen. 3

§. 256.	**§. 256.**

II Der Zweck der Generalversammlung soll jederzeit bei der Berufung bekannt gemacht werden. **Jedem Aktionär ist auf Verlangen eine Abschrift der Anträge zu ertheilen.** 1

Ueber Gegenstände, deren Verhandlung nicht 2

in der durch den Gesellschaftsvertrag oder durch Artikel 237 Absatz 3 vorgesehenen Weise	**ordnungsmäßig**

mindestens eine Woche vor dem Tage der Generalversammlung angekündigt ist, können Beschlüsse nicht gefaßt werden; **ist für die Beschlußfassung nach den Vorschriften dieses Gesetzbuchs oder des Gesellschaftsvertrags die einfache Stimmenmehrheit nicht ausreichend, so muß die Ankündigung mindestens zwei Wochen vor dem Tage der Generalversammlung erfolgen. An die Stelle des Tages der Generalversammlung tritt, falls die Ausübung des Stimmrechts von der Hinterlegung der Aktien abhängig ist, der Tag, bis zu dessen Ablaufe die Hinterlegung zu geschehen hat.**

hiervon ist jedoch der Beschluss	**Zur Beschlußfassung** 3

Gewöhnliche deutsche und lateinische Schrift = altes H.G.

über den in einer / **der** Generalversammlung gestellten Antrag auf Berufung einer außerordentlichen Generalversammlung

ausgenommen.	
III Zur	**sowie zur**

Stellung von Anträgen und zu Verhandlungen ohne Beschlußfassung bedarf es der Ankündigung nicht.

§. 257. §. 257.

1 **Jeder Aktionär, der eine Aktie bei der Gesellschaft hinterlegt, kann verlangen, daß ihm die Berufung der Generalversammlung und die Gegenstände der Verhandlung, sobald deren öffentliche Bekanntmachung erfolgt, durch eingeschriebenen Brief besonders mitgetheilt werden. Die gleiche Mittheilung kann er über die in der Generalversammlung gefaßten Beschlüsse verlangen.**

§. 258. §. 258.

1 **In der Generalversammlung ist ein Verzeichniß der erschienenen Aktionäre oder Vertreter von Aktionären mit Angabe ihres Namens und Wohnorts sowie des Betrags der von Jedem vertretenen Aktien aufzustellen. Das Verzeichniß ist vor der ersten Abstimmung zur Einsicht auszulegen; es ist von dem Vorsitzenden zu unterzeichnen.**

Art. 238a. — **§. 259.** §. 259.

I Jeder Beschluß der Generalversammlung bedarf zu seiner Gültigkeit der 1

gerichtlichen oder notariellen Beurkundung.	**Beurkundung durch ein über die Verhandlung gerichtlich oder notariell aufgenommenes Protokoll.**

2 **In dem Protokolle sind der Ort und der Tag der Verhandlung, der Name des Richters oder Notars sowie die Art und das Ergebniß der Beschlußfassungen anzugeben.**

Gewöhnliche deutsche und fette deutsche Schrift = neues H.G.

Das nach §. 258 aufgestellte Verzeichniß der Theilnehmer an der Generalversammlung sowie die Belege über die ordnungsmäßige Berufung sind dem Protokolle beizufügen. Die Beifügung der Belege über die Berufung der Generalversammlung kann unterbleiben, wenn die Belege unter Angabe ihres Inhalts in dem Protokoll aufgeführt werden. 3

Das Protokoll muß von dem Richter oder Notar vollzogen werden. Die Zuziehung von Zeugen ist nicht erforderlich. 4

II Eine **öffentlich** beglaubigte Abschrift der Urkunde / **des Protokolls** ist ohne Verzug / **unverzüglich** nach der Generalversammlung von dem Vorstande zu dem / **zum** Handelsregister einzureichen. 5

§. 260. Art. 239 Abs. II Satz 1.*) | **§. 260.**

Die Generalversammlung beschließt über die Genehmigung der Jahresbilanz und die Gewinnvertheilung sowie über die Entlastung des Vorstandes und des Aufsichtsraths. 1

II Er**) muss in der durch den Gesellschaftsvertrag bestimmten Frist, welche über die ersten sechs Monate des Geschäftsjahres nicht erstreckt werden kann, und in Ermangelung einer solchen Frist	**Der Vorstand hat**

2

in den ersten drei Monaten desselben / **des Geschäftsjahrs** für das verflossene Geschäftsjahr eine Bilanz, eine Gewinn- und Verlustrechnung sowie einen den Vermögensstand und die Ver-

*) Abs. I s. bei § 239. **) Der Vorstand.

hältnisse der Gesellschaft entwickelnden Bericht dem Aufsichtsrath und mit dessen Bemerkungen der Generalversammlung vor- vor- legen zulegen. Im Gesellschaftsvertrage kann eine andere Frist, jedoch nicht über die Dauer von sechs Monaten hinaus, bestimmt werden.

Art. 239 b.	§. 261.
I Die Vorschriften der Artikel 185a, 185b, 185c über die Bilanz und den Reservefonds finden entsprechende Anwendung.	Für die Aufstellung der Bilanz kommen die Vorschriften des §.40 mit folgenden Maßgaben zur Anwendung:

§. 261.

1

1. Werthpapiere und Waaren, die einen Börsen- oder Marktpreis haben, dürfen höchstens zu dem Börsen- oder Marktpreise des Zeitpunktes, für welchen die Bilanz aufgestellt wird, sofern dieser Preis jedoch den Anschaffungs- oder Herstellungspreis übersteigt, höchstens zu dem letzteren angesetzt werden;
2. andere Vermögensgegenstände sind höchstens zu dem Anschaffungs- oder Herstellungspreis anzusetzen;
3. Anlagen und sonstige Gegenstände, die nicht zur Weiterveräußerung, vielmehr dauernd zum Geschäftsbetriebe der Gesellschaft bestimmt sind, dürfen ohne Rücksicht auf einen geringeren Werth zu dem Anschaffungs- oder Herstellungspreis angesetzt werden, sofern ein der Abnutzung gleichkommender Betrag in Abzug gebracht oder ein ihr entsprechender Erneuerungsfonds in Ansatz gebracht wird;
4. die Kosten der Errichtung und Verwaltung dürfen nicht als Aktiva in die Bilanz eingesetzt werden;
5. der Betrag des Grundkapitals und der Betrag eines jeden Reserve- und Erneuerungsfonds sind unter die Passiva aufzunehmen;

Gewöhnliche deutsche und fette deutsche Schrift = neues H.G.

6. der aus der Vergleichung sämmtlicher Aktiva und Passiva sich ergebende Gewinn oder Verlust muß am Schlusse der Bilanz besonders angegeben werden.

§. 262. **§. 262.**

Zur Deckung eines aus der Bilanz sich ergebenden 1
Verlustes ist ein Reservefonds zu bilden. In diesen ist einzustellen:

1. **von dem jährlichen Reingewinne mindestens der zwanzigste Theil so lange, als der Reservefonds den zehnten oder den im Gesellschaftsvertrage bestimmten höheren Theil des Grundkapitals nicht überschreitet;**
2. **der Betrag, welcher bei der Errichtung der Gesellschaft oder bei einer Erhöhung des Grundkapitals durch Ausgabe der Aktien für einen höheren als den Nennbetrag über diesen und über den Betrag der durch die Ausgabe der Aktien entstehenden Kosten hinaus erzielt wird;**
3. **der Betrag von Zuzahlungen, die ohne Erhöhung des Grundkapitals von Aktionären gegen Gewährung von Vorzugsrechten für ihre Aktien geleistet werden, soweit nicht eine Verwendung dieser Zahlungen zu außerordentlichen Abschreibungen oder zur Deckung außerordentlicher Verluste beschlossen wird.**

§. 263. Art. 239 Abs. II Satz 2, 3.*) | **§. 263.**

II Er**) hat die | **Die im §. 260 Abs. 2 bezeichneten** 1

Vorlagen

| **sind**

mindestens **während der letzten** zwei Wochen vor der Ver- / **dem Tage**

---

*) Art. 239 Abs. I s. bei §. 239; Abs. II Satz 1 bei §. 260 Abs. 2.
**) Der Vorstand.

sammlung — in dem — Geschäftslokale — der Ge-
der Generalversammlung — **Geschäftsraume**
sellschaft zur Einsicht der Aktionäre auszulegen.

Jeder	**Auf Verlangen ist jedem**	2

Aktionär

ist berechtigt, auf seine Kosten	**spätestens zwei Wochen vor dem Tage der Generalversammlung**

eine Abschrift der Bilanz, der Gewinn- und Verlustrechnung, **der Bemerkungen des Aufsichtsraths** sowie / **und** des Geschäftsberichts zu verlangen / **ertheilen**.

An die Stelle des Tages der Generalversammlung tritt, falls die Ausübung des Stimmrechts von der Hinterlegung der Aktien abhängig ist, der Tag, bis zu dessen Ablauf die Hinterlegung zu geschehen hat. 3

Art. 239a. — **§. 264.** §. 264.

I Zur Prüfung der Bilanz können durch die Generalversammlung besondere Revisoren bestellt werden.*)

II Die Verhandlung **über die Genehmigung der Bilanz** ist zu vertagen, wenn dies **in der Generalversammlung** mit einfacher Stimmenmehrheit beschlossen oder von einer Minderheit, deren Antheile den zehnten Theil des Grundkapitals darstellen / **erreichen**, verlangt wird, auf Verlangen der Minderheit jedoch nur, soweit von ihr bestimmte Ansätze der Bilanz bemängelt werden. 1

III Ist die Verhandlung auf Verlangen der Minderheit vertagt, so 2

gilt bezüglich der nicht bemängelten Ansätze der Bilanz	**kann von dieser eine erneute Vertagung nur ge-**

*) Siehe jetzt §. 266 Abs. 1.

die Entlastung des Vorstandes als erfolgt.

fordert werden, wenn über die in der früheren Verhandlung bemängelten Ansätze der Bilanz die erforderliche Aufklärung nicht ertheilt worden ist.

§. 265.

§. 265.*)

Nach der Genehmigung durch die Generalversammlung ist die Bilanz sowie die Gewinn- und Verlustrechnung unverzüglich durch den Vorstand in den Gesellschaftsblättern bekannt zu machen. 1

Die Bekanntmachung sowie der im §. 260 bezeichnete Geschäftsbericht nebst den Bemerkungen des Aufsichtsraths ist zum Handelsregister einzureichen. Zum Handelsregister einer Zweigniederlassung findet die Einreichung nicht statt. 2

§. 266.

Art. 239a Abs. I.**)

I Zur Prüfung der Bilanz können durch die Generalversammlung besondere Revisoren bestellt werden.

§. 266.

Die Generalversammlung kann mit einfacher Stimmenmehrheit die Bestellung von Revisoren zur Prüfung der Bilanz oder zur Prüfung von Vorgängen bei der Gründung oder der Geschäftsführung beschließen. 1

Art. 222a.

I Auf

Ist in der Generalversammlung ein Antrag auf Bestellung von Revisoren zur Prüfung eines Vorganges bei der Gründung oder eines nicht länger als zwei Jahre 2

---

*) Vergl. bisher Art. 239b mit Art. 185c.

**) Art. 239a Abs. II, III siehe bei §. 264.

zurückliegenden Vorganges bei der Geschäftsführung abgelehnt worden, so können auf

Antrag von Aktionären, deren Antheile zusammen den zehnten Theil des Grundkapitals

darstellen, kann das Landgericht, in dessen Bezirk die Gesellschaft ihren Sitz hat, zur Prüfung eines Herganges bei der Gründung oder eines nicht mehr als zwei Jahre zurückliegenden Herganges bei der Geschäftsführung oder Liquidation der Gesellschaft Revisoren ernennen, sofern ein in der Generalversammlung gestellter Antrag auf Prüfung abgelehnt ist und dem Gerichte

erreichen, Revisoren durch das Gericht, in dessen Bezirke die Gesellschaft ihren Sitz hat, ernannt werden.

Dem Antrag ist nur stattzugeben, wenn 3

glaubhaft gemacht wird, daß bei dem Hergange / **Vorgang** Unredlichkeiten oder grobe Verletzungen des Gesetzes oder des Gesellschaftsvertrags stattgefunden haben. Die Antragsteller haben zugleich die Aktien bis zur Entscheidung über den Antrag gerichtlich zu hinterlegen und glaubhaft zu machen, daß sie dieselben seit mindestens sechs Monaten, von der Generalversammlung zurückgerechnet, besitzen / **Besitzer der Aktien sind**.

II Vor der Anordnung / **Ernennung** sind der Vorstand oder die Liquidatoren sowie / **und** der Aufsichtsrath zu hören. Die Anordnung / **Ernennung** ist / **kann** auf Verlangen von einer nach freiem Ermessen zu bestimmenden Sicherheitsleistung abhängig zu machen / **gemacht werden**. 4

Gewöhnliche deutsche und fette deutsche Schrift = neues H.G.

§. 267. | **§. 267.**

III Der Vorstand hat **in den Fällen des §. 266** den Revisoren die Einsicht der Bücher und Schriften der Gesellschaft und die Untersuchung des Bestandes der Gesellschaftskasse wie / **sowie** der Bestände an Effekten, Handelspapieren / **Werthpapieren** und Waaren zu gestatten. 1

IV Der Bericht über das Ergebniß der Prüfung ist von den Revisoren **unverzüglich** zu dem Handelsregister einzureichen und von dem Vorstande bei der Berufung der nächsten Generalversammlung als Gegenstand der Beschlußfassung anzukündigen. **Zum Handelsregister einer Zweigniederlassung findet die Einreichung des Berichts nicht statt.** 2

V **Im Falle des §. 266 Abs. 2 beschließt die Generalversammlung, ob die entstandenen Kosten von der Gesellschaft zu tragen sind.** Ist / **Wird** der Antrag auf Ernennung von Revisoren **durch das Gericht** zurückgewiesen oder erweist er sich nach dem Ergebnisse der Prüfung als unbegründet, so sind die Aktionäre, welchen eine bösliche Handlungsweise bei Stellung des Antrages zur Last fällt, 3

solidarisch verpflichtet, einen durch die Stellung desselben der Gesellschaft entstandenen	**für einen der Gesellschaft durch den Antrag entstehenden**
Schaden	
zu ersetzen.	**als Gesammtschuldner haftbar.**

§. 268. Art. 223. — **§. 268.**

I Die Ansprüche der Gesellschaft aus der Gründung gegen die in Gemässheit der Artikel 213a bis 213c / **nach den §§. 202 bis 204, 208** verpflichteten Personen oder aus der Geschäftsführung gegen die Mitglieder des Vorstandes und des Aufsichtsraths sowie aus der Liquidation gegen die Liquidatoren und die Mitglieder des Auf- 1 sichtsraths $\frac{\text{sind zu erheben}}{\textbf{müssen geltend gemacht werden}}$, wenn **es** in der Generalversammlung dies mit einfacher Stimmenmehrheit beschlossen oder von einer Minderheit, deren Antheile den zehnten Theil des Grundkapitals $\frac{\text{darstellen}}{\textbf{erreichen}}$, verlangt wird.

II Die Erhebung des Anspruchs auf Verlangen der Minderheit muss binnen drei Monaten seit der Generalversammlung erfolgen.*) Die von der Minderheit	**Zur Führung des Rechtsstreits kann die Generalversammlung besondere Vertreter wählen. Ist die Geltendmachung des Anspruchs von der Minderheit verlangt, so können die von dieser** 2

bezeichneten Personen

können durch das Handelsgericht als Bevollmächtigte der Gesellschaft	**durch das Gericht des Sitzes der Gesellschaft als deren Vertreter**

zur Führung des $\frac{\text{Prozesses ernannt}}{\textbf{Rechtsstreits bestellt}}$ werden. **Im Uebrigen bewendet es bei den Vorschriften des §. 247; diese kommen auch dann zur Anwendung, wenn die Geltendmachung des Anspruchs von der Minderheit verlangt ist.**

§. 269. §. 269.

1 **Die Geltendmachung eines Anspruchs auf Verlangen der Minderheit muß binnen drei Monaten von dem Tage der Generalversammlung an erfolgen.**

Der Klage ist das Protokoll der Generalversammlung, soweit $\frac{\text{dasselbe}}{\textbf{es}}$ die $\frac{\text{Erhebung}}{\textbf{Geltendmachung}}$ des Anspruchs be-

*) Siehe jetzt §. 269 Abs. 1.

trifft, in **öffentlich** beglaubigter **Abschrift** beizufügen.

Die Minderheit hat [den fünften / **eine den zehnten**] Theil des Grund- 2
kapitals **der Gesellschaft erreichende Anzahl** [in / **von**] Aktien der
Gesellschaft für die Dauer des [Prozesses / **Rechtsstreits**] gerichtlich zu
hinterlegen [und dem Gerichte / **; es ist**] glaubhaft zu **machen**, **daß**
[sie dieselben / **sich die Aktien**] seit mindestens sechs Monaten, von der General-
versammlung zurückgerechnet, [besitzt / **im Besitze der die Minderheit bildenden Aktionäre befinden.**]

[Sie hat auf Verlangen der Beklagten / **Dem Beklagten ist auf Verlangen**] wegen der [denselben / **ihm**] 3
drohenden Nachtheile **von der Minderheit** eine nach freiem
Ermessen des Gerichts zu bestimmende Sicherheit zu leisten.

Das Verlangen ist als prozesshindernde Einrede geltend zu machen. Wird die Sicherheit binnen der vom Gerichte gestellten Frist nicht geleistet, so ist die Klage auf Antrag für zurückgenommen zu erklären.	**Die Vorschriften der Civilprozeßordnung über die Festsetzung einer Frist zur Sicherheitsleistung und über die Folgen der Versäumung der Frist finden Anwendung.**

Die Minderheit ist **der Gesellschaft gegenüber** verpflichtet, 4

die der Gesellschaft auferlegten Prozesskosten ihr zu erstatten.	**die Kosten des Rechtsstreits zu tragen.**

Für den Schaden, [welcher / **der dem Beklagten**] durch eine unbe- 5
gründete Klage [den Beklagten entstanden ist / **entsteht**], haften [ihnen / **ihm**]
solidarisch die Aktionäre, welchen bei Erhebung des An-

Gewöhnliche deutsche und lateinische Schrift = altes H.G.

spruchs eine bösliche Handlungsweise zur Last fällt, **als Gesammtschuldner.**

III Im Uebrigen kommen die Bestimmungen der Artikel 194 und 195 zur entsprechenden Anwendung.*)

§. 270. §. 270.

Bezüglich eines Anspruchs, dessen Geltendmachung die Minderheit auf Grund der Vorschrift des §. 268 Abs. 1 verlangt hat, ist ein Verzicht oder ein Vergleich der Gesellschaft nur dann zulässig, wenn von den die Minderheit bildenden Aktionären so viele zustimmen, daß die Aktien der übrigen nicht mehr den zehnten Theil des Grundkapitals darstellen. 1

Art. 222.

I Die Vorschriften im Artikel 190a, 190b über die Anfechtung eines Beschlusses der Generalversammlung finden mit der Massgabe Anwendung, dass an die Stelle der persönlich haftenden Gesellschafter der Vorstand tritt.

§. 271. §. 271.

Ein Beschluß der Generalversammlung kann wegen Verletzung des Gesetzes oder des Gesellschaftsvertrags im Wege der Klage angefochten werden. 1

Die Klage muß binnen einem Monat erhoben werden. 2

Zur Anfechtung befugt ist jeder in der Generalversammlung erschienene Aktionär, sofern er gegen den Beschluß Widerspruch zum Protokoll erklärt hat, und jeder nicht erschienene Aktionär, sofern er zu der Generalversammlung unberechtigter Weise nicht zugelassen worden ist oder sofern er die Anfechtung darauf gründet, daß die Berufung der Versammlung oder die Ankündigung des Gegenstandes der Beschlußfassung nicht gehörig erfolgt sei. Eine Anfechtung, die darauf gegründet wird, daß durch den Beschluß Abschreibungen oder Rücklagen über 3

*) Siehe jetzt §. 268 Abs. 2 Satz 3.

das nach dem Gesetz oder nach dem Gesellschaftsvertrage statthafte Maß hinaus angeordnet seien, ist nur zulässig, wenn die Antheile des Aktionärs oder der Aktionäre, welche die Anfechtungsklage erheben, den zwanzigsten Theil des Grundkapitals erreichen.

Außerdem ist der Vorstand und, sofern der Beschluß eine Maßregel zum Gegenstande hat, durch deren Ausführung sich die Mitglieder des Vorstandes und des Aufsichtsraths strafbar oder den Gläubigern der Gesellschaft haftbar machen würden, jedes Mitglied des Vorstandes und des Aufsichtsraths zur Anfechtung befugt. 4

§. 272.

§. 272.

Die Klage ist gegen die Gesellschaft zu richten. Die Gesellschaft wird durch den Vorstand, sofern dieser nicht selbst klagt, und durch den Aufsichtsrath vertreten. 1

Zuständig für die Klage ist ausschließlich das Landgericht, in dessen Bezirke die Gesellschaft ihren Sitz hat. Die mündliche Verhandlung erfolgt nicht vor dem Ablaufe der im §. 271 Abs. 2 bezeichneten Frist. Mehrere Anfechtungsprozesse sind zur gleichzeitigen Verhandlung und Entscheidung zu verbinden. 2

Das Gericht kann auf Verlangen anordnen, daß der Gesellschaft wegen der ihr drohenden Nachtheile von dem klagenden Aktionär Sicherheit zu leisten ist. Art und Höhe der Sicherheit bestimmt das Gericht nach freiem Ermessen. Die Vorschriften der Civilprozeßordnung über die Festsetzung einer Frist zur Sicherheitsleistung und über die Folgen der Versäumung der Frist finden Anwendung. 3

Die Erhebung der Klage und der Termin zur mündlichen Verhandlung sind unverzüglich von dem Vorstand in den Gesellschaftsblättern bekannt zu machen. 4

§. 273.

§. 273.

Soweit der Beschluß durch rechtskräftiges Urtheil für 1

nichtig erklärt ist, wirkt das Urtheil auch für und gegen die Aktionäre, die nicht Partei sind. Das Urtheil ist von dem Vorstand unverzüglich zum Handelsregister einzureichen. War der Beschluß in das Handelsregister eingetragen, so ist auch das Urtheil einzutragen; die Eintragung des Urtheils ist in gleicher Weise wie die des Beschlusses zu veröffentlichen.

Für einen durch unbegründete Anfechtung des Beschlusses der Gesellschaft entstehenden Schaden haften ihr die Kläger, welchen eine bösliche Handlungsweise zur Last fällt, als Gesammtschuldner. 2

Vierter Titel.

Abänderungen des Gesellschaftsvertrags.

Art. 215. — §. 274. §. 274

I Die / Eine Abänderung des Inhalts des Gesellschaftsvertrags kann nicht anders als / nur durch Beschluss der / die Generalversammlung erfolgen / beschlossen werden. Die Vornahme von Aenderungen, die nur die Fassung betreffen, kann durch Beschluß der Generalversammlung dem Aufsichtsrath übertragen werden. 1

In der nach §. 256 Abs. 1, 2 zu bewirkenden Ankündigung soll die beabsichtigte Aenderung des Gesellschaftsvertrags nach ihrem wesentlichen Inhalt erkennbar gemacht werden. 2

§. 275. §. 275

II Sofern der Gesellschaftsvertrag für eine Abänderung derjenigen Bestimmung, welche den Gegenstand der Beschlussfassung bildet, nicht an-	In Ermangelung einer anderen Bestimmung des Gesellschaftsvertrags bedürfen die im §. 274 Abs. 1 bezeichneten Beschlüsse der General- 1

Gewöhnliche deutsche und fette deutsche Schrift = neues H.G.

dere Erfordernisse aufstellt, erfolgt der Beschluss durch eine | **versammlung einer**

Mehrheit

von drei Viertheilen des in der Generalversammlung | **, die mindestens drei Viertheile des bei der Beschlußfassung**

vertretenen Grundkapitals **umfaßt.**

III **Für eine Abänderung des Gegenstandes des Unternehmens muß diese Mehrheit erreicht sein; der Gesellschaftsvertrag kann** ausser derselben **noch andere Erfordernisse aufstellen.** 2

IV Dasselbe gilt von dem Falle, wenn die Gesellschaft durch Uebertragung ihres Vermögens und ihrer Schulden an eine andere Aktiengesellschaft gegen Gewährung von Aktien der letzteren aufgelöst werden soll.*)

V Die vorstehenden Bestimmungen gelten auch dann, wenn mehrere Gattungen von Aktien mit verschiedener Berechtigung ausgegeben sind

VI Soll durch die Beschlussfassung **das bisherige Verhält**- 3
niß [unter den verschiedenen / **mehrerer**] Gattungen **von Aktien mit verschiedener Berechtigung** zum Nachtheil einer [derselben abgeändert / **Gattung geändert**] werden, so bedarf es [zu / **neben**] dem von der gemeinschaftlichen Generalversammlung gefassten Beschlusse der

Zustimmung einer besonderen Generalversammlung | **Generalversammlung eines in gesonderter Abstimmung gefaßten Beschlusses**

der benachtheiligten Aktionäre [, deren / **; auf diese**] Beschlußfassung [gleichfalls nach der / **findet die**] Vorschrift des [zweiten Absatzes sich richtet / **des Abs. 1 Anwendung**].

---

*) Vergl. jetzt §. 303 Abs. 1.

Gewöhnliche deutsche und lateinische Schrift = altes H.G.

Die Beschlußfassung der benachtheiligten Aktionäre kann nur stattfinden, wenn sie gemäß §. 256 Abs. 2 ausdrücklich unter den Zwecken der Generalversammlung angekündigt worden ist.

VII Die Bestimmung des Gesellschaftsvertrages, Inhalts deren die Uebertragung von Aktien, welche in Gemässheit des Artikels 207a Absatz 3 auf einen geringeren Betrag als eintausend Mark gestellt sind, an die Einwilligung der Gesellschaft gebunden ist, kann nicht abgeändert werden.

§. 276. §. 276.

1 **Eine Verpflichtung der Aktionäre zu Leistungen der im §. 212 bezeichneten Art kann, sofern sie nicht in dem ursprünglichen Gesellschaftsvertrage vorgesehen ist, nur mit Zustimmung sämmtlicher von der Verpflichtung betroffenen Aktionäre begründet werden.**

§. 277. §. 277.

1 **Die Abänderung des Gesellschaftsvertrags ist zur Eintragung in das Handelsregister anzumelden. Soweit sich nicht aus den nachfolgenden Vorschriften ein Anderes ergiebt, ist die Anmeldung durch den Vorstand zu bewirken.***)

2 **Bei der Eintragung genügt, soweit nicht die Abänderung die im §. 198 bezeichneten Angaben betrifft, die Bezugnahme auf die bei dem Gericht eingereichten Urkunden über die Abänderung. Die öffentliche Bekanntmachung findet in Betreff aller Bestimmungen statt, auf welche sich die in den §§. 199, 201 vorgeschriebenen Veröffentlichungen beziehen.**

3 **Die Abänderung hat keine Wirkung, bevor sie bei dem Gericht, in dessen Bezirke die Gesellschaft ihren Sitz hat, in das Handelsregister eingetragen worden ist.**

---

*) Vergl. bisher auch Art. 214.

§. 278. **Art. 215a. — §. 278.**

I Eine Erhöhung des Grundkapitals der Gesellschaft **durch Ausgabe neuer Aktien** darf / **soll** nicht vor der vollen Einzahlung desselben / **des bisherigen Kapitals** erfolgen. Für Versicherungsgesellschaften kann der / **im** Gesellschaftsvertrag ein Anderes bestimmen / **bestimmt werden**. **Durch Rückstände, die auf einen verhältnißmäßig unerheblichen Theil der eingeforderten Einzahlung verblieben sind, wird die Erhöhung des Grundkapitals nicht gehindert.** 1

II Ueber die Erhöhung hat die Generalversammlung zu beschliessen. Für die neu auszugebenden Aktien kann die Leistung eines höheren als des Nominalbetrages festgesetzt werden; der Beschluss hat den Mindestbetrag zu bezeichnen, für welchen die Aktien auszugeben sind. Ein geringerer als der Nominalbetrag darf nicht festgesetzt werden. Die Beschlussfassung unterliegt den Vorschriften im Artikel 215 Absatz II und VI.*)

Sind mehrere Gattungen von Aktien mit verschiedener Berechtigung vorhanden, so bedarf es neben dem Beschlusse der Generalversammlung eines in gesonderter Abstimmung gefaßten Beschlusses der Aktionäre jeder Gattung; auf diese Beschlußfassung finden die Vorschriften des §. 275 Abs. 1, Abs. 3 Satz 2 Anwendung. 2

Sollen die auf die Kapitalserhöhung entfallenden neuen Aktien für einen höheren als den Nennbetrag ausgegeben werden, so ist der Mindestbetrag, unter dem die Ausgabe nicht erfolgen soll, in dem Beschluß über die Erhöhung des Grundkapitals festzusetzen. 3

*) Vergl. §. 283 Abs. 2.

III Der Beschluss ist in das Handelsregister einzutragen. Die Anmeldung hat die Angabe zu enthalten, dass das bisherige Grundkapital eingezahlt sei, für Versicherungsgesellschaften, inwieweit die Einzahlung desselben stattgefunden habe. Auf die Eintragung finden die Vorschriften in Artikel 214 Anwendung.*)

IV Eine Zusicherung von Rechten auf den Bezug neu auszugebender Aktien, welche vor dem Beschlusse auf Erhöhung des Grundkapitals erfolgt, ist der Gesellschaft gegenüber unwirksam.**)

§. 279. §. 279.

Wird auf das erhöhte Grundkapital eine Einlage gemacht, die nicht durch Baarzahlung zu leisten ist, oder wird auf eine Einlage eine Vergütung für Vermögensgegenstände angerechnet, welche die Gesellschaft übernimmt, so müssen der Gegenstand der Einlage oder der Uebernahme, die Person, von welcher die Gesellschaft den Gegenstand erwirbt, und der Betrag der für die Einlage zu gewährenden Aktien oder die für den übernommenen Gegenstand zu gewährende Vergütung in dem Beschluß über die Erhöhung des Grundkapitals festgesetzt werden. 1

Jedes Abkommen dieser Art, welches nicht die vorgeschriebene Festsetzung in dem Beschlusse der Generalversammlung gefunden hat, ist der Gesellschaft gegenüber unwirksam. Die Vorschriften der §§. 207, 208 bleiben unberührt. 2

§. 280.***) §. 280

Der Beschluß über die Erhöhung des Grundkapitals ist von sämmtlichen Mitgliedern des Vorstandes und des Aufsichtsraths zur Eintragung in das Handelsregister anzumelden. 1

In der Anmeldung ist die Versicherung abzugeben, 2

*) Vergl. auch §§. 280, 286 Satz 1. **) Vergl auch §. 184 Abs. 1
***) Vergl. bisher Art. 215a Abs. III.

daß das bisherige Grundkapital eingezahlt ist oder, soweit die Einzahlung nicht stattgefunden hat, daß darauf weitere als die in der Anmeldung bezeichneten Beträge nicht rückständig sind.

§. 281. Art. 215 b. — **§. 281.**

I Die Zeichnung der neu auszugebenden / **neuen** Aktien 1

erfolgt durch schriftliche Erklärung, welche in zwei Exemplaren unterzeichnet werden soll.	**geschieht mittelst Zeichnungsscheins. Der Zeichnungsschein soll doppelt ausgestellt werden;**

er hat außer den im §. 189 Abs. 2 bezeichneten Angaben zu enthalten:

1. **den Tag, an welchem der Beschluß über die Erhöhung des Grundkapitals gefaßt ist;**
2. **den Betrag, für welchen die Ausgabe der Aktien stattfindet, und den Betrag der festgesetzten Einzahlungen;**
3. **die im §. 279 vorgesehenen Festsetzungen und, wenn mehrere Gattungen von Aktien mit verschiedener Berechtigung ausgegeben werden, den Gesammtbetrag einer jeden;**
4. **den Zeitpunkt, in welchem die Zeichnung unverbindlich wird, sofern nicht bis dahin die erfolgte Erhöhung des Grundkapitals in das Handelsregister eingetragen ist.**

Die Vorschriften des §. 189 Abs. 4, 5 finden mit der Maßgabe entsprechende Anwendung, daß an die Stelle der Eintragung der Gesellschaft in das Handelsregister die Eintragung der erfolgten Erhöhung des Grundkapitals tritt. 2

Art. 215 b Abs. II s. bei §. 284.

§. 282. **§. 282.**

Jedem Aktionär muß auf sein Verlangen ein seinem Antheil an dem bisherigen Grundkapital entsprechender 1

Theil der neuen Aktien zugetheilt werden, soweit nicht in dem Beschluß über die Erhöhung des Grundkapitals ein Anderes bestimmt ist.

Der Betrag, zu welchem die neuen Aktien an die Aktionäre ausgegeben werden, ist von dem Vorstand in den Geschäftsblättern zu veröffentlichen. In der Veröffentlichung kann eine Frist für die Ausübung des Bezugsrechts bestimmt werden; die Frist muß mindestens zwei Wochen betragen. 2

§. 283. §. 283.

Eine Zusicherung von Rechten auf den Bezug neu auszugebender Aktien kann nur unter Vorbehalt des im §. 282 bezeichneten Rechtes der Aktionäre erfolgen. 1

Eine Zusicherung, die vor dem Beschlusse über die Erhöhung des Grundkapitals geschieht, ist der Gesellschaft gegenüber unwirksam.*) 2

Art. 215b Abs. II. — **§. 284.** §. 284.

I Die stattgefundene / **erfolgte** Erhöhung des Grundkapitals ist **von sämmtlichen Mitgliedern des Vorstandes und des Aufsichtsraths** behufs der / **zur** Eintragung in das Handelsregister anzumelden. 1

Die Vorschriften im Ar-

Der Anmeldung sind beizufügen: 2

1 **die Duplikate der Zeichnungsscheine und ein von den Mitgliedern des Vorstandes unterschriebenes Verzeichniß der Zeichner, welches die auf jeden entfallenen Aktien sowie die auf**

*) Vergl. bisher Art. 215a Abs IV

tikel 210 und 212 finden entsprechende Anwendung.*)

die letzteren geschehenen Einzahlungen angiebt;
2. im Falle des §. 279 die Verträge, welche den dort bezeichneten Festsetzungen zu Grunde liegen oder zu ihrer Ausführung geschlossen sind;
3. eine Berechnung der für die Gesellschaft durch die Ausgabe der neuen Aktien entstehenden Kosten;
4. wenn die Erhöhung des Grundkapitals mit Rücksicht auf den Gegenstand des Unternehmens der staatlichen Genehmigung bedarf, sowie in den Fällen des §. 180 Abs. 2 die Genehmigungsurkunde.

Die Vorschriften des §. 195 Abs. 3 finden Anwendung. 3

Die der Anmeldung beigefügten Schriftstücke werden bei dem Gericht in Urschrift oder in beglaubigter Abschrift aufbewahrt. 4

In die Veröffentlichung, durch welche die Eintragung bekannt gemacht wird, ist auch der Betrag, zu welchem die Aktien ausgegeben werden, aufzunehmen. 5

*) Vergl. auch §. 286.

§. 285. §. 285.

1 **Die Anmeldung und Eintragung der erfolgten Erhöhung des Grundkapitals kann mit der Anmeldung und Eintragung des Beschlusses über die Erhöhung verbunden werden.**

§. 286.*) §. 286.

1 **Bei einem Gericht, in dessen Bezirke die Gesellschaft eine Zweigniederlassung hat, sind die in den §§. 280, 284 bezeichneten Anmeldungen zur Eintragung in das Handelsregister durch den Vorstand zu bewirken. Die Vorschrift des §. 284 Abs. 5 findet Anwendung; die Vorschriften des §. 280 Abs. 2 und des §. 284 Abs. 2 bis 4 bleiben außer Anwendung.**

§. 287. §. 287.

1 **Bevor die erfolgte Erhöhung des Grundkapitals in das Handelsregister eingetragen ist, können Aktien und Interimsscheine auf das zu erhöhende Kapital nicht ausgegeben werden.**

2 **Die Antheilsrechte an dem zu erhöhenden Kapitale können vor diesem Zeitpunkte mit Wirksamkeit gegenüber der Gesellschaft nicht übertragen werden.**

Art. 248. — **§. 288.** §. 288.

I Eine theilweise Zurückzahlung des Grundkapitals an die Aktionäre oder eine	**Eine**	1

Herabsetzung $\frac{\text{desselben}}{\textbf{des Grundkapitals}}$ kann nur

auf Beschluss der Generalversammlung und nur unter Beobachtung derselben Bestimmungen erfolgen, welche für die Vertheilung des Ge-	

*) Vergl. bisher Art. 215 a, b

sellschaftsvermögens im Falle der Auflösung massgebend sind (Art. 243, 245). Der Beschluss hat zugleich die Art, in welcher die Zurückzahlung oder Herabsetzung erfolgen soll, und die zu ihrer Durchführung erforderlichen Massregeln festzusetzen. Er muss, sofern der Gesellschaftsvertrag für die Beschlussfassung nicht noch andere Erfordernisse aufstellt, durch eine Mehrheit von drei Viertheilen des in der Generalversammlung	mit einer Mehrheit beschlossen werden, die mindestens drei Viertheile des bei der Beschlußfassung

vertretenen Grundkapitals

erfolgen.	umfaßt. Der Gesellschaftsvertrag kann noch andere Erfordernisse aufstellen.
	Durch den Beschluß muß zugleich festgesetzt werden, zu welchem Zwecke die Herabsetzung stattfindet, insbesondere, ob sie zur theilweisen Rückzahlung des Grundkapitals an die Aktionäre erfolgt, und in welcher Weise die Maßregel auszuführen ist. 2

Sind verschiedene / **mehrere** Gattungen von Aktien mit verschiedener Berechtigung ausgegeben / **vorhanden**, so bedarf es zu / **neben** dem von der gemeinschaftlichen Generalversammlung gefassten Beschlusse **der Generalversammlung** 3

Gewöhnliche deutsche und lateinische Schrift = altes H.G.

der Zustimmung einer besonderen Generalversammlung der benachtheiligten Aktionäre, deren	eines in gesonderter Abstimmung gefaßten Beschlusses der Aktionäre jeder Gattung; auf diese
Beschlußfassung	
derselben Vorschrift unterliegt.	finden die Vorschriften des Abs. 1 und des §. 275 Abs. 3 Satz 2 Anwendung.

II Der Beschluss ist in das Handelsregister einzutragen; auf die Eintragung finden die Vorschriften im Artikel 214 Anwendung.*)

§. 289. §. 289.

1 Der Beschluß über die Herabsetzung des Grundkapitals ist von sämmtlichen Mitgliedern des Vorstandes zur Eintragung in das Handelsregister anzumelden.

2 Der Vorstand hat unter Hinweis auf die beschlossene Herabsetzung des Grundkapitals nach der Eintragung des Beschlusses die Gläubiger der Gesellschaft aufzufordern, ihre Ansprüche anzumelden. Die Aufforderung ist dreimal in den Gesellschaftsblättern zu veröffentlichen. Bekannte Gläubiger sind durch besondere Mittheilung zur Anmeldung aufzufordern.

3 Den Gläubigern, deren Forderungen vor der letzten öffentlichen Aufforderung begründet sind, ist Befriedigung zu gewähren oder Sicherheit zu leisten, sofern sie sich zu diesem Zwecke melden.

4 Zahlungen an die Aktionäre dürfen auf Grund der Herabsetzung des Grundkapitals erst erfolgen, nachdem seit dem Tage, an welchem die im Abs. 2 vorgeschriebene öffentliche Aufforderung zum dritten Male stattgefunden hat, ein Jahr verstrichen ist und nachdem die Gläubiger, die sich gemeldet haben, befriedigt oder sichergestellt worden sind. Eine durch die Herabsetzung bezweckte Befreiung

*) Vergl. jetzt §§. 217, 13.

der Aktionäre von der Verpflichtung zur Leistung von Einlagen auf die Aktien tritt nicht vor dem bezeichneten Zeitpunkt in Wirksamkeit.

§. 290. §. 290.

1 Ist zur Ausführung der Herabsetzung des Grundkapitals eine Verminderung der Zahl der Aktien durch Umtausch, Stempelung oder durch ein ähnliches Verfahren vorgesehen, so kann die Gesellschaft die Aktien, welche trotz erfolgter Aufforderung nicht bei ihr eingereicht sind, für kraftlos erklären. Das Gleiche gilt in Ansehung eingereichter Aktien, welche die zum Ersatze durch neue Aktien erforderliche Zahl nicht erreichen und der Gesellschaft nicht zur Verwerthung für Rechnung der Betheiligten zur Verfügung gestellt sind.

2 Die Aufforderung zur Einreichung der Aktien hat die Androhung der Kraftloserklärung zu enthalten. Die Kraftloserklärung kann nur erfolgen, wenn die Aufforderung nach Maßgabe des §. 219 Abs. 2 bekannt gemacht ist; sie geschieht mittelst Bekanntmachung in den Gesellschaftsblättern.

3 Die an Stelle der für kraftlos erklärten Aktien auszugebenden neuen Aktien sind für Rechnung der Betheiligten durch die Gesellschaft zum Börsenpreis und in Ermangelung eines solchen durch öffentliche Versteigerung zu verkaufen. Der Erlös ist den Betheiligten auszuzahlen oder, sofern die Berechtigung zur Hinterlegung vorhanden ist, zu hinterlegen.

§. 291. §. 291.

1 Die erfolgte Herabsetzung des Grundkapitals ist von sämmtlichen Mitgliedern des Vorstandes zur Eintragung in das Handelsregister anzumelden.

Vierter Abschnitt.	Fünfter Titel.
Auflösung der Gesellschaft.	**Auflösung und Nichtigkeit der Gesellschaft.**

Art. 242. — **§. 292.** §. 292.

I Die Aktiengesellschaft wird aufgelöst: 1

1. durch **den** Ablauf der im Gesellschaftsvertrage bestimmten Zeit;
2. durch Beschluß der Generalversammlung; der Beschluß bedarf einer Mehrheit von / **, die mindestens** drei Viertheilen / **Viertheile** des in der Generalversammlung / **bei der Beschlußfassung** vertretenen Grundkapitals umfaßt. Der / **; der** Gesellschaftsvertrag kann ausser dieser Mehrheit noch andere Erfordernisse aufstellen;
3. durch die Eröffnung des Konkurses **über das Vermögen der Gesellschaft.**

II Wenn	**Die Vorschriften dieses Titels kommen auch zur Anwendung, wenn** 2

die Auflösung einer Aktiengesellschaft aus anderen Gründen

erfolgt, so finden die Bestimmungen dieses Abschnittes ebenfalls Anwendung.	**erfolgt.**

Art. 243. — **§. 293.** §. 293.

I Die Auflösung der Gesellschaft muss, wenn sie nicht eine / **ist außer dem** Folge des eröffneten / **Falle des** Konkurses ist, durch / **durch** den Vorstand zur Eintragung in das Handelsregister (Art. 210, 212) angemeldet / **anzumel-** 1 werden; / **den.** sie muss zu drei verschiedenen Malen durch die hierzu bestimmten öffentlichen Blätter bekannt gemacht werden.

II Durch diese Bekanntmachung müssen zugleich die Gläubiger aufgefordert werden, sich bei der Gesellschaft zu melden.

§. 294. **§. 294.**

Nach der Auflösung der Gesellschaft findet die Liquidation statt, sofern nicht über das Vermögen der Gesellschaft der Konkurs eröffnet ist. 1

Bis zur Beendigung der Liquidation kommen die Vorschriften der vorausgehenden Titel zur Anwendung, soweit sich nicht aus diesem Titel oder aus dem Zwecke der Liquidation ein Anderes ergiebt. 2

§. 295. Art. 244. — **§. 295.**

I Die Liquidation geschieht durch den Vorstand / **die Mitglieder des Vorstandes als Liquidatoren**, wenn / **sofern** nicht dieselbe durch den Gesellschaftsvertrag oder einen / **durch** Beschluß der Generalversammlung an andere Personen übertragen wird / **dazu bestimmt werden**. 1

II Auf den Antrag des Aufsichtsraths oder von Aktionären, deren Antheile zusammen den zwanzigsten Theil des Grundkapitals darstellen / **erreichen**, kann **aus wichtigen Gründen** die Ernennung von Liquidatoren durch den Richter / **das Gericht** erfolgen, **in dessen Bezirke die Gesellschaft ihren Sitz hat.** Die Aktionäre haben bei Stellung des Antrags glaubhaft zu machen, daß sie die Aktien seit mindestens sechs Monaten besitzen / **Besitzer der Aktien sind**. 2

Gewöhnliche deutsche und lateinische Schrift = altes H.G.

III Die Anmeldung der ersten Liquidatoren zur Eintragung in das Handelsregister (Art. 210, 212) ist durch den Vorstand zu machen.*)

IV Die Abberufung der / **von** Liquidatoren kann durch den Richter / **das Gericht** 3
unter denselben Voraussetzungen wie die Bestellung erfolgen / **stattfinden**. Liquidatoren, welche / **die** nicht vom Richter / **Gericht** ernannt sind, können auch durch die Generalversammlung **auch** vor Ablauf / **dem Ablaufe** des Zeitraums, für welchen sie bestellt sind, abberufen werden.

§. 296. § 296.

Die ersten Liquidatoren sind durch den Vorstand, jede Aenderung in den Personen der Liquidatoren ist durch die Liquidatoren zur Eintragung in das Handelsregister anzumelden.) Ist bei der Bestellung der Liquidatoren eine Bestimmung über ihre Vertretungsbefugniß getroffen, so ist auch diese Bestimmung zur Eintragung anzumelden.** 1

Der Anmeldung ist eine öffentlich beglaubigte Abschrift der Urkunden über die Bestellung oder Aenderung beizufügen; diese Vorschrift findet auf die Anmeldung zum Handelsregister einer Zweigniederlassung keine Anwendung. 2

Die Eintragung der gerichtlichen Ernennung oder Abberufung von Liquidatoren geschieht von Amtswegen. 3

Die Liquidatoren haben die Firma nebst ihrer Namensunterschrift zur Aufbewahrung bei dem Gerichte zu zeichnen. 4

§. 297. §. 297.

Die Liquidatoren haben unter Hinweis auf die Auflösung der Gesellschaft die Gläubiger der Gesellschaft aufzufordern, ihre Ansprüche anzumelden. Die Aufforderung ist dreimal in den Gesellschaftsblättern zu veröffentlichen. 1

*) Vergl. jetzt §. 296 Abs. 1 **) Vergl. bisher Art. 214 Abs. III.

§. 298.

Art. 244a.	**§. 298.**
I Auf die Liquidation finden, soweit nicht in diesem Abschnitte ein Anderes bestimmt ist, die für die Liquidation einer offenen Handelsgesellschaft gegebenen Bestimmungen entsprechende Anwendung.	**Der Geschäftskreis der Liquidatoren sowie die Form, in welcher sie die Firma zu zeichnen haben, bestimmt sich nach den Vorschriften der §§. 149, 151, 153.** 1
II Die	**Im Uebrigen haben die** 2

Liquidatoren

haben	**innerhalb ihres Geschäftskreises**

die Rechte und Pflichten des Vorstandes [old: und / new: **; sie**] unterliegen gleich diesem der Ueberwachung [old: des Aufsichtsraths. / new: **durch den Aufsichtsrath.**]

Die Beschränkungen des Artikels 232 und die im Artikel 234 zugelasseneBestellung von Prokuristen finden nicht statt.	(Vergl. Abs. 4)
	In Ansehung der Mitwirkung sämmtlicher Liquidatoren bei Willenserklärungen für die Gesellschaft findet die Vorschrift des §. 232 Abs. 1 Satz 1 nur insoweit Anwendung, als nicht für die Liquidatoren im Gesellschaftsvertrag oder bei ihrer Ernennung ein Anderes bestimmt ist. 3
	Eine Bestellung von Prokuristen findet nicht statt. Die Vorschriften des §. 236 bleiben außer Anwendung. 4

§. 299. | §. 299.

III Die Liquidatoren haben bei / für den Beginn der Liquidation 1
und weiterhin für den Schluß jedes Jahres eine Bilanz aufzustellen; **das bisherige Geschäftsjahr der Gesellschaft kann beibehalten werden.**

Dieselbe ist von ihnen ohne Verzug in den hierzu bestimmten öffentlichen Blättern bekannt zu machen und zu dem Handelsregister einzureichen.	**Die Vorschriften der §§. 260, 263 bis 267 mit Ausnahme derjenigen über die Gewinnvertheilung finden Anwendung; die Vorschriften der §§. 261, 262 bleiben außer Anwendung.** 2
IV Die Veräusserung unbeweglicher Sachen kann durch die Liquidatoren, sofern nicht der Gesellschaftsvertrag oder ein Beschluss der Generalversammlung anders bestimmt, nur durch öffentliche Versteigerung bewirkt werden.	

Art. 245. — **§. 300.** | §. 300.

I Das 1

Vermögen einer aufgelösten Aktiengesellschaft wird nach Tilgung ihrer Schulden	**nach der Berichtigung der Schulden verbleibende Vermögen der Gesellschaft wird**

unter die Aktionäre

nach Verhältniss ihrer Aktien vertheilt.	**vertheilt.**
	Die Vertheilung erfolgt nach dem Verhältnisse der Aktienbeträge, sofern nicht mehrere Gattungen von Aktien mit verschiedener Berechtigung vorhanden sind. 2
	Sind die Einzahlungen 3

Gewöhnliche deutsche und fette deutsche Schrift = neues H.G.

nicht auf alle Aktien in demselben Verhältnisse geleistet, so werden die auf das Grundkapital geleisteten Einzahlungen erstattet und ein Ueberschuß nach dem Verhältnisse der Aktienbeträge vertheilt. Reicht das vorhandene Vermögen zur Erstattung der Einzahlungen nicht aus, so haben die Aktionäre den Verlust nach dem Verhältnisse der Aktienbeträge zu tragen; die noch ausstehenden Einzahlungen sind, soweit es hierzu erforderlich ist, einzuziehen.

§. 301. | §. 301.

II Die Vertheilung **des Vermögens** darf nicht eher vollzogen / **nur er**- 1
werden, als nach Ablauf eines Jahres von / **folgen, wenn seit** dem Tage an gerechnet, an welchem die
Bekanntmachung in den öffentlichen Blättern (Art. 243) / **im §. 297 vorgeschriebene öffentliche Aufforderung an die Gläubiger**
zum dritten Male erfolgt ist. / **stattgefunden hat, ein Jahr verstrichen ist.**

III In Ansehung der aus den Handelsbüchern ersichtlichen oder in anderer Weise bekannten Gläubiger und in Ansehung der noch schwebenden Verbindlichkeiten und streitigen Forderungen kommen die bei der Kommanditgesellschaft auf Aktien gegebenen Bestimmungen (Art. 202) zur Anwendung.

IV Nach gelegter Schlussrechnung ist die Beendigung der Liquidation von den Liquidatoren in den hierzu bestimmten öffentlichen Blättern bekannt zu machen.

Gewöhnliche deutsche und lateinische Schrift = altes H.G.

Meldet sich ein bekannter Gläubiger nicht, so ist der geschuldete Betrag, wenn die Berechtigung zur Hinterlegung vorhanden ist, für den Gläubiger zu hinterlegen. 2

Ist die Berichtigung einer Verbindlichkeit zur Zeit nicht ausführbar oder ist eine Verbindlichkeit streitig, so darf die Vertheilung des Vermögens nur erfolgen, wenn dem Gläubiger Sicherheit geleistet ist. 3

Art. 246. — **§. 302.** §. 302.

Ist die Liquidation beendigt und die Schlußrechnung gelegt, so haben die Liquidatoren das Erlöschen der Gesellschaftsfirma zur Eintragung in das Handelsregister anzumelden. 1

I Die Handelsbücher / **Bücher und Papiere** der aufgelösten Gesellschaft sind nach der Bekanntmachung von der Beendigung der Liquidation an einem von dem Handelsgerichte / **Gerichte des Sitzes der Gesellschaft** zu bestimmenden sicheren Orte zur Aufbewahrung auf die Dauer von zehn Jahren niederzulegen. / **zu hinterlegen.** 2

II Die Aktionäre und die Gläubiger können zur Einsicht der Handelsbücher vom Handelsgerichte / **Bücher und Papiere von dem Gericht** ermächtigt werden. 3

Stellt sich nachträglich noch weiteres der Vertheilung unterliegendes Vermögen heraus, so hat auf Antrag eines Betheiligten das Gericht des Sitzes der Gesellschaft die bisherigen Liquidatoren erneut zu bestellen oder andere Liquidatoren zu berufen. 4

§. 303. §. 303.

Eine Verwerthung des Gesellschaftsvermögens durch Veräußerung des Vermögens im Ganzen ist nur auf Grund eines Beschlusses der Generalversammlung zulässig. Der Beschluß bedarf einer Mehrheit, die mindestens drei Viertheile des bei der Beschlußfassung vertretenen Grund- 1

kapitals umfaßt; der Gesellschaftsvertrag kann noch andere
Erfordernisse aufstellen.

Der Beschluß hat die Auflösung der Gesellschaft zur 2
Folge, sofern diese nicht bereits aufgelöst war.

Die Vorschriften der §§. 294 bis 302 kommen mit der 3
Maßgabe zur Anwendung, daß die Liquidatoren zu denjenigen Geschäften und Rechtshandlungen befugt sind, welche die Ausführung der beschlossenen Maßregel mit sich bringt. Die Ausantwortung des Vermögens an den Uebernehmer darf nur unter Beobachtung der für die Vertheilung unter die Aktionäre nach den §§. 297, 301 geltenden Vorschriften stattfinden.

§. 304. **§. 304.**

Wird das Vermögen einer Aktiengesellschaft als Ganzes 1
von dem Reiche, einem Bundesstaat oder einem inländischen Kommunalverband übernommen, so kann zugleich vereinbart werden, daß die Liquidation unterbleiben soll.

Die im §. 303 Abs. 1 vorgesehene Zustimmung der 2
Generalversammlung ist auch für eine solche Vereinbarung erforderlich.

Der Vorstand hat den Beschluß der Generalversamm- 3
lung zugleich mit der Auflösung der Gesellschaft zur Eintragung in das Handelsregister anzumelden; der Anmeldung ist der mit dem Uebernehmer abgeschlossene Vertrag in Urschrift oder in öffentlich beglaubigter Abschrift beizufügen.

Der Beschluß hat keine Wirkung, bevor die Ein- 4
tragung bei dem Gericht, in dessen Bezirke sich der Sitz der Gesellschaft befindet, stattgefunden hat.

Mit der Eintragung des Beschlusses gilt der Ueber- 5
gang des Vermögens der Gesellschaft einschließlich der Schulden als erfolgt; die Firma der Gesellschaft erlischt.

§. 305. **§. 305.**

Wird das Vermögen einer Aktiengesellschaft als Ganzes 1

an eine andere Aktiengesellschaft oder an eine Kommandit-gesellschaft auf Aktien gegen Gewährung von Aktien der übernehmenden Gesellschaft übertragen, so bleiben bei der Erhöhung des Grundkapitals der übernehmenden Gesellschaft die Vorschriften des §. 278 Abs. 1, des §. 280 Abs. 2, der §§. 281, 282, des §. 283 Abs. 1 sowie des §. 284 Abs. 2 Nr. 1 und Abs. 3 außer Anwendung.

Der Anmeldung der erfolgten Erhöhung des Grund-kapitals zum Handelsregister ist der von der Generalver-sammlung der aufgelösten Gesellschaft genehmigte Vertrag über die Vermögensübertragung in Urschrift oder in öffentlich beglaubigter Abschrift beizufügen. 2

Auf den Umtausch der Aktien der aufgelösten Gesell-schaft finden die Vorschriften des §. 290 Anwendung. 3

Art. 247. — **§. 306.** §. 30

I Bei der Auflösung einer Aktiengesellschaft durch Vereinigung derselben mit einer anderen Aktiengesellschaft (Art. 215) kommen folgende Bestimmungen zur Anwendung:

Ist im Falle des §. 305 vereinbart, daß eine Liqui-dation des Vermögens der aufgelösten Gesellschaft nicht stattfinden soll, so finden die Vorschriften des §. 304 entsprechende Anwendung; außerdem gelten die folgen-den besonderen Vorschriften. 1

1) Das Vermögen der aufzulösenden / **aufgelösten** Gesellschaft ist 2
so lange / **durch die übernehmende Gesellschaft** getrennt zu verwalten,
bis die Befriedigung oder Sicherstellung ihrer Gläubiger erfolgt ist.

2) Der bisherige Gerichtsstand der **aufgelösten** Gesellschaft bleibt 3

für die Dauer der getrennten Vermögens- / **bis zur Vereinigung der Ver-mögen der beiden Gesell-**

Gewöhnliche deutsche und fette deutsche Schrift = neues H.G.

verwaltung bestehen, dagegen wird die Verwaltung von der anderen Gesellschaft geführt.

3) (siehe unten).

4) Die Auflösung der Gesellschaft ist zur Eintragung in das Handelsregister anzumelden.*)

5) Die öffentliche Aufforderung der Gläubiger der aufgelösten Gesellschaft (Art. 243) kann unterlassen oder auf einen späteren Zeitpunkt verschoben werden. Jedoch ist die Vereinigung der der beiden Gesellschaften erst in dem Zeitpunkte zulässig, in welchem eine

*) Vergl. jetzt §. 306 Abs. 1.

schaften bestehen.

Bis zu demselben Zeitpunkte gilt im Verhältnisse der Gläubiger der aufgelösten Gesellschaft zu der übernehmenden Gesellschaft und deren übrigen Gläubigern das übernommene Vermögen noch als Vermögen der aufgelösten Gesellschaft. 4

Die 5
beiden Vermögen darf erst erfolgen, nachdem die Gläubiger der aufgelösten Gesellschaft von der anderen Gesellschaft nach Maßgabe des §. 297 zur Anmeldung ihrer Forderungen aufgefordert worden sind, und nur unter Beobachtung der nach §. 301 für die

Vertheilung des Vermögens einer aufgelösten Aktiengesellschaft unter die Aktionäre
erfolgen darf (Art. 245). | **geltenden Vorschriften.**

3) Die Mitglieder des Vorstandes und des Aufsichtsraths 6
der letzteren / **übernehmenden** Gesellschaft sind den Gläubigern der aufgelösten Gesellschaft für die Ausführung der getrennten Verwaltung persönlich und solidarisch / **als Gesammtschuldner** verantwortlich, die Mitglieder des Aufsichtsraths **jedoch nur**, soweit eine Vereinigung der Vermögen beider Gesellschaften mit ihrem Wissen und ohne ihr Einschreiten erfolgt ist.

Art. 248 s. bei §. 288.

§. 307. §. 307.

Ist eine Aktiengesellschaft zum Zwecke der Veräußerung ihres Vermögens im Ganzen oder zum Zwecke der Umwandlung in eine andere Gesellschaft aufgelöst worden, so kann, wenn der beabsichtigte Zweck nicht erreicht wird, die Generalversammlung die Fortsetzung der Gesellschaft beschließen. 1

Das Gleiche gilt in dem Falle, daß die Gesellschaft durch die Eröffnung des Konkurses aufgelöst, der Konkurs aber nach Abschluß eines Zwangsvergleichs aufgehoben oder auf Antrag des Gemeinschuldners eingestellt worden ist. 2

Die Fortsetzung der Gesellschaft ist von dem Vorstande zur Eintragung in das Handelsregister anzumelden. 3

§. 308. §. 308.

Ist die Firma einer Aktiengesellschaft durch den Uebergang ihres Vermögens auf eine andere Gesellschaft oder juristische Person ohne vorgängige Liquidation erloschen, so ist eine Anfechtung des den Uebergang betreffenden Beschlusses der Generalversammlung gegen die Rechtsnachfolgerin der aufgelösten Gesellschaft zu richten. 1

§. 309. **§. 309.**

Enthält der Gesellschaftsvertrag nicht die nach §. 182 1
Abs. 2 wesentlichen Bestimmungen oder ist eine dieser Bestimmungen nichtig, so kann jeder Gesellschafter und jedes Mitglied des Vorstandes und des Aufsichtsraths im Wege der Klage beantragen, daß die Gesellschaft für nichtig erklärt werde. Die Vorschriften der §§. 272, 273 finden entsprechende Anwendung.

§. 310. **§. 310.**

Ein Mangel, der die Bestimmungen über die Firma 1
oder den Sitz der Gesellschaft, den Gegenstand des Unternehmens, die Bestellung der Zusammensetzung des Vorstandes, die Form der Bekanntmachungen der Gesellschaft oder die Form der Berufung der Generalversammlung betrifft, kann durch einen den Vorschriften dieses Gesetzbuchs über eine Aenderung des Gesellschaftsvertrags entsprechenden Beschluß der Generalversammlung geheilt werden. Die Berufung der Generalversammlung erfolgt, wenn der Mangel die Bestimmungen über die Form der Berufung betrifft, durch Einrückung in diejenigen Blätter, welche für die Bekanntmachungen der Eintragungen in das Handelsregister des Sitzes der Gesellschaft bestimmt sind.

§. 311. **§. 311.**

Ist die Nichtigkeit einer Gesellschaft in das Handels- 1
register eingetragen, so finden zum Zwecke der Abwickelung ihrer Verhältnisse die für den Fall der Auflösung geltenden Vorschriften entsprechende Anwendung.

Die Wirksamkeit der im Namen der Gesellschaft mit 2
Dritten vorgenommenen Rechtsgeschäfte wird durch die Nichtigkeit nicht berührt.

Die Gesellschafter haben die versprochenen Einzahl- 3
ungen zu leisten, soweit es zur Erfüllung der eingegangenen Verbindlichkeiten erforderlich ist.

Gewöhnliche deutsche und lateinische Schrift = altes H.G.

Vierter Titel.	Sechster Titel.
Strafbestimmungen.	**Strafvorschriften.**

Art. 249. — **§. 312.** §. 312

I Persönlich haftende Gesellschafter, Mitglieder des Aufsichtsraths und Liquidatoren einer Kommanditgesellschaft auf Aktien,*) sowie	

Mitglieder des Vorstandes und / **oder** des Aufsichtsraths und / **oder** Liquidatoren einer Aktiengesellschaft werden, wenn sie absichtlich zum Nachtheile der Gesellschaft handeln, mit Gefängniß und zugleich mit Geldstrafe bis zu zwanzigtausend Mark bestraft. 1

II Zugleich kann auf Verlust der bürgerlichen Ehrenrechte erkannt werden. 2

Sind mildernde Umstände vorhanden, so kann ausschließlich auf die Geldstrafe erkannt werden. 3

Art. 249 a. — **§. 313.** §. 313.

I Mit Gefängniß und zugleich mit Geldstrafe bis zu zwanzigtausend Mark werden bestraft: 1

1) persönlich haftende Gesellschafter oder Mitglieder des Aufsichtsraths einer Kommanditgesellschaft auf Aktien,**) sowie	

Gründer , / **oder** Mitglieder des Vorstandes oder des Aufsichtsraths einer Aktiengesellschaft, welche behufs / **die zum Zwecke**

*) Siehe jetzt §. 320 Abs. 3, §. 325 Nr. 9. **) Siehe jetzt §. 320, Abs. 3, §. 325 Nr. 9.

Gewöhnliche deutsche und fette deutsche Schrift = neues H.G.

der Eintragung des Gesellschaftsvertrages / **der Gesellschaft** in das Handelsregister rücksichtlich / **in Ansehung** der Zeichnung oder Einzahlung des Gesammtkapitals der Kommanditisten oder des Grundkapitals der Aktiengesellschaft, **des Betrags, zu welchem die Aktien ausgegeben werden,** oder der im Artikel 175b und 209b / **§. 186** vorgesehenen Festsetzungen wissentlich falsche Angaben machen;

2. diejenigen, welche rücksichtlich / **in Ansehung** der bezeichneten / **vorerwähnten** Thatsachen wissentlich falsche Angaben in einer im Artikel 180a, 213b vorgesehenen / **§. 203 bezeichneten** Ankündigung von Aktien machen;

3) persönlich haftende Gesellschafter oder Mitglieder des Aufsichtsraths einer Kommanditgesellschaft auf Aktien,*) sowie

Mitglieder des Vorstandes und / **oder** des Aufsichtsraths einer Aktiengesellschaft, welche behufs / **die zum Zwecke** der Eintragung einer Erhöhung des Gesammtkapitals der Kommanditisten oder des Grundkapitals der Aktiengesellschaft in das Handelsregister (Art. 180h und 180i, 215a und 215b) rücksichtlich / **in Ansehung** der Einzahlung des bisherigen oder rücksichtlich der Zeichnung oder Einzahlung des erhöhten Kapitals **oder in Ansehung des**

*) **Vergl. jetzt §. 320 Abs. 3, §. 325 Nr. 9.**

Betrags, zu welchem die Aktien ausgegeben werden, oder in Ansehung der im §. 279 bezeichneten Festsetzungen wissentlich falsche Angaben machen.

II Zugleich kann auf Verlust der bürgerlichen Ehrenrechte erkannt werden. 2

III Sind mildernde Umstände vorhanden, so tritt ausschließlich die Geldstrafe ein. 3

Art. 249 b. — **§. 314.** §·314.

I Persönlich haftende Gesellschafter, Mitglieder des Aufsichtsraths und Liquidatoren einer Kommanditgesellschaft auf Aktien,*) sowie	1.

Mitglieder des Vorstandes und / **oder** des Aufsichtsraths und / **oder** Liquidatoren einer Aktiengesellschaft werden mit Gefängniß bis zu einem Jahre und zugleich mit Geldstrafe bis zu zwanzigtausend Mark bestraft, **wenn sie wissentlich**

1. wenn sie wissentlich in ihren Darstellungen, in ihren Uebersichten über den Vermögensstand der Gesellschaft oder in den in der Generalversammlung gehaltenen Vorträgen den Stand der Verhältnisse der Gesellschaft unwahr darstellen oder verschleiern;

2) wenn sie vor der vollen Leistung des Nominalbetrages der Aktien oder des in den Fällen der Artikel 175 a Ziffer 2, 180 h Absatz 2, 209 a Ziffer 2, 215 a Absatz 2 festgesetzten Betrages	**2. auf Namen lautende Aktien, in denen die im §. 179 Abs. 4 vorgeschriebene Angabe nicht enthalten ist, oder auf den Inhaber lautende**

Aktien ausgeben ; / **,**

	bevor darauf der Nennbetrag oder, falls der

*) Vergl. jetzt § 320 Abs. 3, §. 325 Nr. 9.

Gewöhnliche deutsche und fette deutsche Schrift = neues H.G.

	Ausgabepreis höher ist, dieser Betrag voll geleistet ist;
3) wenn sie in dem Falle einer stattgefundenen Erhöhung des Gesammtkapitals*) oder	**3. Aktien oder Interimsscheine ausgeben, bevor die Gesellschaft oder im Falle einer Erhöhung**

des Grundkapitals

vor Eintragung derselben	**die erfolgte Erhöhung**

in das Handelsregister

(Art. 180i Abs. 3, 215c Abs. 3) Aktien oder Interimsscheine ausgeben;	**eingetragen ist.**
4. wenn sie	**4. außer den Fällen des §. 180 Abs. 2, 3 Aktien oder Interimsscheine ausgeben, die**

auf einen geringeren Betrag als eintausend Mark

gestellte Aktien oder Interimsscheine ausgeben, welche nicht die im Artikel 181a Absatz 3, 215c Absatz 4 vorgeschriebenen Angaben enthalten.	**gestellt sind;**

5. in den Fällen des §. 180 Abs. 2, 3 Aktien oder Interimsscheine ausgeben, in denen die im §. 180 Abs. 4 vorgeschriebenen Angaben nicht enthalten sind.

II Im Falle der Ziffer 1 / **Nr. 1** kann zugleich auf Verlust der bürgerlichen Ehrenrechte erkannt werden. 2

III Sind mildernde Umstände vorhanden, so tritt ausschließlich die Geldstrafe ein. 3

*) **Vergl. jetzt §. 320 Abs. 3, §. 325 Nr. 9.**

Gewöhnliche deutsche und lateinische Schrift = altes H.G.

I **Mit Gefängniß bis zu drei Monaten und zugleich mit Geldstrafe bis zu fünftausend Mark werden bestraft:** 1

1. die persönlich haftenden Gesellschafter, die Mitglieder des Aufsichtsraths und die Liquidatoren einer Kommanditgesellschaft auf Aktien,*) sowie

die Mitglieder des Vorstandes
und des Aufsichtsraths
oder die Liquidatoren
und die Liquidatoren einer Aktiengesellschaft
sowie die Mitglieder des Aufsichtsraths, wenn
länger als drei Monate die Gesellschaft ohne Aufsichtsrath geblieben ist oder in dem letzteren die zur Beschlußfähigkeit erforderliche Zahl von Mitgliedern gefehlt hat,

2. Die Mitglieder des Vorstandes
und
oder
die Liquidatoren einer Aktiengesellschaft, wenn sie entgegen
der Vorschrift
den Vorschriften
des
Artikels
§.
240 Abs. 2 **und des §. 298 Abs. 2**
es unterlassen haben, die Eröffnung des
Konkurses
zu beantragen
der Antrag auf Eröffnung des **Konkursverfahrens unterblieben ist**

II Sind mildernde Umstände vorhanden, so
ist
tritt aus- 2
auf
schließlich
die Geldstrafe
ausschliesslich zu erkennen.
ein

III Die Strafe tritt nicht gegen denjenigen ein, welcher nachweist,
Straflos bleibt derjenige, bezüglich dessen festgestellt wird, 3

*) Vergl jetzt § 320 Abs 3 § 325 Nr 9.

daß die Bestellung oder Ergänzung des Aufsichtsraths oder der Eröffnungsantrag ohne sein Verschulden unterblieben ist.

§. 316. Art. 249d. | §. 316.

I Mit Gefängniss bis zu einem Jahre uud zugleich mit Geldstrafe bis zu zehntausend Mark wird bestraft:

1) wer in öffentlichen Bekanntmachungen wissentlich falsche Thatsachen vorspiegelt oder wahre Thatsachen entstellt, um zur Betheiligung an einem Aktienunternehmen zu bestimmen;

2) wer in betrügerischer Absicht auf Täuschung berechnete Mittel anwendet, um auf den Kurs von Aktien einzuwirken;

3) wer | **Wer** 1

über die Hinterlegung von Aktien oder Interimsscheinen Bescheinigungen, welche / **die** zum Nachweise des Stimmrechts in einer Geralversammlung dienen sollen, wissentlich falsch ausstellt oder verfälscht oder von einer solchen Bescheinigung, wissend, daß sie falsch oder verfälscht ist, zur Ausübung des Stimmrechts Gebrauch

macht. | **macht, wird mit Gefängniß bis zu einem Jahre und zugleich mit Geldstrafe bis zu zehntausend Mark bestraft.**

II Zugleich | **Daneben**

kann auf Verlust der bürgerlichen Ehrenrechte erkannt werden.

III **Sind mildernde Umstände vorhanden, so tritt ausschließlich die Geldstrafe ein.**

IV Ist die öffentliche Bekanntmachung ad 1 im Inseratentheil einer periodischen Druckschrift erfolgt, und der Verfasser des Inserates nicht nur unter demselben genannt, sondern auch in dem Bereiche der richterlichen Gewalt eines deutschen Bundesstaates, so findet §. 20 Alinea 2 des Gesetzes über die Presse vom 7. Mai 1874 (Reichs-Gesetzblatt Seite 65) keine Anwendung.

Art. 249e. — **§. 317.** §. 317.

I Wer sich besondere Vortheile dafür hat gewähren oder 1
versprechen lassen / **läßt**, daß er bei einer Abstimmung in der Generalversammlung von Kommanditisten*) oder Aktionären in einem gewissen Sinne stimme **oder an der Abstimmung in der Generalversammlung nicht Theil nehme**, wird mit Geldstrafe bis zu dreitausend Mark oder mit Gefängniß bis zu einem Jahre bestraft.

Die gleiche Strafe trifft denjenigen, welcher besondere 2
Vortheile dafür gewährt oder verspricht, daß Jemand bei einer Abstimmung in der Generalversammlung in einem gewissen Sinne stimme oder an der Abstimmung in der Generalversammlung nicht Theil nehme.

Art. 249f. — **§. 318.** §. 318.

I Wer in der Generalversammlung die Aktien eines Anderen, 1
zu dessen Vertretung er nicht befugt ist, ohne dessen Einwilligung zur Ausübung des Stimmrechts **in der Generalversammlung oder zur Ausübung eines der in den §§. 254, 264, 266, 268, 271, 295, 309 bezeichneten Rechte** benutzt, wird mit einer Geldstrafe von zehn bis dreißig Mark für jede der Aktien, jedoch nicht unter eintausend Mark, bestraft.

---

*) Vergl jetzt § 320 Abs 3

Die gleiche Strafe trifft denjenigen, welcher Aktien eines Anderen gegen Entgelt leiht und für diese das Stimmrecht / **eines der vorbezeichneten Rechte** ausübt, sowie denjenigen, welcher hierzu durch Verleihung der Aktien wissentlich mitgewirkt hat. / **mitwirkt.**

§. 319. Art. 249g.	**§. 319.**
I Die persönlich haftenden Gesellschafter und die Liquidatoren einer Kommanditgesellschaft auf Aktien sind zur Befolgung der in den Artikeln 179, 185, 185c, 190a Absatz 4 und 5, 193 Absatz 2 und 205 Absatz 3 enthaltenen Vorschriften von dem Handelsgerichte durch Ordnungsstrafen anzuhalten.*)	
II In gleicher Weise sind die	**Die** 1

Mitglieder des Vorstandes und / **oder** die Liquidatoren einer Aktiengesellschaft sind zur Befolgung der

in den Artikeln 212, 213f Absatz 4, 222 (Art. 190a Abs. 4, 5), 222a Absatz 3 und 4, 225 Absatz 1, 228, 233 Absatz 1, 238a Absatz 2, 239 Absatz 2, 239b (Art. 185c), 240 Absatz 1, 243 Absatz 1, 244 Absatz 3, 244a Absatz 3 und 247 Ziffer 4	**im §. 240 Abs. 1, im §. 246 Abs. 1, im §. 260 Abs. 2, im §. 263 Abs. 1, im §. 267 Abs. 1, 2, im §. 272 Abs. 4, im §. 299 und im §. 302 Abs. 2**

*) Vergl. jetzt §. 320 Abs. 3, §. 325 Nr. 9.

Gewöhnliche deutsche und lateinische Schrift = altes H.G.

enthaltenen Vorschriften

von dem im §. 195 bezeichneten Gerichte durch Ordnungsstrafen

anzuhalten.

Die Höhe der Strafen bestimmt sich nach §. 14 Satz 2.

In Betreff der im §. 195 Abs. 1, im §. 277 Abs. 1, im §. 280 Abs. 1, im §. 284 Abs. 1, im §. 304 Abs. 3 sowie im §. 305 Abs. 2 vorgesehenen Anmeldungen zum Handelsregister findet, soweit es sich um die Anmeldungen zum Handelsregister des Sitzes der Gesellschaft handelt, eine Verhängung von Ordnungsstrafen nach §. 14 nicht statt. 2

Zweiter Abschnitt.	Vierter Abschnitt.
Von der Kommanditgesellschaft auf Aktien insbesondere.	**Kommanditgesellschaft auf Aktien.**

§. 320. **§. 320.**

**Mindestens ein Gesellschafter der Kommanditgesellschaft 1
auf Aktien haftet den Gesellschaftsgläubigern unbeschränkt (persönlich haftender Gesellschafter), während die übrigen sich nur mit Einlagen auf das in Aktien zerlegte Grundkapital der Gesellschaft betheiligen (Kommanditisten).**

**Das Rechtsverhältniß der persönlich haftenden Ge- 2
sellschafter unter einander und gegenüber der Gesammtheit der Kommanditisten sowie gegenüber Dritten, insbesondere die Befugniß der persönlich haftenden Gesellschafter zur Geschäftsführung und zur Vertretung der Gesellschaft, bestimmt sich nach den für die Kommanditgesellschaft geltenden Vorschriften.**

**Im Uebrigen gelten für die Kommanditgesellschaft 3
auf Aktien, soweit sich nicht aus den nachfolgenden Vorschriften oder aus dem Fehlen eines Vorstandes ein Anderes ergiebt, die Vorschriften des dritten Abschnitts über die Aktiengesellschaft.**

Art. 173.

I Das Gesammtkapital der Kommanditisten kann in Aktien zerlegt werden.	(§. 320 Abs. 1.)

Gewöhnliche deutsche und lateinische Schrift = altes H.G.

II Die Aktien sind untheilbar.

III Dieselben können auf Inhaber oder auf Namen lauten. (§. 179 Abs. 1.)

IV Antheilscheine, in welchen der Bezug von Aktien zugesichert wird oder welche sonst über das Antheilsrecht der Kommanditisten vor Ausgabe der Aktien ausgestellt werden (Interimsscheine), dürfen nicht auf Inhaber lauten. (§. 179 Abs. 2—4.)

Art. 173a.

I Die Aktien müssen auf einen Betrag von mindestens eintausend Mark gestellt werden. (§. 180 Abs. 1—3, 5.)

II Für ein gemeinnütziges Unternehmen kann im Falle eines besonderen örtlichen Bedürfnisses der Bundesrath die Ausgabe von Aktien, welche auf Namen lauten, zu einem geringeren, jedoch mindestens zweihundert Mark erreichenden Betrage zulassen. Die gleiche Genehmigung kann in dem Falle ertheilt werden, dass für ein Unternehmen das Reich oder ein Bundesstaat, ein Provinzial-, Kreis- oder Amtsverband oder eine sonstige öffentliche Korporation auf die Aktien einen bestimmten Ertrag bedingungslos und ohne Zeitbeschränkung gewährleistet hat.

III Auf Namen lautende Aktien, deren Uebertragung an die Einwilligung der Gesellschaft gebunden ist, dürfen auf einen Betrag von weniger als eintausend, jedoch nicht von weniger als zweihundert Mark gestellt werden.

IV Die vorstehenden Bestimmungen gelten auch von Interimsscheinen.

Art. 174.

I Eine Kommanditgesellschaft auf Aktien gilt als Handelsgesellschaft, auch wenn (§. 210 Abs. 2.)

der Gegenstand des Unternehmens nicht in Handelsgeschäften besteht.

Art. 174a.

I Die persönlich haftenden Gesellschafter haben sich bei Errichtung der Gesellschaft mit Einlagen zu betheiligen, welche zusammen mindestens den zehnten Theil des Gesammtkapitals der Kommanditisten und, wenn dieses drei Millionen Mark übersteigt, für den übersteigenden Betrag den fünfzigsten Theil desselben darstellen.	(Gestrichen.)

§. 321. Art. 175. — **§. 321.**

I Der Inhalt des Gesellschaftsvertrags (Statut) muß durch / **von** die persönlich haftenden Gesellschafter / **mindestens fünf Personen** in gerichtlicher oder notarieller Verhandlung festgestellt werden. 1

Die persönlich haftenden Gesellschafter müssen sich sämmtlich bei der Feststellung betheiligen; außer ihnen können nur Personen mitwirken, die als Kommanditisten Aktien übernehmen. In der Verhandlung ist der Betrag der von jedem Betheiligten übernommenen Aktien anzugeben. 2

Die Gesellschafter, welche den Inhalt des Gesellschaftsvertrags festgestellt haben oder andere als durch Baarzahlung zu leistende Einlagen machen, gelten als die Gründer der Gesellschaft. 3

Gewöhnliche deutsche und lateinische Schrift = altes H.G

§. 322. | §. 322.

II Der Gesellschaftsvertrag muß 1
enthalten: außer den im §. 182 Abs. 2 Nr. 1 bis 3, 5, 6 vorgesehenen Festsetzungen

1) den Namen, Vornamen, Stand und Wohnort, sowie die Höhe und Art der Einlage jedes persönlich haftenden Gesellschafters enthalten:;
2) die Firma der Gesellschaft und den Ort, wo sie ihren Sitz hat;
3) den Gegenstand des Unternehmens;
4) die Zahl und den Betrag der Aktien;
5) die Art der Aktien, ob sie auf Inhaber oder auf Namen lauten, und im Falle der Ausgabe beider Arten die Zahl der Aktien einer jeden Art; | §. 183 Abs. 1.
6) die Form, in welcher die Zusammenberufung der Generalversammlung der Kommanditisten geschieht;
7) die Form, in welcher die von der Gesellschaft ausgehenden Bekanntmachungen erfolgen. | (§. 322 Abs. 1.)

II Bekanntmachungen, welche durch öffentliche Blätter erfolgen sollen, sind in den Deutschen Reichsanzeiger einzurücken. Andere Blätter ausser diesem hat der Gesellschaftsvertrag zu bestimmen. | (§. 182 Abs. 3.)

Art. 175a.

I Der Aufnahme in den Gesellschaftsvertrag bedürfen Bestimmungen, nach welchen

1) das Unternehmen auf eine gewisse Zeit beschränkt wird; | (Gestrichen.)

Gewöhnliche deutsche und fette deutsche Schrift = neues H.G.

2) Aktien für einen höheren als den Nominalbetrag ausgegeben werden; | (§. 184 Abs. 2)

3) eine Umwandlung der Aktien rücksichtlich ihrer Art statthaft ist; | (§. 183 Abs. 2.)

4) für einzelne Gattungen von Aktien verschiedene Rechte, insbesondere betreffs der Zinsen oder Dividenden oder des Antheils am Gesellschaftsvermögen, gewährt werden; | (§. 185.)

5) über gewisse Gegenstände die Generalversammlung der Kommanditisten nicht schon durch einfache Stimmenmehrheit, sondern nur durch eine grössere Stimmenmehrheit oder nach anderen Erfordernissen Beschluss fassen kann; | (§. 251.)

6) ein Austreten einzelner persönlich haftender Gesellschafter die Auflösung der Gesellschaft nicht zur Folge hat. | (§. 330 Abs. 4.)

II Für einen geringeren als den Nominalbetrag darf die Ausgabe der Aktien nicht festgesetzt werden. | (§. 184 Abs. 1.)

Vermögenseinlagen der persönlich haftenden Gesellschafter müssen, sofern sie nicht auf das Grundkapital erfolgen, nach Höhe und Art im Gesellschaftsvertrage festgesetzt werden. 2

Die Vorschrift des §. 186 Abs. 1 findet auf alle zu Gunsten eines persönlich 3

haftenden Gesellschafters bedungenen besonderen Vortheile Anwendung.

Art. 175 b.

I Jeder zu Gunsten einzelner Gesellschafter bedungene besondere Vortheil muss in dem Gesellschaftsvertrage unter Bezeichnung des Berechtigten festgesetzt werden.

II Werden von persönlich haftenden Gesellschaftern oder von Kommanditisten Einlagen, welche nicht durch Baarzahlung zu leisten sind, gemacht, so müssen die Person des Gesellschafters, der Gegenstand der Einlage und der für sie zu gewährende Antheil an dem Gesammtkapital der Kommanditisten oder dem sonstigen Gesellschaftsvermögen in dem Gesellschaftsvertrage festgesetzt werden. Imgleichen sind, falls seitens der zu errichtenden Gesellschaft vorhandene oder herzustellende Anlagen oder sonstige Vermögensstücke übernommen werden, die Person des Kontrahenten, der Gegenstand der Uebernahme und die für ihn zu gewährende Vergütung festzusetzen.

III Von diesen Festsetzungen gesondert ist der Gesammtaufwand, welcher zu Lasten der Gesellschaft an Gesellschafter oder Andere als Entschädigung oder Belohnung für die Gründung oder deren Vorbereitung gewährt wird, in dem Gesellschaftsvertrage festzusetzen.

IV Jedes Abkommen der persönlich haftenden Gesellschafter über die vorbezeichneten Gegenstände, welches nicht die vorgeschriebene Festsetzung in dem Gesellschaftsvertrage gefunden hat, ist der Gesellschaft gegenüber unwirksam.

Art. 175 c.

I Die Zeichnung der Aktien erfolgt durch schriftliche Erklärung, aus welcher die Betheiligung nach Anzahl und, im Falle einer Verschiedenheit

§. 323. §. 323.

Zeichnungsscheine haben außer den im §. 189 vorgesehenen Angaben die Bezeichnung derjenigen Gründer zu enthalten, welche per- 1

der Aktien, nach Betrag, Art oder Gattung derselben hervorgehen muss.

II Die Erklärung (Zeichnungsschein), welche in zwei Exemplaren unterzeichnet werden soll, hat zu enthalten:

1) das Datum des Statuts, die im Artikel 175 Absatz 2, 175b vorgesehenen Festsetzungen und im Falle verschiedener Gattungen von Aktien den Gesammtbetrag einer jeden;
2) den Betrag, für welchen die Ausgabe der Aktie stattfindet, und den Betrag der festgesetzten Einzahlungen;
3) den Zeitpunkt, mit dessen Eintritt die Zeichnung unverbindlich wird, sofern nicht bis dahin die Errichtung der Gesellschaft beschlossen ist.

III Zeichnungsscheine, welche diesen Inhalt nicht vollständig haben oder ausser dem unter Ziffer 3 bezeichneten Vorbehalte Beschränkungen in der Verpflichtung des Zeichners enthalten, sind ungültig. Ist ungeachtet eines hiernach ungültigen Zeichnungsscheines

sönlich haftende Gesellschafter sind.

In der mit der Anmeldung der Gesellschaft zum Handelsregister nach §. 195 Abs. 3 Satz 1 zu verbindenden Erklärung ist in Ansehung der durch Baarzahlung zu leistenden Einlagen anzugeben, daß der eingeforderte Betrag baar eingezahlt und im Besitze der persönlich haftenden Gesellschafter ist. 2

Zur Theilnahme an der im §. 196 bezeichneten Verhandlung sind auch die persönlich haftenden Gesellschafter berechtigt. Die der Errichtung der Gesellschaft zustimmende Mehrheit muß mindestens ein Viertheil der in dem Verzeichniß aufgeführten Kommanditisten begreifen; der Betrag ihrer Antheile muß mindestens ein Viertheil des nicht von den persönlich haftenden Gesellschaftern übernommenen Grundkapitals darstellen. 3

Bei der Eintragung in das Handelsregister sind statt der Mitglieder des Vorstandes die persönlich haftenden Gesellschafter anzugeben. Enthält der Gesell- 4

die Eintragung des Gesellschaftsvertrages in das Handelsregister erfolgt, so ist der Zeichner, wenn er auf Grund einer dem ersten Absatze entsprechenden Erklärung in der zur Beschlussfassung über die Errichtung der Gesellschaft berufenen Generalversammlung gestimmt oder später als Kommanditist Rechte ausgeübt oder Verpflichtungen erfüllt hat, der Gesellschaft wie aus einem gültigen Zeichnungsscheine verpflichtet.

IV Jede nicht in dem Zeichnungsscheine enthaltene Beschränkung ist der Gesellschaft gegenüber unwirksam.

schaftsvertrag besondere Bestimmungen über die Befugniß der persönlich haftenden Gesellschafter zur Vertretung der Gesellschaft, so sind auch diese Bestimmungen einzutragen.

Art. 175 d.

I Die persönlich haftenden Gesellschafter haben in dem Falle des Artikels 175b Absatz 2 in einer von ihnen zu unterzeichnenden Erklärung die Umstände darzulegen, mit Rücksicht auf welche ihnen die Höhe der für die eingelegten oder übernommenen Gegenstände gewährten Beträge gerechtfertigt erscheint. Hierbei haben sie insbesondere die dem Erwerbe der Gesellschaft vorausgegangenen Rechtsgeschäfte, welche auf denselben hingezielt haben, sowie die früheren Erwerbs- und Herstellungspreise aus den letzten zwei Jahren anzugeben.

(§. 191).

Art. 175 e.

I Jede Kommanditgesellschaft auf Aktien muss einen Aufsichtsrath haben.

(§. 189 Abs. 1, 2.)

II Zur Wahl des ersten Aufsichtsraths ist die Generalversammlung der Kommanditisten sofort nach der Zeichnung des Gesammtkapitals von den persönlich haftenden Gesellschaftern zu berufen. (§. 190 Abs. 2.)

III Die Mitglieder des Aufsichtsraths haben den Hergang der Gründung zu prüfen. Die Prüfung hat sich auf die im Artikel 174a bestimmte Betheiligung sowie auf die Richtigkeit und Vollständigkeit der Angaben zu erstrecken, welche rücksichtlich der Zeichnung und Einzahlung des Gesammtkapitals der Kommanditisten und rücksichtlich der im Artikel 175b vorgesehenen Festsetzungen von den persönlich haftenden Gesellschaftern, insbesondere in der im Artikel 175d vorgeschriebenen Erklärung, gemacht sind. (§. 192 Abs. 1.) (§. 193 Abs. 1.)

IV Ueber die Prüfung ist unter Darlegung der im vorstehenden Absatze bezeichneten Umstände schriftlich Bericht zu erstatten. (§. 193 Abs. 2.)

Art. 175f.

I Ueber die Errichtung der Gesellschaft muss in einer durch die persönlich haftenden Gesellschafter zu berufenden Generalversammlung der Kommanditisten Beschluss gefasst werden. (§. 196 Abs. 1, §. 323 Abs. 3.)

II Vor der Beschlussfassung hat sich der Aufsichtsrath über die Ergebnisse der ihm rücksichtlich der Gründung obliegenden Prüfung auf Grund seines Berichts und dessen urkundlichen Grundlagen zu erklären. (§. 196 Abs. 3 Satz 1.)

III Die der Errichtung der Gesellschaft zustimmende Mehrheit muss mindestens ein Viertheil der sämmtlichen berufenen oder als Rechtsnachfolger (§. 196 Abs. 3 Satz 1, Abs. 5, §. 323 Abs. 3.)

derselben in der Generalversammlung zugelassenen Kommanditisten begreifen, und der Betrag ihrer Antheile muss mindestens ein Viertheil des Gesammtkapitals darstellen. Die Zustimmung aller erschienenen Kommanditisten ist erforderlich, wenn die in den Artikeln 175 Ziffer 1 bis 5 und 175a bezeichneten Bestimmungen des Gesellschaftsvertrages abgeändert oder die im Artikel 175b vorgesehenen Festsetzungen zu Lasten der Gesellschaft erweitert werden sollen.

Art. 175g.

(§. 197.)

I Auf die Berufung und die Beschlussfassung der im Artikel 175e und 175f bezeichneten Generalversammlungen finden, soweit nicht in letzterem Artikel ein Anderes bestimmt ist, die Regeln entsprechende Anwendung, welche für die Gesellschaft nach der Eintragung massgebend sind.

Art. 176.

(§. 195, 198, 323 Abs. 4, § 325. Nr. 1, §. 12 Abs. 1.)

I Der Gesellschaftsvertrag muss bei dem Handelsgerichte, in dessen Bezirke die Gesellschaft ihren Sitz hat, in das Handelsregister eingetragen werden.

II Der Anmeldung behufs der Eintragung in das Handelsregister müssen beigefügt sein:

1) in dem Falle des Artikels 175b die den bezeichneten Festsetzungen zum Grunde liegenden oder zu ihrer Ausführung geschlossenen Verträge, die im Artikel 175d vorgesehene Erklärung und eine Berechnung des Gründungsaufwandes, in welcher die Vergütungen nach Art und Höhe und die Empfänger einzeln aufzuführen sind;

2) zum Nachweise der Zeichnung des Gesammtkapitals der Kommanditisten die Duplikate der Zeichnungsscheine und ein von den persönlich haftenden Gesellschaftern in beglaubigter Form unterschriebenes Ver-

---

Gewöhnliche deutsche und fette deutsche Schrift = neues H.G.

zeichniss der sämmtlichen Kommanditisten, welches die auf jeden entfallenen Aktien, sowie die auf letztere geschehenen Einzahlungen angiebt;

3) die Urkunden über die Bestellung des Aufsichtsraths und der in Gemässheit des Artikels 175 e erstattete Bericht nebst dessen urkundlichen Grundlagen;

4) in dem Falle, dass der Gegenstand des Unternehmens der staatlichen Genehmigung bedarf, sowie in den Fällen des Artikels 173a Absatz 2 die Genehmigungsurkunde.

III In der Anmeldung ist die Erklärung abzugeben, dass auf jede Aktie, soweit nicht andere als durch Baarzahlung zu leistende Einlagen gemacht sind, der eingeforderte Betrag baar eingezahlt und im Besitze der persönlich haftenden Gesellschafter sei. Die Einforderung muss mindestens ein Viertheil des Nominalbetrages und im Falle einer Ausgabe der Aktien für einen höheren als den Nominalbetrag auch den Mehrbetrag umfassen. Als Baarzahlung gilt die Zahlung in deutschem Gelde, in Reichskassenscheinen, sowie in gesetzlich zugelassenen Noten deutscher Banken.

IV Die Anmeldung muss von sämmtlichen persönlich haftenden Gesellschaftern und sämmtlichen Mitgliedern des Aufsichtsraths vor dem Handelsgerichte unterzeichnet oder in beglaubigter Form eingereicht werden.

V Die der Anmeldung beigefügten Schriftstücke werden bei dem Handelsgerichte in Urschrift oder in beglaubigter Abschrift aufbewahrt.

Art. 177.

I Der eingetragene Gesellschaftsvertrag ist im Auszuge von dem Handelsgerichte zu veröffentlichen.	(§. 199 Abs. 1 Nr. 1, 3, 4.)

II Die Veröffentlichung muss enthalten:

1) das Datum des Gesellschaftsvertrages und die im Artikel 175 Absatz 2 und 3, 175a Ziffer 1, 4 und 6 und 175b bezeichneten Festsetzungen;

2) den Namen, Stand und Wohnort der Mitglieder des Aufsichtsraths.

Art. 178.

I Vor erfolgter Eintragung in das Handelsregister besteht die Kommanditgesellschaft als solche nicht. | (§. 200 Abs. 1.)

II Ist vor der Eintragung im Namen der Gesellschaft gehandelt worden, so haften die Handelnden persönlich und solidarisch.

Art. 179.

I Die Vorschriften der Artikel 152 und 153 sind auch bei der Kommanditgesellschaft auf Aktien zu befolgen. | (§§. 13, 201.)

II Die Anmeldung der Zweigniederlassung muss die im Artikel 177 Absatz 2 bezeichneten Angaben und den Nachweis der Eintragung des Gesellschaftsvertrages bei dem Handelsgerichte der Hauptniederlassung enthalten. Eines Nachweises, dass die für diese im Artikel 176 vorgeschriebenen Erfordernisse beobachtet sind, bedarf es nicht.

III Befindet sich die Hauptniederlassung im Auslande, so hat die Anmeldung der Zweigniederlassung ausser dem Nachweise des Bestehens der Kommanditgesellschaft auf Aktien als solcher die im Artikel 177 Absatz 2 bezeichneten Angaben und in dem Falle, dass der Gegenstand des Unternehmens oder die Zulassung zum Gewerbebetriebe im Inlande der staatlichen Genehmigung bedarf, den Nachweis der ertheilten Genehmigung zu enthalten.

Art. 180.

I Der Gesellschaft sind die persönlich haftenden Gesellschafter für die Richtigkeit und Vollständigkeit der Angaben, welche sie rücksichtlich | (§. 202.)

der Zeichnung und Einzahlung des Kapitals der Kommanditisten sowie rücksichtlich der im Artikel 175b vorgesehenen Festsetzungen behufs Eintragung des Gesellschaftsvertrages in das Handelsregister machen, solidarisch verhaftet; sie haben unbeschadet der Verpflichtung zum Ersatze des sonst etwa entstandenen Schadens insbesondere einen an der Zeichnung des Gesammtkapitals der Kommanditisten fehlenden Betrag zu übernehmen, fehlende Einzahlungen zu leisten und eine Vergütung, welche nicht unter den zu bezeichnenden Gründungsaufwand aufgenommen ist, zu ersetzen. Ingleichen sind der Gesellschaft in dem Falle, dass sie von persönlich haftenden Gesellschaftern durch Einlagen oder Uebernahmen der im Artikel 175b bezeichneten Art böslicherweise geschädigt ist, die sämmtlichen persönlich haftenden Gesellschafter zum Ersatze des entstandenen Schadens solidarisch verpflichtet.

II Von dieser Verbindlichkeit ist ein persönlich haftender Gesellschafter befreit, wenn er beweist, dass er die Unrichtigkeit oder Unvollständigkeit der Angabe oder die bösliche Schädigung weder gekannt habe, noch bei Anwendung der Sorgfalt eines ordentlichen Kaufmanns habe kennen müssen.

III Entsteht durch Zahlungsunfähigkeit eines Kommanditisten der Gesellschaft ein Ausfall, so sind ihr die persönlich haftenden Gesellschafter, welche bei der Anmeldung des Gesellschaftsvertrages die Zahlungsunfähigkeit kannten, zum Ersatze solidarisch verpflichtet.

IV Ausser den persönlich haftenden Gesellschaftern sind der Gesellschaft zum Schadensersatze solidarisch verpflichtet:

1) in dem Falle, dass eine Vergütung nicht unter den zu bezeichnenden Gründungsaufwand aufgenommen ist, der Empfänger, wenn er zur Zeit des Empfanges wusste oder nach den Umständen annehmen musste, dass die Verheimlichung beabsichtigt oder erfolgt war, und jeder Dritte, welcher zur Verheimlichung wissentlich mitgewirkt hat;

2) in dem Falle einer böslichen Schädigung durch Einlagen oder Uebernahmen jeder Dritte, welcher zu derselben wissentlich mitgewirkt hat.

Art. 180a.

I Wer vor der Eintragung des Gesellschaftsvertrages in das Handelsregister oder in den ersten zwei Jahren nach der Eintragung, um Aktien in den Verkehr einzuführen, eine öffentliche Ankündigung derselben erlässt, ist der Gesellschaft im Falle der Unrichtigkeit oder Unvollständigkeit von Angaben, welche die persönlich haftenden Gesellschafter rücksichtlich der Zeichnung oder Einzahlung des Gesammtkapitals der Kommanditisten oder der im Artikel 175b vorgesehenen Festsetzungen behufs Eintragung des Gesellschaftsvertrages in das Handelsregister gemacht haben, sowie in dem Falle einer böslichen Schädigung der Gesellschaft durch Einlagen oder Uebernahmen für den Ersatz des ihr daraus entstandenen Schadens neben den im Artikel 180 bezeichneten Personen solidarisch verhaftet, sofern ihm nachgewiesen wird, dass er die Unrichtigkeit oder Unvollständigkeit der Angaben oder die bösliche Schädigung gekannt hat oder bei Anwendung der Sorgfalt eines ordentlichen Geschäftsmannes hat kennen müssen.

(§. 203.)

Art. 180b.

I Mitglieder des Aufsichtsraths, welchen nachgewiesen wird, dass sie bei der ihnen durch Artikel 175e Absatz 3 auferlegten Prüfung die Sorgfalt eines ordentlichen Geschäftsmannes verletzt haben, haften der Gesellschaft solidarisch für den ihr daraus entstandenen Schaden, soweit der Ersatz desselben von den in Gemässheit der Artikel 180, 180a verpflichteten Personen nicht zu erlangen ist.

(§. 204.)

Art. 180c.

I Vergleiche oder Verzichtleistungen, welche die der Gesellschaft aus der Gründung zustehenden Ansprüche gegen die in Gemässheit der Artikel 180 bis 180b verpflichteten Personen betreffen, sind erst nach Ablauf von drei Jahren seit Eintragung des Gesellschaftsvertrages in das Handelsregister und nur mit Zustimmung der Generalversammlnng der Kommanditisten zulässig. Die Zeitbeschränkung findet nicht Anwendung, sofern der Verpflichtete im Falle der Zahlungsunfähigkeit zur Abwendung oder Beseitigung des Konkursverfahrens mit seinen Gläubigern sich vergleicht.

(§. 205 Satz 1, 2.)

Art. 180d.

I Die Ansprüche der Gesellschaft gegen die in Gemässheit der Artikel 180 bis 180b verpflichteten Personen verjähren in fünf Jahren seit Eintragung des Gesellschaftsvertrages in das Handelsregister.

(§. 313.)

§. 324. Art. 180e. — **§. 324.**

I Werden vor Ablauf von zwei Jahren seit Eintragung des Gesellschaftsvertrages in das Handelsregister seitens der Gesellschaft Verträge geschlossen, durch welche sie vorhandene oder herzustellende Anlagen oder unbewegliche Gegenstände für eine den zehnten Theil des Gesammtkapitals der Kommanditisten übersteigende Vergütung erwerben soll, so bedürfen dieselben zu ihrer

Gültigkeit der Zustimmung der Generalversammlung der Kommanditisten.

II Vor der Beschlussfassung hat der Aufsichtsrath den Vertrag zu prüfen, und über die Ergebnisse seiner Prüfung schriftlich Bericht zu erstatten.

III Die Antheile der zustimmenden Mehrheit der Kommanditisten müssen in dem Falle, dass der Vertrag

Für den im §. 207 bezeichneten Beschluß der Generalversammlung bedarf es, wenn sich der Beschluß auf einen 1

im ersten Jahre

geschlossen wird,

nach der Eintragung der Gesellschaft geschlossenen Vertrag bezieht, einer Mehrheit, deren Antheile

mindestens ein Viertheil des

Gesammtkapitals, anderenfalls mindestens drei Viertheile des in der Generalversammlung vertretenen Gesammtkapitals

nicht auf Aktien der persönlich haftenden Gesellschafter entfallenden Theiles des Grundkapitals

darstellen.

IV Der genehmigte Vertrag ist in Urschrift oder in beglaubigter Abschrift mit dem Berichte des Aufsichtsraths nebst dessen urkundlichen Grundlagen und mit dem Nachweise über die Beschlussfassung zum Handelsregister einzureichen.

Die Vorschrift des §. 207 Abs. 3 Satz 1 bleibt unberührt.

V Hat der Erwerb in Ausführung einer vor der Errichtung der Gesellschaft von den persönlich haftenden Gesellschaftern getroffenen Vereinbarung stattgefunden, so kommen in Betreff der Rechte der

(§. 208.)

Gesellschaft auf Entschädigung und in Betreff der ersatzpflichtigen Personen die Vorschriften der Artikel 180 und 180c zur Anwendung.

VI Die vorstehenden Bestimmungen finden auf den Erwerb unbeweglicher Gegenstände nicht Anwendung, sofern auf ihn der Gegenstand des Unternehmens gerichtet ist oder der Erwerb im Wege der Zwangsvollstreckung geschieht. (§. 207 Abs. 5.)

§. 325.

§. 325.

Die den Vorstand der Aktiengesellschaft betreffenden Vorschriften, 1

1. **über die Anmeldungen, Einreichungen und Erklärungen zum Handelsregister,**
2. **über die Berufung der Generalversammlung,**
3. **über die Aufstellung, Vorlegung und Veröffentlichung der Jahresbilanz und der Gewinn- und Verlustrechnung sowie über die Vorlegung des Geschäftsberichts,**
4. **über die Anfechtung von Beschlüssen der Generalversammlung,**
5. **über das Verfahren im Falle der Bestellung von Revisoren zur Prüfung der Bilanz oder zur Prüfung von Vorgängen bei der Gründung oder Geschäftsführung sowie über die Obliegenheiten gegenüber den Revisoren und dem Aufsichtsrathe,**
6. **über die im Falle einer Herabsetzung des Grundkapitals an die Gläubiger zu richtende Aufforderung,**
7. **über die Geltendmachung von Ersatzansprüchen der Gesellschaft wegen der Geschäftsführung,**
8. **über die Stellung des Antrags auf Eröffnung des Konkursverfahrens,**
9. **über die strafrechtliche Verantwortlichkeit und über die Verhängung von Ordnungsstrafen**

finden auf die persönlich haftenden Gesellschafter entsprechende Anwendung.

§. 326. §. 326

1 Ein persönlich haftender Gesellschafter darf ohne Einwilligung der Gesellschaft weder in dem Handelszweige der Gesellschaft Geschäfte machen noch an einer anderen gleichartigen Handelsgesellschaft als persönlich haftender Gesellschafter Theil nehmen. Die Einwilligung wird durch die übrigen persönlich haftenden Gesellschafter und, sofern nicht die Befugniß zur Ertheilung durch den Gesellschaftsvertrag oder durch einen Beschluß der Generalversammlung dem Aufsichtsrath übertragen ist, durch die Generalversammlung ertheilt.

2 Verletzt ein persönlich haftender Gesellschafter die ihm nach Abs. 1 obliegende Verpflichtung, so findet die Vorschrift des §. 236 Abs. 2 Anwendung.

3 Die Ansprüche der Gesellschaft verjähren in drei Monaten von dem Zeitpunkt an, in welchem die übrigen persönlich haftenden Gesellschafter und der Aufsichtsrath von dem Abschlusse des Geschäfts oder von der Theilnahme des persönlich haftenden Gesellschafters an der anderen Gesellschaft Kenntniß erlangen; sie verjähren ohne Rücksicht auf diese Kenntniß in fünf Jahren von ihrer Entstehung an.

§. 327. §. 327

1 In der Generalversammlung haben die persönlich haftenden Gesellschafter, auch wenn sie Aktien besitzen, kein Stimmrecht.

2 Die Beschlüsse der Generalversammlung bedürfen der Zustimmung der persönlich haftenden Gesellschafter, soweit sie Angelegenheiten betreffen, für die bei der Kommanditgesellschaft das Einverständniß der persönlich haftenden Gesellschafter und der Kommanditisten erforderlich ist.*)

*) Vergl. hierzu Art. 180g Abs. I.

Zur Ausübung der Befugnisse, welche in Ansehung 3
der Bestellung von Revisoren und der Geltendmachung von Ansprüchen der Gesellschaft aus der Gründung oder der Geschäftsführung nach den §§. 266 bis 269 der Generalversammlung oder einer Minderheit von Aktionären zustehen, bedarf es der Zustimmung der persönlich haftenden Gesellschafter nicht.

Beschlüsse der Generalversammlung, die der Zustim- 4
mung der persönlich haftenden Gesellschafter bedürfen, sind zum Handelsregister erst einzureichen, wenn die Zustimmung erfolgt ist. Bei Beschlüssen, die in das Handelsregister einzutragen sind, ist die Zustimmung der persönlich haftenden Gesellschafter in dem über die Verhandlung aufzunehmenden Protokoll oder in einem Anhange zu dem Protokolle zu beurkunden.

Art. 180f.

I Jede Bestimmung, welche die Fortsetzung der Gesellschaft oder eine Abänderung des Inhalts des Gesellschaftsvertrages zum Gegenstande hat, bedarf zu ihrer Gültigkeit der notariellen oder gerichtlichen Abfassung.

(§. 327 Abs. 4 Satz 2.)

II Die Bestimmung muss in das Handelsregister eingetragen und in gleicher Weise wie der ursprüngliche Vertrag veröffentlicht werden (Art. 177, 179). Dieselbe hat keine rechtliche Wirkung, bevor sie bei dem Handelsgerichte, in dessen Bezirke die Gesellschaft ihren Sitz hat, in das Handelsregister eingetragen ist.

(§. 277.)

Art. 180g.

I Die Abänderung des Inhalts des Gesellschaftsvertrages kann nicht ohne Beschluss der Generalversammlung der Kommanditisten erfolgen.

(§. 274 Abs. 1 Satz 1, §. 275 Abs. 1, 3, §. 327 Abs. 2.)

Gewöhnliche deutsche und lateinische Schrift = altes H.G.

Sofern der Gesellschaftsvertrag für eine Abänderung derjenigen Bestimmung, welche den Gegenstand der Beschlussfassung bildet, nicht andere Erfordernisse aufstellt, bedarf der Beschluss einer Mehrheit von drei Viertheilen des in der Generalversammlung vertretenen Gesammtkapitals.

II Diese Vorschrift findet auch dann Anwendung, wenn mehrere Gattungen von Aktien mit verschiedener Berechtigung ausgegeben sind.

III Soll durch die Beschlussfassung das bisherige Rechtsverhältniss unter den verschiedenen Gattungen zum Nachtheile einer derselben abgeändert werden, so bedarf es zu dem von der gemeinschaftlichen Generalversammlung gefassten Beschlusse der Zustimmung einer besonderen Generalversammlung der benachtheiligten Kommanditisten, deren Beschlussfassung gleichfalls nach der Vorschrift des ersten Absatzes sich richtet.

IV Die Bestimmung des Gesellschaftsvertrages, Inhalts deren die Uebertragung von Aktien, welche in Gemässheit des Artikels 173a Absatz 3 auf einen geringeren Betrag als eintausend Mark gestellt sind, an die Einwilligung der Gesellschaft gebunden ist, kann nicht abgeändert werden.

(Gestrichen.)

Art. 180 h.

I Eine Erhöhung des Gesammtkapitals der Kommanditisten darf nicht vor der vollen Einzahlung desselben erfolgen. Für Versicherungsgesellschaften kann der Gesellschaftsvertrag ein Anderes bestimmen.

(§. 278 Abs. 1 Satz 2.)

II Die Erhöhung kann nicht ohne Beschluss der Generalversammlung der Kommanditisten stattfinden. Für die neu auszugebenden Aktien

(§. 278 Abs. 2, 3.)

kann die Leistung eines höheren als des Nominalbetrages festgesetzt werden; der Beschluss hat den Mindestbetrag zu bezeichnen, für welchen die Aktien auszugeben sind. Ein geringerer als der Nominalbetrag darf nicht festgesetzt werden. (§. 184 Abs. 1.)

III Auf eine Erhöhung, welche in den ersten zwei Jahren seit Eintragung des Gesellschaftsvertrages in das Handelsregister beschlossen wird, findet die Vorschrift im Artikel 174a über die Betheiligung der persönlich haftenden Gesellschafter mit der Massgabe Anwendung, dass die Betheiligung nach dem Gesammtkapitale einschliesslich dessen Erhöhung zu bemessen ist und aus dem Beschlusse hervorgehen muss, welche Einlagen demzufolge noch gemacht werden. (Gestrichen.)

IV Die Beschlussfassung unterliegt den Vorschriften im Artikel 180g Absatz 1 und 3. (§ 278 Abs. 2.) Die Bestimmung über die Erhöhung ist in das Handelsregister einzutragen. Die Anmeldung hat die Angabe zu enthalten, dass das bisherige Gesammtkapital eingezahlt sei, für Versicherungsgesellschaften, inwieweit die Einzahlung desselben stattgefunden habe. Auf die Abfassung und Eintragung finden die Vorschriften im Artikel 180f Anwendung. (§. 277 Abs. 2, 3, §. 280, 286 Satz 1, §. 327 Abs. 4 Satz 2.)

V Eine Zusicherung von Rechten auf den Bezug neu auszugebender Aktien, welche vor dem Beschlusse auf Erhöhung des Gesammtkapitals erfolgt, ist der Gesellschaft gegenüber unwirksam. (§. 283 Abs. 2.)

Gewöhnliche deutsche und lateinische Schrift = altes H.G.

Art. 180i.

I Die Zeichnung der neu auszugebenden Aktien erfolgt durch schriftliche Erklärung, welche in zwei Exemplaren unterzeichnet werden soll. (§. 281 Abs. 1.)

II Die stattgefundene Erhöhung des Kapitals der Kommanditisten ist behufs der Eintragung in das Handelsregister anzumelden. Die Vorschriften im Artikel 176 und 179 finden entsprechende Anwendung. (§. 284 Abs. 1—4, §. 286.)

III Vor der Eintragung der stattgefundenen Erhöhung in das Handelsregister desjenigen Gerichts, in dessen Bezirke die Gesellschaft ihren Sitz hat, sollen Aktien oder Interimsscheine nicht ausgegeben werden. (§. 287 Abs. 1.)

Art. 181.

I Die Einlagen, mit welchen ein persönlich haftender Gesellschafter sich in Gemässheit der Artikel 174a, 180h Absatz 3 betheiligt hat, dürfen ihm weder ganz noch theilweise zurückgegeben oder erlassen werden. (gestrichen)

II Er darf den Antheil, welcher ihm am Gesellschaftsvermögen einschliesslich des Gesammtkapitals der Kommanditisten auf solche Einlagen zugewiesen ist, nur an andere persönlich haftende Gesellschafter veräussern. In gleicher Weise ist, wenn er als persönlich haftender Gesellschafter ausscheidet, die Veräusserung desjenigen, was ihm auf solche Einlagen bei der Auseinandersetzung zugewiesen ist, bis zum Ablaufe von drei Jahren seit dem Ausscheiden, jedoch nicht länger als bis zum Ablaufe von zehn Jahren seit Eintragung des Gesellschaftsvertrages in das Handelsregister beschränkt. Während der Dauer dieser Beschränkung darf der Antheil des Gesellschafters oder dasjenige, was ihm bei der Auseinandersetzung zugewiesen ist, nicht ausgeliefert und für

Privatgläubiger desselben nur insoweit gepfändet werden, als diese Gegenstände nicht bis zum Ablaufe der Zeitbeschränkung wegen Forderungen der Gesellschaft oder solcher Gesellschaftsgläubiger, deren Ansprüche vor dem Ausscheiden des persönlich haftenden Gesellschafters entstanden waren, verwendet oder gepfändet sind.

III Soweit die Einlagen auf das Gesammtkapital der Kommanditisten gemacht sind, hat der Aufsichtsrath die hierfür auszustellenden Aktien oder Interimsscheine in Verwahrung zu nehmen und mit dem Vermerk »unveräusserlich« zu versehen. Die Löschung des Vermerkes findet durch den Aufsichtsrath nach dem Wegfalle der bezeichneten Beschränkung statt.

Art. 181a.

I Interimsscheine, welche auf Inhaber lauten, sind nichtig. Die Ausgeber haften den Besitzern solidarisch für allen durch die Ausgabe verursachten Schaden. (§. 209.)

II Das Gleiche gilt, wenn Aktien oder Interimsscheine auf einen geringeren als den nach Artikel 173a zugelassenen Betrag gestellt sind oder ausgegeben werden, bevor der Gesellschaftsvertrag bei dem Handelsgerichte, in dessen Bezirke die Gesellschaft ihren Sitz hat, in das Handelsregister eingetragen ist.

III Aus Aktien und Interimsscheinen, welche in Gemässheit des Artikels 173a auf einen Betrag von weniger als eintausend Mark gestellt sind, sollen im Falle des zweiten Absatzes des bezeichneten Artikels die ertheilte Genehmigung, im Falle des dritten Absatzes die Beschränkungen hervorgehen, welchen die Kommanditisten in Bezug auf die Form einer Uebertragung ihrer Rechte und die Einwilligung der Gesellschaft in dieselbe unterworfen sind. (§. 180 Abs. 4.)

Gewöhnliche deutsche und lateinische Schrift = altes H.G.

Art. 182.

I Aktien, welche auf Namen lauten, müssen mit genauer Bezeichnung des Inhabers nach Namen, Wohnort und Stand in das Aktienbuch der Gesellschaft eingetragen werden. (§. 222)

II Sie können, soweit nicht der Artikel 181 oder der Gesellschaftsvertrag ein anderes bestimmt, ohne Einwilligung der Gesellschaft auf andere Personen übertragen werden. Zu der im Gesellschaftsvertrage vorbehaltenen Einwilligung der Gesellschaft in die Uebertragung von Aktien, welche auf einen Betrag von weniger als eintausend Mark gestellt sind, ist die Zustimmung des Aufsichtsraths und der Generalversammlung erforderlich. Die Uebertragung dieser Aktien bedarf zu ihrer Gültigkeit einer die Person des Erwerbers bezeichnenden gerichtlich oder notariell beglaubigten Erklärung.

III Die Uebertragung anderer Aktien, welche auf Namen lauten, kann durch Indossament geschehen. In Betreff der Form desselben kommen die Bestimmungen der Artikel 11 bis 13 der Deutschen Wechselordnung zur Anwendung.

Art. 183.

I Wenn das Eigenthum der auf Namen lautenden Aktie auf einen Anderen übergeht, so ist dies, unter Vorlegung der Aktie und des Nachweises des Ueberganges, bei der Gesellschaft anzumelden und im Aktienbuche zu bemerken. (§ 223)

II Im Verhältnisse zu der Gesellschaft werden nur diejenigen als die Eigenthümer angesehen, welche als solche im Aktienbuche verzeichnet sind.

III Zur Prüfung der Legitimation ist die Gesellschaft berechtigt, aber nicht verpflichtet.

Art. 183a.

I Die im Artikel 182 und (§. 224)

183 enthaltenen Bestimmungen finden auf die Eintragung der Interimsscheine und die Uebertragung derselben auf andere Personen Anwendung.

II Vor der vollen Leistung des Nominalbetrages oder des in den Fällen der Artikel 175a Ziffer 2, 180h Absatz 2 festgesetzten Betrages soll die Aktie nicht ausgegeben werden. (§. 179 Abs. 3, 4.)

Art. 183b.

I Die Verpflichtung des Kommanditisten, zu den Zwecken der Gesellschaft und zur Erfüllung ihrer Verbindlichkeiten beizutragen, wird durch den Nominalbetrag der Aktie, in den Fällen der Artikel 175a Ziffer 2, 180h Absatz 2 durch den Betrag, für welchen die Aktie ausgegeben ist, begrenzt. (§. 211)

Art. 184.

I Ein Gesellschafter, welcher den auf die Aktie eingeforderten Betrag nicht zur rechten Zeit einzahlt, ist zur Zahlung von Verzugszinsen von Rechtswegen verpflichtet. (§. 218)

II Im Gesellschaftsvertrage können für den Fall der verzögerten Einzahlung Konventionalstrafen ohne Rücksicht auf die sonst stattfindenden gesetzlichen Einschränkungen festgesetzt werden.

III Ist im Gesellschaftsvertrage keine besondere Form, wie die Aufforderung zur Einzahlung geschehen soll, bestimmt, so geschieht dieselbe in der Form, in welcher die Bekanntmachungen der Gesellschaft nach dem Gesellschaftsvertrage überhaupt erfolgen müssen.

Art. 184a.

I Im Falle verzögerter Ein- (§. 219)

zahlung kann an die sumigen Gesellschafter eine erneute Aufforderung zur Zahlung unter Androhung ihres Ausschlusses mit dem Antheilsrechte erlassen werden. Die Aufforderung hat mindestens dreimal durch Bekanntmachung in den hierzu bestimmten öffentlichen Blättern, die erste Bekanntmachung mindestens drei Monate und die letzte Bekanntmachung mindestens vier Wochen vor Ablauf der für die Einzahlung gesetzten Nachfrist zu erfolgen. Statt der Bekanntmachungen in den öffentlichen Blättern genügt, falls das Antheilsrecht nicht ohne Einwilligung der Gesellschaft übertragbar ist, die Bekanntmachung der Aufforderung mit einer vier Wochen übersteigenden Nachfrist durch besonderen Erlass an die säumigen Gesellschafter.

II Ein Gesellschafter, welcher den auf die Aktie zu leistenden Betrag nicht einzahlt, obwohl die im vorstehenden Absatze bezeichnete Aufforderung stattgefunden hat, ist seiner Anrechte aus der Zeichnung der Aktie und der geleisteten Theilzahlungen zu Gunsten der Gesellschaft verlustig zu erklären. Die den Ausschluss bewirkende Erklärung erfolgt mittels Bekanntmachung durch die hierzu bestimmten öffentlichen Blätter. An Stelle der bisherigen Urkunde ist eine neue auszugeben, welche ausser den früher geleisteten Theilzahlungen den eingeforderten Betrag zu umfassen hat. Wegen des Ausfalls, welchen die Gesellschaft an diesem Betrage oder den später eingeforderten Beträgen erleidet, bleibt ihr der ausgeschlossene Gesellschafter verhaftet.

III Von den vorstehenden Rechtsfolgen kann der Gesellschafter nicht befreit werden.	(§. 221 Satz 1)

Art. 184b.

I Soweit der ausgeschlossene Gesellschafter den eingeforderten Betrag nicht ge-	(§. 220 Abs. 1, 2.)

zahlt hat, ist für denselben der Gesellschaft der letzte und jeder frühere, in dem Aktienbuche verzeichnete Rechtsvor-

---

Gewöhnliche deutsche und fette deutsche Schrift = neues H.G.

gänger verhaftet, ein früherer Rechtsvorgänger, soweit die Zahlung von dessen Rechtsnachfolger nicht zu erlangen ist. Dies ist bis zum Nachweise des Gegentheils anzunehmen, soweit von letzterem die Zahlung nicht bis zum Ablaufe von vier Wochen geleistet wird, nachdem an ihn die Zahlungsaufforderung und an den Rechtsvorgänger die Benachrichtigung von derselben erfolgt ist. Der Rechtsvorgänger erhält gegen Zahlung des rückständigen Betrages die neu auszugebende Urkunde.

II Die Haftpflicht des Rechtsvorgängers ist auf die innerhalb der Frist von zwei Jahren auf die Aktien eingeforderten Beträge beschränkt. Die Frist beginnt mit dem Tage, an welchem die Uebertragung des Antheilsrechts zum Aktienbuche der Gesellschaft angemeldet ist.

III Von der vorstehenden Verbindlichkeit können die Rechtsvorgänger nicht befreit werden.	(§. 221 Satz 1.)
IV Ist die Zahlung des rückständigen Betrages von Rechtsvorgängern nicht zu erlangen,	(§. 220 Abs. 3.)

so kann die Gesellschaft das Antheilsrecht zum Börsenpreise und in Ermangelung eines solchen durch öffentliche Versteigerung verkaufen.

Art. 184c.

I Die Gesellschafter können gegen die ihnen in Gemässheit der Artikel 184 bis 184b	(§. 221 Satz 2.)

obliegenden Zahlungen eine Aufrechnung nicht geltend machen.

Ebensowenig findet an dem Gegenstande einer zu leistenden Einlage wegen Forderungen,	(Gestrichen.)

gen, welche sich nicht auf dieselbe beziehen, ein Zurückbehaltungsrecht statt.

Art. 184d.

I Die Gesellschaft soll	(§. 226.)

eigene Aktien im geschäftlichen Betriebe, sofern nicht eine Kommission zum Einkauf ausgeführt wird, weder erwerben noch zum Pfande nehmen. Sie darf eigene Interimsscheine im geschäftlichen Betriebe auch in Ausführung einer Einkaufskommission weder erwerben noch zum Pfande nehmen.

Art. 185.

I Die persönlich haftenden Gesellschafter sind verpflichtet, spätestens in den ersten sechs Monaten jedes Geschäftsjahrs für das verflossene Geschäftsjahr eine Bilanz, eine Gewinn- und Verlustrechnung, sowie einen den Vermögensstand und die Verhältnisse der Gesellschaft entwickelnden Bericht dem Aufsichtsrathe und mit dessen Bemerkungen der Generalversammlung der Kommanditisten vorzulegen. (§. 260 Abs. 2.)

Art. 185a.

I Für die Aufstellung der Bilanz kommen die allgemeinen Vorschriften des Artikels 31 mit folgenden Massgaben zur Anwendung: (§. 261.)

1) Werthpapiere und Waaren, welche einen Börsen- oder Marktpreis haben, dürfen höchstens zu dem Börsen- oder Marktpreise zur Zeit der Bilanzaufstellung, sofern dieser jedoch den Anschaffungs- oder Herstellungspreis übersteigt, höchstens zu letzterem angesetzt werden;
2) andere Vermögensgegenstände sind höchstens zu dem Anschaffungs- oder Herstellungspreise anzusetzen;
3) Anlagen und sonstige Gegenstände, welche nicht zur Weiterveräusserung, vielmehr dauernd zum Geschäftsbetriebe der Gesellschaft bestimmt sind, dürfen ohne Rücksicht auf einen geringeren Werth zu dem Anschaffungs- oder Herstellungspreise angesetzt werden, sofern ein der Abnutzung gleichkommender Betrag in Abzug gebracht oder ein derselben entsprechender Erneuerungsfonds in Ansatz gebracht wird;

4) die Kosten der Organisation und Verwaltung dürfen nicht als Aktiva, müssen vielmehr ihrem vollen Betrage nach in der Jahresrechnung als Ausgabe erscheinen;

5) der Betrag des Gesammtkapitals der Kommanditisten, der Antheil der persönlich haftenden Gesellschafter am sonstigen Gesellschaftsvermögen und der Betrag eines jeden Reserve- und Erneuerungsfonds sind unter die Passiva aufzunehmen;

6) der aus der Vergleichung sämmtlicher Aktiva und Passiva sich ergebende Gewinn oder Verlust muss am Schlusse der Bilanz besonders angegeben werden.

Art. 185b.

I Zur Deckung eines aus der Bilanz sich ergebenden Verlustes ist ein Reservefonds zu bilden; in denselben ist einzustellen:	(§. 262 Nr. 1, 2.)

1) von dem jährlichen Reingewinne mindestens der zwanzigste Theil so lange, als der Reservefonds den zehnten oder den im Gesellschaftsvertrage bestimmten höheren Theil des Gesammtkapitals nicht überschreitet;

2) der Gewinn, welcher bei Errichtung der Gesellschaft oder einer Erhöhung des Gesammtkapitals durch Ausgabe der Aktien für einen höheren als den Nominalbetrag erzielt wird.

Art. 185c.

I Nach erfolgter Genehmigung durch die Generalversammlung sind die Bilanz, so-	(§. 265.)

wie die Gewinn- und Verlustrechnung ohne Verzug von den persönlich haftenden Gesellschaftern in den hierzu bestimmten öffentlichen Blättern bekannt zu machen und zu dem Handelsregister einzureichen.

II Im Uebrigen werden die Grundsätze, nach welchen die Bilanz aufzunehmen, Reserve-	(Gestrichen.)

fonds zu bilden und anzulegen sind und die Prüfung der Bilanz zu erfolgen hat, durch den Gesellschaftsvertrag bestimmt.

Art. 186.

I Die Rechte, welche den Kommanditisten gegenüber den persönlich haftenden Gesellschaftern nach dem Gesellschaftsvertrage oder nach den Bestimmungen des vorigen Abschnitts in Beziehung auf die Führung der Geschäfte, die Einsicht und die Prüfung der Bilanz, die Bestimmung der Gewinnvertheilung, die Auflösung oder Kündigung der Gesellschaft und die Befugniss, das Ausscheiden eines persönlich haftenden Gesellschafters zu verlangen, zustehen, werden in der Generalversammlung durch Beschlussfassung der erschienenen Kommanditisten ausgeübt.	(§. 250, §. 330 Abs. 3.) **§. 328.**

§. 328.

II Die Beschlüsse der $\frac{\text{Generalversammlung}}{\textbf{Kommanditisten}}$ werden durch den Aufsichtsrath ausgeführt, $\frac{\text{wenn}}{\textbf{soweit}}$ nicht im Gesellschaftsvertrag ein Anderes bestimmt ist. 1

	In Rechtsstreitigkeiten, welche die Gesammtheit der Kommanditisten gegen die 2

Gewöhnliche deutsche und fette deutsche Schrift = neues H.G.

persönlich haftenden Gesellschafter oder diese gegen die Gesammtheit der Kommanditisten zu führen haben, werden die Kommanditisten durch den Aufsichtsrath vertreten, es sei denn, daß in der Generalversammlung besondere Vertreter gewählt werden. Für die Kosten des Rechtsstreits, welche den Kommanditisten zur Last fallen, haftet die Gesellschaft, unbeschadet ihres Rückgriffs gegen die Kommanditisten.

Die Vorschrift des §. 247 Abs. 2 findet entsprechende Anwendung. 3

Persönlich haftende Gesellschafter können nicht Mitglieder des Aufsichtsraths sein. 4

Art. 187.

(§. 325 Nr. 2, §. 246 Abs. 2, §. 253.)

I Die Generalversammlung der Kommanditisten wird durch die persönlich haftenden Gesellschafter oder durch den Aufsichtsrath berufen, sofern nicht nach dem Gesetze oder dem Gesellschaftsvertrage auch andere Personen dazu befugt sind.

II Die Generalversammlung ist ausser den im Gesetze oder im Gesellschaftsvertrage ausdrücklich bestimmten Fällen zu berufen, wenn dies im Interesse der Gesellschaft erforderlich erscheint.

Art. 188.

I Die Generalversammlung muss berufen werden, wenn dies von Kommanditisten, deren Antheile zusammen den zehnten Theil des Gesammtkapitals darstellen, in einer von ihnen unterzeichneten Eingabe unter Angabe des Zwecks und der Gründe verlangt wird. Ist im Gesellschaftsvertrage das Recht, die Berufung der Generalversammlung zu verlangen, an den Besitz eines geringeren Antheils am Gesammtkapitale geknüpft, so hat es hierbei sein Bewenden.

(§. 254 Abs. 1, Abs. 3 Satz 1, 3.)

II Wird dem Verlangen nicht entsprochen, so kann das Handelsgericht die Kommanditisten, welche das Verlangen gestellt haben, zur Berufung der Generalversammlung ermächtigen. Mit der Berufung ist die gerichtliche Ermächtigung zu veröffentlichen.

Art. 189.

I Die Berufung der Generalversammlung hat in der durch das Gesetz und den Gesellschaftsvertrag bestimmten Weise zu erfolgen.

(§. 255 Abs. 1, Satz 1, Abs. 2, §. 256 Abs. 1, 2 Satz 1, Abs. 3.)

II Der Zweck der Generalversammlung muss jederzeit bei der Berufung bekannt gemacht werden. Ueber Gegenstände, deren Verhandlung nicht in dieser Weise angekündigt ist, können Beschlüsse nicht gefasst werden; hiervon ist jedoch der Beschluss über den in der Generalversammlung gestellten Antrag auf Berufung einer ausserordentlichen Generalversammlung ausgenommen.

III Zur Stellung von Anträgen und zu Verhandlungen ohne Beschlussfassung bedarf es der Ankündigung nicht.

Art. 190.

I Jede Aktie gewährt das Stimmrecht. Dasselbe wird nach den Aktienbeträgen aus-

(§§. 252, 327.)

geübt. Der Gesellschaftsvertrag kann für den Fall, dass ein Kommanditist mehrere Aktien besitzt, die Ausübung des Stimmrechts für dieselben durch einen Höchstbetrag oder in Abstufungen oder nach Gattungen beschränken.

II Vollmachten erfordern zu ihrer Gültigkeit die schriftliche Form, sie bleiben in der Verwahrung der Gesellschaft.

III Wer durch die Beschlussfassung entlastet oder von einer Verpflichtung befreit werden soll, hat hierbei kein Stimmrecht und darf ein solches auch nicht für Andere ausüben. Dasselbe gilt von einer Beschlussfassung, welche die Eingehung eines Rechtsgeschäfts mit ihm betrifft.

IV Persönlich haftende Gesellschafter, welchen in Gemässheit der Artikel 174a, 180h Absatz 3 Antheile am Gesammtkapital der Kommanditisten zustehen oder welche sonst Aktien erwerben, haben kein Stimmrecht.

V Im Uebrigen ist für die Bedingungen des Stimmrechts und die Form, in welcher dasselbe auszuüben ist, der Gesellschaftsvertrag massgebend.

Art. 190a.

I Ein Beschluss der Generalversammlung kann wegen Verletzung des Gesetzes oder des Gesellschaftsvertrages als ungültig im Wege der Klage angefochten werden. Dieselbe findet nur binnen der Frist von einem Monate statt. Zur Anfechtung befugt ist ausser persönlich haftenden Gesellschaftern jeder in der Generalversammlung erschienene Kommanditist, sofern er gegen den Beschluss Widerspruch zum Protokoll erklärt hat, und jeder nicht erschienene Kommanditist, sofern er die Anfechtung darauf gründet, dass die Berufung der Generalversammlung oder die Ankündigung des Gegenstandes der Beschlussfassung nicht gehörig erfolgt war.

(§. 325 Nr. 4, §. 271.)

II Die Klage ist gegen die persönlich haftenden Gesellschafter, soweit sie nicht selbst

(§. 325 Nr. 4, §. 272.)

klagen, und gegen den Aufsichtsrath zu richten. Zuständig für die Klage ist ausschliesslich das Landgericht, in dessen Bezirke die Gesellschaft ihren Sitz hat. Die mündliche Verhandlung erfolgt nicht vor Ablauf der im ersten Absatze bezeichneten Frist. Mehrere Anfechtungsprozesse sind zur gleichzeitigen Verhandlung und Entscheidung zu verbinden.

III Ein klagender Kommanditist hat seine Aktien gerichtlich zu hinterlegen und auf Verlangen der Gesellschaft wegen der ihr drohenden Nachtheile eine nach freiem Ermessen des Gerichts zu bestimmende Sicherheit zu leisten. Das Verlangen ist als prozesshindernde Einrede geltend zu machen. Wird die Sicherheit binnen der vom Gerichte gestellten Frist nicht geleistet, so ist die Klage auf Antrag für zurückgenommen zu erklären.

IV Die persönlich haftenden Gesellschafter haben die Erhebung einer jeden Klage sowie den Termin zur mündlichen Verhandlung ohne Verzug in den für die Bekanntmachungen der Gesellschaft bestimmten Blättern zu veröffentlichen.

(§. 325 Nr. 4, §. 273 Abs. 1.)

V Soweit durch ein Urtheil rechtskräftig der Beschluss für ungültig erklärt ist, wirkt es auch gegenüber den Kommanditisten, welche nicht Partei sind. Dasselbe ist von den persönlich haftenden Gesellschaftern ohne Verzug zu dem Handelsregister einzureichen. War der Beschluss in dasselbe eingetragen, so ist auch das Urtheil einzutragen und in gleicher Weise wie der Beschluss zu veröffentlichen (Artikel 177, 179).

Art. 190b.

(§. 273 Abs. 2.)

I Für einen durch unbegründete Anfechtung des Beschlusses (Artikel 190a) der Gesellschaft entstandenen Schaden haften ihr solidarisch die Kläger, welchen bei Erhebung der Klage eine bösliche Handlungsweise zur Last fällt.

Art. 191.

I Der Aufsichtsrath besteht, sofern nicht der Gesellschaftsvertrag eine höhere Zahl festsetzt, aus drei von der Generalversammlung der Kommanditisten zu wählenden Mitgliedern. Persönlich haftende Gesellschafter können nicht Mitglieder des Aufsichtsraths sein. (§. 243 Abs. 1, §. 328 Abs. 4.)

II Die Wahl des ersten Aufsichtsraths gilt für die Dauer des ersten Geschäftsjahres und, wenn dasselbe auf einen kürzeren Zeitraum als ein Jahr seit Eintragung des Gesellschaftsvertrages in das Handelsregister. bemessen ist, bis zum Ablaufe des am Ende dieses Jahres laufenden Geschäftsjahres. (§. 243 Abs. 2.)

III Später kann der Aufsichtsrath nicht auf länger als fünf Geschäftsjahre gewählt werden. (§. 243 Abs. 3.) Insoweit die Wahl auf einen längeren Zeitraum geschieht, ist dieselbe ohne rechtliche Wirkung. (Gestrichen.)

IV Die Bestelluug zum Mitgliede des Aufsichtsraths kann auch vor Ablauf des Zeitraums, für welchen dasselbe gewählt ist, durch die Generalversammlung widerrufen werden. Der Beschluss bedarf einer Mehrheit von drei Viertheilen des in der Generalversammlung vertretenen Gesammtkapitals. (§. 243 Abs. 4.)

Art. 192.

I Den Mitgliedern des ersten Aufsichtsraths darf eine Vergütung für die Ausübung ihrer Thätigkeit nur durch die Generalversammlung nach Ablauf des Zeitraumes, für welchen er gewählt ist, bewilligt werden. (§. 245 Abs. 3.)

Art. 193.

I Der Aufsichtsrath hat die Geschäftsführug der Gesellschaft in allen Zweigen (§. 325 Nr. 5, §. 246 Abs. 1, 3, 4.) der Verwaltung zu überwachen und zu dem Zwecke sich von dem Gange der Angelegenheiten der Gesellschaft zu unterrichten. Er kann jederzeit über dieselben Berichterstattung von den persönlich haftenden Gesellschaftern verlangen und selbst oder durch einzelne von ihm zu bestimmende Mitglieder die Bücher und Schriften der Gesellschaft einsehen, sowie den Bestand der Gesellschaftskasse und die Bestände an Effekten, Handelspapieren und Waaren untersuchen.

II Er hat die Jahresrechnungen, die Bilanzen und die Vorschläge zur Gewinnvertheilung zu prüfen und darüber der Generalversammlung Bericht zu erstatten.

III Weitere Obliegenheiten des Aufsichtsraths werden durch den Gesellschaftsvertrag bestimmt.

IV Die Mitglieder des Aufsichtsraths können die Ausübung ihrer Obliegenheiten nicht anderen Personen übertragen.

Art. 194.

I Der Aufsichtsrath ist ermächtigt, gegen die persönlich haftenden Gesellschafter die Prozesse zu führen, welche die Generalversammlung beschliesst.

II Handelt es sich um die Verantwortlichkeit der Mitglieder des Aufsichtsraths, so kann letzterer ohne und selbst gegen den Beschluss der Generalversammlung gegen die persönlich haftenden Gesellschafter klagen.

Art. 195.

I Wenn die Kommanditisten selbst in Gesammtheit und im gemeinsamen Interesse (§. 325 Nr. 7, §. 254 Abs. 2, §. 328 Abs. 2 Satz 2, Abs. 3.) gegen die persönlich haftenden Gesellschafter auftreten wollen oder gegen die Mitglieder des Aufsichtsraths einen Prozess zu führen haben, so werden sie durch Bevollmächtigte vertreten, welche in der Generalversammlung gewählt werden.

II Falls aus irgend einem Grunde die Bestellung von Bevollmächtigten durch Wahl in der Generalversammlung gehindert wird, kann das Handelsgericht auf Antrag die Bevollmächtigten ernennen.

Art. 196.

I Die Gesellschaft wird durch die persönlich haftenden Gesellschafter berechtigt und verpflichtet; sie wird durch dieselben vor Gericht vertreten.

(§. 161 Abs. 2, §. 125 Abs. 1, §. 126 Abs. 1, §. 170.)

II Zur Behändigung von Vorladungen und anderen Zustellungen an die Gesellschaft genügt es, wenn dieselbe an einen der zur Vertretung befugten Gesellschafter geschieht.

III Die Bestimmung des Artikels 167 in Betreff des Kommanditisten, welcher für die Gesellschaft Geschäfte schliesst, findet bei der Kommanditgesellschaft auf Aktien keine Anwendung.

(Gestrichen.)

Art. 196a.

I Die Bestimmungen der Artikel 96 und 97 über den Betrieb von Geschäften in dem Handelszweige der Gesellschaft sowie über die Theilnahme an einer anderen gleichartigen Gesellschaft finden auf die persönlich haftenden Gesellschafter mit der Massgabe Anwendung, dass

(§. 326.)

1) die Genehmigung seitens der Kommanditisten durch die Generalversammlung erfolgt, sofern nicht die Befugniss zur Ertheilung durch den Gesellschaftsvertrag oder durch Beschluss der Generalversammlung dem Aufsichtsrath übertragen worden ist;

2) das Recht der Gesellschaft, in ein von einem persön-

lich haftenden Gesellschafter für eigene Rechnung gemachtes Geschäft einzutreten oder Schadensersatz zu fordern, nach drei Monaten von dem Zeitpunkte an erlischt, in welchem die übrigen persönlich haftenden Gesellschafter und der Aufsichtsrath von dem Abschlusse des Geschäfts Kenntniss erhalten haben.

Art. 197.

I Die Einlagen können den Kommanditisten, so lange die Gesellschaft besteht, nicht zurückgezahlt werden. (§. 213.)

II Zinsen von bestimmter Höhe können für die Aktien nicht bedungen noch ausbezahlt werden; es darf nur dasjenige auf sie vertheilt werden, was sich nach der jährlichen Bilanz als reiner Gewinn ergiebt. (§. 215 Abs. 1.)

Art. 198.

I Die Kommanditisten haften für die Verbindlichkeiten der Gesellschaft, wenn und insoweit sie den gesetzlichen Bestimmungen entgegen Zahlungen von der Gesellschaft empfangen haben; sie sind jedoch nicht verpflichtet, die in gutem Glauben bezogenen Dividenden zurückzuzahlen. (§. 217 Abs. 1.)

§. 329. §. 329.

Ergiebt sich für die persönlich haftenden Gesellschafter nach dem Jahreserträgniß ein Gewinnantheil, der nicht auf ihre Aktien fällt, so hat die Auszahlung zu unterbleiben, falls eine Unterbilanz vorhanden ist, die ihre nicht in Aktien bestehenden Kapitalantheile übersteigt. Solange eine solche Unterbilanz besteht, ist auch eine sonstige Entnahme von Geld auf den Kapitalantheil ausgeschlossen. 1

Gewöhnliche deutsche und fette deutsche Schrift = neues H.G.

Auf den Gewinn, der sich für die persönlich haftenden Gesellschafter ergiebt, findet die Vorschrift des §. 262 Nr. 1 über den Reservefonds Anwendung. 2

§. 330.

Art. 199.

I Eine Uebereinkunft, durch welche das Austreten eines oder mehrerer persönlich haftender Gesellschafter bestimmt wird, steht der Auflösung der Gesellschaft gleich. Zu derselben bedarf es der Zustimmung der Generalversammlung der Kommanditisten.

II Es kann jedoch durch den Gesellschaftsvertrag bestimmt werden, dass das Austreten eines oder mehrerer persönlich haftender Gesellschafter die Auflösung der Gesellschaft dann nicht zur Folge habe, wenn mindestens noch ein persönlich haftender Gesellschafter bleibt.

Art. 200.

I Wenn ein Kommanditist stirbt oder in Konkurs verfällt, oder zur Verwaltung seines Vermögens rechtlich unfähig wird, so hat dies die Auflösung der Gesellschaft nicht zur Folge. Der Artikel 126 findet in Bezug auf die Privatgläubiger eines Kommanditisten keine Anwendung. Im

§. 330.

1 **In Betreff der Thatsachen, durch welche die Auflösung der Kommanditgesellschaft auf Aktien herbeigeführt wird, sowie in Betreff des Ausscheidens eines von mehreren persönlich haftenden Gesellschaftern aus der Gesellschaft finden die für die Kommanditgesellschaft geltenden Vorschriften mit folgenden Maßgaben Anwendung.**

2 **Die Eröffnung des Konkurses über das Vermögen eines Kommanditisten hat die Auflösung der Gesellschaft nicht zur Folge; die Gläubiger eines Kommanditisten sind nicht berechtigt, die Gesellschaft zu kündigen.**

3 **Für die Kündigung durch die Kommanditisten sowie für ihre Zustimmung zur Auflösung der Gesellschaft ist ein Beschluß der Generalversammlung erforderlich; der Beschluß bedarf einer Mehrheit, die mindestens drei Viertheile des bei der Beschlußfassung vertretenen**

Uebrigen gelten die Artikel 123 bis 129 auch für die Kommanditgesellschaft auf Aktien. Die im Artikel 129 vorgesehene Eintragung ist auch bei dem Handelsgerichte einer jeden Zweigniederlassung zu bewirken; Dritten gegenüber entscheidet die Eintragung bei dem Handelsgerichte, in dessen Bezirke die Gesellschaft ihren Sitz hat.*)

Grundkapitals umfaßt. Das Gleiche gilt in Betreff des Antrags auf Auflösung der Gesellschaft durch gerichtliche Entscheidung. Der Gesellschaftsvertrag kann noch andere Erfordernisse für die Beschlußfassung aufstellen.

Das Ausscheiden von persönlich haftenden Gesellschaftern kann außer dem Falle der Ausschließung nur stattfinden, soweit es im Gesellschaftsvertrage für zulässig erklärt ist. 4

Die Auflösung der Gesellschaft sowie das Ausscheiden eines persönlich haftenden Gesellschafters ist von sämmtlichen persönlich haftenden Gesellschaftern zur Eintragung in das Handelsregister anzumelden. Die Vorschrift des §. 143 Abs. 3 findet Anwendung. 5

Art. 201.

I Bei der Auflösung einer Kommanditgesellschaft auf Aktien, welche ausser dem Falle der Eröffnung des Konkurses erfolgt, darf die Vertheilung des Vermögens unter die Gesellschafter nicht eher vollzogen werden, als nach Verlauf eines Jahres von dem

(§. 301 Abs. 1.)

*) Siehe jetzt §§. 13, 15 Abs. 3.

Gewöhnliche deutsche und fette deutsche Schrift = neues H.G.

Tage an gerechnet, an welchem die Auflösung der Gesellschaft in das Handelsregister eingetragen ist.

Art. 202.

I Die aus den Handelsbüchern der Gesellschaft ersichtlichen oder in anderer Weise bekannten Gläubiger sind durch besondere Erlasse aufzufordern, sich zu melden; unterlassen sie dies, so ist der Betrag ihrer Forderungen gerichtlich zu hinterlegen. (§. 297, §. 301 Abs. 2, 3.)

II Das letztere muss auch in Ansehung der noch schwebenden Verbindlichkeiten und streitigen Forderungen geschehen, sofern nicht die Vertheilung des Gesellschaftsvermögens bis zu deren Erledigung ausgesetzt bleibt, oder den Gläubigern eine angemessene Sicherheit bestellt wird.

Art. 203.

I Eine theilweise Zurückzahlung des Kapitals der Kommanditisten oder eine Herabsetzung desselben kann nicht ohne Beschluss der Generalversammlung der Kommanditisten und nur unter Beobachtung derselben Vorschriften erfolgen, welche für die Vertheilung des Gesellschaftsvermögens im Falle der Auflösung massgebend sind. Die Bestimmung über die Zurückzahlung oder Herabsetzung hat zugleich die Art, in welcher dieselbe erfolgen soll, und die zu ihrer Durchführung erforderlichen Massregeln festzusetzen. Die Bestimmung ist in das Handelsregister einzutragen. Auf die Eintragung und die Beschlussfassung finden die Vorschriften im Artikel 180f und im Artikel 180g Absatz 1 und 3 entsprechende Anwendung. (§. 277, 288, 300.)

II Die gleichen Erfordernisse gelten für eine Amortisation der Aktien. Ohne Beobachtung dieser Erfordernisse darf die Gesellschaft ihre Aktien nur aus dem nach der jährlichen Bilanz sich ergebenden (§. 227.)

Gewinne und nur in dem Falle amortisiren, dass diess durch den ursprünglichen Gesellschaftsvertrag oder durch einen, den letzteren vor Ausgabe der Aktien abändernden Vertrag zugelassen ist.

Art. 204.

I Die Mitglieder des Aufsichtsraths haben bei Erfüllung der ihnen nach Artikel 193 zugewiesenen Obliegenheiten die Sorgfalt eines ordentlichen Geschäftsmannes anzuwenden. (§. 249.)

II Sie sind der Gesellschaft neben den persönlich haftenden Gesellschaftern solidarisch zum Ersatze verpflichtet, wenn mit ihrem Wissen und ohne ihr Einschreiten entgegen den gesetzlichen Bestimmungen

1) Einlagen an persönlich haftende Gesellschafter oder an Kommanditisten zurückgezahlt,
2) Zinsen oder Dividenden gezahlt,
3) eigene Aktien oder Interimsscheine der Gesellschaft erworben oder zum Pfande genommen,
4) Aktien vor der vollen Leistung des Nominalbetrages oder des in den Fällen der Artikel 175a Ziffer 2, 180h Absatz 2 festgesetzten Betrages, oder Aktien oder Interimsscheine im Falle einer stattgefundenen Erhöhung des Gesammtkapitals vor Eintragung derselben in das Handelsregister (Art. 180i Abs. 3) ausgegeben sind,
5) die Vertheilung des Gesellschaftsvermögens, eine theilweise Zurückzahlung oder eine Herabsetzung des Kapitals der Kommanditisten oder eine Amortisation von Aktien erfolgt ist.

III Der Ersatzanspruch kann in den Fällen des zweiten Absatzes auch von den Gläubigern der Gesellschaft, soweit sie von dieser ihre Befriedigung nicht erlangen können, selbständig geltend gemacht werden. Die Ersatzpflicht wird ihnen gegenüber dadurch nicht aufgehoben, dass die Hand-

lung auf einem Beschlusse der Generalversammlung beruht.
IV Die Ansprüche auf Grund der vorstehenden Bestimmungen verjähren in fünf Jahren.

§. 331. Art. 205. | §. 331.

I Die

Sofern nicht der Gesellschaftsvertrag ein Anderes bestimmt, erfolgt die 1

Liquidation

erfolgt, sofern der Gesellschaftsvertrag nicht ein Anderes bestimmt,

durch sämmtliche persönlich haftende Gesellschafter und durch eine oder mehrere von der Generalversammlung der Kommanditisten gewählte Personen als Liquidatoren.

Zu dem Antrag auf Ernennung oder Abberufung von Liquidatoren durch das Gericht ist auch jeder persönlich haftender Gesellschafter befugt. 2

II Auf die Anmeldung der Liquidatoren und die Zeichnung ihrer Unterschrift bei dem Handelsgerichte einer Zweigniederlassung findet die Vorschrift im Schlusssatze des Artikels 200 Anwendung.*)

III Die Liquidatoren haben bei Beginn der Liquidation eine Bilanz aufzustellen. Dieselbe ist von ihnen ohne Verzug in den hierzu bestimmten öffentlichen Blättern bekannt zu machen und zu dem Handelsregister einzureichen.

(§. 192.)

*) Vergl. jetzt §§. 13, 16 Abs. 3.

Art. 206.

I Zu dem Antrage auf Ernennung von Liquidatoren durch den Richter sind ausser | (§. 320 Abs. 3, § 295 Abs. 2.)

jedem persönlich haftenden Gesellschafter und der Generalversammlung der Kommanditisten auch der Aufsichtsrath sowie Kommanditisten befugt, deren Antheile zusammen den zwanzigsten Theil des Gesammtkapitals darstellen. Die Kommanditisten haben bei Stellung des Antrages glaubhaft zu machen, dass sie die Aktien seit mindestens sechs Monaten besitzen.

II Die Abberufung der Liquidatoren kann durch den Richter unter denselben Vor- | (§. 295 Abs. 3).

aussetzungen, wie die Bestellung erfolgen. Vom Richter ernannte Liquidatoren können nur durch diesen abberufen werden.

Art. 206a.	§. 332.	§. 332.
I Die Gesellschaft kann sich	**Eine Kommanditgesellschaft auf Aktien kann durch Beschluß der Generalversammlung und aller persönlich haftenden Gesellschafter**	1

in eine Aktiengesellschaft

umwandeln, sofern dies durch den Gesellschaftsvertrag zugelassen ist.	**umgewandelt werden.**	
	Die Vorschriften über eine Abänderung des Gesellschaftsvertrags finden Anwendung.	2
II Die Uebereinkunft über die Umwandlung bedarf zu ihrer Gültigkeit der notariellen oder gerichtlichen Abfassung und der Zustimmung einer Generalversammlung der Kommanditisten; die	**Die**	3

Antheile der **der Umwandlung** zustimmenden Mehrheit **der**

Gewöhnliche deutsche und fette deutsche Schrift = neues H.G.

Kommanditisten müssen mindestens ein Viertheil des

Gesammtkapitals	**nicht auf Aktien der persönlich haftenden Gesellschafter fallenden Theiles des Grundkapitals**

darstellen.

Die Uebereinkunft hat	**In dem Beschlusse sind**

die zur Durchführung der Umwandlung erforderlichen Maßregeln, insbesondere die Firma sowie die Art der Bestellung und Zusammensetzung des Vorstandes,

zu enthalten.	**festzusetzen.**

§. 333	III Die Uebereinkunft und die in Gemässheit derselben vollzogene Bestellung der	**§. 333.** **Bei der Anmeldung des Umwandlungsbeschlusses sind zugleich die** 1

Mitglieder des Vorstandes

ist unter Beifügung der Legitimation der letzteren behufs der	**zur**

Eintragung in das Handelsregister

(Art. 177, 179) durch die persönlich haftenden Gesellschafter	

anzumelden.

	Eine öffentlich beglaubigte Abschrift der Urkunden über ihre Bestellung ist beizufügen; bei der Anmeldung zur Eintragung in das Handelsregister einer Zweigniederlassung bedarf es der Beifügung dieser Abschrift nicht. Auf die Anmeldung zur Eintragung in das Handelsre-

gister des Sitzes der Gesell-
schaft finden die Vorschriften
des §. 14 keine Anwendung.

Der Anmeldung ist eine 2
von der Generalversamm-
lung genehmigte, für einen
höchstens zwei Monate vor
der Anmeldung liegenden

Zugleich haben diese eine | Zeitpunkt aufgestellte

Bilanz

von dem Tage der Anmeldung einzureichen und in den hierzu bestimmten öffentlichen Blättern bekannt zu machen. Auf die Eintragung der Uebereinkunft findet die Vorschrift im Schlusssatze des Artikels 180f Anwendung. | beizufügen. Auf diese Bilanz finden die Vorschriften des §. 261, des §. 263 Abs. 1 und des §. 264 Anwendung.

IV Mit der Eintragung 3

gelten | scheiden

die persönlich haftenden Gesellschafter

als ausgeschieden und | aus der Gesellschaft aus;

die Gesellschaft

| besteht von diesem Zeitpunkt an

als Aktiengesellschaft

fortbestehend. Die Beschränkungen, welchen persönlich haftende Gesellschafter nach der Vorschrift im Artikel 181 Absatz 2 unterworfen sind, dauern nach Massgabe der letzteren fort. | fort.

Gewöhnliche deutsche und fette deutsche Schrift = neues H.G.

§. 334. V In Ansehung der bisherigen Gläubiger der Gesellschaft sind die Vorschriften im Artikel 202 zu beobachten. Für die Beobachtung derselben sind den Gläubigern die

§. 334.

Unverzüglich nach der Eintragung hat der Vorstand in den Gesellschaftsblättern die im §. 333 Abs. 2 vorgesehene Bilanz zu veröffentlichen. 1

Er hat unter Hinweis auf die Umwandlung die Gläubiger der Gesellschaft aufzufordern, ihre Ansprüche anzumelden. Die Aufforderung ist dreimal in den Gesellschaftsblättern zu veröffentlichen. Bekannte Gläubiger sind durch besondere Mittheilung zur Anmeldung aufzufordern. 2

Den Gläubigern, deren Forderungen vor der letzten öffentlichen Aufforderung begründet sind, ist Befriedigung zu gewähren oder Sicherheit zu leisten, sofern sie sich zu diesem Zwecke melden. 3

Die 4

Mitglieder des Vorstandes und des Aufsichtsraths

persönlich und solidarisch verantwortlich,

haften den Gläubigern für die Beobachtung dieser Vorschriften als Gesammtschuldner,

die Mitglieder des Aufsichtsraths, soweit

die Befriedigung oder Sicherstellung

eine Zuwiderhandlung

Gewöhnliche deutsche und lateinische Schrift = altes H.G.

mit ihrem Wissen und ohne ihr Einschreiten

unterlassen ist.	erfolgt.
Die Ersatzpflicht wird dadurch nicht aufgehoben, dass die Unterlassung auf einem Beschlusse der Generalversammlung beruht.	

Drittes Buch.

Von der stillen Gesellschaft und von der Vereinigung zu einzelnen Handelsgeschäften für gemeinschaftliche Rechnung.

Erster Titel.

Von der stillen Gesellschaft.

Fünfter Abschnitt.

Stille Gesellschaft.

§. 335.

Art. 250.

I Eine stille Gesellschaft ist vorhanden, wenn sich Jemand an dem Betriebe des Handelsgewerbes eines Anderen

§. 335.

Wer sich als stiller Gesellschafter an dem Handelsgewerbe, das ein Anderer betreibt, 1

mit einer Vermögenseinlage

gegen Antheil an Gewinn und Verlust*)

betheiligt —,

---

*) Siehe jetzt §. 336 Abs. 2

Gewöhnliche deutsche und lateinische Schrift = altes H.G.

II Zur Gültigkeit des Vertrages bedarf es der schriftlichen Abfassung oder sonstiger Förmlichkeiten nicht.	hat die Einlage so zu leisten, daß sie in das Vermögen des Inhabers des Handelsgeschäfts übergeht.*)
	Der Inhaber wird aus den in dem Betriebe geschlossenen Geschäften allein berechtigt und verpflichtet.**) 2

Art. 251.

I Der Inhaber des Handelsgewerbes betreibt die Geschäfte unter seiner Firma.

II Eine das Verhältniss einer Handelsgesellschaft andeutende Firma darf derselbe wegen der Betheiligung eines stillen Gesellschafters bei Ordnungsstrafe nicht annehmen.

Art. 252.

I Der Inhaber des Handelsgewerbes wird Eigenthümer der Einlage des stillen Gesellschafters.***)

II Der stille Gesellschafter ist nicht verpflichtet, die Einlage über den vertragsmässigen Betrag zu erhöhen, oder die durch Verlust verminderte Einlage zu ergänzen.

Art. 253 s. bei § 338.

Art. 254 — §. 336. §. 336.

I Ist über die Höhe der Betheiligung	Ist der Antheil 1

des stillen Gesellschafters an/am Gewinn und Verluste

nichts vereinbart, so wird dieselbe nach richterlichem Ermessen, nöthigenfalls unter Zuziehung von Sachverständigen, festgestellt.	nicht bestimmt, so gilt ein den Umständen nach angemessener Antheil als bedungen.

*) Vergl. bisher Art. 252 Abs. 1. **) Vergl. bisher Art. 256. ***) Vergl. jetzt §. 335 Abs. 1.

Im Gesellschaftsvertrage kann bestimmt werden, daß der stille Gesellschafter nicht am Verluste betheiligt sein soll; seine Betheiligung am Gewinne kann nicht ausgeschlossen werden. 2

§. 337. Art. 255. — **§. 337.**

I Am Schlusse eines jeden / **jedes** Geschäftsjahrs wird der Gewinn 1
und Verlust berechnet und dem / **der auf den** stillen Gesellschafter
der ihm zufallende / **fallende** Gewinn **ihm** ausbezahlt.

II Der stille Gesellschafter nimmt an dem Verluste nur bis 2
zum Betrage seiner eingezahlten oder rückständigen Einlage
Antheil / **Theil**. Er ist nicht verpflichtet, den bezogenen Gewinn wegen
späterer Verluste zurückzuzahlen; jedoch wird, solange seine
ursprüngliche Einlage durch Verlust vermindert ist, der jährliche Gewinn zur Deckung des Verlustes verwendet.

III Der Gewinn, welcher von dem stillen Gesellschafter nicht 3
erhoben wird, vermehrt dessen Einlage nicht, sofern nicht ein
Anderes vereinbart ist.

§. 338. Art. 253. — **§. 338.**

I Der stille Gesellschafter ist berechtigt, die abschriftliche 1
Mittheilung der jährlichen Bilanz zu verlangen und die / **ihre**
Richtigkeit derselben unter Einsicht der Bücher und Papiere
zu prüfen.

Die im §. 716 des Bürgerlichen Gesetzbuchs dem von der Geschäftsführung ausgeschlossenen Gesellschafter eingeräumten weiteren Rechte stehen dem stillen Gesellschafter nicht zu. 2

II Das Handelsgericht kann auf den / **Auf** Antrag des stillen Ge- 3 sellschafters **kann das Gericht**, wenn wichtige Gründe dazu vorliegen, die Mittheilung einer Bilanz oder sonstiger Aufklärungen nebst / **sowie die** Vorlegung der Bücher und Papiere zu jeder Zeit / **jederzeit** anordnen.

Art. 256.

I Aus den Geschäften des Handelsgewerbes wird der Inhaber desselben dem Dritten gegenüber allein berechtigt und verpflichtet.*)

Art. 257.

I Der Name eines stillen Gesellschafters darf in der Firma des Inhabers des Handelsgewerbes nicht enthalten sein; im entgegengesetzten Falle haftet der stille Gesellschafter den Gläubigern der Gesellschaft persönlich und solidarisch.

Art. 258 bis 260 s. bei §§. 341 ff.

Art. 261.

I Die stille Gesellschaft wird aufgelöst:

1) durch den Tod des Inhabers des Handelsgewerbes, wenn nicht der Vertrag bestimmt, dass die Gesellschaft mit den Erben des Verstorbenen fortbestehen soll;

2) durch die eingetretene rechtliche Unfähigkeit des Inhabers des Handelsgewerbes zur selbständigen Vermögensverwaltung;

3) durch die Eröffnung des Konkurses über das Vermögen des Inhabers des Handelsgewerbes oder des stillen Gesellschafters;

4) durch gegenseitige Uebereinkunft;

5) durch Ablauf der Zeit, auf deren Dauer die stille Gesellschaft eingegangen ist, wenn dieselbe nicht stillschweigend fortgesetzt wird; in diesem Falle gilt

---

*) Siehe jetzt §. 335 Abs. 2.

der Vertrag von da an als auf unbestimmte Dauer geschlossen;

§. 339.

6) durch die Aufkündigung eines der beiden Theile, wenn der Vertrag auf unbestimmte Dauer geschlossen ist.

II Ein auf Lebenszeit geschlossener Vertrag ist als auf unbestimmte Dauer geschlossen zu betrachten.

III Die Aufkündigung eines auf unbestimmte Dauer geschlossenen Vertrages muss, wenn nicht ein Anderes vereinbart ist, mindestens sechs Monate vor Ablauf des Geschäftsjahres erfolgen.

Art. 262.

I Die Auflösung der stillen Gesellschaft kann vor Ablauf der für ihre Dauer bestimmten Zeit oder bei einem Vertrage von unbestimmter Dauer ohne vorherige Aufkündigung verlangt werden, wenn dazu wichtige Gründe anzunehmen sind. Die Beurtheilung, ob solche Gründe vorhanden sind, bleibt im Falle des Widerspruchs dem Ermessen des Richters überlassen.

§. 339.

Auf die Kündigung der Gesellschaft durch einen der Gesellschafter oder durch einen Gläubiger des stillen Gesellschafters finden die Vorschriften der §§. 132, 134, 135 entsprechende Anwendung. 1

Die Vorschriften des §. 723 des Bürgerlichen Gesetzbuchs über das Recht, die Gesellschaft aus wichtigen Gründen ohne Einhaltung einer Frist zu kündigen, bleiben unberührt.

Art. 263.	
I Die Bestimmung des Artikels 126 gilt auch zu Gunsten der Privatgläubiger eines stillen Gesellschafters.*)	

Art. 264.	
I Wenn der stille Gesellschafter stirbt, oder zur Verwaltung seines Vermögens rechtlich unfähig wird, so hat dies die Auflösung der stillen Gesellschaft nicht zur Folge.	**Durch den Tod des stillen Gesellschafters wird die Gesellschaft nicht aufgelöst.** 2

Art. 265. — §. 340.   §. 340.

I Nach **der** Auflösung der stillen Gesellschaft muss / **hat sich** der Inhaber des Handelsgewerbes sich / **Handelsgeschäfts** mit dem stillen Gesellschafter auseinandersetzen / **auseinanderzusetzen** und die / Forderung desselben / **dessen Guthaben** in Geld zu berichtigen. 1

Die zur Zeit der Auflösung schwebenden Geschäfte werden von dem Inhaber des Handelsgeschäfts abgewickelt. Der stille Gesellschafter nimmt Theil an dem Gewinn und Verluste, der sich aus diesen Geschäften ergiebt. 2

Er kann am Schlusse jedes Geschäftsjahrs Rechenschaft über die inzwischen beendigten Geschäfte, Auszahlung des ihm gebührenden Betrags und Auskunft über den Stand der noch schwebenden Geschäfte verlangen. 3

II Der Inhaber des Handelsgewerbes besorgt die Liquidation der bei der Auflösung noch schwebenden Geschäfte.

Art. 266 siehe Seite 306.

*) Vergl. jetzt §. 339 Abs. 1 Satz 1.

§. 341. Art. 258. — **§. 341.**

I Wenn der Inhaber des Handelsgewerbes in	**Wird über das Vermögen des Inhabers des Handelsgeschäfts der** 1

Konkurs

verfällt, so ist	**eröffnet, so kann**

der stille Gesellschafter

befugt,	

wegen seiner / **der** Einlage, soweit dieselbe / **sie** den Betrag des auf ihn fallenden Antheils am Verlust übersteigt, seine Forderung als Konkursgläubiger geltend zu machen.

II Ist die Einlage rückständig, so hat sie der stille Gesellschafter dieselbe bis zu dem Betrage, welcher zur Deckung seines Antheils am Verlust erforderlich ist, in die / **zur** Konkursmasse zu zahlen / **einzuzahlen**. 2

§. 342. Art. 259. — **§. 342.**

I Wenn innerhalb eines Jahres	**Ist auf Grund einer in dem letzten Jahre** 1

vor der Eröffnung des Konkurses

über das Vermögen des Inhabers des Handelsgewerbes durch Vereinbarung	

zwischen

ihm	**dem Inhaber des Handelsgeschäfts**

und dem stillen Gesellschafter

das Gesellschaftsverhältniss aufgelöst worden ist, so können die Konkursgläubiger ver-	**getroffenen Vereinbarung diesem die Einlage ganz oder theilweise zurückgewährt**

langen, dass der stille Gesellschafter die ihm zurückbezahlte Einlage in die Konkursmasse einzahle, unbeschadet seines Rechts, die in dem Zeitpunkt der Auflösung ihm aus dem Gesellschaftsverhältniss zustehende Forderung als Konkursgläubiger geltend zu machen.

II Dasselbe gilt, wenn dem stillen Gesellschafter in dem bezeichneten Zeitraum ohne Auflösung des Gesellschaftsverhältnisses die Einlage zurückbezahlt wurde.

III In gleicher Weise ist, wenn der Inhaber des Handelsgewerbes in dem bezeichneten Zeitraum dem stillen Gesellschafter dessen Antheil an dem entstandenen Verluste ganz oder theilweise erlassen hat, der Erlass zu Gunsten der Konkursgläubiger unwirksam.

IV Die Bestimmungen dieses Artikels treten nicht ein, wenn der stille Gesellschafter beweist, dass der Konkurs in Umständen seinen Grund hat, welche erst nach dem Zeitpunkt der Auflösung der Zurückzahlung oder des Erlasses eingetreten sind.

oder sein Antheil an dem entstandenen Verluste ganz oder theilweise erlassen worden, so kann die Rückgewähr oder der Erlaß von dem Konkursverwalter angefochten werden. Es begründet keinen Unterschied, ob die Rückgewähr oder der Erlaß unter Auflösung der Gesellschaft stattgefunden hat oder nicht.

Die Anfechtung ist ausgeschlossen, wenn der Konkurs in Umständen seinen Grund hat, die erst nach der Vereinbarung der Rückgewähr oder des Erlasses eingetreten sind. 2

Die Vorschriften der Konkursordnung über die Geltendmachung der Anfechtung und deren Wirkung finden Anwendung. 3

Art. 260.

I Ob und inwieweit eine rechtliche Wirkung zu Gunsten dritter Personen eintritt, wenn durch einen stillen Gesellschafter oder mit dessen Willen das Vorhandensein der stillen Gesellschaft kundgemacht wird, ist nach allgemeinen Rechtsgrundsätzen zu beurtheilen.

Zweiter Titel.

Von der Vereinigung zu einzelnen Handelsgeschäften für gemeinschaftliche Rechnung.

Art. 266.

I Die Vereinigung zu einem oder mehreren einzelnen Handelsgeschäften für gemeinschaftliche Rechnung bedarf einer schriftlichen Abfassung nicht und ist sonstigen Förmlichkeiten nicht unterworfen.

Art. 267.

I Wenn nicht ein Anderes verabredet ist, so sind alle Theilnehmer in gleichem Verhältnisse zu dem gemeinsamen Unternehmen beizutragen verpflichtet.

Art. 268.

I Ist über den Antheil der Theilnehmer am Gewinn und Verlust nichts vereinbart, so werden die Einlagen verzinst, der Gewinn oder Verlust aber nach Köpfen vertheilt.

Art. 269.

I Aus Geschäften, welche ein Theilnehmer mit einem Dritten geschlossen hat, wird Ersterer dem Dritten gegenüber allein berechtigt und verpflichtet.

Gewöhnliche deutsche und lateinische Schrift = altes H.G.

II Ist ein Theilnehmer zugleich im Auftrage und Namen der übrigen aufgetreten, oder haben alle Theilnehmer gemeinschaftlich oder durch einen gemeinsamen Bevollmächtigten gehandelt, so ist jeder Theilnehmer Dritten gegenüber solidarisch berechtigt und verpflichtet.

Art. 270.

I Nach Beendigung des gemeinschaftlichen Geschäfts muss der Theilnehmer, welcher dasselbe führte, den übrigen Theilnehmern unter Mittheilung der Beläge Rechnung ablegen.

II Er besorgt die Liquidation.

Viertes Buch.	Drittes Buch.
Von den Handelsgeschäften.	Handelsgeschäfte.
Erster Titel.	
Von den Handelsgeschäften im Allgemeinen.	
Erster Abschnitt.	Erster Abschnitt.
Begriff der Handelsgeschäfte.	**Allgemeine Vorschriften.**

Art. 271, 272 s. bei §. 1.

§. 343.

Art. 273.	**§. 343.**
I Alle einzelnen	**Handelsgeschäfte sind alle** 1

Geschäfte eines Kaufmanns, welche / **die** zum Betriebe seines Handelsgewerbes gehören ÷

sind als Handelsgeschäfte anzusehen.	**Die im §. 1 Abs. 2 bezeichneten Geschäfte sind auch dann Handelsgeschäfte, wenn sie von einem Kaufmann im Betriebe seines gewöhnlich auf andere Geschäfte gerichteten Handelsgewerbes geschlossen werden.** 2

Gewöhnliche deutsche und lateinische Schrift = altes H.G.

II Dies gilt insbesondere für die gewerbliche Weiterveräusserung der zu diesem Zweck angeschafften Waaren, beweglichen Sachen und Werthpapiere, sowie für die Anschaffung von Geräthen, Material und anderen beweglichen Sachen, welche bei dem Betriebe des Gewerbes unmittelbar benutzt oder verbraucht werden sollen.

III Die Weiterveräusserungen, welche von Handwerkern vorgenommen werden, sind, insoweit dieselben nur in Ausübung ihres Handwerksbetriebes geschehen, als Handelsgeschäfte zu betrachten.

Art. 274. — **§. 344.** §. 344.

I Die von einem Kaufmanne geschlossenen / **vorgenommenen Rechts-** 1
Verträge / **geschäfte** gelten im Zweifel als zum Betriebe des / **seines** Handels-
gewerbes gehörig.

II Die von einem Kaufmanne gezeichneten Schuldscheine 2
gelten als im Betriebe des / **seines** Handelsgewerbes gezeichnet, sofern sich nicht aus denselben / **der Urkunde sich** das Gegentheil ergiebt.

Art. 275.

I Verträge über unbewegliche Sachen sind keine Handelsgeschäfte.

Art. 276.

I Die Eigenschaft oder die Gültigkeit eines Handelsgeschäfts wird dadurch nicht ausgeschlossen, dass einer Person wegen ihres Amtes oder Standes, oder aus gewerbepolizeilichen oder anderen ähnlichen Gründen untersagt ist, Handel zu treiben oder Handelsgeschäfte zu schliessen.

Art 277. | **§. 345.** §. 345.

I Bei jedem | **Auf ein** 1

Gewöhnliche deutsche und fette deutsche Schrift = neues H.G.

Rechtsgeschäft,

welches auf der Seite eines der Kontrahenten	**das für einen der beiden Theile**

ein Handelsgeschäft ist,

sind die Bestimmungen dieses vierten Buchs in Beziehung auf beide Kontrahenten gleichmässig anzuwenden, sofern nicht aus diesen Bestimmungen selbst sich ergiebt, dass ihre besonderen Festsetzungen sich nur auf denjenigen von beiden Kontrahenten beziehen, auf dessen Seite das Geschäft ein Handelsgeschäft ist.	**kommen die Vorschriften über Handelsgeschäfte für beide Theile gleichmäßig zur Anwendung, soweit nicht aus diesen Vorschriften sich ein Anderes ergiebt.**

Zweiter Abschnitt.

Allgemeine Bestimmungen über Handelsgeschäfte.

Art. 278.

I Bei Beurtheilung und Auslegung der Handelsgeschäfte hat der Richter den Willen der Kontrahenten zu erforschen und nicht an dem buchstäblichen Sinne des Ausdrucks zu haften.

§. 346. Art. 279. — **§. 346.**

I In Beziehung auf die / **Unter Kaufleuten ist in Ansehung der** Bedeutung und 1

Wirkung von Handlungen und Unterlassungen ist auf die im Handelsverkehre geltenden Gewohnheiten und Gebräuche Rücksicht zu nehmen.

Art. 280.

I Wenn zwei oder mehrere Personen einem Anderen gegenüber in einem Geschäft, welches auf ihrer Seite ein Handelsgeschäft ist, gemeinschaftlich eine Verpflichtung eingegangen sind, so sind sie als Solidarschuldner zu betrachten, sofern sich nicht aus der Uebereinkunft mit dem Gläubiger das Gegentheil ergiebt.

Art. 281.

I Bei Handelsgeschäften, ingleichen in allen Fällen, in welchen in diesem Gesetzbuche eine solidarische Verpflichtung auferlegt wird, steht einem Solidarschuldner die Einrede der Theilung oder der Vorausgabe nicht zu.

II Dasselbe gilt von Bürgen, wenn die Schuld aus einem Handelsgeschäft auf Seiten des Hauptschuldners hervorgeht, oder wenn die Bürgschaft selbst ein Handelsgeschäft ist.*)

Art. 282. — **§. 347.** §. 347.

I Wer aus einem Geschäfte, welches / **das** auf seiner Seite ein Handelsgeschäft ist, einem Anderen zur Sorgfalt verpflichtet ist, muss / **hat für** die Sorgfalt eines ordentlichen Kaufmanns anwenden / **einzustehen**. 1

Unberührt bleiben die Vorschriften des Bürgerlichen Gesetzbuchs, nach welchen der Schuldner in bestimmten Fällen nur grobe Fahrlässigkeit zu vertreten oder nur für diejenige Sorgfalt einzustehen hat, welche er in eigenen Angelegenheiten anzuwenden pflegt. 2

Art. 283.

I Wer Schadenersatz zu fordern hat, kann die Erstattung des wirklichen Schadens und des entgangenen Gewinnes verlangen.

Art. 284.	**§. 348.**	§. 348.
I Die Konventionalstrafe	**Eine Vertragsstrafe, die**	1

*) S. jetzt §§. 349, 351.

Gewöhnliche deutsche und fette deutsche Schrift = neues H G.

unterliegt keiner Beschränkung in Ansehung des Betrages; sie kann das Doppelte des Interesses übersteigen.*)
II Der Schuldner ist im Zweifel nicht berechtigt, sich durch Erlegung der Konventionalstrafe von der Erfüllung zu befreien.
III Die Verabredung einer Konventionalstrafe schliesst im Zweifel den Anspruch auf einen den Betrag derselben übersteigenden Schadensersatz nicht aus.

§. 349. Art. 285.

I Die Daraufgabe (Arrha) gilt nur dann als Reugeld, wenn dies vereinbart oder ortsgebräuchlich ist.
II Sie ist, wenn nichts Anderes vereinbart oder ortsgebräuchlich ist, zurückzugeben oder in Anrechnung zu bringen.

§. 350. Art. 286.

I Wegen übermässiger Verletzung, insbesondere wegen Verletzung über die Hälfte, können Handelsgeschäfte nicht angefochten werden.

von einem Kaufmann im Betriebe seines Handelsgewerbes versprochen ist, kann nicht auf Grund der Vorschriften des §. 343 des Bürgerlichen Gesetzbuchs herabgesetzt werden.

§. 349.

Dem Bürgen steht, wenn 1
die Bürgschaft für ihn ein Handelsgeschäft ist, die Einrede der Vorausklage nicht zu. Das Gleiche gilt unter der bezeichneten Voraussetzung für denjenigen, welcher aus einem Kreditauftrag als Bürge haftet.

§. 350.

Auf eine Bürgschaft, ein 1
Schuldversprechen oder ein Schuldanerkenntniß finden, sofern die Bürgschaft auf der Seite des Bürgen, das Versprechen oder das Anerkenntniß auf der Seite des Schuldners ein Handelsgeschäft ist, die Formvorschriften des

*) Vergl. auch §. 251.

§. 766 Satz 1, des §. 780 und des §. 781 Satz 1 des Bürgerlichen Gesetzbuchs keine Anwendung.

§. 351. §. 351.

Die Vorschriften der §§. 348 bis 350 finden auf die 1
im §. 4 bezeichneten Gewerbetreibenden keine Anwendung.

Art. 287. — **§. 352.** §. 352.

I Die Höhe der gesetzlichen Zinsen, $\frac{\text{insbesondere auch}}{\text{mit Einschluß}}$ 1
der Verzugszinsen, ist bei beiderseitigen Handelsgeschäften $\frac{\text{sechs}}{\text{fünf}}$ vom Hundert $\frac{\text{jährlich}}{\text{für das Jahr}}$. Das Gleiche gilt, wenn für eine Schuld aus einem solchen Handelsgeschäfte Zinsen ohne Bestimmung des Zinsfußes versprochen sind.

II $\frac{\text{In allen Fällen, in welchen}}{\text{Ist}}$ in diesem Gesetzbuche die 2
Verpflichtung zur Zahlung von Zinsen ohne Bestimmung der Höhe ausgesprochen wird, so sind darunter Zinsen zu $\frac{\text{sechs}}{\text{fünf}}$ vom Hundert $\frac{\text{jährlich}}{\text{für das Jahr}}$ zu verstehen.

Art. 288.

I Wer aus einem Geschäfte, welches auf seiner Seite ein Handelsgeschäft ist, eine fällige Forderung hat, kann wegen derselben vom Tage der Mahnung an Zinsen fordern, sofern er nicht nach dem bürgerlichen Recht schon von einem früheren Zeitpunkt an Zinsen zu fordern berechtigt ist.

II Die Uebersendung der Rechnung gilt für sich allein nicht als Mahnung.

Art. 289. — **§. 353.** §. 353.

I Kaufleute unter einander sind berechtigt, $\frac{\text{in}}{\text{für ihre Forder-}}$ 1

---

ungen aus beiderseitigen Handelsgeschäften
auch ohne Verabredung oder Mahnung von jeder Forderung seit dem | **vom**
Tage
, an welchem sie fällig war, | **der Fälligkeit an**
Zinsen zu fordern. **Zinsen von Zinsen können auf Grund dieser Vorschrift nicht gefordert werden.**

§. 354. Art. 290. — **§. 354.**

I Ein Kaufmann, welcher | **Wer** 1
in Ausübung des / **seines** Handelsgewerbes
einem Kaufmann oder Nichtkaufmann | **einem Anderen**
Geschäfte besorgt oder Dienste leistet, kann dafür auch ohne vorherige Verabredung Provision und, wenn es sich um Aufbewahrung handelt, zugleich auch Lagergeld nach den an dem Orte gewöhnlichen / **üblichen** Sätzen fordern.

II Von seinen / **Für** Darlehen, Vorschüssen, Auslagen und anderen / **andere** 2
Verwendungen kann er vom Tage ihrer / **der** Leistung oder Beschaffung an Zinsen in Ansatz bringen / **berechnen**.

III Dies gilt insbesondere auch von dem Kommissionär und Spediteur.
1

§. 355. Art. 291. — **§. 355.**

I Wenn ein Kaufmann | **Steht Jemand**
mit **einem** anderen **Kaufmanne**
in laufender Rechnung (Kontokurrent) steht, so ist | **derart in Geschäftsverbindung, daß die aus der Ver-**

	bindung entspringenden beiderseitigen Ansprüche und Leistungen nebst Zinsen in Rechnung gestellt und in regelmäßigen Zeitabschnitten durch Verrechnung und Feststellung des für den einen oder anderen Theil sich ergebenden Ueberschusses ausgeglichen werden (laufende Rechnung, Kontokurrent), so kann

derjenige, welchem beim / **bei dem** Rechnungsabschluß ein Ueberschuß gebührt,

von dem ganzen Betrage desselben, wenngleich darunter Zinsen begriffen sind, seit	**von**

dem Tage des Abschlusses an Zinsen

zu fordern berechtigt.	**von dem Ueberschusse verlangen, auch soweit in der Rechnung Zinsen enthalten sind.**

II Der Rechnungsabschluß geschieht jährlich einmal, sofern nicht von den Parteien ein Anderes bestimmt ist. 2

Die laufende Rechnung kann im Zweifel auch während der Dauer einer Rechnungsperiode jederzeit mit der Wirkung gekündigt werden, daß derjenige, welchem nach der Rechnung ein Ueberschuß gebührt, dessen Zahlung beanspruchen kann. 3

§. 356. §. 356.

Wird eine Forderung, die durch Pfand, Bürgschaft oder in anderer Weise gesichert ist, in die laufende Rechnung aufgenommen, so wird der Gläubiger durch die Anerkennung des Rechnungsabschlusses nicht gehindert, 1 aus der Sicherheit insoweit Befriedigung zu suchen, als sein Guthaben aus der laufenden Rechnung und die Forderung sich decken.

Haftet ein Dritter für eine in die laufende Rechnung aufgenommene Forderung als Gesammtschuldner, so findet auf die Geltendmachung der Forderung gegen ihn die Vorschrift des Abs. 1 entsprechende Anwendung. 2

§. 357. §. 357.

Hat der Gläubiger eines Betheiligten die Pfändung und Ueberweisung des Anspruchs auf dasjenige erwirkt, was seinem Schuldner als Ueberschuß aus der laufenden Rechnung zukommt, so können dem Gläubiger gegenüber Schuldposten, die nach der Pfändung durch neue Geschäfte entstehen, nicht in Rechnung gestellt werden. Geschäfte, die auf Grund eines schon vor der Pfändung bestehenden Rechtes oder einer schon vor diesem Zeitpunkte bestehenden Verpflichtung des Drittschuldners vorgenommen werden, gelten nicht als neue Geschäfte im Sinne dieser Vorschrift. 1

Art. 292.

I Bei Handelsgeschäften können Zinsen zu sechs vom Hundert jährlich bedungen werden; höhere Zinsen zu bedingen ist nur insofern zulässig, als die Landesgesetze solches gestatten.

II Bei Darlehen, welche ein Kaufmann empfängt, und bei Schulden eines Kaufmanns aus seinen Handelsgeschäften können auch höhere Zinsen als sechs vom Hundert jährlich bedungen werden.

Art. 293.

1 Die Zinsen können bei Handelsgeschäften in ihrem Gesammtbetrage das Kapital übersteigen.

Art. 294.

I Die Anerkennung einer Rechnung schliesst den Beweis eines Irrthums oder eines Betruges in der Rechnung nicht aus.

Art. 295.

I Die Beweiskraft eines Schuldscheines oder einer Quittung ist an den Ablauf einer Zeitfrist nicht gebunden.*)

Art. 296.

I Der Ueberbringer einer Quittung gilt für ermächtigt, die Zahlung zu empfangen, sofern nicht die dem Zahlenden bekannten Umstände der Annahme einer solchen Ermächtigung entgegenstehen.

Art. 297.

I Ein Antrag, ein Auftrag oder eine Vollmacht, welche von einem Kaufmann in dem Handelsgewerbe ausgegangen sind, werden durch seinen Tod nicht aufgehoben, sofern nicht eine entgegengesetzte Willensmeinung aus seiner Erklärung oder aus den Umständen hervorgeht.

Art. 298.

I Bei einer Vollmacht zu Handelsgeschäften kommen in Betreff des Verhältnisses zwischen dem Vollmachtgeber, dem Bevollmächtigten und dem Dritten, mit welchem der Bevollmächtigte Namens des Vollmachtgebers das Geschäft schliesst, dieselben Bestimmungen zur Anwendung, welche im Artikel 52 in Beziehung auf die Prokuristen und Handlungsbevollmächtigten gegeben sind.

II Ingleichen gilt die Bestimmung des Artikels 55 in Beziehung auf denjenigen, welcher ein Handelsgeschäft als Bevollmächtigter schliesst, ohne Vollmacht dazu erhalten zu haben, oder welcher bei dem Abschlusse des Handelsgeschäftes seine Vollmacht überschreitet.

---

*) §. 17 des Einf.Ges. zur CPO. lautete: Die Beweiskraft eines Schuldscheins oder einer Quittung ist an den Ablauf einer Zeitfrist nicht gebunden. Abweichende Vorschriften des bürgerlichen Rechts über die zur Eintragung in das Grund- oder Hypothekenbuch bestimmten Schuldurkunden bleiben unberührt, soweit sie die Verfolgung des dinglichen Rechts betreffen. (Vergl. auch das Einführungsges. v. 5. Juni 1869 §. 3 B. 5.)

Art. 299.

I Im Falle der Abtretung einer aus einem Handelsgeschäft hervorgegangenen Forderung kann die Bezahlung ihres vollen Betrages auch dann verlangt werden, wenn dieser Betrag die Summe des für die Abtretung vereinbarten Preises übersteigt.

Art. 300 bis 324 s. bei §§. 363 ff.

§. 358. Art. 332. — **§. 358.**

Art. 332.	§. 358.
I Die Erfüllung muss an dem Erfüllungstage **während der gewöhnlichen Geschäftszeit** geleistet und angenommen werden.	**Bei Handelsgeschäften kann die Leistung nur während der gewöhnlichen Geschäftszeit bewirkt und gefordert werden.** 1

Vierter Abschnitt.

Erfüllung der Handelsgeschäfte.

Art. 324.

I Die Erfüllung des Handelsgeschäfts muss an dem Orte geschehen, welcher im Vertrage bestimmt oder nach der Natur des Geschäfts oder der Absicht der Kontrahenten als Ort der Erfüllung anzusehen ist.

II Fehlt es an diesen Voraussetzungen, so hat der Verpflichtete an dem Orte zu erfüllen, an welchem er zur Zeit des Vertragsabschlusses seine Handelsniederlassung oder in deren Ermangelung seinen Wohnort hatte. Wenn jedoch eine bestimmte Sache übergeben werden soll, welche sich zur Zeit des Vertragsabschlusses mit Wissen der Kontrahenten an einem andern Orte befand, so geschieht die Uebergabe an diesem Orte.

Art. 325.

I Bei Geldzahlungen, mit Ausnahme der Auszahlung von indossabelen oder auf Inhaber lautenden Papieren, ist der

Schuldner verpflichtet, wenn nicht ein Anderes aus dem Vertrage oder aus der Natur des Geschäfts oder der Absicht der Kontrahenten hervorgeht, auf seine Gefahr und Kosten die Zahlung dem Gläubiger an dem Ort zu übermachen, an welchem der letztere zur Zeit der Entstehung der Forderung seine Handelsniederlassung oder in deren Ermangelung seinen Wohnort hatte.

II Durch diese Bestimmung wird jedoch der gesetzliche Erfüllungsort des Schuldners (Art. 324) in Betreff des Gerichtsstandes oder in sonstiger Beziehung nicht geändert.

Art. 326.

I Wenn die Zeit der Erfüllung einer Verbindlichkeit in dem Vertrage nicht bestimmt ist, so kann die Erfüllung zu jeder Zeit gefordert und geleistet werden, sofern nicht nach den Umständen oder nach dem Handelsgebrauche etwas Anderes anzunehmen ist.

Art. 327.	**§. 359.**	§. 359.
I Lautet die Erfüllungszeit auf	**Ist als Zeit der Leistung**	1

das Frühjahr oder den / **der** **Herbst oder**

auf ähnliche Zeitbestimmungen,	**ein in ähnlicher Weise bestimmter Zeitpunkt vereinbart,**	

so entscheidet im Zweifel der Handelsgebrauch des Ortes der Erfüllung. / **Leistung.**

II Ist die Erfüllung auf die Mitte eines Monats gestellt worden, so gilt der fünfzehnte dieses Monats als der Tag der Erfüllung.	

Art. 328.

I Wenn die Erfüllung einer Verbindlichkeit mit dem Ablaufe einer bestimmten Frist nach Abschluss des Vertrages erfolgen soll, so fällt der Zeitpunkt der Erfüllung:

1) wenn die Frist nach Tagen bestimmt ist, auf den letzten Tag der Frist; bei Berechnung der Frist wird der Tag, an welchem der Vertrag geschlossen ist, nicht mit gerechnet; ist die Frist auf acht oder vierzehn Tage bestimmt, so werden darunter volle acht oder vierzehn Tage verstanden;

Ist eine Frist von acht Tagen vereinbart, so sind hierunter im Zweifel volle acht Tage zu verstehen. 2

2) wenn die Frist nach Wochen, Monaten, oder einem mehrere Monate umfassenden Zeitraum (Jahr, halbes Jahr, viertel Jahr) bestimmt ist, auf denjenigen Tag der letzten Woche oder des letzten Monats, welcher durch seine Benennung oder Zahl dem Tage des Vertragsschlusses entspricht; fehlt dieser Tag in dem letzten Monate, so fällt die Erfüllung auf den letzten Tag dieses Monats.

II Der Ausdruck »halber Monat« wird einem Zeitraum von fünfzehn Tagen gleich geachtet. Ist die Frist zur Erfüllung auf einen oder mehrere ganze

Monate und einen halben Monat gestellt, so sind die fünfzehn Tage zuletzt zu zählen.

III Nach den vorstehenden Grundsätzen ist die Frist auch dann zu berechnen, wenn der Anfang derselben nicht nach dem Tage des Vertragsschlusses, sondern nach einem anderen Zeitpunkte oder Ereignisse bestimmt worden ist.

Art. 329.

I Fällt der Zeitpunkt der Erfüllung auf einen Sonntag oder allgemeinen Feiertag, so gilt der nächste Werktag als der Tag der Erfüllung.

Art. 330.

I Soll die Erfüllung innerhalb eines gewissen Zeitraumes geschehen, so muss sie vor Ablauf desselben erfolgen.

II Fällt der letzte Tag des Zeitraums auf einen Sonntag oder allgemeinen Feiertag, so muss spätestens am nächstvorhergehenden Werktage erfüllt werden.

Art. 331.

I Abänderungen in diesen Zeitberechnungen (Art. 328 bis 330), soweit sie die Liquidationstermine der Börsengeschäfte betreffen, bleiben den Börsenordnungen vorbehalten.

Art. 332 s. bei §. 358.

Art. 333.

I Ist die vertragsmässige Frist zur Erfüllung einer Verbindlichkeit verlängert worden, so beginnt die neue Frist im Zweifel am ersten Tage nach Ablauf der alten Frist.

Art. 334.

I In allen Fällen, in welchen ein Verfalltag bestimmt worden ist, ist nach der Natur des Geschäfts und der Absicht der Kontrahenten zu beurtheilen, ob derselbe nur zu Gunsten eines der beiden Kontrahenten hinzugefügt worden ist.

II Auch wenn der Schuldner hiernach vor dem Verfalltage zu zahlen befugt ist, ist er doch nicht berechtigt, ohne Einwilligung des Gläubigers den Diskonto abzuziehen, insofern nicht Uebereinkunft oder Handelsgebrauch ihn dazu ermächtigen.

§. 360. Art. 335. — **§. 360.**

I Ist im Vertrage über die Beschaffenheit und Güte der Waare nichts Näheres bestimmt, so hat der Verpflichtete	**Wird eine nur der Gattung nach bestimmte Waare geschuldet, so ist** 1

Handelsgut mittlerer Art und Güte

zu gewähren.	**zu leisten.**

§. 361. Art. 336. — **§. 361.**

I Maß, Gewicht, Münzfuss, Münzsorten / **Währung**, Zeitrechnung und 1
Entfernungen, welche / **die** an dem Orte gelten, wo der Vertrag erfüllt werden soll, sind im Zweifel als die vertragsmäßigen zu betrachten.

II Ist die im Vertrage bestimmte Münzsorte am Zahlungsorte nicht im Umlauf oder nur eine Rechnungswährung, so kann der Betrag nach dem Werthe der Verfallzeit in der Landesmünze gezahlt werden, sofern nicht durch den Gebrauch des Wortes »effektiv« oder eines ähnlichen Zusatzes die Zahlung in der im Vertrage benannten Münzsorte ausdrücklich bedungen ist.

Art. 337 s. Seite 335.

§. 362.

Art. 323.	**§. 362.**
I Wenn zwischen dem Kaufmann, welchem ein Auftrag gegeben wird, und dem Auftraggeber eine	**Geht einem Kaufmanne, dessen Gewerbetrieb die Besorgung von Geschäften für Andere mit sich bringt, ein Antrag über die Besorgung solcher Geschäfte von Jemand zu, mit dem er in** 1

Gewöhnliche deutsche und lateinische Schrift = altes H.G.

Geschäftsverbindung

besteht, oder sich derselbe gegen letzteren zur Ausrichtung solcher Aufträge erboten hat,	**steht,**

so ist er

zu einer Antwort ohne Zögern	

verpflichtet,

widrigenfalls	**unverzüglich zu antworten;**

sein Schweigen

als Uebernahme des Auftrages gilt.	**gilt als Annahme des Antrags. Das Gleiche gilt, wenn einem Kaufmann ein Antrag über die Besorgung von Geschäften von Jemand zugeht, dem gegenüber er sich zur Besorgung solcher Geschäfte erboten hat.**

II Auch wenn derselbe / **der Kaufmann** den Antrag ablehnt, 2

ist er schuldig, die mit dem Auftrage etwa übersendeten	**hat er die mitgesendeten**

Waaren oder andere Gegenstände auf Kosten des Auftraggebers / **Antragstellers**, soweit er für diese Kosten gedeckt ist und soweit es ohne Nachtheil **für ihn** geschehen kann, einstweilen vor Schaden **zu bewahren.**

III Das Handelsgericht kann auf seinen Antrag verordnen, dass das Gut in einem öffentlichen Lagerhause oder bei einem Dritten so lange niedergelegt wird, bis der Eigenthümer anderweitige Vorkehrung trifft.

Art. 300.

I Ein Kaufmann, welcher eine auf ihn ausgestellte Anweisung (Assignation) gegenüber demjenigen, zu dessen

---

Gewöhnliche deutsche und fette deutsche Schrift = neues H.G.

Gunsten sie ausgestellt ist, angenommen hat, ist demselben zur Erfüllung verpflichtet. Die auf eine schriftliche Anweisung geschriebene und unterschriebene Annahme-Erklärung gilt als ein dem Assignatar geleistetes Zahlungsversprechen.

§. 363. Art. 301. — **§. 363.**

I Anweisungen und Verpflichtungsscheine, welche von / **die auf einen** 1
Kaufleuten / **Kaufmann** über Leistungen / **die Leistung** von Geld, oder einer Quantität / **Werthpapieren**
vertretbarer Sachen oder Werthpapiere / **oder anderen vertretbaren Sachen** ausgestellt sind, ohne daß darin die Verpflichtung zur Leistung von einer Gegenleistung abhängig gemacht ist, können durch Indossament übertragen werden, wenn sie an Order lauten. **Dasselbe gilt von Verpflichtungsscheinen, die von einem Kaufmann über Gegenstände der bezeichneten Art an Order ausgestellt sind, ohne daß darin die Leistung von einer Gegenleistung abhängig gemacht ist.**

II Zur Gültigkeit der Urkunde oder des Indossaments ist nicht erforderlich, dass sie die Angabe des Verpflichtungs grundes oder das Empfangsbekenntniss der Valuta enthalten

III Wer eine solche Anweisung akzeptirt hat, ist demjenigen, zu dessen Gunsten sie ausgestellt oder an welchen sie indossirt ist, zur Erfüllung verpflichtet.

Art. 302.

I Ingleichen / **Ferner** können Konnossemente der Seeschiffer und / **,** 2
Ladescheine der Frachtführer,

Auslieferungsscheine (Lagerscheine Warrants) über Waaren oder andere bewegliche Sachen, welche von einer zur Aufbewahrung solcher	**Lagerscheine der staatlich zur Ausstellung solcher Urkunden ermächtigten Anstalten sowie**

Gewöhnliche deutsche und lateinische Schrift = altes H.G.

Sachen staatlich ermächtigten | Anstalt ausgestellt sind, ferner

Seeassekuranzpolizen
Bodmereibriefe und ———————— durch
Transportversicherungspolizen
Indossament übertragen werden, wenn sie an Order lauten.

Art. 303. — **§. 364.** §. 364

I Durch das Indossament der in den beiden vorhergehenden Artikeln bezeichneten Urkunden gehen alle Rechte aus dem indossirten Papier auf den Indossatar über. 1

Der Verpflichtete kann
II ———————— 2
Dem legitimirten Besitzer der Urkunde kann der

sich ———— nur ———— solcher Einreden bedienen ————, welche
Schuldner **solche Einwendungen entgegensetzen**

ihm nach Massgabe der Urkunde selbst | **die Gültigkeit seiner Erklärung in der Urkunde betreffen oder sich aus dem Inhalte der Urkunde ergeben oder ihm**

unmittelbar gegen den

jedesmaligen Kläger | **Besitzer**

zustehen.

III Der Schuldner ist nur gegen Aushändigung des/**der** 3

Papieres zu erfüllen
quittirten ———————— verpflichtet.
Urkunde zur Leistung

Art. 304.

I Ob ausser den in diesem Gesetzbuch bezeichneten noch andere an Order lautende Anweisungen, Verpflichtungsscheine oder sonstige Urkunden mit der in Artikel 303 erwähnten Wirkung durch Indossament übertragen werden können, ist nach den Landesgesetzen zu beurtheilen.

---

§. 365. Art. 305. — **§. 365.**

Art. 305 (altes H.G.)	§. 365 (neues H.G.)	
I Für Papiere, welche an Order lauten und welche durch Indossament übertragen werden können (Art. 301 bis 304), gelten in	**In**	1

Betreff der Form des Indossaments, in Betreff der Legitimation des Inhabers / **Besitzers** und der Prüfung dieser / **der** Legitimation sowie in Betreff der Verpflichtung des Besitzers zur Herausgabe,

dieselben Bestimmungen, welche die	**finden die Vorschriften der**	

Artikel 11 bis 13, 36 und / — 74 der Allgemeinen Deutschen Wechselordnung

in Betreff des Wechsels enthalten.	**entsprechende Anwendung.**	
II Sind die im Artikel 301 bezeichneten Papiere	**Ist die Urkunde vernichtet oder**	2

abhanden gekommen,

so finden in Bezug auf die Amortisation die im Artikel 73 der Allgemeinen Deutschen Wechsel-Ordnung gegebenen Bestimmungen Anwendung. Die Amortisation der im Artikel 302 bezeichneten Papiere richtet sich nach den Landesgesetzen.	**so unterliegt sie der Kraftloserklärung im Wege des Aufgebotsverfahrens. Ist das Aufgebotsverfahren eingeleitet, so kann der Berechtigte, wenn er bis zur Kraftloserklärung Sicherheit bestellt, Leistung nach Maßgabe der Urkunde von dem Schuldner verlangen.**	

§. 366.

Art. 306.	**§. 366.**	
I Wenn Waaren oder andere bewegliche Sachen von	**Veräußert oder verpfändet ein Kaufmann im Be-**	1

einem Kaufmann in dessen Handelsbetriebe veräussert und übergeben worden sind, so erlangt der redliche Erwerber das Eigenthum, auch wenn der Veräusserer nicht Eigenthümer war. Das früher begründete Eigenthum erlischt. Jedes früher begründete Pfandrecht oder sonstige dingliche Recht erlischt, wenn dasselbe dem Erwerber bei der Veräusserung unbekannt war.

II Sind Waaren oder andere bewegliche Sachen von einem Kaufmann in dessen Handelsbetriebe verpfändet und übergeben worden, so kann ein früher begründetes Eigenthum, Pfandrecht oder sonstiges dingliches Recht an den Gegenständen zum Nachtheil des redlichen Pfandnehmers oder dessen Rechtsnachfolger nicht geltend gemacht werden.

triebe seines Handelsgewerbes eine ihm nicht gehörige bewegliche Sache, so finden die Vorschriften des Bürgerlichen Gesetzbuchs zu Gunsten derjenigen, welche Rechte von einem Nichtberechtigten herleiten, auch dann Anwendung, wenn der gute Glaube des Erwerbers die Befugniß des Veräußerers oder Verpfänders, über die Sache für den Eigenthümer zu verfügen, betrifft.

Ist die Sache mit dem Rechte eines Dritten belastet, so finden die Vorschriften des Bürgerlichen Gesetzbuchs zu Gunsten derjenigen, welche Rechte von einem Nichtberechtigten herleiten, auch dann Anwendung, wenn der gute Glaube die Befugniß des Veräußerers oder Verpfänders, ohne Vorbehalt des Rechtes über die Sache zu verfügen, betrifft. 2

III Das gesetzliche Pfandrecht des Kommissionärs, **des** Spediteurs, **des Lagerhalters** und **des** Frachtführers steht **hinsichtlich des Schutzes und des guten Glaubens** einem **gemäß Abs.** 1 durch Vertrag erworbenen Pfandrechte gleich. 3

IV Dieser Artikel findet keine Anwendung, wenn die Gegenstände gestohlen oder verloren waren.

Art 307.

I Die Bestimmungen des

§. 367.

Wird ein Inhaberpapier, 1

§. 367.

Gewöhnliche deutsche und fette deutsche Schrift = neues H.G.

vorigen Artikels finden bei Papieren auf Inhaber auch dann Anwendung, wenn die Veräusserung oder Verpfändung nicht von einem Kaufmann in dessen Handelsbetriebe geschehen ist, und wenn die Papiere gestohlen oder verloren waren.

daß dem Eigenthümer gestohlen worden, verloren gegangen oder sonst abhanden gekommen ist, an einen Kaufmann, der Bankier- oder Geldwechslergeschäfte betreibt, veräußert oder verpfändet, so gilt dessen guter Glaube als ausgeschlossen, wenn zur Zeit der Veräußerung oder Verpfändung der Verlust des Papiers von einer öffentlichen Behörde oder von dem aus der Urkunde Verpflichteten im Deutschen Reichsanzeiger bekannt gemacht und seit dem Ablaufe des Jahres, in welchem die Veröffentlichung erfolgt ist, nicht mehr als ein Jahr verstrichen war.

Der gute Glaube des Erwerbers wird durch die Ver- 2
öffentlichung im Deutschen Reichsanzeiger nicht ausgeschlossen, wenn der Erwerber die Veröffentlichung in Folge besonderer Umstände weder kannte noch kennen mußte.

Auf Zins-, Renten- und Gewinnantheilscheine, die 3
nicht später als in dem nächsten auf die Veräußerung oder Verpfändung folgenden Einlösungstermine fällig werden, sowie auf Banknoten und andere auf Sicht zahlbare unverzinsliche Inhaberpapiere finden diese Vorschriften keine Anwendung.

Art. 308.

I Durch die beiden vorhergehenden Artikel werden die Landesgesetze nicht berührt, welche für den Besitzer noch günstigere Bestimmungen enthalten.

Art. 309.

I Die zur Bestellung eines Faustpfandes in dem bürgerlichen Rechte vorgeschriebenen Förmlichkeiten sind nicht erforderlich, wenn unter Kaufleuten für eine Forderung aus

---

Gewöhnliche deutsche und lateinische Schrift = altes H.G.

beiderseitigen Handelsgeschäften ein Faustpfand an beweglichen Sachen, an Papieren auf Inhaber oder an Papieren, welche durch Indossament übertragen werden können, bestellt wird.

II In diesem Falle genügt neben der einfachen Vereinbarung über die Verpfändung:

1) bei beweglichen Sachen und bei Papieren auf Inhaber die Uebertragung des Besitzes auf den Gläubiger, wie solche nach den Bestimmungen des bürgerlichen Rechts für das Faustpfand erfordert wird;

2) bei Papieren, welche durch Indossament übertragen werden können, die Uebergabe des indossirten Papiers.

Art. 310.

I Ist die Bestellung eines Faustpfandes unter Kaufleuten für eine Forderung aus beiderseitigen Handelsgeschäften schriftlich erfolgt, so kann der Gläubiger, wenn der Schuldner im Verzuge ist, sich aus dem Pfande sofort bezahlt machen, ohne dass es einer Klage gegen den Schuldner bedarf.

II Der Gläubiger hat die Bewilligung hierzu unter Vorlegung der erforderlichen Bescheinigungsmittel bei dem für ihn zuständigen Handelsgerichte nachzusuchen, von welchem hierauf ohne Gehör des Schuldners und auf Gefahr des Gläubigers der Verkauf der verpfändeten Gegenstände oder eines Theils derselben verordnet wird.

§. 368. §. 368.

Bei dem Verkauf eines Pfandes tritt, wenn die Verpfändung auf der Seite des Pfandgläubigers und des Verpfänders ein Handelsgeschäft ist, an die Stelle der im §. 1234 des Bürgerlichen Gesetzbuchs bestimmten Frist von einem Monat eine solche von einer Woche. 1

Diese Vorschrift findet auf das gesetzliche Pfandrecht des Kommissionärs, des Spediteurs, des Lagerhalters und des Frachtführers entsprechende Anwendung, auf das Pfandrecht des Spediteurs und des Frachtführers auch dann, wenn nur auf ihrer Seite der Speditions- oder Frachtvertrag ein Handelsgeschäft ist. 2

Gewöhnliche deutsche und fette deutsche Schrift = neues H.G.

III Von der Bewilligung, sowie von der Vollziehung des Verkaufs hat der Gläubiger den Schuldner, soweit es thunlich, sofort zu benachrichtigen; unterlässt er die Anzeige, so ist er zum Schadensersatze verpflichtet. Um den Verkauf zu bewirken, ist der Nachweis der Anzeige nicht erforderlich.

Art. 311.

I Wenn die Bestellung eines Faustpfandes unter Kaufleuten für eine Forderung aus beiderseitigen Handelsgeschäften erfolgt, und schriftlich vereinbart ist, dass der Gläubiger ohne gerichtliches Verfahren sich aus dem Pfande befriedigen könne, so darf, wenn der Schuldner im Verzuge ist, der Gläubiger das Pfand öffentlich verkaufen lassen; er darf in diesem Falle, wenn die verpfändeten Gegenstände einen Börsenpreis oder Marktpreis haben, den Verkauf auch nicht öffentlich durch einen Handelsmäkler oder in Ermangelung eines solchen durch einen zu Versteigerungen befugten Beamten zum laufenden Preise bewirken. Von der Vollziehung des Verkaufs hat der Gläubiger den Schuldner, soweit es thunlich, sofort zu benachrichtigen; bei Unterlassung der Anzeige ist er zum Schadensersatze verpflichtet.

Art. 312.

I Durch die vorhergehenden Artikel werden die den öffentlichen Pfandanstalten, Kreditinstituten oder Banken durch Gesetze, Verordnungen oder Statuten verliehenen besonderen Rechte in Betreff der Bestellung oder Veräusserung von Pfändern nicht berührt.

II Ingleichen ist durch die vorhergehenden Artikel nicht ausgeschlossen, dass die Bestellung oder die Veräusserung von Faustpfändern unter Kaufleuten für Forderungen aus Handelsgeschäften rechtsgültig geschehen kann, wenn dabei die in den einzelnen Staaten für die Bestellung oder Veräusserung von Faustpfändern geltenden Bestimmungen beobachtet werden.

§. 369.

Art. 313. — **§. 369.**

I Ein Kaufmann hat wegen der fälligen Forderungen, 1

welche ihm gegen einen anderen Kaufmann aus den zwischen ihnen geschlossenen beiderseitigen Handelsgeschäften zustehen, ein Zurückbehaltungsrecht (Retentionsrecht) an allen / **den** beweglichen Sachen und Werthpapieren des Schuldners, welche mit dessen Willen auf Grund von Handelsgeschäften in seinen Besitz gekommen / **gelangt** sind, sofern er dieselben / **sie** noch in seinem Gewahrsam / **im Besitze** hat, oder sonst insbesondere vermittelst Konnossemente, Ladescheine / **mittelst Konnossements, Ladescheins** oder Lagerscheine / **Lagerscheins** noch in der Lage ist, darüber zu verfügen **kann. Das Zurückbehaltungsrecht ist auch dann begründet, wenn das Eigenthum an dem Gegenstande von dem Schuldner auf den Gläubiger übergegangen oder von einem Dritten für den Schuldner auf den Gläubiger übertragen, aber auf den Schuldner zurückzuübertragen ist.**

Einem Dritten gegenüber besteht das Zurückbehaltungsrecht insoweit, als dem Dritten die Einwendungen gegen den Anspruch des Schuldners auf Herausgabe des Gegenstandes entgegengesetzt werden können. 2

II Dieses Recht tritt jedoch nicht ein / **Das Zurückbehaltungsrecht ist ausgeschlossen**, wenn die Zurückbehaltung der Gegenstände / **des Gegenstandes** der von dem Schuldner vor oder bei der Uebergabe ertheilten Vorschrift / **Anweisung** oder der von dem Gläubiger übernommenen Verpflichtung, in einer bestimmten Weise mit den Gegenständen / **dem Gegenstande** zu verfahren, widerstreiten würde / **widerstreitet**. 3

Der Schuldner kann die Ausübung des Zurückbehaltungsrechts durch Sicherheitsleistung abwenden. Die Sicherheitsleistung durch Bürgen ist ausgeschlossen. 4

Gewöhnliche deutsche und fette deutsche Schrift = neues H.G.

§. 370. Art. 314. — §. 370.

I Das in dem vorhergehenden Artikel bezeichnete Zurück- 1
besteht unter den dort angegebenen Voraus-
behaltungsrecht
kann
setzungen selbst fälligen
wegen der nicht Forderungen gel-
auch fälliger
tend gemacht werden:

1. wenn über das Vermögen des Schuldners der Konkurs eröffnet worden ist oder der Schuldner auch nur seine Zahlungen eingestellt hat;
2. wenn eine
Exekution
Zwangsvollstreckung
in das Vermögen des Schuldners
fruchtlos vollstreckt worden
ohne Erfolg versucht
ist.

In diesen Fällen
II Der Geltendmachung des Zurückbehaltungsrechts steht 2
Vorschrift
auch die des Schuldners oder die Uebernahme
Anweisung
den Gegen-
der Verpflichtung, in einer bestimmten Weise mit
ständen dem Gegen-
zu verfahren, dem Zurückbehaltungsrecht nicht ent-
stande
vorstehend unter und Um-
gegen, sofern die 1 2 bezeichneten
im Abs. 1 Nr. , That-
stände der Gegenstände
erst nach der Uebergabe oder nach
sachen des Gegenstandes
der Uebernahme der Verpflichtung eingetreten oder dem
geworden sind
Gläubiger bekannt .
werden

§. 371.

Art. 315.	§. 371.	
I Der Gläubiger, welchem das Zurückbehaltungsrecht nach den Artikeln 313 oder 314 zusteht, ist verpflichtet, von der Ausübung desselben	Der Gläubiger ist kraft des Zurückbehaltungsrechts befugt, sich aus dem zurückbehaltenen Gegenstande für seine Forderung zu befriedi-	1

den Schuldner ohne Verzug zu benachrichtigen. Er ist befugt, wenn ihn dieser nicht rechtzeitig in anderer Weise sichert, im Wege der Klage bei dem für ihn selbst zuständigen Gerichte gegen den Schuldner den Verkauf der Gegenstände zu beantragen; er kann sich aus dem Erlöse vor den anderen Gläubigern des Schuldners befriedigen. Der Gläubiger hat diese Rechte auch gegenüber der Konkursmasse des Schuldners.

gen. Steht einem Dritten ein Recht an dem Gegenstande zu, gegen welches das Zurückbehaltungsrecht nach §. 369 Abs. 2 geltend gemacht werden kann, so hat der Gläubiger in Ansehung der Befriedigung aus dem Gegenstande den Vorrang.

Die Befriedigung erfolgt 2
nach den für das Pfandrecht geltenden Vorschriften des Bürgerlichen Gesetzbuchs. An die Stelle der im §. 1234 des Bürgerlichen Gesetzbuchs bestimmten Frist von einem Monate tritt eine solche von einer Woche.

Sofern die Befriedigung nicht im Wege der Zwangs- 3
vollstreckung stattfindet, ist sie erst zulässig, nachdem der Gläubiger einen vollstreckbaren Titel für sein Recht auf Befriedigung gegen den Eigenthümer oder, wenn der Gegenstand ihm selbst gehört, gegen den Schuldner erlangt hat; in dem letzteren Falle finden die den Eigenthümer betreffenden Vorschriften des Bürgerlichen Gesetzbuchs über die Befriedigung auf den Schuldner entsprechende Anwendung. In Ermangelung des vollstreckbaren Titels ist der Verkauf des Gegenstandes nicht rechtmäßig.

Die Klage auf Gestattung der Befriedigung kann bei 4
dem Gericht, in dessen Bezirke der Gläubiger seinen allgemeinen Gerichtsstand oder den Gerichtsstand der Niederlassung hat, erhoben werden.

§. 372. §. 372.

In Ansehung der Befriedigung aus dem zurückbehaltenen 1
Gegenstande gilt zu Gunsten des Gläubigers der Schuldner, sofern er bei dem Besitzerwerbe des Gläubigers der Eigen-

thümer war, auch weiter als Eigenthümer, sofern nicht der Gläubiger weiß, daß der Schuldner nicht mehr Eigenthümer ist.

Erwirbt ein Dritter nach dem Besitzerwerbe des Gläubigers von dem Schuldner das Eigenthum, so muß er ein rechtskräftiges Urtheil, das in einem zwischen dem Gläubiger und dem Schuldner wegen Gestattung der Befriedigung geführten Rechtsstreit ergangen ist, gegen sich gelten lassen, sofern nicht der Gläubiger bei dem Eintritte der Rechtshängigkeit gewußt hat, daß der Schuldner nicht mehr Eigenthümer war. 2

Art. 316.

I Die in den Artikeln 313 bis 315 dem Gläubiger gegebenen Rechte treten nicht ein, soweit die Parteien dies besonders vereinbart haben.

Dritter Abschnitt.

Abschliessung der Handelsgeschäfte.

Art. 317.

I Bei Handelsgeschäften ist die Gültigkeit der Verträge durch schriftliche Abfassung oder andere Förmlichkeiten nicht bedingt.

II Ausnahmen von dieser Regel finden nur insoweit statt, als sie in diesem Gesetzbuche enthalten sind.

Art. 318.

I Ueber einen Antrag unter Gegenwärtigen zur Abschliessung eines Handelsgeschäfts muss die Erklärung sogleich abgegeben werden, widrigenfalls der Antragende an seinen Antrag nicht länger gebunden ist.

Art. 319.

I Bei einem unter Abwesenden gestellten Antrage bleibt der Antragende bis zu dem Zeitpunkte gebunden, in welchem er bei ordnungsmässiger rechtzeitiger Absendung der Antwort den Eingang der letzteren erwarten darf. Bei der Berechnung dieses Zeitpunktes darf der Antragende von der Voraussetzung ausgehen, dass sein Antrag rechtzeitig angekommen sei.

II Trifft die rechtzeitig abgesandte Annahme erst nach diesem Zeitpunkte ein, so besteht der Vertrag nicht, wenn der Antragende in der Zwischenzeit oder ohne Verzug nach dem Eintreffen der Annahme von seinem Rücktritt Nachricht gegeben hat.

Art. 320.

I Geht der Widerruf eines Antrages dem anderen Theile früher als der Antrag, oder zu gleicher Zeit mit demselben zu, so ist der Antrag für nicht geschehen zu erachten.

II Ebenso ist die Annahme für nicht geschehen zu erachten, wenn der Widerruf noch vor der Erklärung der Annahme oder zu gleicher Zeit mit derselben bei dem Antragsteller eingegangen ist.

Art. 321.

I Ist ein unter Abwesenden verhandelter Vertrag zu Stande gekommen, so gilt der Zeitpunkt, in welchem die Erklärung der Annahme behufs der Absendung abgegeben ist, als der Zeitpunkt des Abschlusses des Vertrages.

Art. 322.

I Eine Annahme unter Bedingungen oder Einschränkungen gilt als Ablehnung des Antrages verbunden mit einem neuen Antrage.

Art. 323 s. bei §. 362.

Art. 324 ff. s. Seite 318.

Zweiter Titel.	Zweiter Abschnitt.
Vom Kauf.	**Handelskauf.**

Art. 337.

I Das Anerbieten zum Verkauf, welches erkennbar für

mehrere Personen. insbesondere durch Mittheilung von Preislisten, Lagerverzeichnissen, Proben oder Mustern geschieht, oder bei welchem die Waare, der Preis oder die Menge nicht bestimmt bezeichnet ist, ist kein verbindlicher Antrag zum Kauf.

Art. 338.

I Nach den Bestimmnngen über den Kauf ist auch ein Handelsgeschäft zu beurtheilen, dessen Gegenstand in der Lieferung einer Quantität vertretbarer Sachen gegen einen bestimmten Preis besteht.

Art. 339.

I Ein Kauf auf Besicht oder auf Probe ist unter der in dem Willen des Käufers stehenden Bedingung geschlossen, dass der Käufer die Waare besehen oder prüfen und genehmigen werde. Diese Bedingung ist im Zweifel eine aufschiebende.

II Der Käufer ist vor seiner Genehmigung an den Kauf nicht gebunden, Der Verkäufer hört auf, gebunden zu sein, wenn der Käufer bis zum Ablauf der verabredeten oder ortsgebräuchlicheu Frist nicht genehmigt.

III In Ermangelung einer verabredeten oder ortsgebräuchlichen Frist kann der Verkäufer nach Ablauf einer den Umständen angemessenen Zeit den Käufer zur Erklärung auffordern; er hört auf, gebunden zu sein, wenn sich der Käufer auf die Aufforderung nicht sofort erklärt.

IV Ist die auf Besicht oder Probe verkaufte Waare zum Zweck der Besichtigung oder Probe bereits übergeben, so gilt das Stillschweigen des Käufers bis nach Ablauf der Frist oder auf die Aufforderung als Genehmigung.

Art. 340.

I Ein Kauf nach Probe oder Muster ist unbedingt, jedoch unter der Verpflichtung des Verkäufers geschlossen, dass die Waare der Probe oder dem Muster gemäss sei.

Art. 341.

I Ein Kauf zur Probe ist unbedingter Kauf unter Hinzufügung des Beweggrundes.

Art. 342.

I Hinsichtlich des Ortes der Erfüllung der Verbindlichkeiten des Verkäufers und des Käufers kommen die Bestimmuugen des Artikels 324 Absatz 1 zur Anwendung.

II Die Uebergabe der Waare geschieht, wenn aus diesen Bestimmungen sich nicht ein Anderes ergiebt, an dem Orte, wo der Verkäufer zur Zeit des Vertragsabschlusses seine Handelsniederlassung oder in deren Ermangelung seinen Wohnort hatte. Wenn jedoch eine bestimmte Sache verkauft ist, welche sich zur Zeit des Vertragsabschlusses mit Wissen der Kontrahenten an einem anderen Orte befand, so geschieht die Uebergabe an diesem Orte.

III Der Kaufpreis ist bei der Uebergabe zu entrichten, sofern nicht ein Anderes durch die Natur des Geschäfts bedingt oder durch Vertrag oder Handelsgebrauch bestimmt ist. Im Uebrigen kommt die Bestimmung des Artikels 325 auch in Bezug auf diese Zahlung zur Anwendung.

Art. 343. — **§. 373.**

I Der Verkäufer ist verpflichtet, die Waare, so lange der Käufer mit der Empfangnahme nicht im Verzuge ist, mit der Sorgfalt eines ordentlichen Geschäftsmannes aufzubewahren.

II Ist der Käufer mit der Empfangnahme der Waare im Verzuge, so kann der Verkäufer die Waare auf Gefahr und Kosten des Käufers in einem öffentlichen Lagerhause oder bei einem Dritten niederlegen.

§. 373.

Ist der Käufer mit der Annahme der Waare im Verzuge, so kann der Verkäufer die Waare auf Gefahr und Kosten des Käufers in einem öffentlichen Lagerhaus oder sonst in sicherer Weise hinterlegen. 1

Gewöhnliche deutsche und fette deutsche Schrift = neues H.G.

Er ist $\frac{\text{auch}}{\textbf{ferner}}$ befugt, nach vorgängiger Androhung die 2
Waare öffentlich $\frac{\text{verkaufen}}{\textbf{versteigern}}$ zu lassen; er $\frac{\text{darf}}{\textbf{kann}}$, wenn die Waare einen Börsen$\frac{\text{preis}}{,}$ oder einen Marktpreis hat, nach vorgängiger Androhung den Verkauf auch $\frac{\text{nicht öffentlich}}{\textbf{aus freier Hand}}$ durch einen **zu solchen Verkäufen öffentlich ermächtigten** Handelsmäkler oder in Ermangelung eines solchen durch einen $\frac{\text{zu Versteigerungen befugten Beamten}}{\textbf{zur öffentlichen Versteigerung befugte Person}}$ zum laufenden Preise bewirken. Ist die Waare dem Verderben ausgesetzt und Gefahr im Verzuge, so bedarf es der vorgängigen Androhung nicht$\frac{.}{;}$ **dasselbe gilt, wenn die Androhung aus anderen Gründen unthunlich ist.**

Der Selbsthülfeverkauf erfolgt für Rechnung des säumigen Käufers. 3

Der Verkäufer und der Käufer können bei der öffentlichen Versteigerung mitbieten. 4

III Von der Vollziehung des Verkaufs hat der Verkäufer den Käufer, soweit es thunlich, sofort zu benachrichtigen; bei	**Im Falle der öffentlichen Versteigerung hat der Verkäufer den Käufer von der Zeit und dem Orte der Versteigerung vorher zu benachrichtigen; von dem vollzogenen Verkaufe hat er bei jeder Art des Verkaufs dem Käufer unverzüglich Nachricht zu geben. Im Falle der** 5

Unterlassung ist er zum Schadensersatze verpflichtet. **Die Benachrichtigungen dürfen unterbleiben, wenn sie unthunlich sind.**

Gewöhnliche deutsche und lateinische Schrift = altes H.G.

§. 374. §. 374.

Durch die Vorschriften des §. 373 werden die Befugnisse nicht berührt, welche dem Verkäufer nach dem Bürgerlichen Gesetzbuche zustehen, wenn der Käufer im Verzuge der Annahme ist. 1

§. 375. §. 375.

Ist bei dem Kaufe einer beweglichen Sache dem Käufer die nähere Bestimmung über Form, Maß oder ähnliche Verhältnisse vorbehalten, so ist der Käufer verpflichtet, die vorbehaltene Bestimmung zu treffen. 1

Ist der Käufer mit der Erfüllung dieser Verpflichtung im Verzuge, so kann der Verkäufer die Bestimmung statt des Käufers vornehmen oder gemäß §. 326 des Bürgerlichen Gesetzbuchs Schadensersatz wegen Nichterfüllung fordern oder vom Vertrage zurücktreten. Im ersteren Falle hat der Verkäufer die von ihm getroffene Bestimmung dem Käufer mitzutheilen und ihm zugleich eine angemessene Frist zur Vornahme einer anderweitigen Bestimmung zu setzen. Wird eine solche innerhalb der Frist von dem Käufer nicht vorgenommen, so ist die von dem Verkäufer getroffene Bestimmung maßgebend. 2

Art. 344.

I Soll die Waare dem Käufer von einem anderen Orte übersendet werden, und hat der Käufer über die Art der Uebersendung nichts bestimmt, so gilt der Verkäufer für beauftragt, mit der Sorgfalt eines ordentlichen Kaufmanns die Bestimmung statt des Käufers zu treffen, insbesondere auch die Person zu bestimmen, durch welche der Transport der Waare besorgt oder ausgeführt werden soll.

Art. 345.

I Nach Uebergabe der Waare an den Spediteur oder Frachtführer oder die sonst zum Transport der Waare bestimmte Person trägt der Käufer die Gefahr, von welcher

Gewöhnliche deutsche und fette deutsche Schrift = neues H.G.

die Waare betroffen wird. Hat jedoch der Käufer eine besondere Anweisung über die Art der Uebersendung ertheilt, und ist der Verkäufer ohne dringende Veranlassung davon abgewichen, so ist dieser für den daraus entstandenen Schaden verantwortlich.

II Der Verkäufer hat die Gefahr, von welcher die Waare auf dem Transport betroffen wird, in dem Falle zu tragen, wenn er gemäss dem Vertrage die Waare an dem Orte, wohin der Transport geschieht, zu liefern hat, so dass dieser Ort für ihn als der Ort der Erfüllung gilt. Daraus, dass der Verkäufer die Zahlung von Kosten oder Auslagen der Versendung übernommen hat, folgt für sich allein noch nicht, dass der Ort, wohin der Transport geschieht, für den Verkäufer als der Ort der Erfüllung gilt.

III Durch die Bestimmungen dieses Artikels ist nicht ausgeschlossen, dass die Gefahr schon seit einem früheren Zeitpunkte von dem Käufer getragen wird, sofern dies nach dem bürgerlichen Recht der Fall sein würde.

Art. 346.

I Der Käufer ist verpflichtet, die Waare zu empfangen, sofern sie vertragsmässig beschaffen ist oder in Ermangelung besonderer Verabredung den gesetzlichen Erfordernissen entspricht (Art. 335).

II Die Empfangnahme muss sofort geschehen, wenn nicht ein Anderes bedungen oder ortsgebräuchlich oder durch die Umstände geboten ist.

Art. 347—353 s. bei §§. 377—380.

Art. 354.

I Wenn der Käufer mit der Zahlung des Kaufpreises im Verzuge und die Waare noch nicht übergeben ist, so hat der Verkäufer die Wahl, ob er die Erfüllung des Vertrages und Schadensersatz wegen verspäteter Erfüllung verlangen, oder ob er statt der Erfüllung die Waare unter Beobachtung der Bestimmungen des Artikels 343 für Rechnung des Käufers verkaufen und Schadensersatz fordern, oder ob er von dem Vertrage abgehen will, gleich als ob derselbe nicht geschlossen wäre.

Art. 355.

I Wenn der Verkäufer mit der Uebergabe der Waare im Verzuge ist, so hat der Käufer die Wahl, ob er die Erfüllung nebst Schadensersatz wegen verspäteter Erfüllung verlangen, oder ob er statt der Erfüllung Schadensersatz wegen Nichterfüllung fordern oder von dem Vertrage abgehen will, gleich als ob derselbe nicht geschlossen wäre.

Art. 356.

I Will ein Kontrahent auf Grund der Bestimmungen der vorigen Artikel statt der Erfüllung Schadensersatz wegen Nichterfüllung fordern und von dem Vertrage abgehen, so muss er dies dem anderen Kontrahenten anzeigen und ihm dabei, wenn die Natur des Geschäfts dies zulässt, noch eine den Umständen angemessene Frist zur Nachholung des Versäumten gewähren.

Art. 357. — **§. 376.** §. 376.

I **Ist bedungen, daß die** $\frac{\text{Waare}}{\text{Leistung des einen Theiles}}$ **genau** 1
zu einer festbestimmten Zeit oder $\frac{\text{binnen}}{\text{innerhalb}}$ **einer festbestimmten Frist** $\frac{\text{geliefert}}{\text{bewirkt}}$ **werden soll, so**

kommt der Artikel 356 nicht zur Anwendung. Der Käufer sowie der Verkäufer kann die Rechte, welche ihm gemäss Artikel 354 oder 355 zustehen, nach seiner Wahl ausüben. Es muss jedoch derjenige, welcher auf der Erfüllung	**kann der andere Theil, wenn die Leistung nicht zu der bestimmten Zeit oder nicht innerhalb der bestimmten Frist erfolgt, von dem Vertrage zurücktreten oder, falls der Schuldner im Verzug ist, statt der Erfüllung**

Gewöhnliche deutsche und fette deutsche Schrift = neues H.G.

bestehen will, dies unverzüglich nach dem Ablaufe der Zeit oder der Frist dem anderen Kontrahenten anzeigen; unterlässt er dies, so kann er später nicht auf der Erfüllung bestehen.

II Will der Verkäufer statt der Erfüllung für Rechnung des säumigen Käufers verkaufen, so muss er, im Falle die Waare einen Markt- oder Börsenpreis hat, den Verkauf unverzüglich nach Ablauf der Zeit oder der Frist vornehmen. Ein späterer Verkauf gilt nicht als für Rechnung des Käufers geschehen. Eine vorgängige Androhung ist nicht erforderlich, dagegen hat der Verkäufer auch in diesem Falle den bewirkten Verkauf dem Käufer ungesäumt anzuzeigen.

III Wenn der Käufer statt der Erfüllung Schadensersatz wegen Nichterfüllung fordert, so besteht, im Falle die Waare einen Markt- oder Börsenpreis hat, der Betrag des von dem Verkäufer zu leistenden Schadensersatzes in der Differenz zwischen dem Kaufpreise und dem Markt- und Börsen-

Schadensersatz wegen Nichterfüllung verlangen. Erfüllung kann er nur beanspruchen, wenn er sofort nach dem Ablaufe der Zeit oder der Frist dem **Gegner anzeigt, daß er auf Erfüllung bestehe.**

Wird Schadensersatz wegen Nichterfüllung verlangt und hat die Waare einen Börsen- oder Marktpreis, so kann der Unterschied des Kaufpreises und des Börsen- oder Marktpreises zur Zeit und am Orte der geschuldeten Leistung gefordert werden. 2

Das Ergebniß eines anderweit vorgenommenen Verkaufs oder Kaufes kann, falls die Waare einen Börsen- oder Marktpreis hat, dem Ersatzanspruche nur zu Grunde gelegt werden, wenn der Verkauf oder Kauf sofort nach dem Ablaufe der bedungenen Leistungszeit oder Leistungsfrist bewirkt ist. Der Verkauf oder Kauf muß, wenn er nicht in öffentlicher Versteigerung geschieht, durch einen zu solchen Verkäufen oder Käufen öffentlich ermächtigten Handelsmäkler 3

Gewöhnliche deutsche und lateinische Schrift = altes H.G.

preise zur Zeit und am Orte der geschuldeten Lieferung, unbeschadet des Rechts des Käufers, einen erweislich höheren Schaden geltend zu machen.	**oder eine zur öffentlichen Versteigerung befugte Person zum laufenden Preise erfolgen.**

Auf den Verkauf mittelst öffentlicher Versteigerung findet die Vorschrift des §. 373 Abs. 4 Anwendung. Von dem Verkauf oder Kaufe hat der Gläubiger den Schuldner unverzüglich zu benachrichtigen; im Falle der Unterlassung ist er zum Schadensersatze verpflichtet. 4

Art. 358.

I In den Fällen des Artikels 357 ist jeder Kontrahent berechtigt, den Verzug des anderen Kontrahenten auf dessen Kosten durch eine öffentliche Urkunde (Protest) feststellen zu lassen.

Art. 359.

I Wenn in den Fällen der Artikel 354, 355 und 357 sich aus den Umständen, insbesondere aus der Natur des Vertrages, aus der Absicht der Kontrahenten oder aus der Beschaffenheit des zu leistenden Gegenstandes ergiebt, dass die Erfüllung des Vertrages auf beiden Seiten theilbar ist, so kann das Abgehen des einen Kontrahenten von dem Vertrage nur in Betreff des von dem anderen Kontrahenten nicht erfüllten Theiles des Vertrages erfolgen.

Art. 360 s. b. §. 383.

Art. 347. — **§. 377.** §. 377.

I Ist die Waare von einem anderen Orte übersendet,	**Ist der Kauf für beide Theile ein Handelsgeschäft,** 1

so hat der Käufer ohne Verzug / **die Waare unverzüglich** nach der Ablieferung **durch den Verkäufer**, soweit dies nach dem ordnungsmäßigen Geschäftsgange thunlich ist, die Waare zu untersuchen und, wenn sich

Gewöhnliche deutsche und fette deutsche Schrift = neues H.G.

dieselbe nicht als vertragsmässig oder gesetzmässig (Art. 335) ergiebt,	**ein Mangel zeigt,**

dem Verkäufer sofort davon / **unverzüglich** Anzeige zu machen.

II Versäumt er dies / **Unterläßt der Käufer die Anzeige**, so gilt die Waare 2
als genehmigt, soweit / **es sei denn, daß** es sich nicht um Mängel / **um einen Mangel**
handelt, welche / **der** bei der sofortigen Untersuchung nach
ordnungsmässigem Geschäftsgange nicht erkennbar waren / **war**.

III Ergeben / **Zeigt** sich später solche Mängel / **ein solcher Mangel**, so muß die An- 3
zeige ohne Verzug / **unverzüglich** nach der Entdeckung gemacht werden , / ;
widrigenfalls / **anderenfalls gilt** die Waare auch rücksichtlich dieser Mängel / **in Ansehung dieses Mangels** als genehmigt gilt.

Zur Erhaltung der Rechte des Käufers genügt die rechtzeitige Absendung der Anzeige. 4

Hat der Verkäufer den Mangel arglistig verschwiegen, so kann er sich auf diese Vorschriften nicht berufen.*) 5

IV Die vorstehende Bestimmung findet auch auf den Verkauf auf Besicht oder Probe oder nach Probe Anwendung, insoweit es sich um Mängel der übersendeten Waare handelt, welche bei ordnungsmässigem Besicht oder ordnungsmässiger Prüfung nicht erkennbar waren.

§. 378. **§. 378.**

Die Vorschriften des §. 377 finden auch dann Anwendung, wenn eine andere als die bedungene Waare 1

*) Vergl. bisher Art. 350.

oder eine andere als die bedungene Menge von Waaren geliefert ist, sofern die gelieferte Waare nicht offensichtlich von der Bestellung so erheblich abweicht, daß der Verkäufer die Genehmigung des Käufers als ausgeschlossen betrachten mußte.

Art. 348. — §. 379. §. 379.

I Wenn der Käufer | Ist der Kauf für beide Theile ein Handelsgeschäft, so ist der Käufer, wenn er 1

die ihm von einem anderen Orte übersendete Waare beanstandet,

so ist er |

verpflichtet, für die / ihre einstweilige Aufbewahrung derselben zu sorgen.

II Er kann, wenn sich bei der Ablieferung oder später Mängel ergeben, den Zustand der Waare durch Sachverständige feststellen lassen. Der Verkäufer ist in gleicher Weise berechtigt, diese Feststellung zu verlangen, wenn ihm der Käufer die Anzeige gemacht hat, dass er die Waare wegen Mängel beanstande.

III Die Sachverständigen ernennt auf Antrag des Betheiligten das Handelsgericht oder in dessen Ermangelung der Richter des Orts.

IV Die Sachverständigen haben das Gutachten schriftlich oder zu Protokoll zu erstatten.

V Ist | Er kann 2

die Waare

dem Verderben | , wenn sie dem Verderb

ausgesetzt und Gefahr im Verzug

, so kann der Käufer die Waare | ist,

unter Beobachtung der Bestimmungen des Artikel 343 / Vorschriften des §. 373 — verkaufen lassen.

Gewöhnliche deutsche und fette deutsche Schrift = neues H.G.

Art. 349.

I Der Mangel der vertragsmässigen oder gesetzmässigen Beschaffenheit der Waare kann von dem Käufer nicht geltend gemacht werden, wenn derselbe erst nach Ablauf von sechs Monaten seit der Ablieferung an den Käufer entdeckt worden ist.

II Die Klagen gegen den Verkäufer wegen Mängel verjähren in sechs Monaten nach der Ablieferung an den Käufer.

III Die Einreden sind erloschen, wenn die im Artikel 347 vorgeschriebene sofortige Absendung der Anzeige des Mangels nicht innerhalb sechs Monate nach der Ablieferung an den Käufer geschehen ist. Ist die Anzeige in dieser Weise erfolgt, so bleiben die Einreden bestehen.

IV An den besonderen Gesetzen oder Handelsgebräuchen, durch welche für einzelne Arten von Gegenständen eine kürzere Frist bestimmt ist, wird hierdurch nichts geändert.

V Ist die Haftbarkeit des Verkäufers auf eine kürzere oder längere Frist vertragsmässig festgesetzt, so hat es hierbei sein Bewenden.

Art. 350.*)

I Die Bestimmungen der Artikel 347 und 349 können von dem Verkäufer im Falle eines Betruges nicht geltend gemacht werden.

Art. 351.

I Sofern nicht durch Ortsgebrauch oder besondere Abrede ein Anderes bestimmt ist, trägt der Verkäufer die Kosten der Uebergabe, insbesondere des Messens und Wägens; der Käufer die Kosten der Abnahme.

§. 380. Art. 352. — §. 380.

I Ist der Kaufpreis nach dem Gewichte der Waare zu berechnen, so kommt das Gewicht der Verpackung (Taragewicht) in Abzug, wenn nicht 1

*) Vergl. jetzt §. 377 Abs. 5.

durch besondere Abrede oder durch den Handelsgebrauch am Orte der Uebergabe	**aus dem Vertrag oder dem Handelsgebrauche des Ortes, an welchem der Verkäufer zu erfüllen hat, sich**

ein Anderes

bestimmt ist.	**ergiebt.**

Ob und in welcher Höhe das Taragewicht nach einem bestimmten Ansatz oder Verhältnisse statt nach genauer Ausmittelung abzuziehen ist, ingleichen / **sowie,** ob und wieviel Gutgewicht zu Gunsten des Käufers zu berechnen ist oder als Vergütung für schadhafte oder unbrauchbare Theile (Refaktie) gefordert werden kann, ist / **bestimmt sich** nach dem Vertrag oder dem Handelsgebrauche 2

am Orte der Uebergabe zu beurtheilen.	**des Ortes, an welchem der Verkäufer zu erfüllen hat.**

Art. 353.

I Ist im Vertrage der Marktpreis oder der Börsenpreis als Kaufpreis bestimmt, so ist im Zweifel hierunter der laufende Preis, welcher zur Zeit und an dem Orte der Erfüllung oder an dem für letzteren massgebenden Handelsplatze nach den dafür bestehenden örtlichen Einrichtungen festgestellt ist, in Ermangelung einer solchen Feststellung oder bei nachgewiesener Unrichtigkeit derselben, der mittlere Preis zu verstehen, welcher sich aus der Vergleichung der zur Zeit und am Orte der Erfüllung geschlossenen Kaufverträge ergiebt.

§. 381. §. 381.

Die in diesem Abschnitte für den Kauf von Waaren getroffenen Vorschriften gelten auch für den Kauf von Werthpapieren. 1

Sie finden auch Anwendung, wenn aus einem von dem Unternehmer zu beschaffenden Stoffe eine nicht vertretbare bewegliche Sache herzustellen ist. 2

Gewöhnliche deutsche und fette deutsche Schrift = neues H.G.

§. 382. **§. 382.**

Die Vorschriften der §§. 481 bis 492 des Bürgerlichen Gesetzbuchs über die Gewährleistung bei Viehmängeln werden durch die Vorschriften dieses Abschnitts nicht berührt. 1

Dritter Titel. **Von dem Kommissionsgeschäft.**	Dritter Abschnitt. **Kommissionsgeschäft.**

§. 383. Art. 360. — **§. 383.**

I Kommissionär ist derjenige, welcher / **, wer es** gewerbsmäßig 1

im eigenen Namen	**übernimmt, Waaren oder Werthpapiere**

für Rechnung eines

Auftraggebers	**Anderen**

(**des** Kommittenten)

Handelsgeschäfte schliesst.	**in eigenem Namen zu kaufen oder zu verkaufen.**

II Durch die Geschäfte, welche der Kommissionär mit Dritten schliesst, wird er allgemein berechtigt und verpflichtet. Zwischen dem Kommittenten und den Dritten entstehen daraus keine Rechte und Pflichten.

III Ist von dem Auftraggeber ausdrücklich bestimmt, dass das Geschäft auf seinen Namen abgeschlossen werden soll, so ist dies keine kaufmännische Kommission, sondern ein gewöhnlicher Auftrag zu einem Handelsgeschäft.

§. 384. Art. 361. — **§. 384.**

I Der Kommissionär hat das / **ist verpflichtet, das übernommene** 1

Geschäft mit der Sorgfalt eines ordentlichen Kaufmanns
im | **auszuführen; er hat hierbei das**
Interesse des Kommittenten
gemäss dem Auftrage auszuführen: er | **wahrzunehmen und dessen Weisungen zu befolgen**
Er 2

hat dem Kommittenten die erforderlichen Nachrichten zu geben, insbesondere sofort nach / **von** der Ausführung des Auftrags / **der Kommission** davon / **unverzüglich** Anzeige zu machen; er ist verpflichtet, dem Kommittenten über das Geschäft Rechenschaft zu geben / **abzulegen** und ihm dasjenige zu leisten / **herauszugeben**, was er aus dem Geschäft / **der Geschäfts-** zu fordern / **besorgung erlangt** hat.

Der Kommissionär haftet dem Kommittenten für die Erfüllung des Geschäfts, wenn er ihm nicht zugleich mit der Anzeige von der Ausführung der Kommission den Dritten namhaft macht, mit dem er das Geschäft abgeschlossen hat. 3

Art. 362. — **§. 385.** §. 385.

I Handelt der Kommissionär nicht gemäß dem übernommenen Auftrage / **den Weisungen des Kommittenten**, so ist er dem Kommittenten / **diesem** zum Ersatze des Schadens verpflichtet; der Kommittent ist nicht gehalten / **braucht** das Geschäft **nicht** für seine Rechnung gelten zu lassen. 1

Die Vorschriften des §. 665 des Bürgerlichen Gesetzbuchs bleiben unberührt. 2

Gewöhnliche deutsche und fette deutsche Schrift = neues H.G.

§. 386. Art. 363. | §. 386.

I Hat der Kommissionär unter dem ihm gesetzten Preise verkauft 1

, so muss er dem Kommittenten den Unterschied im Preise vergüten, sofern er nicht beweist, dass ein Verkauf zu dem gesetzten Preise nicht ausgeführt werden konnte und die Vornahme des Verkaufs von dem Kommittenten Schaden abgewendet hat.

Art. 364.

I Hat der Kommissionär den für den Einkauf gesetzten Preis überschritten, so kann der Kommittent den Einkauf als nicht für seine Rechnung geschehen zurückweisen, sofern sich der Kommissionär nicht zugleich mit der Einkaufsanzeige zur Deckung des Unterschiedes erbietet.

II Der Kommittent, welcher den Einkauf als nicht für seine Rechnung geschehen zurückweisen will, muss dies ohne Verzug auf die Einkaufsanzeige erklären, widrigenfalls die Ueberschreitung des Auftrages als genehmigt gilt.

oder hat er den ihm für den Einkauf gesetzten Preis überschritten, so muß der Kommittent, falls er das Geschäft als nicht für seine Rechnung abgeschlossen zurückweisen will, dies unverzüglich auf die Anzeige von der Ausführung des Geschäfts erklären; anderenfalls gilt die Abweichung von der Preisbestimmung als genehmigt.

Erbietet sich der Kommissionär zugleich mit der Anzeige von der Ausführung des Geschäfts zur Deckung des Preisunterschieds, so ist der Kommittent zur Zurückweisung nicht berechtigt. Der Anspruch des Kommittenten auf den Ersatz eines den Preisunterschied übersteigenden Schadens bleibt unberührt. 2

Art. 365—371 s. bei §§. 388ff.

§. 387. Art. 372. — §. 387.

I Wenn / **Schließt** der Kommissionär zu vortheilhafteren Beding- 1 ungen abschliesst / **ab**, als sie ihm vom / **von dem** Kommittenten gestellt / **gesetzt** worden **sind**, so kommt der Vortheil dem letzteren allein / **dies dem Kommittenten** zu Statten.

II Dies gilt insbesondere, wenn der Preis, für welchen der 2
Kommissionär verkauft, den von dem Kommittenten bestimmten niedrigsten Preis übersteigt oder wenn der Preis, für welchen er einkauft, den von dem Kommittenten bestimmten höchsten Preis nicht erreicht.

Art. 365. — **§. 388.** §. 388.

I Wenn / **Befindet sich** das Gut, welches dem Kommissionär 1
zugesandt wird / **zugesendet ist**, bei der Ablieferung sich in einem äusserlich erkennbar beschädigten oder mangelhaften Zustande be- / **, der** findet / **äußerlich erkennbar ist**, so muss / **hat** der Kommissionär die Rechte gegen den Frachtführer oder Schiffer zu wahren, für den Beweis jenes / **des** Zustandes zu sorgen und dem Kommittenten ohne Verzug / **unverzüglich** Nachricht zu geben. / **;**

II Im Unterlassungsfalle ist er für den daraus entstandenen Schaden verantwortlich.

im Falle der Unterlassung ist er zum Schadensersatze verpflichtet.

III Er kann den Zustand durch Sachverständige feststellen lassen, und wenn das Gut dem Verderben ausgesetzt und Gefahr im Verzuge ist, unter Beobachtung der

Ist das Gut dem Verderb ausgesetzt oder treten später Veränderungen an dem Gute ein, die dessen Entwerthung befürchten lassen, und ist keine Zeit vorhan- 2

Bestimmungen des Artikels 343	**den, die Verfügung des Kommittenten einzuholen, oder ist der Kommittent in der Ertheilung der Verfügung säumig, so kann der Kommissionär**

den Verkauf **des Gutes**

	nach Maßgabe der Vorschriften des §. 373

bewirken.

Art. 366.	
I Treten Veränderungen an dem Gute ein, welche dessen Entwerthung befürchten las-	(s. §. 338 Abs. 2.)

sen, und ist keine Zeit vorhanden, die Verfügung des Kommittenten einzuholen, oder der Kommittent in der Ertheilung der Verfügung säumig, so kann der Kommissionär unter Beobachtung der Bestimmungen des Artikels 343 den Verkauf des Guts veranlassen.

§. 389.	**§. 389.**
II Ein gleiches Recht hat der Kommissionär in allen anderen Fällen, in welchen der Kommittent, obwohl hierzu nach Lage der Sache verpflichtet,	**Unterläßt der Kommittent** 1

über das Gut zu verfügen,

unterlässt.	**obwohl er dazu nach Lage der Sache verpflichtet ist, so hat der Kommissionär die nach §. 373 dem Verkäufer zustehenden Rechte.**

§. 390. Art. 367. — **§. 390.**

I Für	**Der Kommissionär ist für** 1

den Verlust $\frac{\text{oder}}{\textbf{und}}$ **die** Beschädigung **des**

Guts ist der Kommissionär, während er Aufbewahrer derselben ist,	**in seiner Verwahrung befindlichen Gutes**

verantwortlich,

wenn er nicht beweist,	**es sei denn,**

daß der Verlust oder die Beschädigung

durch Umstände herbeigeführt ist, welche	**auf Umständen beruht, die**

durch die Sorgfalt eines ordentlichen Kaufmanns nicht abgewendet werden konnten.

II Der Kommissionär ist wegen **der** Unterlassung der Versicherung des Gutes nur dann verantwortlich, wenn er von dem Kommittenten $\frac{\text{den Auftrag zur}}{\textbf{angewiesen war, die}}$ Versicherung $\frac{\text{erhalten}}{\textbf{zu}}$ $\frac{\text{hat}}{\textbf{bewirken}}$. 2

§. 391. §. 391.

Ist eine Einkaufskommission ertheilt, die für beide Theile ein Handelsgeschäft ist, so finden in Bezug auf die Verpflichtung des Kommittenten, das Gut zu untersuchen und dem Kommissionär von den entdeckten Mängeln Anzeige zu machen, sowie in Bezug auf die Sorge für die Aufbewahrung des beanstandeten Gutes und auf den Verkauf bei drohendem Verderbe die für den Käufer geltenden Vorschriften der §§. 377 bis 379 entsprechende Anwendung. Der Anspruch des Kommittenten auf Abtretung der Rechte, die dem Kommissionär gegen den Dritten zustehen, von welchem er das Gut für Rechnung des Kommittenten gekauft hat, wird durch eine verspätete Anzeige des Mangels nicht berührt. 1

§. 392. Art. 368. — **§. 392.**

I Forderungen aus einem Geschäfte, welches / **das** der Kommissionär abgeschlossen hat, kann der Kommittent dem Schuldner gegenüber erst nach der Abtretung geltend machen. 1

II Jedoch gelten solche Forderungen, auch wenn sie nicht abgetreten sind, im Verhältnisse zwischen dem Kommittenten und dem Kommissionär oder dessen Gläubigern als Forderungen des Kommittenten. 2

§. 393. Art. 369. — **§. 393.**

I Der / **Wird von dem** Kommissionär, welcher ohne Einwilligung / **ohne Zustimmung** des Kommittenten einem Dritten Vorschüsse macht / **ein Vorschuß geleistet** oder Kredit giebt / **gewährt**, thut dies / **so handelt der Kommissionär** auf eigene Gefahr. 1

II Insoweit jedoch der Handelsgebrauch am Orte des Geschäfts das Kreditiren / **die Stundung** des Kaufpreises mit sich bringt, ist in Ermangelung einer anderen Bestimmung des Kommittenten auch der Kommissionär dazu berechtigt. 2

III Hat / **Verkauft** der Kommissionär unbefugt auf Kredit verkauft, so hat er / **ist er verpflichtet,** dem Kommittenten, welcher dies nicht genehmigt, sofort als Schuldner des Kaufpreises die Zahlung zu leisten. Beweist der Kommissionär, dass / **Wäre** beim Verkaufe gegen baar der Preis ein geringerer / **geringer** gewesen sein würde, so hat er / **der Kommissionär** nur diesen / **den geringeren** Preis und, wenn 3 derselbe geringer / **dieser niedriger** ist als der auftraggemässe / **ihm gesetzte** Preis, auch den Unterschied gemäss Artikel 363 / **nach §. 386** zu vergüten.

Art. 370. — **§. 394.**

§. 394.

I Der Kommissionär steht / **hat** für die Zahlung oder für die anderweitige Erfüllung der Verbindlichkeit [seines Kontrahenten ein, | **des Dritten, mit dem er das Geschäft für Rechnung des Kommittenten abschließt, einzustehen,**] wenn dies von ihm übernommen oder am Orte seiner Niederlassung Handelsgebrauch ist. 1

II Der Kommissionär, welcher für seinen Kontrahenten einzustehen / **der für den Dritten einzustehen** hat, ist dem Kommittenten für die gehörige Erfüllung im Zeitpunkte des Verfalls unmittelbar und persönlich insoweit verhaftet, als solche / **die Erfüllung** aus dem Vertragsverhältnisse überhaupt rechtlich gefordert werden kann. 2

III [Der Kommissionär, welcher für seinen Kontrahenten einsteht, ist dafür zu einer | **Er kann eine besondere**] Vergütung (Delkredereprovision) [berechtigt. | **beanspruchen.**]

Art. 371 s. bei §. 396.

Art. 372 s. bei §. 387.

Art. 373. — **§. 395.**

§. 395.

I Ein Kommissionär, welcher / **der** den Ankauf eines Wechsels übernommen hat / **übernimmt**, ist, wenn er den Wechsel indossirt, ver- 1

Gewöhnliche deutsche und fette deutsche Schrift = neues H.G.

pflichtet, denselben / **den Wechsel,** **wenn er ihn indossirt,** regelmässig / **in üblicher Weise** und ohne Vorbehalt zu indossiren.

§. 396. Art. 371. — **§. 396.**

II Der Kommissionär hat / **kann** die Provision zu fordern, wenn 1
das Geschäft zur Ausführung gekommen ist. Für Geschäfte, die / **Ist das Geschäft** nicht zur Ausführung gekommen

sind, kann eine Provision nicht gefordert werden; jedoch hat der Kommissionär das Recht,	**, so hat er gleichwohl den Anspruch**

auf die Auslieferungsprovision, sofern eine solche ortsgebräuchlich ist; **auch kann er die Provision verlangen, wenn die Ausführung des von ihm abgeschlossenen Geschäfts nur aus einem in der Person des Kommittenten liegenden Grunde unterblieben ist.**

I Der Kommittent ist schuldig, dem Kommissionär zu ersetzen, was dieser an baaren Auslagen oder überhaupt zum Vollzuge des Geschäfts nothwendig oder nützlich aufgewendet hat. Hierzu	**Zu dem von dem Kommittenten für Aufwendungen des Kommissionärs nach den §§. 670, 675 des Bürgerlichen Gesetzbuchs zu leistenden Ersatze** 2

gehört auch die Vergütung für die Benutzung der Lagerräume und der Transportmittel / **Beförderungsmittel** des Kommissionärs und der Arbeit seiner Leute.

§. 397. Art. 374. — **§. 397.**

I Der Kommissionär hat an dem Kommissionsgute, sofern er 1

dasselbe noch in seinem Gewahrsam hat oder sonst	**es im Besitze hat,**

insbesondere mittelst

der Konnossemente, Ladescheine oder Lagerscheine, noch in der Lage ist,	**Konnossements, Ladescheins oder Lagerscheins**

darüber zu verfügen **kann**, ein Pfandrecht wegen der auf das Gut verwendeten Kosten, wegen der rücksichtlich des Gutes / **auf das Gut** gegebenen Vorschüsse und Darlehen, wegen der rücksichtlich desselben / **mit Rücksicht auf das Gut** gezeichneten Wechsel oder in anderer Weise eingegangenen Verbindlichkeiten sowie wegen aller Forderungen aus laufender Rechnung in Kommissionsgeschäften.

II Der Kommissionär kann sich für die vorstehend erwähnten Ansprüche aus den	(s. jetzt §. 399.)

durch das Kommissionsgeschäft begründeten und noch ausstehenden Forderungen vorzugsweise von dem Kommittenten und dessen Gläubigern befriedigen.

Art. 375. — **§. 398.** §. 398.

I Ist der Kommittent in Erfüllung der in dem vorigen Artikel bezeichneten Verpflichtungen gegen den Kommissionär im Verzuge, so ist der Letztere berechtigt, sich unter Beobachtung der Vorschriften des Artikels 310 aus dem Kommissionsgute bezahlt	**Der Kommissionär kann sich, auch wenn er Eigenthümer des Kommissionsguts ist, für die im §. 397 bezeichneten Ansprüche nach Maßgabe der für das Pfandrecht geltenden Vorschriften aus dem Gute befriedigen.**	1

zu machen; er hat dieses Recht auch gegenüber den übrigen Gläubigern und der Konkursmasse des Kommittenten.

§. 399.*) §. 399.

Aus den Forderungen, welche durch das für Rech- 1

*) Siehe bisher Art. 374 Abs. II

nung des Kommittenten geschlossene Geschäft begründet sind, kann sich der Kommissionär für die im §. 397 bezeichneten Ansprüche vor dem Kommittenten und dessen Gläubigern befriedigen.

§. 400.

Art. 376. — **§. 400.**

I [Bei der / **Die**] Kommission zum Einkauf oder zum Verkaufe 1
von Waaren, Wechseln und Werthpapieren, [welche / **die**] einen
Börsen- oder Marktpreis haben, **sowie von Werthpapieren, bei denen ein Börsen- oder Marktpreis amtlich festgestellt wird,** [ist der Kommissionär / **kann**], wenn der Kommittent nicht
ein Anderes bestimmt hat, [befugt, / **von dem Kommissionär dadurch ausgeführt werden, daß**] er das Gut, welches er einkaufen
soll, selbst als Verkäufer [zu liefern / **liefert**] oder das Gut, welches er
[zu verkaufen beauftragt ist, / **verkaufen soll,**] **selbst als** Käufer [für sich zu behalten / **übernimmt**].

II In diesem Falle ist | **Im Falle einer solchen Ausführung der Kommission beschränkt sich** 2
die Pflicht des Kommissionärs, Rechenschaft über die Abschließung des Kaufes oder Verkaufs [zu geben / **abzulegen**], auf den Nachweis beschränkt, daß bei dem berechneten Preise der **zur Zeit der Ausführung der Kommission bestehende** Börsen[preis / **,**]
oder Marktpreis zur Zeit der Ausführung des Auftrages ein[gehalten ist. / **gehalten ist.**]

Er ist zu der gewöhnlichen Provision berechtigt und kann die bei Kommissions- | **Als Zeit der Ausführung gilt der Zeitpunkt, in welchem der Kommissionär die**

Gewöhnliche deutsche und lateinische Schrift = altes H.G.

geschäften sonst regelmässig vorkommenden Unkosten berechnen.*) | **Anzeige von der Ausführung zur Absendung an den Kommittenten abgegeben hat.**

Ist bei einer Kommission, die während der Börsen- oder Marktzeit auszuführen war, die Ausführungsanzeige erst nach dem Schlusse der Börse oder des Marktes zur Absendung abgegeben, so darf der berechnete Preis für den Kommittenten nicht ungünstiger sein als der Preis, der am Schlusse der Börse oder des Marktes bestand. 3

Bei einer Kommission, die zu einem bestimmten Kurse (erster Kurs, Mittelkurs, letzter Kurs) ausgeführt werden soll, ist der Kommissionär ohne Rücksicht auf den Zeitpunkt der Absendung der Ausführungsanzeige berechtigt und verpflichtet, diesen Kurs dem Kommittenten in Rechnung zu stellen. 4

Bei Werthpapieren und Waaren, für welche der Börsen- oder Marktpreis amtlich festgestellt wird, kann der Kommissionär im Falle der Ausführung der Kommission durch Selbsteintritt dem Kommittenten keinen ungünstigeren Preis als den amtlich festgestellten in Rechnung stellen. 5

III Macht der Kommissionär nicht zugleich mit der Anzeige über die Ausführung des Auftrages eine andere Person als Käufer oder Verkäufer namhaft, so ist der Kommittent befugt, den Kommissionär selbst als Käufer oder Verkäufer in Anspruch zu nehmen.**)

§. 401. §. 401.

Auch im Falle der Ausführung der Kommission durch Selbsteintritt hat der Kommissionär, wenn er bei Anwendung pflichtmäßiger Sorgfalt die Kommission zu einem günstigeren als dem nach §. 400 sich ergebenden Preise ausführen konnte, dem Kommittenten den günstigeren Preis zu berechnen. 1

Hat der Kommissionär vor der Absendung der Aus- 2

*) Vergl. jetzt § 403.
**) Vergl. jetzt §. 405 Abs. 1, § 384 Abs. 3.

führungsanzeige aus Anlaß der ertheilten Kommission an der Börse oder am Markte ein Geschäft mit einem Dritten abgeschlossen, so darf er dem Kommittenten keinen ungünstigeren als den hierbei vereinbarten Preis berechnen.

§. 402. **§. 402.**

Die Vorschriften des §. 400 Abs. 2 bis 5 und des 1
§. 401 können nicht durch Vertrag zum Nachtheile des Kommittenten abgeändert werden.

§. 403. **§. 403.**

Der Kommissionär, der das Gut selbst als Verkäufer 1
liefert oder als Käufer übernimmt, ist zu der gewöhnlichen Provision berechtigt und kann die bei Kommissionsgeschäften sonst regelmäßig vorkommenden Kosten berechnen.

§. 404. **§. 404.**

Die Vorschriften der §§. 397, 398 finden auch im Falle 1
der Ausführung der Kommission durch Selbsteintritt Anwendung.

§. 405. **§. 405.**

Zeigt der Kommissionär die Ausführung der Kom- 1
mission an, ohne ausdrücklich zu bemerken, daß er selbst eintreten wolle, so gilt dies als Erklärung, daß die Ausführung durch Abschluß des Geschäfts mit einem Dritten für Rechnung des Kommittenten erfolgt sei.*)

Eine Vereinbarung zwischen dem Kommittenten und 2
dem Kommissionär, daß die Erklärung darüber, ob die Kommission durch Selbsteintritt oder durch Abschluß mit einem Dritten ausgeführt sei, später als am Tage der Ausführungsanzeige abgegeben werden dürfe, ist nichtig.

Art. 377.	
I Wenn der Kommittent den Auftrag widerruft und der	Widerruft der Kommittent die Kommission und geht 3

*) Vergl. bisher Art. 376 Abs. III.

Widerruf bei dem Kommissionär eintrifft, bevor die Anzeige von der Ausführung des Auftrages behufs ihrer Absendung abgegeben ist, so kann sich der Kommissionär der Befugniss, selbst als Käufer oder Verkäufer einzutreten, nicht mehr bedienen.

der Widerruf dem Kommissionär zu, bevor die Ausführungsanzeige zur Absendung abgegeben ist, so steht dem Kommissionär das Recht des Selbsteintritts nicht mehr zu.

Art. 378. — §. 406. §. 406.

I Die Bestimmungen dieses Titels kommen auch dann zur Anwendung,

1 **Die Vorschriften dieses Abschnitts kommen auch zur Anwendung, wenn ein Kommissionär im Betriebe seines Handelsgewerbes ein Geschäft anderer als der im §. 383 bezeichneten Art für Rechnung eines Anderen in eigenem Namen zu schließen übernimmt. Das Gleiche gilt,**

wenn ein Kaufmann

dessen gewöhnlicher Handelsbetrieb nicht in Kommissionsgeschäften besteht, ein einzelnes Handelsgeschäft in eigenem Namen für Rechnung eines Auftraggebers schliesst.

der nicht Kommissionär ist, im Betriebe seines Handelsgewerbes ein Geschäft in der bezeichneten Weise zu schließen übernimmt.

2 **Als Einkaufs- und Verkaufskommission im Sinne dieses Abschnitts gilt auch eine Kommission, welche die Lieferung einer nicht vertretbaren beweglichen Sache, die aus einem von dem Unternehmer zu beschaffenden Stoffe herzustellen ist, zum Gegenstande hat.**

Vierter Titel.	Vierter Abschnitt.
Von dem Speditionsgeschäfte.	**Speditionsgeschäft.**

§. 407. Art. 379. — **§. 407.**

I Spediteur ist derjenige, welcher / **, wer es** gewerbsmäßig 1

im eigenen Namen für fremde Rechnung	**übernimmt,**

Güterversendungen durch Frachtführer oder

Schiffer	**durch Verfrachter von Seeschiffen für Rechnung eines Anderen (des Versenders) in eigenem Namen**

zu besorgen übernimmt.

Art. 387.

I Im Uebrigen sind	**Auf** 2

die Rechte und Pflichten des Spediteurs

	finden

, soweit dieser Titel / **Abschnitt** keine Bestimmungen / **Vorschriften** darüber enthält,

nach den Grundsätzen des vorigen Titels zu beurtheilen;	**die für den Kommissionär geltenden Vorschriften,**

insbesondere

kommen die Bestimmungen, welche in den Artikeln 365 bis 367 für den Kommissionär gegeben sind, auch für den Spediteur zur	**die Vorschriften der §§. 388 bis 390 über die Empfangnahme, die Aufbewahrung und die Versicherung des Gutes,**

Anwendung.

§. 408. Art. 380. — **§. 408.**

I Der Spediteur 1

<table>
<tr><td>haftet für jeden Schaden, welcher aus der Vernachlässigung</td><td>hat die Versendung, insbesondere die Wahl der Frachtführer, Verfrachter und Zwischenspediteure, mit</td><td></td></tr>
<tr><td colspan="2">der Sorgfalt eines ordentlichen Kaufmanns</td><td></td></tr>
<tr><td>bei der Empfangnahme und Aufbewahrung des Gutes, bei der Wahl der Frachtführer, Schiffer oder Zwischenspediteure und überhaupt bei der Ausführung der von ihm übernommenen Versendung der Güter entsteht.</td><td>auszuführen; er hat hierbei das Interesse des Versenders wahrzunehmen und dessen Weisungen zu befolgen.</td><td></td></tr>
<tr><td>(Vergl. bisher Art. 381 Abs. II.)</td><td>Der Spediteur ist nicht berechtigt, dem Versender eine höhere als die mit dem Frachtführer oder dem Verfrachter bedungene Fracht zu berechnen.</td><td>2</td></tr>
<tr><td colspan="2">II Der Spediteur hat die Anwendung dieser Sorgfalt zu beweisen</td><td></td></tr>
<tr><td colspan="2">Art. 381. — §. 409.</td><td>§. 409.</td></tr>
<tr><td colspan="2">I Der Spediteur hat die Provision</td><td>1</td></tr>
<tr><td>und die Erstattung dessen</td><td></td><td></td></tr>
<tr><td colspan="2">zu fordern,</td><td></td></tr>
<tr><td>was er an Auslagen und Kosten oder überhaupt zum Zwecke der Versendung nothwendig oder nützlich aufgewendet hat. (Art. 371.)</td><td>wenn das Gut dem Frachtführer oder dem Verfrachter zur Beförderung übergeben ist.</td><td></td></tr>
<tr><td>II Er ist nicht befugt, eine höhere als die mit dem Frachtführer oder Schiffer bedungene Fracht zu berechnen</td><td>(Siehe jetzt §. 408 Abs. 2.)</td><td></td></tr>
</table>

§. 410. Art. 382. | **§. 410.**

I Der Spediteur hat wegen der Fracht, der Provision der Aus- 1
lagen, Kosten und Verwendungen und / **sowie** wegen der dem Versender auf das Gut geleisteten / **gegebenen** Vorschüsse ein Pfandrecht an dem Gute, sofern er dasselbe / **es** noch in seinem Gewahrsam / **im Besitze** hat, oder / **ins-** in der Lage ist, / **besondere** **mittelst Konnossements, Ladescheins oder Lagerscheins** darüber zu verfügen **kann.**

II Er kann dieses Recht auch gegenüber den übrigen Gläubigern und der Konkursmasse des Eigenthümers geltend machen.

§. 411. | **§. 411.**

III Bedient sich der Spediteur eines Zwischenspediteurs, so 1
hat der letztere / **dieser** zugleich die seinem Vormanne zustehenden Rechte, insbesondere dessen Pfandrecht, auszuüben.

IV Soweit der Vormann wegen seiner Forderung durch Nach- 2
nahme von dem Nachmanne befriedigt ist / **wird**, geht die Forderung und das Pfandrecht des Vormanns auf den Nachmann über. Dasselbe gilt in Bezug auf die / **von der** Forderung und das / **dem** Pfandrechte des Frachtführers, wenn und insoweit der letztere von dem / **soweit der Zwischenspediteur** Zwischenspediteur / **ihn** befriedigt ist.

Art 383 und 384 s. b § 413.

§. 412. Art. 385. — **§. 412.**

I Der Spediteur ist, wenn nicht ein Anderes bestimmt ist, 1
befugt, den Transport / **die Beförderung des Gutes** selbst auszuführen.

II Wenn / **Macht** er sich / **von** dieser Befugniß bedient / **Gebrauch**, so hat er zu- 2
gleich die Rechte und Pflichten eines Frachtführers **oder Ver-**
frachters und / **; er** kann die gewöhnliche Fracht, die Provision
und / **,** die bei Speditionsgeschäften sonst regelmäßig vorkommen-
den Unkosten berechnen / **Kosten sowie die gewöhnliche Fracht verlangen**.

Art. 384. | **§. 413.** §. 413.

I Wenn ein / **Hat sich der** Spediteur mit dem Absender / **Versender** oder Em- 1
pfänger über bestimmte Sätze / **einen bestimmten Satz** der Transportkosten / **Beförderungskosten**
sich geeinigt hat, so

hafteter, in Ermangelung einer entgegenstehenden Vereinbarung, für die von ihm angenommenen Zwischenspediteure und Frachtführer. Er ist in diesem Falle zur	**hat er ausschließlich die Rechte und Pflichten eines Frachtführers. Er kann in einem solchen Falle**

Provision nur

dann berechtigt,	**verlangen,**

wenn es besonders vereinbart ist, dass eine solche neben den bestimmten Sätzen der Transportkosten gefordert werden könne.

Art. 383.	**Bewirkt der Spediteur die Versendung des Gutes zusammen mit den Gütern anderer Versender auf Grund eines für seine Rechnung über eine Sammel-** 2

Gewöhnliche deutsche und fette deutsche Schrift = neues H.G.

ladung geschlossenen Frachtvertrags, so finden die Vorschriften des Abs. 1 Anwendung, auch wenn eine Einigung über einen bestimmten Satz der Beförderungskosten nicht stattgefunden hat.

I Ein / **Der** Spediteur, welcher die Versendung durch Frachtführer oder Schiffer, jedoch mittelst von ihm auf eigene Rechnung gemietheter Transportmittel besorgt, kann die / **kann in diesem Falle eine den Umständen nach angemessene Fracht, höchstens aber für die Beförderung des einzelnen Gutes** gewöhnliche Fracht nebst der Provision und den sonstigen Kosten berechnen. / **verlangen.**

§. 414. Art. 386. — **§. 414.**

I Die Klagen / **Ansprüche** gegen den Spediteur wegen gänzlichen 1
Verlustes, oder wegen Verminderung / **Minderung**, Beschädigung oder verspäteter Ablieferung des Gutes verjähren nach / **in** einem Jahre.

Die Verjährungsfrist kann durch Vertrag verlängert werden.

II Die Frist beginnt in Ansehung der Klagen wegen gänzlichen Verlustes mit dem Ablauf des Tages, an welchem die Ablieferung hätte bewirkt sein müssen; in Ansehung der Klagen wegen / **Die Verjährung beginnt im Falle der Beschädigung oder Minderung mit dem Ablaufe des Tages, an welchem die Ablieferung stattgefunden hat, im Falle des Verlustes oder der ver-** 2

Verminderung, Beschädigung oder verspäteter Ablieferung mit dem Ablauf des Tages, an welchem die Ablieferung geschehen ist.

III In gleicher Art sind die Einreden wegen Verlustes, Verminderung, Beschädigung oder verspäteter Ablieferung des Guts erloschen, wenn nicht die Anzeige von diesen Thatsachen an den Spediteur binnen der einjährigen Frist abgesandt worden ist.

späteten Ablieferung mit dem Ablaufe des Tages, an welchem die Ablieferung hätte bewirkt sein müssen.

Die im Abs. 1 bezeichneten Ansprüche können nach der Vollendung der Verjährung nur aufgerechnet werden, wenn vorher der Verlust, die Minderung, die Beschädigung oder die verspätete Ablieferung dem Spediteur angezeigt oder die Anzeige an ihn abgesendet worden ist. Der Anzeige an den Spediteur steht es gleich, wenn gerichtliche Beweisaufnahme zur Sicherung des Beweises beantragt oder in einem zwischen dem Versender und dem Empfänger oder einem späteren Erwerber des Gutes wegen des Verlustes, der Minderung, der Beschädigung oder der verspäteten Ablieferung anhängigen Rechtsstreite dem Spediteur der Streit verkündet wird. 3

IV Die Bestimmungen dieses Artikels finden in den Fällen des Betruges oder der Veruntreuung des Spediteurs keine Anwendung.

Diese Vorschriften finden keine Anwendung, wenn der Spediteur den Verlust, die Minderung, die Beschädigung oder die verspätete Ablieferung des Gutes vorsätzlich herbeigeführt hat. 4

Art. 387 s. bei §. 407.

§. 415. Art. 388. — **§. 415.**

I Wenn | **Die Vorschriften dieses Abschnitts kommen auch zur Anwendung, wenn** 1

ein Kaufmann,

dessen gewöhnlicher Handelsbetrieb nicht in Speditionsgeschäften besteht, | **der nicht Spediteur ist, im Betriebe seines Handelsgewerbes**

eine Güterversendung durch Frachtführer oder Schiffer / **Verfrachter** für fremde Rechnung **eines Anderen** in eigenem Namen zu besorgen übernimmt ÷ so gelten in Ansehung eines solchen Geschäfts die Vorschriften dieses Titels.

Art. 389.

I Die Bestimmungen dieses Titels finden keine Anwendung auf Personen, welche nur die Vermittelung von Frachtverträgen zwischen dem Absender und dem Frachtführer oder Schiffer bewirken (Frachtmäkler, Güterbestätter, Schiffsprokureure).

Fünfter Abschnitt.

Lagergeschäft.

§. 416. **§. 416.**

Lagerhalter ist, wer gewerbsmäßig die Lagerung und Aufbewahrung von Gütern übernimmt. 1

§. 417. **§. 417.**

Auf die Rechte und Pflichten des Lagerhalters in Ansehung der Empfangnahme, Aufbewahrung und Versicherung des Gutes finden die für den Kommissionär geltenden Vorschriften der §§. 388 bis 390 Anwendung. 1

Treten Veränderungen an dem Gute ein, welche dessen Entwerthung befürchten lassen, so hat der Lagerhalter den Einlagerer hiervon unverzüglich zu benachrichtigen. Versäumt er dies, so hat er den daraus entstehenden Schaden zu ersetzen. 2

§. 418. §. 418.

Der Lagerhalter hat dem Einlagerer die Besichtigung des Gutes, die Entnahme von Proben und die zur Erhaltung des Gutes nothwendigen Handlungen während der Geschäftsstunden zu gestatten. 1

§. 419. §. 419.

Im Falle der Lagerung vertretbarer Sachen ist der Lagerhalter zu ihrer Vermischung mit anderen Sachen von gleicher Art und Güte nur befugt, wenn ihm dies ausdrücklich gestattet ist. 1

Der Lagerhalter erwirbt auch in diesem Falle nicht das Eigenthum des Gutes; aus dem durch die Vermischung entstandenen Gesammtvorrathe kann er jedem Einlagerer den ihm gebührenden Antheil ausliefern, ohne daß er hierzu der Genehmigung der übrigen Betheiligten bedarf. 2

Ist das Gut in der Art hinterlegt, daß das Eigenthum auf den Lagerhalter übergehen und dieser verpflichtet sein soll, Sachen von gleicher Art, Güte und Menge zurückzugewähren, so finden die Vorschriften dieses Abschnitts keine Anwendung. 3

§. 420. §. 420.

Der Lagerhalter hat Anspruch auf das bedungene und ortsübliche Lagergeld sowie auf Erstattung der Auslagen für Fracht und Zölle und der sonst für das Gut gemachten Aufwendungen, soweit er sie den Umständen nach für erforderlich halten durfte. 1

Von den hiernach dem Lagerhalter zukommenden 2

Gewöhnliche deutsche und fette deutsche Schrift = neues H.G.

Beträgen (Lagerkosten) sind die baaren Auslagen sofort zu erstatten. Die sonstigen Lagerkosten sind nach dem Ablaufe von je drei Monaten seit der Einlieferung oder, wenn das Gut in der Zwischenzeit zurückgenommen wird, bei der Rücknahme zu erstatten; wird das Gut theilweise zurückgenommen, so ist nur ein entsprechender Theil zu berichtigen, es sei denn, daß das auf dem Lager verbleibende Gut zur Sicherung des Lagerhalters nicht ausreicht.

§. 421. **§. 421.**

Der Lagerhalter hat wegen der Lagerkosten ein 1
Pfandrecht an dem Gute, solange er es im Besitze hat, insbesondere mittelst Konnossements, Ladescheins oder Lagerscheins darüber verfügen kann.

§. 422. **§. 422.**

Der Lagerhalter kann nicht verlangen, daß der Ein- 1
lagerer das Gut vor dem Ablaufe der bedungenen Lagerzeit und, falls eine solche nicht bedungen ist, daß er es vor dem Ablaufe von drei Monaten nach der Einlieferung zurücknehme. Ist eine Lagerzeit nicht bedungen oder behält der Lagerhalter nach dem Ablaufe der bedungenen Lagerzeit das Gut auf dem Lager, so kann er die Rücknahme nur nach vorgängiger Kündigung unter Einhaltung einer Kündigungsfrist von einem Monate verlangen.

Der Lagerhalter ist berechtigt, die Rücknahme des 2
Gutes vor dem Ablaufe der Lagerzeit und ohne Einhaltung einer Kündigungsfrist zu verlangen, wenn ein wichtiger Grund vorliegt.

§. 423. **§. 423.**

Auf die Verjährung der Ansprüche gegen den Lager- 1
halter wegen Verlustes, Minderung, Beschädigung oder verspäteter Ablieferung des Gutes finden die Vorschriften des §. 414 entsprechende Anwendung. Im Falle des gänzlichen Verlustes beginnt die Verjährung mit dem

Ablaufe des Tages, an welchem der Lagerhalter dem Einlagerer Anzeige von dem Verluste macht.

§. 424. §. 424.

Ist von dem Lagerhalter ein Lagerschein ausgestellt, der durch Indossament übertragen werden kann, so hat, wenn das Gut von dem Lagerhalter übernommen ist, die Uebergabe des Lagerscheins an denjenigen, welcher durch den Schein zur Empfangnahme des Gutes legitimirt wird, für den Erwerb von Rechten an dem Gute dieselben Wirkungen wie die Uebergabe des Gutes. 1

Fünfter Titel.
Von dem Frachtgeschäft.
Erster Abschnitt.
Vom Frachtgeschäft überhaupt.

Sechster Abschnitt.
Frachtgeschäft.

Art. 390. — **§. 425.** §. 425.

I Frachtführer ist $\frac{\text{derjenige, welcher}}{\textbf{, wer es}}$ gewerbsmäßig $\frac{\text{den}}{\textbf{über-}}$ 1
$\frac{\text{Transport}}{\textbf{nimmt, die Beförderung}}$ von Gütern zu Lande oder auf
Flüssen $\frac{\text{und}}{\textbf{oder}}$ sonstigen Binnengewässern $\frac{\text{ausführt}}{\textbf{auszuführen}}$.

Art. 391. | **§. 426.** §. 426.

I Der Frachtbrief dient als Beweis über den Vertrag zwischen dem Frachtführer und dem Absender.

II Der Frachtführer kann die **Ausstellung** eines Frachtbriefs verlangen. 1

Gewöhnliche deutsche und fette deutsche Schrift = neues H.G.

Art. 392.

I Der Frachtbrief $\frac{\text{enthält}}{\textbf{soll enthalten}}$: 2

$\frac{7.}{1.}$ den Ort und **den** Tag der Ausstellung;

2\. den Namen und **den** Wohnort **des** Frachtführers;

$\frac{4.}{3.}$ den Namen dessen, an welchen das Gut abgeliefert werden soll **(des Empfängers)**;

$\frac{5.}{4.}$ den Ort der Ablieferung;

$\frac{1.}{5.}$ die Bezeichnung des Gutes nach Beschaffenheit, Menge und Merkzeichen;

6\. **die Bezeichnung der für eine zoll- oder steueramtliche Behandlung oder polizeiliche Prüfung nöthigen Begleitpapiere;**

$\frac{6.}{7.}$ die Bestimmung $\frac{\text{in Ansehung der}}{\textbf{über die}}$ Fracht **sowie im Falle ihrer Vorausbezahlung einen Vermerk über die Vorausbezahlung;**

8\. die besonderen Vereinbarungen, welche die $\frac{\text{Parteien}}{\textbf{Betheiligten}}$ etwa noch über andere Punkte, namentlich über die Zeit, innerhalb welcher $\frac{\text{der Transport}}{\textbf{die Beförderung}}$ bewirkt werden soll, und über die Entschädigung wegen verspäteter Ablieferung **und über die auf dem Gute haftenden Nachnahmen,** getroffen haben;

$\frac{3.}{9.}$ $\frac{\text{den Namen}}{\textbf{die Unterschrift}}$ des Absenders; **eine im Wege der mechanischen Vervielfältigung hergestellte Unterschrift ist genügend.**

Der Absender haftet dem Frachtführer für die Richtig- 3

Gewöhnliche deutsche und lateinische Schrift = altes H.G.

keit und die Vollständigkeit der in den Frachtbrief aufgenommenen Angaben.

Art. 393. — **§. 427.** §. 427.

I Der Absender ist verpflichtet, 1

bei Gütern, welche vor der Ablieferung an den Empfänger einer zoll- oder steueramtlichen Behandlung unterliegen, den Frachtführer in den Besitz der deshalb erforderlichen Begleitpapiere zu setzen.	**dem Frachtführer die Begleitpapiere zu übergeben, welche zur Erfüllung der Zoll-, Steuer- oder Polizeivorschriften vor der Ablieferung an den Empfänger erforderlich sind.**

Er haftet dem Frachtführer, sofern nicht diesem selbst ein Verschulden zur Last fällt, für alle

Strafen und Schäden, welche denselben wegen Unrichtigkeit oder Unzulänglichkeit der Begleitpapiere treffen.	**Folgen, die aus dem Mangel, der Unzulänglichkeit oder der Unrichtigkeit der Papiere entstehen.**

Art. 394. — **§. 428.** §. 428.

I Ist über die Zeit, binnen welcher der Frachtführer 1

den Transport / **die Beförderung** bewirken soll, im Frachtvertrage nichts bedungen, so wird / **bestimmt sich** die Frist, innerhalb deren er die Reise

antreten muss, durch den Ortsgebrauch bestimmt; / **anzutreten und zu vollenden hat, nach dem Ortsgebrauche.**

besteht / **Besteht** ein Ortsgebrauch nicht, so ist die Reise / **Beförderung** binnen einer den Umständen des Falles / **nach** angemessenen Frist anzutreten / **zu bewirken**.

II Wird der Antritt oder die Fortsetzung der Reise durch / **ohne** 2

Naturereignisse oder sonstige Zufälle
Verschulden des Absenders zeitweilig verhindert, so
braucht
kann der Absender die Aufhebung des Hindernisses nicht
abzuwarten, er kann vielmehr von dem Vertrage zurücktreten ;
muss aber — den Frachtführer, sofern demselben — kein Ver-
er hat jedoch — **wenn diesem**
schulden zur Last fällt, wegen der Kosten der — Vorbereitung
für die
der Reise, der Kosten der — Wiederausladung und der An-
die — **den zurück-**
sprüche in Beziehung auf die bereits zurückgelegte — Reise zu
gelegten Theil der
entschädigen. Ueber die Höhe der Entschädigung entscheidet
der Ortsgebrauch

und in dessen Ermangelung das richterliche Ermessen.	**; besteht ein Ortsgebrauch nicht, so ist eine den Umständen nach angemessene Entschädigung zu gewähren.**

§. 429. Art. 395. — **§. 429.**

I Der Frachtführer haftet für den Schaden, welcher — durch 1
der
Verlust oder Beschädigung des Frachtguts seit der Empfang-
Gutes in der Zeit von der
nahme — bis zur Ablieferung **oder durch Versäumung der**
Annahme
Lieferzeit entstanden ist, sofern er nicht beweist, daß der
entsteht, es sei denn
Verlust oder — die Beschädigung
,

durch höhere Gewalt (vis major) oder durch die natürliche Beschaffenheit des Guts,	**oder die Verspätung auf Umständen beruht, die durch die Sorgfalt eines ordent-**

namentlich durch inneren Verderb, Schwinden, gewöhnliche Leckage u. dgl., oder durch äusserlich nicht erkennbare Mängel der Verpackung entstanden ist.	**lichen Frachtführers nicht abgewendet werden konnten.**

II Für **den Verlust oder die Beschädigung von** Kostbarkeiten, **Kunstgegenständen,** Gelder / **Geld** und Werthpapiere / **Werthpapieren** haftet der Frachtführer nur dann, wenn ihm diese Beschaffenheit oder der Werth des Gutes **bei der Uebergabe zur Beförderung** angegeben **worden** ist. 2

Art. 396. — **§. 430.** §. 430

I Wenn auf Grund des vorhergehenden Artikels	**Muß auf Grund des Frachtvertrags**

1

von dem Frachtführer für **gänzlichen oder theilweisen** Verlust des Gutes Ersatz geleistet werden muss, so ist

der Berechnung des Schadens nur	

der gemeine Handelswerth

des Guts zu Grunde zu legen.	**und in dessen Ermangelung der gemeine Werth**
II Im Falle des Verlustes ist der gemeine Handelswerth	

zu ersetzen, welchen Gut derselben Art und Beschaffenheit am Orte der Ablieferung zu der Zeit / **in dem Zeitpunkte** hatte, in welcher / **welchem** das Gut abzuliefern / **die Ablieferung zu bewirken** war; davon / **hiervon** kommt in Abzug, was in Folge des Verlustes an Zöllen und Unkosten / **sonstigen Kosten sowie an Fracht** erspart ist.

III Im Falle der Beschädigung ist der Unterschied zwischen dem Verkaufswerthe des Gutes im beschädigten Zustand und dem gemeinen Handelswerth **oder dem gemeinen Werthe** zu 2

Gewöhnliche deutsche und fette deutsche Schrift = neues H.G.

ersetzen, welchen das Gut ohne diese / die Beschädigung am Orte und zur Zeit der Ablieferung gehabt haben würde

, nach Abzug der Zölle und Unkosten, soweit sie in Folge der Beschädigung erspart sind.	; hiervon kommt in Abzug, was in Folge der Beschädigung an Zöllen und sonstigen Kosten erspart ist.
IV Hat das Gut keinen Handelswerth, so ist der Berechnung des Schadens der gemeine Werth des Gutes zu Grunde zu legen.	Ist der Schaden durch Vorsatz oder grobe Fahrlässigkeit des Frachtführers herbeigeführt, so kann Ersatz des vollen Schadens gefordert werden. 3
V Wenn dem Frachtführer eine bösliche Handlungsweise nachgewiesen wird, so hat er den vollen Schaden zu ersetzen.	

Art. 397.

I Der Frachtführer haftet für den Schaden, welcher durch Versäumung der bedungenen oder üblichen Lieferungszeit entstanden ist, sofern er nicht beweist, dass er die Verspätung durch Anwendung der Sorgfalt eines ordentlichen Frachtführers nicht habe abwenden können.

Art. 398.

I Ist für den Fall verspäteter Ablieferung ein Abzug an der Fracht oder der Verlust der Fracht oder sonst eine Konventionalstrafe bedungen, so kann im Zweifel ausserdem auch der Ersatz des diesen Betrag übersteigenden Schadens gefordert werden, welcher durch die verspätete Ablieferung entstanden ist.

Art. 399.

I Beweist der Frachtführer, dass er die Verspätung durch die Sorgfalt eines ordentlichen Frachtführers nicht habe abwenden können, so kann die bedungene gänzliche oder theilweise Einbehaltung der Fracht, oder die Konventionalstrafe wegen verspäteter Ablieferung nicht in Anspruch genommen werden, es sei denn, dass sich aus dem Vertrage eine entgegenstehende Absicht ergiebt.

Art. 400. — **§. 431.** §. 431.

I Der Frachtführer [haftet für seine / **hat ein Verschulden seiner**] Leute und 1
[für andere / **ein Verschulden anderer**] Personen, deren er sich bei der Ausführung [des von ihm übernommenen Transports / **der Beförderung**] bedient,
in gleichem Umfange zu vertreten wie eigenes Verschulden.

Art. 401. — **§. 432.** §. 432.

I [Wenn / **Uebergiebt**] der Frachtführer zur gänzlichen oder theil- 1
weisen Ausführung [des / **der**] von ihm übernommenen [Transports / **Beförderung**] das Gut einem anderen Frachtführer übergiebt,
so haftet er für [diesen und die etwa folgenden Frachtführer / **die Ausführung der Beförderung**]
bis zur Ablieferung **des Gutes an den Empfänger.**

II [Jeder / **Der nachfolgende**] Frachtführer, welcher auf einen 2
anderen Frachtführer folgt, tritt dadurch, daß er das Gut mit dem ursprünglichen Frachtbrief annimmt, [in den Frachtvertrag gemäss dem Frachtbrief / **diesem gemäß in den Frachtvertrag**] ein [, / **und**] übernimmt [eine / **die**]
selbständige Verpflichtung, [den Transport / **die Beförderung**] nach dem Inhalte des Frachtbriefs auszuführen, und hat auch in Bezug auf den von den früheren Frachtführern bereits ausgeführten Transport für die Verbindlichkeiten derselben einzustehen.

Gewöhnliche deutsche und fette deutsche Schrift = neues H.G.

Hat auf Grund dieser Vorschriften einer der betheiligten Frachtführer Schadensersatz geleistet, so steht ihm der Rückgriff gegen denjenigen zu, welcher den Schaden verschuldet hat. Kann dieser nicht ermittelt werden, so haben die betheiligten Frachtführer den Schaden nach dem Verhältniß ihrer Antheile an der Fracht gemeinsam zu tragen, soweit nicht festgestellt wird, daß der Schaden nicht auf ihrer Beförderungsstrecke entstanden ist. 3

§. 433.

Art. 402. — §. 433.

I Der Frachtführer hat den späteren Anweisungen des Absenders wegen Zurückgabe des Guts oder wegen Auslieferung desselben an einen anderen als den im Frachtbriefe bezeichneten Empfänger so lange Folge zu leisten, als er nicht letzterem nach Ankunft des Guts am Ort der Ablieferung den Frachtbrief übergeben hat.	Der Absender kann den Frachtführer anweisen, das Gut anzuhalten, zurückzugeben oder an einen anderen als den im Frachtbriefe bezeichneten Empfänger auszuliefern. Die Mehrkosten, die durch eine solche Verfügung entstehen, sind dem Frachtführer zu erstatten. 1 Das Verfügungsrecht des Absenders erlischt, wenn nach der Ankunft des Gutes am Orte der Ablieferung der Frachtbrief dem Empfänger übergeben oder von dem Empfänger Klage gemäß §. 435 gegen den Frachtführer erhoben wird. 2

II Ist dies bereits geschehen, so hat er	Der Frachtführer hat in einem solchen Falle

nur die Anweisungen des bezeichneten Empfängers zu beachten —/;

widrigenfalls er demselben	verletzt er diese Verpflichtung, so ist er dem Empfänger

für das Gut verhaftet ist.

Art. 403.

I Der Frachtführer ist verpflichtet, am Ort der Ablieferung

dem durch den Frachtbrief bezeichneten Empfänger das Frachtgut auszuhändigen.

Art. 404. — §. 434. §. 434.

I Der im Frachtbriefe bezeichnete Empfänger ist vor **der** Ankunft **des Gutes** am Orte der Ablieferung dem Frachtführer gegenüber **berechtigt**, alle zur Sicherstellung **des Gutes** erforderlichen Maßregeln zu ergreifen und dem Frachtführer die zu diesem Zwecke nothwendigen Anweisungen zu ertheilen [; die / **. Die**] Auslieferung **des Gutes** kann er vor dessen Ankunft am Orte **der Ablieferung** nur dann fordern, wenn der Absender den Frachtführer [zu derselben / **dazu**] ermächtigt hat. 1

Art. 405. — §. 435. §. 435.

I Nach **der** Ankunft des [Frachtführers / **Gutes**] am Orte der Ablieferung ist der im Frachtbriefe bezeichnete Empfänger berechtigt, die durch den Frachtvertrag begründeten Rechte gegen Erfüllung der **sich daraus ergebenden** Verpflichtungen , wie sie der Frachtbrief ergiebt, in eigenem Namen gegen den Frachtführer geltend zu machen, [sei es, dass / **ohne Unterschied, ob**] er hierbei in eigenem oder **in** fremdem Interesse handelt [; er / **. Er**] ist insbesondere berechtigt, [den / **von dem**] Frachtführer [auf / **die**] Uebergabe des Frachtbriefs und **die** Auslieferung des Gutes zu [be- langen, sofern nicht / **ver- langen. Dieses Recht erlischt, wenn**] der Absender [dem- selben / **dem Frachtführer**] vor Anstellung der Klage eine nach [Massgabe / **§. 433**] 1

Gewöhnliche deutsche und fette deutsche Schrift = neues H.G.

des Artikels 402 noch zulässige entgegenstehende Anweisung

gegeben hat
ertheilt

.

§. 436. Art. 406. — §. 436.

I Durch Annahme des Gutes und des Frachtbriefs wird 1
der Empfänger verpflichtet, dem Frachtführer nach Maßgabe des Frachtbriefs Zahlung zu leisten.

§. 437. Art. 407. — §. 437.

I Wenn der bezeichnete Empfänger des Guts nicht auszumitteln ist oder die Annahme verweigert, oder wenn Streit über die Annahme oder den Zustand des Guts entsteht, so kann der Betheiligte den letzteren durch Sachverständige feststellen lassen.

II Die Sachverständigen ernennt auf das Ansuchen des Betheiligten das Handelsgericht oder in dessen Ermangelung der Richter des Orts.

III Die Sachverständigen haben ihr Gutachten schriftlich oder zu Protokoll zu erstatten.

IV Das Gericht kann auf Ansuchen des Betheiligten verordnen, dass das Gut	Ist der Empfänger des Gutes nicht zu ermitteln oder verweigert er die An- 1

nahme oder ergiebt sich ein sonstiges Ablieferungshinderniß, so hat der Frachtführer den Absender unverzüglich hiervon in Kenntniß zu setzen und dessen Anweisung einzuholen.

Ist dies den Umständen nach nicht thunlich oder der Ab- 2
sender mit der Ertheilung der Anweisung säumig oder die Anweisung nicht ausführbar, so ist der Frachtführer befugt, das Gut

in einem öffentlichen Lagerhaus oder

bei einem Dritten niedergelegt, und dass es ganz oder zu einem entsprechenden Theile	sonst in sicherer Weise zu hinterlegen. Er kann, falls das Gut dem Verderben

behufs Bezahlung der Fracht und der übrigen Forderungen des Frachtführers öffentlich verkauft wird.

V Ueber das Ansuchen um Ernennung von Sachverständigen oder um Verfügung des Gerichts wegen Niederlegung und wegen Verkaufs des Guts wird die Gegenpartei, wenn sie am Ort anwesend ist, gehört.

ausgesetzt und Gefahr im Verzug ist, das Gut auch gemäß §. 373 Abs. 2 bis 4 verkaufen lassen.

Von der Hinterlegung und dem Verkaufe des Gutes hat der Frachtführer den Absender und den Empfänger unverzüglich zu benachrichtigen, es sei denn, daß dies unthunlich ist; im Falle der Unterlassung ist er zum Schadensersatze verpflichtet. 3

Art. 408. — §. 438. §. 438.

I Durch Annahme des Guts und Bezahlung der Fracht erlischt jeder Anspruch gegen den Frachtführer.

Ist die Fracht nebst den sonst auf dem Gute haftenden Forderungen bezahlt und das Gut angenommen, so sind alle Ansprüche gegen den Frachtführer aus dem Frachtvertrag erloschen. 1

Diese Vorschrift findet keine Anwendung, soweit die Beschädigung oder Minderung des Gutes vor dessen Annahme durch amtlich bestellte Sachverständige festgestellt ist. 2

II (Nur wegen Verlustes oder / **Wegen einer**) Beschädigung **oder Minderung des Gutes,** (welche / **die**) bei der (Ablieferung / **Annahme**) äußerlich nicht erkennbar (waren / **ist**), kann der Frachtführer (selbst / **auch**) nach der Annahme **des Gutes** und nach **der** Bezahlung der Fracht in Anspruch genommen werden, wenn **der Mangel in der Zeit zwischen der Uebernahme des Gutes durch den Frachtführer und der Ablieferung entstanden ist und** die Fest- 3 stellung des Verlustes oder der Beschädigung / **Mangels** **durch amtlich bestellte Sachverständige** ohne Verzug / **unverzüglich** nach der Entdeckung

nachgesucht worden ist, und bewiesen wird, dass der Verlust oder die Beschädigung während der Zeit seit der Empfangnahme bis zur Ablieferung entstanden ist.	**und spätestens binnen einer Woche nach der Annahme beantragt wird. Ist dem Frachtführer der Mangel unverzüglich nach der Entdeckung und binnen der bezeichneten Frist angezeigt, so genügt es, wenn die Feststellung unverzüglich**

nach dem Zeitpunkte beantragt wird, bis zu welchem der Eingang einer Antwort des Frachtführers unter regelmäßigen Umständen erwartet werden darf.

Die Kosten einer von dem Empfangsberechtigten beantragten Feststellung sind von dem Frachtführer zu tragen, wenn ein Verlust oder eine Beschädigung ermittelt wird, für welche der Frachtführer Ersatz leisten muß. 4

Der Frachtführer kann sich auf diese Vorschriften nicht berufen, wenn er den Schaden durch Vorsatz oder grobe Fahrlässigkeit herbeigeführt hat. 5

§. 439.	**§. 439.**

III Die Bestimmungen über / **Auf** die Verjährung der Klagen und / **An-** 1
Einreden / **sprüche** gegen den Spediteur / **Frachtführer** wegen Verlustes, **Minderung**, Beschädigung oder verspäteter Ablieferung des Gutes (Art. 386) finden auch auf den Frachtführer / **die Vorschriften des §. 414 entsprechende** Anwendung. **Dies gilt nicht für die im §. 432 Abs. 3 bezeichneten Ansprüche.**

Gewöhnliche deutsche und lateinische Schrift = altes H.G.

I Der Frachtführer hat wegen aller durch den Frachtvertrag begründeten Forderungen, insbesondere der Fracht- und Liegegelder, sowie wegen der Zollgelder und anderer Auslagen, **sowie wegen der auf das Gut geleisteten Vorschüsse** ein Pfandrecht an dem Frachtgut / **Gute**. 1

Dieses / **Das** Pfandrecht besteht, solange 2

Art. 409	§. 440
das Gut zurückbehalten oder niedergelegt ist; es dauert auch	**der Frachtführer das Gut noch im Besitze hat, insbesondere mittelst Konnossements, Ladescheins oder Lagerscheins darüber verfügen kann.**
	Auch 3

nach der Ablieferung

Art. 409	§. 440
	dauert das Pfandrecht

noch fort, insofern / **sofern** der Frachtführer es binnen drei Tagen nach der Ablieferung gerichtlich geltend macht und das Gut noch

Art. 409	§. 440
bei dem Empfänger oder bei einem Dritten sich befindet, welcher es für den Empfänger besitzt.	**im Besitze des Empfängers ist.**
II Er kann zu seiner Befriedigung den Verkauf des Guts oder eines Theils desselben veranlassen. (Art. 407.) III Er hat dieses Recht auch gegenüber den übrigen Gläubigern und der Konkursmasse des Eigenthümers.	**Die im §. 1234 Abs. 1 des Bürgerlichen Gesetzbuchs bezeichnete Androhung des Pfandverkaufs sowie die in den §§. 1237, 1241 des Bürgerlichen Gesetzbuchs vorgesehenen Benachrichtigungen sind an den Empfänger zu richten. Ist dieser nicht zu** 4

| ermitteln oder verweigert er die Annahme des Gutes, so hat die Androhung und Benachrichtigung gegenüber dem Absender zu erfolgen.

§. 441. Art. 410. — §. 441.

I Geht das Gut durch die Hände mehrerer Frachtführer, so hat der letzte | Der letzte Frachtführer hat, falls nicht im Frachtbrief ein Anderes bestimmt ist, 1

bei der Ablieferung

, sofern nicht der Frachtbrief das Gegentheil bestimmt, auch die aus dem Frachtbriefe sich ergebenden | auch die

Forderungen der

vorhergehenden | Vormänner sowie die auf dem Gute haftenden Nachnahmen

einzuziehen und $\frac{\text{deren}}{\text{die}}$ Rechte der Vormänner , insbesondere auch das Pfandrecht, auszuüben. Das Pfandrecht der Vormänner besteht so lange als das Pfandrecht des letzten Frachtführers.

II Der | Wird der 2

vorhergehende Frachtführer

welcher |

von dem nachfolgenden befriedigt

ist, überträgt auf diesen von Rechtswegen | , so gehen

seine Forderung und sein Pfandrecht

| auf den letzteren über.

III In gleicher Art $\frac{\text{wird}}{\text{gehen}}$ die Forderung und das Pfand- 3

Gewöhnliche deutsche und lateinische Schrift = altes H.G.

recht des Spediteurs auf den nachfolgenden Spediteur und den **nachfolgenden** Frachtführer $\frac{\text{übertragen}}{\textbf{über}}$.

IV Das Pfandrecht der Vormänner besteht solange, als das Pfandrecht des letzten Frachtführers. *)

Art. 412. — **§. 442.** §. 442.

I $\frac{\text{Wenn der}}{\textbf{Der}}$ Frachtführer, **welcher** das Gut ohne Bezahlung abliefert und das Pfandrecht nicht binnen drei Tagen nach der Ablieferung gerichtlich geltend macht, 1

so wird er, sowie | **ist den Vormännern verantwortlich. Er wird, ebenso wie**

die vorhergehenden Frachtführer und die Spediteure, des Rückgriffs gegen die Vormänner verlustig. Der Anspruch gegen den Empfänger bleibt in Kraft.

Art. 411. — **§. 443.** §. 443.

I $\frac{\text{Wenn auf}}{\textbf{Bestehen an}}$ demselben Gute zwei oder mehrere $\frac{\text{gemäss}}{\textbf{nach}}$ den $\frac{\text{Artikeln 374, 382 und 409}}{\textbf{§§. 397, 410, 421, 440}}$ begründete Pfandrechte bestehen, so geht unter denjenigen Pfandrechten, welche durch die Versendung oder durch $\frac{\text{den Transport}}{\textbf{die Beförderung}}$ des Gutes entstanden sind, das später entstandene dem früher entstandenen vor $\frac{;}{.}$ 1

$\frac{\text{diese}}{\textbf{Diese}}$ Pfandrechte haben sämmtlich den Vorrang vor dem **nicht aus der Versendung entstandenen** Pfandrechte des Kommissionärs und **des Lagerhalters sowie** vor dem Pfand- 2

*) Vergl. §. 441 Abs. 1 letzter Satz.

rechte des Spediteurs **und des Frachtführers** für Vorschüsse ;· unter den letzteren Pfandrechten geht das früher entstandene dem später entstandenen vor.

§. 444. Art. 413. — **§. 444.**

I Der Absender und der Frachtführer können übereinkommen, dass der letztere dem ersteren einen	**Ueber die Verpflichtung zur Auslieferung des Gutes kann von dem Frachtführer ein** 1

Ladeschein

ausstellt.	**ausgestellt werden.**

II Der Ladeschein ist eine Urkunde, durch welche der Frachtführer sich zur Aushändigung des Guts verpflichtet.

§. 445. Art. 414. — **§. 445.**

I Der Ladeschein enthält / **soll enthalten**: 1

7./**1.** den Ort und den Tag der Ausstellung;

2. den Namen und **den** Wohnort des Frachtführers;

3. den Namen des Absenders;

4. den Namen desjenigen, an den / **welchen** oder an dessen Order das Gut abgeliefert werden soll: Als / **; als** solcher ist / **gilt** der Absender zu verstehen, wenn der Ladeschein lediglich / **nur** an Order gestellt ist;

5. den Ort der Ablieferung;

1./**6.** die Bezeichnung der geladenen Güter / **des Gutes** nach Beschaffenheit, Menge und Merkzeichen;

6./**7.** die Bestimmung in Ansehung der / **über die** Fracht **und über die**

auf dem Gute haftenden Nachnahmen sowie im Falle der Vorausbezahlung der Fracht einen Vermerk über die Vorausbezahlung.

II Der Ladeschein muß von dem Frachtführer unterzeichnet sein. 2

III Der Absender hat dem Frachtführer auf dessen Verlangen 3 eine von ihm unterzeichnete gleichlautende Kopie / **unterschriebene Abschrift** des Ladescheins auszuhändigen.

Art. 415. — **§. 446.** §. 446.

I Der Ladeschein entscheidet für die Rechtsverhältnisse / **das Rechtsverhältniß** 1 zwischen dem Frachtführer und dem Empfänger des Gutes; die nicht in denselben / **den Ladeschein** aufgenommenen Bestimmungen des Frachtvertrags haben gegenüber / **sind** dem Empfänger keine rechtliche Wirkung / **gegenüber unwirksam**, sofern nicht auf dieselben / **der Ladeschein** ausdrücklich **auf** sie Bezug genommen ist / **nimmt**.

II Für die Rechtsverhältnisse / **das Rechtsverhältniß** zwischen dem Frachtführer und 2 **dem** Absender bleiben die Bestimmungen des Frachtvertrags maßgebend.

Art. 417. | **§. 447.** §. 447.

I Zum Empfange des Gutes legitimirt ist derjenige, an 1 welchen das Gut nach dem Ladeschein abgeliefert werden soll oder auf welchen der Ladeschein, wenn er an Order lautet, durch Indossament übertragen ist.

Der zum Empfange Legitimirte hat schon vor der 2 **Ankunft des Gutes am Ablieferungsorte die Rechte, welche dem Absender in Ansehung der Verfügung über das Gut zustehen, wenn ein Ladeschein nicht ausgestellt ist.**

Art. 416.

I Wenn der | **Der** 3

Frachtführer

einen Ladeschein ausgestellt hat,

darf

er späteren Anweisungen | **einer Anweisung**

des Absenders

wegen Zurückgabe oder Auslieferung des Guts | **, das Gut anzuhalten, zurückzugeben oder**

an einen anderen als den durch den Ladeschein legitimirten Empfänger

| **auszuliefern,**

nur dann **Folge leisten, wenn ihm der Ladeschein zurückgegeben wird** . ;

Handelt er dieser Bestimmung entgegen, | **verletzt er diese Verpflichtung,**

so ist er dem rechtmäßigen Inhaber / **Besitzer** **des Ladescheins für das Gut** verpflichtet / **verhaftet**.

§. 448. Art. 418. — **§. 448.**

I **Der Frachtführer ist zur Ablieferung des Gutes nur** 1
gegen Rückgabe des Ladescheins, auf welchem / **dem** **die Ablieferung des Gutes** zu bescheinigen / **bescheinigt** **ist, verpflichtet.**

Art. 419.

I Im Uebrigen kommen die Bestimmungen über die Rechte und Pflichten des Frachtführers auch in dem Falle zur Anwendung, wenn ein Ladeschein ausgestellt ist.

Gewöhnliche deutsche und lateinische Schrift = altes H.G.

§. 449. §. 449.

Im Falle des §. 432 Abs. 1 wird der nachfolgende Frachtführer, der das Gut auf Grund des Ladescheins übernimmt; nach Maßgabe des Scheines verpflichtet. 1

§. 450. §. 450.

Die Uebergabe des Ladescheins an denjenigen, welcher durch den Schein zur Empfangnahme des Gutes legitimirt wird, hat, wenn das Gut von dem Frachtführer übernommen ist, für den Erwerb von Rechten an dem Gute dieselben Wirkungen wie die Uebergabe des Gutes. 1

Art. 420. — **§. 451.** §. 451.

I Wenn	**Die Vorschriften der §§. 426 bis 450 kommen auch zur Anwendung, wenn** 1
ein **Kaufmann,**	
dessen gewöhnlicher Handelsbetrieb sich nicht auf die Ausführung von Frachtgeschäften erstreckt, in einem einzelnen Falle einen Transport	**der nicht Frachtführer ist, im Betriebe seines Handelsgewerbes eine Beförderung**

von Gütern zu Lande oder auf Flüssen und / **oder** sonstigen Binnengewässern auszuführen übernimmt, so kommen die Bestimmungen dieses Titels auch in Bezug auf ein solches Geschäft zur Anwendung.

Art. 421.

I Die Bestimmungen dieses Abschnitts finden auch Anwendung auf Frachtgeschäfte	(Vergl. jetzt §. 454.)

von Eisenbahnen und anderen öffentlichen Transportanstalten.

§. 452. §. 452.

II Sie gelten jedoch für die Postanstalten nur inso-	**Auf die Beförderung von Gütern durch die Postver-** 1

Gewöhnliche deutsche und fette deutsche Schrift = neues H.G.

weit, als nicht durch besondere Gesetze oder Verordnungen für dieselben ein Anderes bestimmt ist.

waltungen des Reichs und der Bundesstaaten finden die Vorschriften dieses Abschnitts keine Anwendung. Die bezeichneten Postverwaltungen gelten nicht als Kaufleute im Sinne dieses Gesetzbuchs.

III Für die Eisenbahnen kommen ferner die Bestimmungen des folgenden Abschnitts zur Anwendung.

(Vergl. jetzt §. 454.)

Zweiter Abschnitt.

Von dem Frachtgeschäft der Eisenbahnen insbesondere.

Siebenter Abschnitt.

Beförderung von Gütern und Personen auf den Eisenbahnen.

§. 453. Art. 422. — §. 453.

I Eine **dem öffentlichen Güterverkehre dienende** Eisenbahn 1

, welche dem Publikum zur Benutzung für den Gütertransport eröffnet ist, kann die bei ihr nachgesuchte Eingehung eines Frachtgeschäfts für ihre Bahnstrecke nicht verweigern, insofern

darf die Uebernahme von Gütern zur Beförderung nach einer für den Güterverkehr eingerichteten Station innerhalb des Deutschen Reichs nicht verweigern, sofern

2.
1. der Absender

in Bezug auf die Fracht, die Auflieferung der Güter und die sonstigen den Eisenbahnen

sich den geltenden Beförderungsbedingungen und den sonstigen allgemeinen

freigestellten Transportbedingungen sich den allgemein geltenden	

Anordnungen

der Bahnverwaltung	**der Eisenbahn**

unterwirft;

2. **die Beförderung nicht nach gesetzlicher Vorschrift oder aus Gründen der öffentlichen Ordnung verboten ist;**

1./**3.** die Güter

an sich, oder vermöge ihrer Verpackung nach den Reglements und im Falle die letzteren fehlen oder keinen Anhalt gewähren, nach den Einrichtungen und der Benutzungsweise der Bahn zum Transport sich	**nach der Eisenbahnverkehrsordnung oder den gemäß der Verkehrsordnung erlassenen Vorschriften und, soweit diese keinen Anhalt gewähren, nach der Anlage und dem Betriebe der betheiligten Bahnen sich zur Beförderung**

eignen;

3. die regelmässigen Transportmittel der Bahn zur Ausführung des Transports genügen.	4. **die Beförderung mit den regelmäßigen Beförderungsmitteln möglich ist;**

5. **die Beförderung nicht durch Umstände, die als höhere Gewalt zu betrachten sind, verhindert wird.**

II Die Eisenbahnen sind nicht	**Die Eisenbahn ist nur insoweit** 2

verpflichtet, die Güter

zum Transport eher	**zur Beförderung**

anzunehmen, als bis die Beförderung derselben geschehen / **sofort erfolgen** kann. **Inwieweit sie verpflichtet ist, Güter, deren Beförderung nicht sofort erfolgen kann, in einstweilige Verwahrung zu nehmen, bestimmt die Eisenbahnverkehrsordnung.**

III In Ansehung der Zeit der Beförderung darf kein Absender vor dem Anderen ohne einen in den Einrichtungen der Bahn, in den Transportverhältnissen, oder im öffentlichen Interesse liegenden Grund begünstigt werden.	**Die Beförderung der Güter findet in der Reihenfolge statt, in welcher sie zur Beförderung angenommen worden sind, sofern nicht zwingende Gründe des Eisenbahnbetriebs oder das öffentliche Interesse eine Ausnahme rechtfertigen.** 3

IV Zuwiderhandlungen / **Eine Zuwiderhandlung** gegen die Bestimmungen dieses Artikels begründen / **diese Vorschriften begründet** den Anspruch auf Ersatz des dadurch entstandenen / **daraus entstehenden** Schadens. 4

Art. 423.*)

I Die im Artikel 422 bezeichneten Eisenbahnen sind nicht befugt, die Anwendung der in den Artikeln 395, 396 397, 400, 401, 408 enthaltenen Bestimmungen über die Verpflichtung des Frachtführers zum Schadensersatze, sei es in Bezug auf den Eintritt, den Umfang oder die Dauer der Verpflichtung oder in Bezug auf die Beweislast, zu ihrem Vortheil durch Verträge (mittelst Reglements oder durch besondere Uebereinkunft) im Voraus auszuschliessen oder zu beschränken, ausser, soweit solches durch die nachfolgenden Artikel zugelassen ist.

II Vertragsbestimmungen, welche dieser Vorschrift entgegenstehen, haben keine rechtliche Wirkung.

---

*) Vergl. jetzt §. 471.

§. 454. §. 454.

Auf das Frachtgeschäft der dem öffentlichen Güter- 1
verkehre dienenden Eisenbahnen finden die Vorschriften
des vorigen Abschnitts insoweit Anwendung, als nicht in
diesem Abschnitt oder in der Eisenbahnverkehrsordnung
ein Anderes bestimmt ist.

§. 455. §. 455.

Die Eisenbahn ist verpflichtet, auf Verlangen des 1
Absenders den Empfang des Gutes unter Angabe des
Tages, an welchem es zur Beförderung angenommen ist,
auf einem Duplikate des Frachtbriefs zu bescheinigen; das
Duplikat ist von dem Absender mit dem Frachtbriefe vor-
zulegen.

Im Falle der Ausstellung eines Frachtbriefduplikats 2
steht dem Absender das im §. 433 bezeichnete Verfügungs-
recht nur zu, wenn er das Duplikat vorlegt. Befolgt
die Eisenbahn die Anweisungen des Absenders, ohne die
Vorlegung des Duplikats zu verlangen, so ist sie für den
daraus entstehenden Schaden dem Empfänger, welchem
der Absender die Urkunde übergeben hat, haftbar.

§. 456. §. 456.

Die Eisenbahn haftet für den Schaden, der durch 1
Verlust oder Beschädigung des Gutes in der Zeit von
der Annahme zur Beförderung bis zur Ablieferung ent-
steht, es sei denn, daß der Schaden durch ein Verschulden
oder eine nicht von der Eisenbahn verschuldete Anweisung
des Verfügungsberechtigten, durch höhere Gewalt, durch
äußerlich nicht erkennbare Mängel der Verpackung oder
durch die natürliche Beschaffenheit des Gutes, namentlich
durch inneren Verderb, Schwinden, gewöhnliche Leckage
verursacht ist.

Die Vorschrift des §. 429 Abs. 2 findet Anwendung. 2

§. 457. §. 457.

Muß auf Grund des Frachtvertrags von der Eisen- 1

---

bahn für gänzlichen oder theilweisen Verlust des Gutes Ersatz geleistet werden, so ist der gemeine Handelswerth und in dessen Ermangelung der gemeine Werth zu ersetzen, welchen Gut derselben Art und Beschaffenheit am Orte der Absendung in dem Zeitpunkte der Annahme zur Beförderung hatte, unter Hinzurechnung dessen, was an Zöllen und sonstigen Kosten sowie an Fracht bereits bezahlt ist.

Im Falle der Beschädigung ist für die Minderung des im Abs. 1 bezeichneten Werthes Ersatz zu leisten. 2

Ist der Schaden durch Vorsatz oder grobe Fahrlässigkeit der Eisenbahn herbeigeführt, so kann Ersatz des vollen Schadens gefordert werden. 3

§. 458. **§. 458.**

Die Eisenbahn haftet für ihre Leute und für andere Personen, deren sie sich bei der Ausführung der Beförderung bedient. 1

§. 459. Art. 424. — **§. 459.**

I Es kann bedungen werden: | **Die Eisenbahn haftet nicht:** 1

1. in Ansehung der Güter, welche / **die** **nach der Bestimmung des Tarifs oder** nach **einer in den Frachtbrief aufgenommenen** Vereinbarung mit dem Absender in unbedeckten / **offen gebauten** Wagen transportirt / **befördert** werden,

dass für den Schaden nicht gehaftet werde, welcher aus der mit dieser Transportart / **Beförderungsart** verbundenen Gefahr entstanden ist / **entsteht**;

2. in Ansehung der Güter, welche, ungeachtet ihrer / **die, obgleich ihre** Natur

eine Verpackung zum Schutze gegen Verlust oder Beschädigung [auf dem Transport / **während der Beförderung**] erfordert, nach Erklärung des Absenders auf dem Frachtbrief unverpackt oder mit mangelhafter Verpackung **zur Beförderung** aufgegeben **worden** sind,

dass für den Schaden nicht gehaftet werde, welcher aus der mit dem Mangel der Verpackung oder mit der mangelhaften Beschaffenheit der Verpackung verbundenen Gefahr [entstanden ist / **entsteht**];

3. in Ansehung der Güter, deren Auf[- und / **laden und**] Abladen **nach der Bestimmung des Tarifs oder** nach **einer in den Frachtbrief aufgenommenen** Vereinbarung mit dem Absender von diesem **oder von dem Empfänger** besorgt wird,

dass für den Schaden nicht gehaftet werde, [der / **welcher**] aus der mit dem Auf[- und / **laden und**] Abladen oder mit [mangelhafter / **einer mangelhaften**] Verladung verbundenen Gefahr [entstanden ist / **entsteht**];

4. in Ansehung der Güter, [welche / **die**] vermöge ihrer eigenthümlichen natürlichen Beschaffenheit der besonderen Gefahr ausgesetzt sind, gänzlichen oder theilweisen Verlust oder Beschädigung, namentlich Bruch, Rost, inneren Verderb, außergewöhnliche Leckage, **Austrocknung und Verstreuung** u. s. w., zu erleiden,

dass für den Schaden nicht gehaftet werde, welcher aus dieser Gefahr [entstanden ist / **entsteht**];

Gewöhnliche deutsche und fette deutsche Schrift = neues H.G.

5. in Ansehung lebender Thiere
dass für den Schaden nicht gehaftet werde, welcher aus der für sie mit dem Transport / der Beförderung dieser Thiere für dieselben verbundenen besonderen Gefahr entstanden ist / entsteht;

6. in Ansehung

begleiteter Güter,	derjenigen Güter, einschließlich der Thiere, welchen nach der Eisenbahnverkehrsordnung, dem Tarif oder nach einer in den Frachtbrief aufgenommenen Vereinbarung mit dem Absender ein Begleiter beizugeben ist,

dass für den Schaden nicht gehaftet werde, welcher aus der Gefahr entstanden ist / entsteht, deren Abwendung durch die Begleitung bezweckt wird.

II Ist eine der in diesem Artikel zugelassenen Bestimmungen bedungen, dass bis zum Nachweise des Gegentheils vermuthet werden soll, dass ein eingetretener Schaden, wenn er aus der nicht übernommenen Gefahr entstehen konnte, aus derselben wirklich entstanden ist.	Konnte ein eingetretener Schaden den Umständen nach aus einer der im Abs. 1 bezeichneten Gefahren entstehen, so wird vermuthet, daß er aus dieser Gefahr entstanden sei. 2

III Eine nach diesem Artikel bedungene Befreiung von der Haftpflicht kann auf Grund dieser Vorschriften nicht geltend gemacht werden, wenn nachgewiesen wird, dass der Schaden durch Verschulden der Bahnverwaltung oder ihrer Leute / Eisenbahn entstanden ist. 3

Art. 425 s. bei §. 465.

Gewöhnliche deutsche und lateinische Schrift = altes H.G.

I In Ansehung der Güter, welche / **Bei Gütern, die** nach ihrer natürlichen Be- 1
schaffenheit bei dem Transport / **der Beförderung** regelmäßig einen Verlust / **Ge-**
an Gewicht oder an Maass / **wichtsverlust** erleiden,

kann bedungen werden, dass bis zu einem im Voraus bestimmten Normalsatze für Verlust an Gewicht oder Maass nicht gehaftet werde.

ist die Haftpflicht der Eisenbahn für Gewichtsverluste bis zu den aus der Eisenbahnverkehrsordnung sich ergebenden Normalsätzen ausgeschlossen.

Der Normalsatz muss, im Falle / **wird, falls** mehrere Stücke zu- / **auf den-** 2
sammen transportirt / **selben Frachtbrief befördert** werden, für jedes einzelne Stück
besonders berechnet werden, wenn das Gewicht oder Maass
der einzelnen Stücke im Frachtbriefe verzeichnet ist oder sonst

erweislich ist. | **festgestellt werden kann.**

II Die hier bezeichnete Bestimmung kann nicht geltend gemacht werden, wenn nachgewiesen wird, dass

Die Beschränkung der Haftpflicht tritt nicht ein, soweit 3

der Verlust nach den Umständen des Falles / **nach** nicht in Folge
der natürlichen Beschaffenheit des Gutes entstanden ist oder
dass der bestimmte Normalsatz / **soweit der angenommene Satz** dieser Beschaffenheit oder den
sonstigen Umständen des Falles nicht entspricht.

Bei gänzlichem Verluste des Gutes findet ein Abzug für Gewichtsverlust nicht statt. 4

Gewöhnliche deutsche und fette deutsche Schrift = neues H.G.

§. 461. Art. 427.

I Es kann bedungen werden:

1) dass der nach Artikel 396 der Schadensberechnung zu Grunde zu legende Werth den im Frachtbrief, im Ladeschein oder im Gepäckschein als Werth des Guts angegebenen Betrag und in Ermangelung einer solchen Angabe einen im Voraus bestimmten Normalsatz nicht übersteigen soll;

2) dass die Höhe des nach Artikel 397 wegen verspäteter Lieferung zu leistenden Schadenersatzes den im Frachtbrief, im Ladeschein oder Gepäckschein als die Höhe des Interesses an der rechtzeitigen Lieferung angegebenen Betrag und in Ermangelung einer solchen Angabe einen im Voraus bestimmten Normalsatz, welcher auch in dem Verluste der Fracht oder eines Theiles derselben bestehen kann, nicht übersteigen soll.

§. 462.

§. 461.

1 Die Eisenbahnen können in besonderen Bedingungen (Ausnahmetarifen) einen im Falle des Verlustes oder der Beschädigung zu erstattenden Höchstbetrag festsetzen, sofern diese Ausnahmetarife veröffentlicht werden, eine Preisermäßigung für die ganze Beförderung gegenüber den gewöhnlichen Tarifen der Eisenbahn enthalten und der gleiche Höchstbetrag auf die ganze Beförderungsstrecke Anwendung findet.

2 Ist der Schaden durch Vorsatz oder grobe Fahrlässigkeit der Eisenbahn herbeigeführt, so kann die Beschränkung auf den Höchstbetrag nicht geltend gemacht werden.

§. 462.

1 Inwieweit für den Fall des Verlustes oder der Beschädigung von Kostbarkeiten, Kunstgegenständen, Geld und Werthpapieren die zu leistende Entschädigung auf einen Höchstbetrag beschränkt werden kann, bestimmt die Eisenbahnverkehrsordnung. Die Vor-

II Im Falle einer böslichen Handlungsweise der Eisenbahnverwaltung oder ihrer Leute kann die Beschränkung der Hapstpflicht auf den Normalsatz oder den angegebenen Werth des Guts nicht geltend gemacht werden.

schrift des §. 461 Abs. 2 findet entsprechende Anwendung.

§. 463. §. 463.

Ist das Interesse an der Lieferung nach Maßgabe der Vorschriften der Eisenbahnverkehrsordnung in dem Frachtbriefe, dem Gepäckschein oder dem Beförderungsschein angegeben, so kann im Falle des Verlustes oder der Beschädigung des Gutes außer der im §. 457 Abs. 1, 2 bezeichneten Entschädigung der Ersatz des weiter entstandenen Schadens bis zu dem angegebenen Betrage beansprucht werden. 1

Ist die Ersatzpflicht nach den Vorschriften des §. 461 oder des §. 462 auf einen Höchstbetrag beschränkt, so findet eine Angabe des Interesses an der Lieferung über diesen Betrag hinaus nicht statt. 2

Art. 428.

I Es kann bedungen werden, dass nach erfolgter Empfangnahme des Guts und Bezahlung der Fracht jeder Anspruch wegen Verlustes an dem Gute oder wegen Beschädigung desselben auch dann, wenn dieselben bei der Ablieferung nicht erkennbar waren und erst entdeckt worden sind (Art. 408, Abs. II), erlischt, wenn der Anspruch nicht binnen einer bestimmten Frist nach der Ablieferung bei der Eisenbahnverwaltung angemeldet worden ist.

§. 464. §. 464.

Wegen einer Beschädigung oder Minderung, die bei der Annahme des Gutes durch den Empfänger äußerlich nicht erkennbar ist, können Ansprüche gegen die Eisenbahn nach §. 438 Abs. 3 nur geltend gemacht werden, wenn binnen einer Woche nach der Annahme zur Feststellung des Mangels entweder bei Gericht die Besichtigung des Gutes durch Sachverständige oder schriftlich bei der Eisenbahn eine von dieser nach den Vor- 1

II Die Frist darf nicht kürzer als vier Wochen sein.

schriften der Eisenbahnverkehrsordnung vorzunehmende Untersuchung beantragt wird.

Ist der Schaden durch Vorsatz oder grobe Fahrlässigkeit der Eisenbahn herbeigeführt, so kann sie sich auf diese Vorschrift nicht berufen. 2

§. 465.

Art. 425.

I In Ansehung des Reisegepäcks kann bedungen werden:

1) dass für Verlust oder Beschädigung von Reisegepäck, welches nicht zum Transport aufgegeben ist, nur gehaftet werde, wenn ein Verschulden der Bahnverwaltung oder ihrer Leute nachgewiesen wird. Dasselbe kann in Ansehung von Gegenständen bedungen werden, welche sich in Reise-Equipagen befinden;

2) dass für Verlust von Reisegepäck, welches zum Transport aufgegeben ist, nur gehaftet werde, wenn das Gepäck binnen einer bestimmten Frist nach der Ablieferungszeit abgefordert wird.

§. 465.

Für den Verlust von Reisegepäck, das zur Beförderung aufgegeben ist, haftet die Eisenbahn nur, wenn das Gepäck binnen acht Tagen nach der Ankunft des Zuges, zu welchem es aufgegeben ist, auf der Bestimmungsstation abgefordert wird. 1

Inwieweit für den Fall des Verlustes oder der Beschädigung von Reisegepäck, das zur Beförderung aufgegeben ist, die zu leistende Entschädigung auf einen Höchstbetrag beschränkt werden kann, bestimmt die Eisenbahnverkehrsordnung. Ist der Schaden durch Vorsatz oder grobe Fahrlässigkeit der Eisenbahn herbeigeführt, so kann die Beschränkung auf den Höchstbetrag nicht geltend gemacht werden. 2

Für den Verlust oder 3

Gewöhnliche deutsche und lateinische Schrift = altes H.G.

II Die Frist darf nicht kürzer als drei Tage sein.

die Beschädigung von Reisegepäck, das nicht zur Beförderung aufgegeben ist, sowie von Gegenständen, die in beförderten Fahrzeugen belassen sind, haftet die Eisenbahn nur, wenn ihr ein Verschulden zur Last fällt.

§. 466. §. 466.

1 Die Eisenbahn haftet für den Schaden, welcher durch Versäumung der Lieferfrist entsteht, es sei denn, daß die Verspätung von einem Ereignisse herrührt, welches sie weder herbeigeführt hat noch abzuwenden vermochte.

2 Der Schaden wird nur insoweit ersetzt, als er den in dem Frachtbriefe, dem Gepäckschein oder dem Beförderungsschein als Interesse an der Lieferung nach Maßgabe der Eisenbahnverkehrsordnung angegebenen Betrag und in Ermangelung einer solchen Angabe den Betrag der Fracht nicht übersteigt. Für das Reisegepäck kann an Stelle der Fracht durch die Eisenbahnverkehrsordnung ein anderer Höchstbetrag bestimmt werden.

3 Inwieweit ohne den Nachweis eines Schadens eine Vergütung zu gewähren ist, bestimmt die Eisenbahnverkehrsordnung.

4 Der Ersatz des vollen Schadens kann gefordert werden, wenn die Versäumung der Lieferfrist durch Vorsatz oder grobe Fahrlässigkeit der Eisenbahn herbeigeführt ist.

§. 467. §. 467.

1 Werden Gegenstände, die von der Beförderung ausgeschlossen oder zur Beförderung nur bedingungsweise zugelassen sind, unter unrichtiger oder ungenauer Bezeichnung aufgegeben oder werden die für diese Gegenstände vorgesehenen Sicherheitsmaßregeln von dem Absender unterlassen, so ist die Haftpflicht der Eisenbahn auf Grund des Frachtvertrags ausgeschlossen.

Gewöhnliche deutsche und fette deutsche Schrift = neues H.G.

§. 468. Art. 430. — **§. 468.**

I Wenn eine Eisenbahn das Gut mit einem Frachtbrief zum Transport übernimmt, in welchem	**Für den Fall, daß auf dem Frachtbrief** 1

als Ort der Ablieferung ein

weder an ihrer Bahn, noch an einer der sich an sie anschliessenden Bahnen	**nicht an der Eisenbahn**

liegender Ort bezeichnet

ist, so kann bedungen werden, dass die Haftpflicht der Eisenbahn oder der Eisenbahnen	**wird, kann bestimmt werden, daß die Eisenbahn**

als Frachtführer

nicht für den ganzen Transport bis zum Ort der Ablieferung, sondern nur für den Transport bis zu dem Ort bestehe, wo der Transport mittelst Eisenbahn enden soll; ist dies bedungen, so treten in Bezug auf die	**nur für die Beförderung bis zur letzten Eisenbahnstation haften, bezüglich der**

Weiterbeförderung

nur	**dagegen**

die Verpflichtungen des Spediteurs

ein.	**übernehmen soll.**

§. 469. Art. 429. — **§. 469.**

I Wenn eine Eisenbahn das Gut mit einem Frachtbrief übernimmt, nach welchem der Transport durch mehrere sich aneinander anschliessende Eisenbahnen zu	**Wird die Beförderumg auf Grund desselben Frachtbriefs nach §. 432 Abs. 2 durch mehrere auf einander folgende Eisenbahnen bewirkt, so können die Am-** 1

bewirken ist, so kann bedungen werden, dass nicht sämmtliche Eisenbahnen, welche das Gut mit dem Frachtbrief übernommen haben, nach Massgabe des Artikels 401 als Frachtführer für den ganzen Transport haften, sondern dass nur

sprüche aus dem Frachtvertrag, unbeschadet des Rückgriffs der Bahnen unter einander, im Wege der Klage nur gegen

die erste Bahn

und diejenige Bahn | **oder gegen diejenige**

welche das Gut **zuletzt** mit dem Frachtbrief zuletzt übernommen hat,

dieser Haftpflicht für den ganzen Transport unterliegt, vorbehaltlich des Rückgriffs der Eisenbahnen gegeneinander, dass dagegen eine der übrigen, in der Mitte liegenden Eisenbahnen nur dann als Frachtführer in Anspruch genommen werden kann, wenn ihr nachgewiesen wird, dass der Schaden auf ihrer Bahn sich ereignet hat.

oder gegen diejenige, auf deren Betriebsstrecke sich der Schaden ereignet hat, gerichtet werden.

Unter den bezeichneten Bahnen steht dem Kläger die Wahl zu; das Wahlrecht erlischt mit der Erhebung der Klage. 2

Im Wege der Widerklage oder mittelst Aufrechnung können Ansprüche aus dem Frachtvertrag auch gegen eine andere als die bezeichneten Bahnen geltend gemacht werden, wenn die Klage sich auf denselben Frachtvertrag gründet. 3

Art. 431.

I Ist von dem Absender auf dem Frachtbrief bestimmt, dass das Gut an einem an der Eisenbahn liegenden Ort abgegeben werden oder liegen bleiben soll, so gilt, ungeachtet im Frachtbrief ein anderweitiger Bestimmungsort angegeben ist, der Transport als nur bis zu jenem an der Bahn liegenden Ort übernommen, und die Bahn ist nur bis zur Ablieferung an diesem Orte verantwortlich.

§. 470.

§. 470.

1 **Ansprüche der Eisenbahn auf Nachzahlung zu wenig erhobener Fracht oder Gebühren sowie Ansprüche gegen die Eisenbahn auf Rückerstattung zu viel erhobener Fracht oder Gebühren verjähren in einem Jahre, sofern der Anspruch auf eine unrichtige Anwendung der Tarife oder auf Fehler bei der Berechnung gestützt wird. Die Verjährung beginnt mit dem Ablaufe des Tages, an welchem die Zahlung erfolgt ist.**

2 **Die Verjährung des Anspruchs auf Rückerstattung zu viel erhobener Fracht oder Gebühren sowie die Verjährung der im §. 439 Satz 1 bezeichneten Ansprüche wird durch die schriftliche Anmeldung des Anspruchs bei der Eisenbahn gehemmt. Ergeht auf die Anmeldung ein abschlägiger Bescheid, so beginnt der Lauf der Verjährungsfrist wieder mit dem Tage, an welchem die Eisenbahn ihre Entscheidung dem Anmeldenden schriftlich bekannt macht und ihm die der Anmeldung etwa angeschlossenen Beweisstücke zurückstellt. Weitere Gesuche, die an die Eisenbahn oder an die vorgesetzten Behörden gerichtet werden, bewirken keine Hemmung der Verjährung.**

§. 471.

§. 471.

1 **Die nach den Vorschriften des §. 432 Abs. 1, 2, der §§. 438, 439, 453, 455 bis 470 begründeten Verpflichtungen der Eisenbahnen können weder durch die Eisenbahnverkehrsordnung noch durch Verträge ausgeschlossen oder beschränkt werden.**

2 **Bestimmungen, welche dieser Vorschrift zuwiderlaufen, sind nichtig. Das Gleiche gilt von Vereinbarungen, die mit den Vorschriften der Eisenbahnverkehrsordnung im Widerspruche stehen.**

---

§. 472. §. 472.

Die Vorschriften über die Beförderung von Personen 1
auf den Eisenbahnen werden durch die Eisenbahnverkehrsordnung getroffen.

§. 473. §. 473.

Bei einer dem öffentlichen Verkehre dienenden Bahn- 1
unternehmung, welche der Eisenbahnverkehrsordnung nicht unterliegt (Kleinbahn), sind insoweit, als in den §§. 453, 459, 460, 462 bis 466 auf die Vorschriften der Eisenbahnverkehrsordnung verwiesen ist, an deren Stelle die Beförderungsbedingungen der Bahnunternehmung maßgebend.

Den Vorschriften des §. 453 unterliegt eine solche 2
Bahnunternehmung nur mit der Maßgabe, daß sie die Uebernahme von Gütern zur Beförderung auf ihrer Bahnstrecke nicht verweigern darf.

Fünftes Buch.	Viertes Buch.
Vom Seehandel.	Seehandel.
Erster Titel.	Erster Abschnitt.
Allgemeine Bestimmungen.	Allgemeine Vorschriften.

Art. 432.

I Für die zum Erwerb durch die Seefahrt bestimmten Schiffe welchen das Recht, die Landesflagge zu führen, zusteht, is ein Schiffsregister zu führen.

II Das Schiffsregister ist öffentlich; die Einsicht desselbe ist während der gewöhnlichen Dienststunden einem Jede gestattet.

Art. 433.

I Die Eintragung in das Schiffsregister darf erst geschehen nachdem das Recht, die Landesflagge zu führen, nach gewiesen ist.

II Vor der Eintragung in das Schiffsregister darf das Rech die Landesflagge zu führen, nicht ausgeübt werden.

Art. 434.

I Die Landesgesetze bestimmen die Erfordernisse, von welchen das Recht eines Schiffs, die Landesflagge zu führen, abhängig ist.

II Sie bestimmen die Behörden, welche das Schiffsregister zu führen haben.

III Sie bestimmen, ob und unter welchen Voraussetzungen die Eintragung in das Schiffsregister für ein aus einem anderen Lande erworbenes Schiff vorläufig durch eine Konsulatsurkunde ersetzt werden kann.

Art. 435.

I Die Eintragung in das Schiffsregister muss enthalten:

1) die Thatsachen, welche das Recht des Schiffs, die Landesflagge zu führen, begründen;
2) die Thatsachen, welche zur Feststellung der Identität des Schiffs und seiner Eigenthumsverhältnisse erforderlich sind;
3) den Hafen, von welchem aus mit dem Schiff die Seefahrt betrieben werden soll (Heimathshafen, Registerhafen).*)

II Ueber die Eintragung wird eine, mit dem Inhalt derselben übereinstimmende Urkunde (Certifikat) ausgefertigt.

Art. 436.

I Treten in den Thatsachen, welche in dem vorhergehenden Artikel bezeichnet sind, nach der Eintragung Veränderungen ein, so müssen dieselben in das Schiffsregister und auf dem Certifikat vermerkt werden.

II Im Fall das Schiff untergeht, oder das Recht, die Landesflagge zu führen, verliert, ist das Schiff in dem Schiffsregister zu löschen und das ertheilte Certifikat zurückzuliefern, sofern nicht glaubhaft bescheinigt wird, dass es nicht zurückgeliefert werden könne.

Art. 437.

I Die Landesgesetze bestimmen die Fristen, binnen welcher die Thatsachen anzuzeigen und nachzuweisen sind, welche eine Eintragung oder Löschung erforderlich machen, sowie die Strafen, welche für den Fall der Versäumung dieser

*) Vergl. §. 480 Abs. 1.

Fristen oder der Nichtbefolgung der vorhergehenden Vorschriften verwirkt sind.

Art. 438.

I Die Landesgesetze können bestimmen, dass die Vorschriften der Artikel 432 bis 437 auf kleinere Fahrzeuge (Küstenfahrer u. s. w.) keine Anwendung finden.

§. 474. Art. 439. — **§. 474.**

I Bei der Veräusserung eines Schiffes oder eines Antheils am Schiff	**Wird ein zum Erwerbe durch die Seefahrt bestimmtes Schiff oder ein Antheil an einem solchen Schiffe** 1

(Schiffspart)

kann zum Eigenthumserwerb diese nach den Grundsätzen	**veräußert, so kann die nach den Vorschriften**

des bürgerlichen Rechtes

etwa	**zum Eigenthumsübergang**

erforderliche Uebergabe durch die

unter den Kontrahenten	**zwischen dem Veräußerer und dem Erwerber**

getroffene Vereinbarung ersetzt **werden, daß** das Eigenthum sofort auf den Erwerber übergehen soll.

§. 475. Art. 440. — **§. 475.**

I In allen Fällen der Veräußerung eines Schiffes oder einer Schiffspart kann jeder Theil verlangen, daß ihm auf seine Kosten eine **öffentlich** beglaubigte Urkunde über die Veräußerung ertheilt $\frac{\text{werde}}{\textbf{wird}}$. 1

§. 476. Art. 441. — **§. 476.**

I **Wird** ein Schiff oder eine Schiffspart veräußert, während **sich** das Schiff auf der Reise sich befindet, so ist im Verhältnisse zwischen dem Veräußerer und **dem** Erwerber in Er- 1 mangelung einer anderen Vereinbarung anzunehmen, daß dem Erwerber der Gewinn der laufenden Reise gebühre oder der Verlust derselben / **der laufenden Reise** zur Last falle.

Art. 442. — **§. 477.** §. 477.

I Durch die Veräußerung eines Schiffes oder einer Schiffspart wird in den persönlichen Verpflichtungen des Veräußerers gegen Dritte nichts geändert. 1

Art. 443. — **§. 478.** §. 478.

I Unter dem Zubehör eines Schiffs sind alle Sachen begriffen, welche zu dem bleibenden Gebrauch des Schiffs bei der Seefahrt bestimmt sind.

II Dahin gehören insbesondere | **Zubehör eines Schiffes sind** 1

auch die Schiffsboote.

III Im Zweifel werden Gegenstände, die in das Schiffsinventar eingetragen sind, als Zubehör des Schiffes angesehen. 2

Art. 444. — **§. 479.** §. 479.

I Im Sinne dieses fünften / **vierten** Buches gilt ein seeuntüchtig gewordenes Schiff: 1

1. als reparaturunfähig, wenn die Reparatur des Schiffes überhaupt nicht möglich ist oder an dem Orte, wo **sich** das Schiff sich befindet, nicht bewerkstelligt, dasselbe / **das Schiff** auch nicht nach dem Hafen, wo die Reparatur auszuführen wäre, gebracht werden kann;
2. als reparaturunwürdig, wenn die Kosten der Reparatur ohne Abzug für den Unterschied zwischen alt und neu mehr betragen würden als drei Viertel / **Viertheile** seines früheren Werthes.

II Ist die Seeuntüchtigkeit während einer Reise eingetreten, so gilt als der frühere Werth derjenige, welchen das Schiff bei dem Antritte der Reise gehabt hat, in den übrigen Fällen derjenige, welchen das Schiff, bevor es seeuntüchtig geworden ist, gehabt hat oder bei gehöriger Ausrüstung gehabt haben würde. 2

§. 480.

§. 480.

Als Heimathshafen des Schiffes gilt der Hafen, von welchem aus die Seefahrt mit dem Schiffe betrieben wird.*) 1

Die Vorschriften dieses Gesetzbuchs, welche sich auf den Aufenthalt des Schiffes im Heimathshafen beziehen, können durch die Landesgesetze auf alle oder einige Häfen des Reviers des Heimathshafens ausgedehnt werden.)** 2

§. 481.

Art. 445. — **§. 481.**

I Zur Schiffsbesatzung werden gerechnet der Schiffer, die Schiffsmannschaft sowie alle übrigen auf dem Schiffe angestellten Personen. 1

§. 482.

Art. 446. — **§. 482.**

I Ein zum Abgehen fertiges (segelfertiges) Schiff kann wegen Schulden nicht mit Beschlag belegt werden. Diese Bestimmung tritt jedoch nicht ein, wenn die Schulden zum Behuf der anzutretenden Reise gemacht worden sind.

II Durch eine Beschlagnahme von bereits an Bord des Schiffs befindlichen Gütern wegen Schulden kann deren Wiederausladung nur in den-

Die Zwangsversteigerung eines Schiffes im Wege der Zwangsvollstreckung darf nicht angeordnet werden, wenn das Schiff zum Abgehen fertig (segelfertig) ist. Auch darf ein segelfertiges Schiff nicht mit Arrest belegt werden. 1

Diese Vorschriften finden keine Anwendung, wenn die Schuld, wegen deren die Zwangsversteigerung oder 2

*) Vergl. Art. 435 Abs. I Nr. 3.
**) Vergl. bisher Art. 448.

jenigen Fällen erwirkt werden, in welchen der Ablader selbst die Wiederausladung noch zu	der Arrest stattfinden soll, zum Behufe der bevorstehenden Reise eingegangen ist.

fordern befugt wäre, und nur gegen Leistung desjenigen, was dieser alsdann zu leisten haben würde.

III Eine zur Schiffsbesatzung gehörige Person kann wegen Schulden von dem Zeitpunkt an nicht mehr verhaftet werden, in welchem das Schiff segelfertig ist.

Art. 447. — **§. 483.** §. 483.

I Wenn in diesem fünften / **vierten** Buche die europäischen Häfen den nichteuropäischen / **außereuropäischen** Häfen entgegengesetzt werden, so sind unter den ersteren zugleich die nichteuropäischen / **sämmtliche** Häfen des Mittelländischen, Schwarzen und Azowschen Meeres als mitbegriffen anzusehen. 1

Art. 448.*)

I Die Bestimmungen des fünften Buches, welche sich auf den Aufenthalt des Schiffs im Heimathshafen beziehen, können von den Landesgesetzen auf alle oder einige Häfen des Reviers des Heimathshafens ausgedehnt werden.

Art. 449.**)

I Für die Postanstalten gelten die Bestimmungen des fünften Buches nur insoweit, als nicht durch besondere Gesetze oder Verordnungen für dieselben ein Anderes vorgeschrieben ist.

Zweiter Titel.	Zweiter Abschnitt.
Von dem Rheder und von der Rhederei.	**Rheder und Rhederei.**

Art. 450. — **§. 484.** §. 484.

I Rheder ist der Eigenthümer eines ihm zum Erwerbe durch die Seefahrt dienenden Schiffes. 1

*) Vergl. §. 480 Abs. 2. **) Vergl. §. 663.

§. 485. Art. 451. — **§. 485.**

I Der Rheder ist für den Schaden verantwortlich, welchen / **den** eine Person der Schiffsbesatzung einem Dritten durch ihr Verschulden in Ausführung ihrer Dienstverrichtungen zufügt. 1

§. 486. Art. 452. — **§. 486.**

I Der Rheder haftet für den Anspruch eines Dritten nicht persönlich, sondern er haftet nur mit Schiff und Fracht: 1

1. wenn der Anspruch auf ein Rechtsgeschäft gegründet wird, welches der Schiffer als solcher kraft seiner gesetzlichen Befugnisse und nicht mit Bezug auf eine besondere Vollmacht geschlossen hat;
2. wenn der Anspruch auf die Nichterfüllung oder auf die unvollständige oder mangelhafte Erfüllung eines von dem Rheder abgeschlossenen Vertrags gegründet wird, insofern / **sofern** die Ausführung des Vertrags zu den Dienstobliegenheiten des Schiffers gehört hat, ohne Unterschied, ob die Nichterfüllung oder die unvollständige oder mangelhafte Erfüllung von einer Person der Schiffsbesatzung verschuldet ist oder nicht;
3. wenn der Anspruch auf das Verschulden einer Person der Schiffsbesatzung gegründet wird.

II In den unter Ziffer 1 und 2 bezeichneten Fällen kommt jedoch dieser Artikel nicht zur | **Diese Vorschrift findet in den Fällen der Nr. 1, 2 keine** 2

Anwendung, wenn den Rheder selbst in Ansehung der Vertragserfüllung ein Verschulden trifft oder wenn derselbe / **er** die Vertragserfüllung besonders gewährleistet hat.

§. 487. Art. 453.*) — **§. 487.**

I Der Rheder haftet für die Forderungen des Schiffers und 1

*) In der Fassung nach §. 68 der Seemannsordnung vom 27. Dezember 1872.

der zur Schiffsbesatzung gehörigen / **gehörenden** Personen aus den Dienst- und Heuerverträgen nicht nur mit Schiff und Fracht, sondern persönlich.

Art. 454.

I Die übrigen Fälle, in welchen der Rheder nicht persönlich, sondern nur mit Schiff und Fracht haftet, sind in den folgenden Titeln bestimmt.

Art. 455. — **§. 488.** §. 488.

I Der Rheder als solcher kann wegen eines jeden Anspruchs, 1
ohne Unterschied, ob er persönlich oder nur mit Schiff und Fracht haftet, vor dem Gerichte des Heimathshafens Art. 435 / **§. 480** belangt werden.

Art. 456. — **§. 489.** §. 489.

I Wird von mehreren Personen ein ihnen gemeinschaftlich 1
zustehendes Schiff zum Erwerbe durch die Seefahrt für gemeinschaftliche Rechnung verwendet, so besteht eine Rhederei.

II Der Fall, wenn das Schiff einer Handelsgesellschaft ge- 2
hört, wird durch die Bestimmungen / **Vorschriften** über die Rhederei nicht berührt.

Art. 457. — **§. 490.** §. 490.

I Das Rechtsverhältniß der Mitrheder unter einander be- 1
stimmt sich zunächst nach dem zwischen ihnen geschlossenen Vertrage. Soweit eine Vereinbarung nicht getroffen ist,

kommen Bestimmungen der nachfolgenden Artikel zur	**finden die nachstehenden Vorschriften**

Anwendung.

Art. 458. — **§. 491.** §. 491.

I Für die Angelegenheiten der Rhederei sind die Beschlüsse 1
der Mitrheder maßgebend. Bei der Beschlußfassung ent-

scheidet die Mehrheit der Stimmen. Die Stimmen werden nach der Größe der Schiffsparten gezählt. Die / **berechnet; die** Stimmenmehrheit für einen Beschluß ist vorhanden, wenn der Person oder den Personen, welche für den Beschluß gestimmt haben, zusammen mehr als die Hälfte des ganzen Schiffes gehört.

II Einstimmigkeit sämmtlicher Mitrheder ist erforderlich zu 2
Beschlüssen, welche / **die** eine Abänderung des Rhedereivertrags bezwecken oder welche / **die** den Bestimmungen des Rhedereivertrags entgegen oder dem Zwecke der Rhederei fremd sind.

§. 492. Art. 459. — **§. 492.**

I Durch Beschluß der Mehrheit kann für den Rhederei- 1
betrieb ein Korrespondentrheder (Schiffsdirektor, Schiffsdisponent) **bestellt** werden. Zur Bestellung eines Korrespondentrheders, welcher / **der** nicht zu den Mitrhedern gehört, ist ein einstimmiger Beschluß erforderlich.

II Die Bestellung des Korrespondentrheders kann zu jeder 2
Zeit durch Stimmenmehrheit widerrufen werden, unbeschadet der Rechte auf Entschädigung aus bestehenden Verträgen. | **[des Anspruchs auf die vertragsmäßige Vergütung.**

§. 493. Art. 460. — **§. 493.**

I Im Verhältnisse zu Dritten ist der Korrespondentrheder 1
kraft seiner Bestellung befugt, alle Geschäfte und Rechtshandlungen vorzunehmen, welche / **die** der Geschäftsbetrieb einer Rhederei gewöhnlich mit sich bringt.

II Diese Befugniß erstreckt sich insbesondere auf die Aus- 2
rüstung, **die** Erhaltung und **die** Verfrachtung des Schiffes, auf die Versicherung der Fracht, der Ausrüstungskosten und

der Havereigelder sowie auf die mit dem gewöhnlichen Geschäftsbetriebe verbundene Empfangnahme von $\frac{\text{Geldern}}{\textbf{Geld}}$.

III Der Korrespondentrheder ist in demselben Umfange be- 3
fugt, die Rhederei vor Gericht zu vertreten.

IV Er ist befugt, den Schiffer anzustellen und zu entlassen; 4
der Schiffer hat sich nur an dessen Anweisungen und nicht auch an die etwaigen Anweisungen der einzelnen Mitrheder zu halten.

V Im Namen der Rhederei oder einzelner Mitrheder Wechsel- 5
verbindlichkeiten einzugehen oder Darlehen aufzunehmen, das Schiff oder Schiffsparten zu verkaufen oder zu verpfänden, $\frac{\text{oder}}{\textbf{sowie}}$ für $\frac{\text{dieselben}}{\textbf{das Schiff oder für Schiffsparten}}$ Versicherung zu nehmen, ist der Korrespondentrheder nicht befugt, es sei denn, daß ihm eine Vollmacht hierzu besonders ertheilt ist.

VI Im Uebrigen bedarf es zu den Geschäften und Rechtshandlungen, welche er kraft seiner Bestellung vorzunehmen befugt ist, der in den Landesgesetzen etwa vorgeschriebenen Spezialvollmacht nicht.

Art. 461. — **§. 494.** §. 494.

I Durch ein Rechtsgeschäft, welches der Korrespondentrheder 1
als solcher innerhalb der Grenzen seiner Befugnisse $\frac{\text{geschlossen hat,}}{\textbf{schließt,}}$ wird die Rhederei dem Dritten gegenüber auch dann berechtigt und verpflichtet, wenn das Geschäft ohne Nennung der einzelnen Mitrheder geschlossen wird.

II Ist die Rhederei durch ein von dem Korrespondentrheder 2
abgeschlossenes Geschäft verpflichtet, so haften die Mitrheder in gleichem Umfange ($\frac{\text{Art. 452}}{\textbf{§. 486}}$), als wenn das Geschäft von ihnen selbst geschlossen wäre.

Gewöhnliche deutsche und fette deutsche Schrift = neues H.G.

§. 495. **Art. 462. — §. 495.**

I Eine Beschränkung der im $\frac{\text{Artikel 460}}{\textbf{§. 493}}$ bezeichneten Be- 1
fugnisse des Korrespondentrheders kann die Rhederei einem Dritten nur insofern entgegensetzen, $\frac{\text{als sie beweist, dass}}{\textbf{wenn}}$ die Beschränkung dem Dritten zur Zeit des Abschlusses des Geschäfts bekannt war.

§. 496. **Art. 463. — §. 496.**

I Der Rhederei gegenüber ist der Korrespondentrheder ver- 1
pflichtet, die Beschränkungen einzuhalten, welche von $\frac{\text{derselben}}{\textbf{ihr}}$ für den Umfang seiner Befugnisse festgesetzt sind; er hat sich ferner nach den gefaßten Beschlüssen zu richten und $\frac{\text{die-}}{\textbf{die}}$ $\frac{\text{selben}}{\textbf{Beschüsse}}$ zur Ausführung zu bringen.

II Im Uebrigen ist der Umfang seiner Befugnisse auch der 1
Rhederei gegenüber nach den $\frac{\text{Bestimmungen}}{\textbf{Vorschriften}}$ des $\frac{\text{Artikel 460}}{\textbf{§. 493}}$ mit der Maßgabe zu beurtheilen, daß er zu neuen Reisen und Unternehmungen, zu außergewöhnlichen Reparaturen sowie zur Anstellung oder zur Entlassung des Schiffers vorher die Beschlüsse der Rhederei $\frac{\text{einholen muss}}{\textbf{einzuholen hat}}$.

§. 497. **Art. 464. — §. 497.**

I Der Korrespondentrheder ist verpflichtet, in den Ange- 1
legenheiten der Rhederei die Sorgfalt eines ordentlichen Rheders anzuwenden.

§. 498. **Art. 465. — §. 498.**

I Der Korrespondentrheder hat über seine die Rhederei be- 1
treffende Geschäftsführung abgesondert Buch zu führen und

die dazu gehörigen Belege aufzubewahren. Er hat auch jedem Mitrheder auf dessen Verlangen Kenntniß von allen Verhältnissen zu geben, die sich auf die Rhederei, insbesondere auf das Schiff, die Reise und die Ausrüstung, beziehen; er muss / **hat** ihm jederzeit die Einsicht der die Rhederei betreffenden Bücher, Briefe und Papiere **zu** gestatten.

Art. 466. — **§. 499.** §. 499.

I Der Korrespondentrheder ist verpflichtet, jederzeit auf Beschluß der Rhederei derselben / **dieser** Rechnung zu legen. Die Genehmigung der Rechnung und / **sowie** die Billigung der Verwaltung des Korrespondentrheders durch die Mehrheit hindert die Minderheit nicht, ihr Recht geltend zu machen. 1

Art. 467. — **§. 500.** §. 500.

I Jeder Mitrheder hat nach Verhältniss / **dem Verhältnisse** seiner Schiffspart zu den Ausgaben der Rhederei, insbesondere zu den Kosten der Ausrüstung und der Reparatur des Schiffes, beizutragen. 1

II Ist ein Mitrheder mit **der** Leistung seines Beitrags im Verzug und wird das Geld von Mitrhedern für ihn vorgeschossen, so ist er denselben / **diesen** zur Entrichtung von Zinsen von dem Zeitpunkte der Vorschüsse an verpflichtet. Ob durch einen solchen Vorschuss ein Pfandrecht an der Schiffspart des säumigen Mitrheders erworben wird, ist nach den Landesgesetzen zu beurtheilen. Auch wenn ein Pfandrecht nicht erworben ist, wird durch / **Durch** den Vorschuß **wird** ein versicherbares Interesse hinsichtlich der Schiffspart für die Mitrheder begründet. Im Falle der Versicherung dieses Interesses hat 2

Gewöhnliche deutsche und fette deutsche Schrift = neues H.G.

der säumige Mitrheder die Kosten derselben / **der Versicherung** zu ersetzen.

§. 501. Art. 468. — **§. 501.**

I Wenn eine neue Reise oder wenn nach **der** Beendigung 1
einer Reise die Reparatur des Schiffes oder wenn die Befriedigung eines Gläubigers beschlossen worden ist, welchem / **den** die Rhederei nur mit Schiff und Fracht haftet, so kann jeder Mitrheder, welcher dem Beschlusse nicht zugestimmt hat, sich von der Leistung der zur Ausführung desselben / **des Beschlusses** erforderlichen Einzahlungen dadurch befreien, daß er seine Schiffspart ohne Anspruch auf Entgelt aufgiebt.

II Der Mitrheder, welcher von dieser Befugniß Gebrauch 2
machen will, muß dies den Mitrhedern oder dem Korrespondentrheder innerhalb dreier Tage / **binnen drei Tagen** nach dem Tage des Beschlusses oder, wenn er bei der Beschlußfassung nicht anwesend und nicht vertreten war, innerhalb dreier Tage / **binnen drei Tagen** nach der Mittheilung des Beschlusses gerichtlich oder notariell kundgeben.

III Die aufgegebene Schiffspart fällt den übrigen Mit- 3
rhedern nach Verhältniss / **nach dem Verhältnisse** der Größe ihrer Schiffsparten zu.

§. 502. Art. 469. — **§. 502.**

I Die Vertheilung des Gewinns und Verlustes geschieht 1
nach der Größe der Schiffsparten.

II Die Berechnung des Gewinns und Verlustes und die 2
Auszahlung des etwaigen Gewinns erfolgt jedesmal, nachdem das Schiff in den Heimathshafen zurückgekehrt ist oder nach-

dem es in einem anderen Hafen seine Reise beendigt hat und die Schiffsmannschaft entlassen ist.

II Außerdem müssen/**muß** auch vor dem erwähnten Zeitpunkte 2
die eingehenden Gelder/**das eingehende Geld**, insoweit sie/**soweit es** nicht zu späteren Ausgaben oder zur Deckung von Ansprüchen einzelner Mitrheder an die Rhederei erforderlich sind/**ist**, unter die einzelnen Mitrheder nach Verhältniss/**dem Verhältnisse** der Größe ihrer Schiffsparten vorläufig vertheilt und ausgezahlt werden.

Art. 470. — **§. 503.**

§. 503.

I Jeder Mitrheder kann seine Schiffspart jederzeit und ohne Einwilligung der übrigen Mitrheder ganz oder theilweise veräußern. 1

II Ein gesetzliches Vorkaufsrecht steht den Mitrhedern nicht zu. Es kann jedoch die/**Die** Veräußerung einer Schiffspart, in Folge welcher/**deren** das Schiff das Recht, die Landes-/**Reichs**-flagge/**flagge** zu führen, verlieren würde, rechtsgültig/**kann** nur mit Zustimmung aller Mitrheder erfolgen. Die Landesgesetze, welche eine solche Veräusserung überhaupt für unzulässig erklären, werden durch diese Bestimmung nicht berührt. 2

Art. 471. — **§. 504.**

§. 504.

I Der Mitrheder, welcher seine Schiffspart veräußert hat, wird, solange die Veräußerung von ihm und dem Erwerber den Mitrhedern oder dem Korrespondentrheder nicht angezeigt worden ist, im Verhältnisse zu den Mitrhedern noch als Mitrheder betrachtet und bleibt wegen aller vor dieser Anzeige 1

Gewöhnliche deutsche und fette deutsche Schrift = neues H.G.

begründeten Verbindlichkeiten als Mitrheder den übrigen Mitrhedern verhaftet.

II Der Erwerber der Schiffspart ist jedoch im Verhältnisse 2
zu den übrigen Mitrhedern schon seit dem Zeitpunkte der Erwerbung als Mitrheder verpflichtet.

III Er muß die Bestimmungen des Rhedereivertrags, die 3
gefaßten Beschlüsse und eingegangenen Geschäfte gleichwie der Veräußerer gegen sich gelten lassen; die übrigen Mitrheder können außerdem alle gegen den Veräußerer als Mitrheder begründeten Verbindlichkeiten in Bezug auf die veräußerte Schiffspart gegen den Erwerber zur Aufrechnung bringen, unbeschadet des Rechtes des letzteren / **Erwerbers** auf Gewährleistung gegen den Veräußerer.

§. 505. Art. 472. — **§. 505.**

I Eine Aenderung in den Personen der Mitrheder ist ohne 1
Einfluß auf den Fortbestand der Rhederei.

II Wenn / **Stirbt** ein Mitrheder stirbt oder in / **wird der** Konkurs 2
geräth / **über das Vermögen eines Mitrheders eröffnet**, oder zur Verwaltung seines Vermögens rechtlich unfähig wird, so hat dies die Auflösung der Rhederei nicht zur Folge.

III Eine Aufkündigung von Seiten eines Mitrheders oder 3
eine Ausschließung eines Mitrheders findet nicht statt.

§. 506. Art. 473. — **§. 506.**

I Die Auflösung der Rhederei kann durch Stimmenmehr- 1
heit beschlossen werden. Der Beschluß, das Schiff zu veräußern, steht dem Beschlusse der Auflösung gleich.

II Ist die Auflösung der Rhederei oder die Veräußerung 2
des Schiffes beschlossen, so muß das Schiff öffentlich verkauft werden. Der Verkauf kann nur geschehen, wenn das Schiff zu einer Reise nicht verfrachtet ist und sich in dem Heimaths-

hafen oder in einem inländischen Hafen sich befindet. Ist jedoch das Schiff als reparaturunfähig oder reparaturunwürdig (Art. 444) kondemnirt (§. 479), so kann der Verkauf desselben, auch wenn es/**das Schiff** verfrachtet ist, und selbst im Ausland erfolgen. Soll von den vorstehenden Bestimmungen/**diesen Vorschriften** abgewichen werden, so ist die Zustimmung aller Mitrheder erforderlich.

Art. 474. — **§. 507.** §. 507.

I Die Mitrheder als solche haften Dritten, wenn ihre 1
persönliche Haftung eintritt, nur nach Verhältniss/**dem Verhältnisse** der Größe ihrer Schiffsparten.

II Ist eine Schiffspart veräußert, so haften für die in der 2
Zeit zwischen der Veräußerung und der im Artikel 471/**§. 504** erwähnten Anzeige etwa begründeten persönlichen Verbindlichkeiten rücksichtlich dieser Schiffspart sowohl der Veräußerer als der Erwerber.

Art. 475. — **§. 508.** §. 508.

I Die Mitrheder als solche können wegen eines jeden An- 1
spruchs, ohne Unterschied, ob dieser von einem Mitrheder oder von einem Dritten erhoben ist/**wird**, vor dem Gerichte des Heimathshafens (Art. 435/**§. 480**) belangt werden.

II Die Vorschrift kommt auch dann zur Anwendung, wenn 2
die Klage nur gegen einen Mitrheder oder gegen einige Mitrheder gerichtet ist/**wird**.

Art. 476. — **§. 509.** §. 509.

I Auf die Vereinigung zweier oder mehrerer Personen, ein 1

Gewöhnliche deutsche und fette deutsche Schrift = neues H.G.

Schiff für gemeinschaftliche Rechnung zu erbauen und zur Seefahrt zu verwenden, finden die

Art. 457, 458, 467, der letztere mit der Massgabe Anwendung, dass er zugleich auf die Baukosten zu beziehen ist, desgleichen die Art. 472 und 474	**Vorschriften der §§. 490, 491, 500, 505 sowie des §. 507 Abs. 1**

und, sobald das Schiff vollendet und von dem Erbauer abgeliefert ist, außerdem die

Art. 470, 471 und 473.	**Vorschriften der §§. 503, 504, 506 sowie des §. 507 Abs. 2**

Anwendung; die Vorschrift des §. 500 gilt auch für die Baukosten.

II Der / **Ein** Korrespondentrheder (Art. 459 / **§. 492**) kann auch schon vor 2
der Vollendung des Schiffes bestellt werden; er hat in diesem Falle sogleich nach seiner Bestellung in Bezug auf den künftigen Rhedereibetrieb die Rechte und Pflichten eines Korrespondentrheders.

§ 510. Art. 477. — **§. 510.**

I **Wer** ein ihm nicht gehöriges Schiff zum Erwerbe durch 1
die Seefahrt für seine Rechnung verwendet und es entweder selbst führt oder die Führung einem Schiffer anvertraut, wird im Verhältnisse zu Dritten als **der** Rheder angesehen.

II Der Eigenthümer kann denjenigen, welcher aus der Ver- 2
wendung einen Anspruch als Schiffsgläubiger herleitet, an der Durchführung des Anspruchs nicht hindern, sofern er nicht / **es sei** beweist / **denn**, daß die Verwendung ihm gegenüber eine widerrechtliche und der Gläubiger nicht in gutem Glauben war.

Gewöhnliche deutsche und lateinische Schrift = altes H.G.

Dritter Titel. | Dritter Abschnitt.

Von dem Schiffer. | Schiffer.

Art. 478. — **§. 511.** §. 511.

I Der Führer des Schiffes (Schiffskapitän, Schiffer) ist 1
verpflichtet, bei allen Dienstverrichtungen, namentlich bei der Erfüllung der von ihm auszuführenden Verträge, die Sorgfalt eines ordentlichen Schiffers anzuwenden. Er haftet für jeden durch sein Verschulden entstehenden Schaden, insbesondere für den Schaden, welcher aus der Verletzung der in diesem und den folgenden $\frac{\text{Titeln}}{\textbf{Abschnitten}}$ ihm auferlegten Pflichten entsteht.

Art. 479. — **§. 512.** §. 512.

I Diese Haftung des Schiffers besteht nicht nur gegenüber 1
dem Rheder, sondern auch gegenüber dem Befrachter, Ablader und Ladungsempfänger, dem Reisenden, der Schiffsbesatzung und demjenigen Schiffsgläubiger, dessen Forderung aus einem Kreditgeschäfte ($\frac{\text{Art. 497}}{\textbf{§. 528}}$) entstanden ist, insbesondere dem Bodmereigläubiger.

II Der Schiffer wird dadurch, daß er auf Anweisung des 2
Rheders gehandelt hat, den übrigen vorgenannten Personen gegenüber von der Haftung nicht befreit.

III Durch eine solche Anweisung wird auch der Rheder per- 3
sönlich verpflichtet, wenn er bei **der** Ertheilung $\frac{\text{derselben}}{\textbf{der Anweisung}}$ von dem Sachverhältniß unterrichtet war.

Art. 480. — **§. 513.** §. 513.

I Der Schiffer hat vor $\frac{\text{Antritt}}{\textbf{dem Antritte}}$ der Reise dafür zu 1
sorgen, daß das Schiff in seetüchtigem Stande, gehörig ein-

Gewöhnliche deutsche und fette deutsche Schrift = neues H.G.

gerichtet und ausgerüstet, gehörig bemannt und verproviantirt ist und daß die zum Ausweise für Schiff, Besatzung und Ladung erforderlichen Papiere an Bord sind.

§. 514. Art. 481. — §. 514.

I Der Schiffer hat zu sorgen für die Tüchtigkeit der Ge- 1
räthschaften zum Laden und Löschen sowie für die gehörige Stauung nach Seemannsbrauch, auch wenn die Stauung durch besondere Stauer bewirkt wird.

II Er hat dafür zu sorgen, daß das Schiff nicht überladen 2
und daß es mit dem nöthigen Ballast und der erforderlichen Garnirung versehen wird.

§. 515. Art. 482. — §. 515.

I Wenn der Schiffer im Auslande die dort geltenden ge- 1
setzlichen Vorschriften, insbesondere die Polizei-, Steuer- und Zollgesetze, nicht beobachtet, so hat er den daraus enstehenden Schaden zu ersetzen.

II Desgleichen hat er den Schaden zu ersetzen, welcher daraus 2
entsteht, daß er Güter ladet, von welchen/denen er wußte oder wissen mußte, daß sie Kriegskontrebande seien.

§. 516. Art. 483. — §. 516.

I Sobald das Schiff zum Abgehen fertig ist, hat der Schiffer 1
die Reise bei der ersten günstigen Gelegenheit anzutreten.

II Auch wenn er durch Krankheit oder andere Ursachen ver- 2
hindert ist, das Schiff zu führen, darf er den Abgang **des Schiffes** oder die Weiterfahrt desselben nicht ungebührlich aufhalten; er muß vielmehr, wenn Zeit und Umstände gestatten, die Anordnung des Rheders einzuholen, diesem ungesäumt die Verhinderung anzeigen und für die Zwischenzeit die geeigneten Vorkehrungen treffen, im entgegengesetzten Falle einen anderen Schiffer einsetzen. Für diesen Stellvertreter ist er nur insofern verantwortlich, als ihm bei der/**dessen** Wahl desselben ein Verschulden zur Last fällt.

Art. 484. — **§. 517.** §. 517.

I Vom Beginne des Ladens an bis zur Beendigung der Löschung darf der Schiffer das Schiff gleichzeitig mit dem Steuermanne nur in dringenden Fällen verlassen; er hat in solchen Fällen zuvor aus den Schiffsoffizieren oder der übrigen Mannschaft einen geeigneten Vertreter zu bestellen. 1

II Dasselbe gilt auch vor $\frac{\text{Beginn}}{\textbf{dem Beginne}}$ des Ladens und nach **der** Beendigung der Löschung, wenn das Schiff in einem nicht sicheren Hafen oder auf einer nicht sicheren Rhede liegt. 2

III Bei drohender Gefahr oder wenn das Schiff **sich** in See sich befindet, muß der Schiffer an Bord sein, sofern nicht eine dringende Nothwendigkeit seine Abwesenheit rechtfertigt. 3

Art. 485. — **§. 518.** §. 518.

I Wenn der Schiffer in Fällen der Gefahr mit den Schiffsoffizieren einen Schiffsrath zu halten für angemessen findet, so ist er gleichwohl an die gefaßten Beschlüsse nicht gebunden; er bleibt stets für die von ihm getroffenen Maßregeln verantwortlich. 1

Art. 486. — **§. 519.** §. 519.

I Auf jedem Schiffe muß ein $\frac{\text{Journal}}{\textbf{Tagebuch}}$ geführt werden, in welches für jede Reise alle erheblichen Begebenheiten, seit mit dem mit Einnehmen der Ladung oder des Ballastes begonnen ist, einzutragen sind. 1

II Das $\frac{\text{Journal}}{\textbf{Tagebuch}}$ wird unter der Aufsicht des Schiffers von dem Steuermann und im Falle der Verhinderung des letzteren von dem Schiffer selbst oder unter seiner Aufsicht von einem durch ihn zu bestimmenden geeigneten Schiffsmanne geführt. 2

Art. 487. — **§. 520.** §. 520.

I Von Tag zu Tag sind in das $\frac{\text{Journal}}{\textbf{Tagebuch}}$ einzutragen: 1

Gewöhnliche deutsche und fette deutsche Schrift = neues H.G.

die Beschaffenheit von Wind und Wetter;
die von dem Schiffe gehaltenen Kurse und zurückgelegten $\frac{\text{Distanzen}}{\textbf{Entfernungen}}$;
die ermittelte Breite und Länge;
der Wasserstand bei den Pumpen.

II Ferner sind in das $\frac{\text{Journal}}{\textbf{Tagebuch}}$ einzutragen: 2
die durch das Loth ermittelte Wassertiefe;
jedes Annehmen eines Lootsen und die Zeit seiner Ankunft und seines Abganges;
die Veränderungen im Personal der Schiffsbesatzung;
die im Schiffsrathe gefaßten Beschlüsse;
alle Unfälle, $\frac{\text{welche}}{\textbf{die}}$ dem Schiffe oder der Ladung zustoßen, und eine Beschreibung $\frac{\text{derselben}}{\textbf{dieser Unfälle}}$.

III Auch die auf dem Schiffe begangenen strafbaren Handlungen und die verhängten Disziplinarstrafen sowie die vorgekommenen Geburts- und Sterbefälle sind in das $\frac{\text{Journal}}{\textbf{Tagebuch}}$ einzutragen. 3

IV Die Eintragungen müssen, soweit **nicht** die Umstände $\frac{\text{nicht}}{\textbf{es}}$ hindern, täglich geschehen. 4

V Das Tagebuch ist von dem Schiffer und dem Steuermanne zu unterschreiben. 5

Art. 488.

(ist schon durch §. 13 Nr. 2 des Einführungsgesetzes zur Civilprozessordnung aufgehoben).

§. 521. Art. 489. — **§. 521.**

I Die Landesgesetze können bestimmen, daß auf kleineren Fahrzeugen (Küstenfahrern und dergleichen) die Führung eines $\frac{\text{Journals}}{\textbf{Tagebuchs}}$ nicht erforderlich $\frac{\text{sei}}{\textbf{ist}}$. 1

Gewöhnliche deutsche und lateinische Schrift = altes H.G.

Art. 490. — **§. 522.** §. 522.

I Der Schiffer hat über alle Unfälle, $\frac{\text{welche}}{\textbf{die}}$ sich während 1
der Reise ereignen, sie mögen den Verlust oder die Beschädigung des Schiffes oder der Ladung, das Einlaufen in einen Nothhafen oder einen sonstigen Nachtheil zur Folge haben, mit Zuziehung aller Personen der Schiffsbesatzung oder einer genügenden Anzahl $\frac{\text{derselben}}{\textbf{von ihnen}}$ eine Verklarung abzulegen.

II Die Verklarung ist ohne Verzug zu bewirken und zwar: 2
im Bestimmungshafen oder bei mehreren Bestimmungshäfen in demjenigen, welchen das Schiff nach dem Unfalle zuerst erreicht;
im Nothhafen, sofern in diesem reparirt oder gelöscht wird;
am ersten geeigneten Orte, wenn die Reise endet, ohne daß der Bestimmungshafen erreicht wird;

III Ist der Schiffer gestorben oder außer Stande, die Aufnahme der Verklarung zu bewirken, so ist hierzu der im Range nächste Schiffsoffizier berechtigt und verpflichtet. 3

Art. 491. — **§. 523.** §. 523.

I Die Verklarung muß einen Bericht über die erheblichen Begebenheiten der Reise, namentlich eine vollständige und deutliche Erzählung der erlittenen Unfälle unter Angabe der zur Abwendung oder Verringerung der Nachtheile angewendeten Mittel, enthalten. 1

Art. 492. — **§. 524.** §. 524.

I Im Gebiete dieses Gesetzbuchs muß die Verklarung, unter 1
Vorlegung des $\frac{\text{Journals}}{\textbf{Tagebuchs}}$ und eines Verzeichnisses aller Personen der Schiffsbesatzung, bei dem zuständigen Gericht angemeldet werden.

II Das Gericht hat nach Eingang der Anmeldung sobald als thunlich die Verklarung aufzunehmen. 2

Gewöhnliche deutsche und fette deutsche Schrift = neues H.G.

III Der dazu anberaumte Termin wird in geeigneter Weise 3
öffentlich bekannt gemacht, $\frac{\text{insofern}}{\text{sofern}}$ die Umstände einen solchen Aufenthalt gestatten.

IV Die Interessenten von Schiff und Ladung sowie die 4
etwa sonst bei dem Unfalle Betheiligten sind berechtigt, selbst oder durch Vertreter der Ablegung der Verklarung beizuwohnen.

V Die Verklarung geschieht auf der Grundlage des $\frac{\text{Journals}}{\text{Tagebuchs}}$. 5
Kann das geführte $\frac{\text{Journal}}{\text{Tagebuch}}$ nicht beigebracht werden oder ist ein $\frac{\text{Journal}}{\text{Tagebuch}}$ nicht geführt ($\frac{\text{Art. 489}}{\text{§. 521}}$), so ist der Grund hiervon anzugeben.

§. 525. Art. 493. — **§. 525.**

I Der Richter ist befugt, außer den gestellten noch andere 1
Personen der Schiffsbesatzung, deren Abhörung er angemessen findet, zu vernehmen. Er kann zum Zwecke besserer Aufklärung dem Schiffer $\frac{\text{sowohl als}}{\text{sowie}}$ jeder anderen Person der Schiffsbesatzung geeignete Fragen zur Beantwortung vorlegen.

II Der Schiffer und die zugezogenen übrigen Personen der 2
Schiffsbesatzung haben ihre Aussagen zu beschwören.

III Die über die Verklarung aufgenommene Verhandlung 3
ist in Urschrift aufzubewahren und jedem Betheiligten auf Verlangen **eine** beglaubigte Abschrift zu ertheilen.

Art. 494.

(ist schon durch §. 13 Nr. 2 des Einführungsgesetzes zur Civilprozessordnung aufgehoben).

§. 526. Art. 495. — **§. 526.**

I Rechtsgeschäfte, $\frac{\text{welche}}{\text{die}}$ der Schiffer eingeht, während **sich** 1

---

das Schiff im Heimathshafen sich befindet, sind für den Rheder nur dann verbindlich, wenn der Schiffer auf Grund einer Vollmacht gehandelt hat oder wenn ein anderer besonderer Verpflichtungsgrund vorhanden ist.

II Zur Annahme der Schiffsmannschaft ist der Schiffer auch im Heimathshafen befugt. 2

Art. 496 — §. 527. §. 527.

I Befindet sich das Schiff außerhalb des Heimathshafens, so ist der Schiffer Dritten gegenüber kraft seiner Anstellung befugt, für den Rheder alle Geschäfte und Rechtshandlungen vorzunehmen, welche die Ausrüstung, **die** Bemannung, **die** Verproviantirung und **die** Erhaltung des Schiffes sowie überhaupt die Ausführung der Reise mit sich bringen 1

II Diese Befugniß erstreckt sich auch auf die Eingehung von Frachtverträgen; sie erstreckt sich ferner auf die Anstellung von Klagen, $\frac{\text{welche}}{\textbf{die}}$ sich auf den Wirkungskreis des Schiffers beziehen. 2

Art. 497. — §. 528. §. 528.

I Zur Aufnahme von Darlehen, zur Eingehung von Käufen auf Borg sowie zum Abschluß ähnlicher Kreditgeschäfte ist jedoch der Schiffer nur dann befugt, wenn es zur Erhaltung des Schiffes oder zur Ausführung der Reise nothwendig, und nur insoweit, als es zur Befriedigung des Bedürfnisses erforderlich ist. Ein Bodmereigeschäft ist er einzugehen, **ist er** nur dann befugt, wenn es zur Ausführung der Reise nothwendig, und nur insoweit, als es zur Befriedigung des Bedürfnisses erforderlich ist. 1

II Die Gültigkeit des Geschäfts ist weder von der wirklichen Verwendung noch von der Zweckmäßigkeit der unter mehreren Kreditgeschäften getroffenen Wahl noch von dem Umstand abhängig, ob dem Schiffer das erforderliche Geld zur Verfügung gestanden $\frac{\text{habe}}{\textbf{hat}}$, es sei denn, daß 2 dem Dritten der böse Glaube bewiesen würde. | **der Dritte in bösem Glauben war.**

§. 529. Art. 498. — **§. 529.**

I Auf den persönlichen Kredit des Rheders Geschäfte abzuschließen, insbesondere Wechselverbindlichkeiten für denselben / **den Rheder** einzugehen, ist der Schiffer nur auf Grund einer ihm / **ihm** hierzu ermächtigenden Vollmacht (Art. 452 Ziff. I / **§. 486 Abs. 1 Nr. 1**) befugt. Verhaltungsmaßregeln und dienstliche Anweisungen, welche / **die** der Schiffer vom Rheder erhält, genügen nicht, die persönliche Haftung des Rheders dem Dritten gegenüber zu begründen. 1

§. 530. Art 499. — **§. 530.**

I Die Befugniß zum Verkaufe des Schiffes hat der Schiffer nur im Falle dringender Nothwendigkeit und **nur**, nachdem dieselbe / **diese** durch das Ortsgericht nach Anhörung von Sachverständigen und mit Zuziehung des Landeskonsuls / **deutschen Konsuls**, wo ein solcher vorhanden, festgestellt ist. 1

II Ist keine Gerichtsbehörde und auch keine andere Behörde, welche die Untersuchung übernimmt, am Orte vorhanden, so hat der Schiffer zur Rechtfertigung seines Verfahrens das Gutachten von Sachverständigen einzuholen und, wenn dies nicht möglich ist, **sich** mit anderen Beweisen sich zu versehen. 2

III Der Verkauf muß öffentlich geschehen. 3

§. 531. Art. 500. — **§. 531.**

I Der Rheder, welcher die gesetzliche Befugniss / **gesetzlichen Befugnisse** des Schiffers beschränkt hat, kann dem Dritten die Nichteinhaltung 1 dieser Beschränkungen nur entgegensetzen, wenn er beweist, dass dieselben / sie dem Dritten bekannt waren.

Art. 501. — **§. 532.** §. 532.

I Hat der Schiffer ohne besonderen Auftrag für Rechnung des Rheders aus eigenen Mitteln Vorschüsse geleistet oder sich persönlich verpflichtet, so stehen ihm gegen den Rheder wegen des Ersatzes keine größeren Rechte als einem Dritten zu. 1

Art. 502. — **§. 533.** §. 533.

I Durch ein Rechtsgeschäft, welches der Schiffer in seiner Eigenschaft als Führer des Schiffes, sei es mit, sei es ohne Bezeichnung des Rheders, innerhalb seiner gesetzlichen Befugnisse geschlossen hat / **schließt**, wird der Rheder dem Dritten gegenüber berechtigt und die Haftung des Rheders mit Schiff und Fracht begründet. 1

II Der Schiffer selbst wird dem Dritten durch das Rechtsgeschäft nicht verpflichtet, es sei denn, daß er eine Gewährleistung für die Erfüllung übernommen / **übernimmt** oder seine Befugnisse überschritten hätte / **überschreitet**. Die Haftung des Schiffers nach Maßgabe der Art. 478 und 479 / **§§. 511, 512** wird hierdurch nicht ausgeschlossen. 2

Art. 503. — **§. 534.** §. 534.

I Auch dem Rheder gegenüber sind für den Umfang der Befugnisse des Schiffers die vorstehenden Artikel / **Vorschriften der §§. 526 bis 530** maßgebend, soweit **nicht** der Rheder diese Befugnisse nicht beschränkt hat. 1

II Ausserdem ist der / **Der** Schiffer **ist** verpflichtet, von dem Zustande des Schiffes, den Begebnissen der Reisen, den von 2 ihm geschlossenen Verträgen und den anhängig gewordenen Prozessen den Rheder in fortlaufender Kenntniß zu erhalten und in allen erheblichen Fällen, namentlich in den Fällen der $\frac{\text{Art. 497 und 499}}{\textbf{§§. 528, 530}}$ oder wenn er eine Reise zu ändern oder einzustellen sich genöthigt findet, oder bei außergewöhnlichen Reparaturen und Anschaffungen, die Ertheilung von Verhaltungsmaßregeln nachzusuchen, sofern die Umstände es gestatten.

III Zu außergewöhnlichen Reparaturen und Anschaffungen, selbst wenn er sie mit den ihm zur Verfügung stehenden Mitteln des Rheders bestreiten kann, darf er nur im Falle der Nothwendigkeit schreiten. 3

IV **Wenn er sich das zur Bestreitung eines Bedürfnisses nöthige Geld nicht anders** sich verschaffen kann **als** entweder durch Bodmerei oder durch den Verkauf von entbehrlichem Schiffszubehör oder durch den Verkauf von entbehrlichen Schiffsvorräthen, so hat er diejenige Maßregel zu ergreifen, welche für den Rheder mit dem geringsten Nachtheile verbunden ist. 4

V Er muß dem Rheder nach der Rückkehr in den Heimathshafen und außerdem, so oft es verlangt wird, Rechnung legen. 5

§. 535. Art. 504. — **§. 535.**

I Im Interesse der Ladungsbetheiligten hat der Schiffer während der Reise zugleich für das Beste der Ladung nach Möglichkeit Sorge zu tragen. 1

II Werden zur Abwendung oder Verringerung eines Verlustes besondere Maßregeln erforderlich, so liegt ihm ob, das Interesse der Ladungsbetheiligten als **deren** Vertreter derselben wahrzunehmen, wenn thunlich $\frac{\text{deren}}{\textbf{ihre}}$ Anweisungen einzuholen und, $\frac{\text{insoweit}}{\textbf{soweit}}$ es den Verhältnissen entspricht, zu befolgen, sonst aber nach eigenem Ermessen zu verfahren und überhaupt 2

Gewöhnliche deutsche und lateinische Schrift = altes H.G.

thunlichst dafür zu sorgen, daß die Ladungsbetheiligten von solchen Vorfällen und den dadurch veranlaßten Maßregeln schleunigst in Kenntniß gesetzt werden.

III Er ist in solchen Fällen namentlich auch berechtigt, die 3
Ladung ganz oder zum / **zu einem** Theile zu löschen, äußerstenfalls, wenn ein erheblicher Verlust wegen drohenden Verderbs oder aus sonstigen Gründen anders nicht abzuwenden ist, zu verkaufen oder behufs **der** Beschaffung der Mittel zur / **zu ihrer** Erhaltung und Weiterbeförderung zu verbodmen, sowie im Falle der Anhaltung oder Aufbringung zu reklamiren oder, wenn sie auf andere Weise seiner Verfügung entzogen ist, ihre Wiedererlangung außergerichtlich und gerichtlich zu betreiben.

Art. 505. — **§. 536.** §. 536.

I Wird die Fortsetzung der Reise in der ursprünglichen 1
Richtung durch einen Zufall verhindert, so ist der Schiffer befugt, die Reise entweder in einer anderen Richtung fortzusetzen oder dieselbe / **sie** auf kürzere oder längere Zeit einzustellen oder nach dem Abgangshafen zurückzukehren, je nachdem es den Verhältnissen und den möglichst zu berücksichtigenden Anweisungen entspricht.

II Im Falle der Auflösung des Frachtvertrags hat er nach 2
den Vorschriften des Artikels 634 / **§. 632** zu verfahren.

Art. 506. — **§. 537.** §. 537.

I Auf den persönlichen Kredit der Ladungsbetheiligten Ge- 1
schäfte abzuschließen, ist der Schiffer auch in den Fällen des Artikels 504 / **§. 335** nur auf Grund einer ihn hierzu ermächtigenden Vollmacht befugt.

Gewöhnliche deutsche und fette deutsche Schrift = neues H.G.

§. 538. Art. 507. — **§. 538.**

I Außer den Fällen des $\frac{\text{Artikels 504}}{\text{§. 535}}$ ist der Schiffer zur 1
Verbodmung der Ladung oder zur Verfügung über Ladungstheile durch Verkauf oder Verwendung nur dann befugt, wenn und $\frac{\text{insoweit}}{\text{soweit}}$ es zum Zwecke der Fortsetzung der Reise nothwendig ist.

§. 539. Art. 508. — **§. 539.**

I Gründet sich das Bedürfniß $\frac{\text{in einer grossen}}{\text{auf eine große}}$ Haverei 1
und kann der Schiffer $\frac{\text{demselben}}{\text{ihm}}$ durch verschiedene Maßregeln abhelfen, so hat er diejenige Maßregel zu ergreifen, welche für die Betheiligten mit dem geringsten Nachtheile verbunden ist.

§. 540. Art. 509. — **§. 540.**

I Liegt der Fall einer großen Haverei nicht vor, so ist 1
der Schiffer zur Verbodmung der Ladung oder zur Verfügung über Ladungstheile durch Verkauf oder Verwendung nur dann befugt, wenn er dem Bedürfniß auf anderem Wege nicht abhelfen kann oder wenn die Wahl eines anderen Mittels einen unverhältnißmäßigen Schaden für den Rheder zur Folge haben würde.

II Auch in diesen Fällen kann er die Ladung nur zusammen 2
mit dem Schiffe und der Fracht verbodmen ($\frac{\text{Art. 681 Abs. 2}}{\text{§. 680 Abs. 2}}$).

III Er hat die Verbodmung vor dem Verkaufe zu wählen, 3
es sei denn, daß die Verbodmung einen unverhältnißmäßigen Schaden für den Rheder zur Folge haben würde.

§. 541. Art. 510. — **§. 541.**

I Die Verbodmung der Ladung oder die Verfügung über 1
Ladungstheile durch Verkauf oder Verwendung wird in den

Fällen des (vorstehenden Artikels / **§. 540**) als ein für Rechnung des Rheders abgeschlossenes Kreditgeschäft ((Art. 497 und 757 / **§. 528, §. 754**) (Ziff. 7 / **Nr. 6**)) angesehen.

Art. 511. — **§. 542.** §. 542.

I In Bezug auf die Gültigkeit der in den Fällen der (Art. 504 und 507 bis 509 / **§§. 535, 538 bis 540**) von dem Schiffer abgeschlossenen Rechtsgeschäfte (kommen / **finden**) die Vorschriften des (Artikels 497 / **§. 528 Abs. 2**) zur Anwendung. 1

Art. 512.

I Zu den Geschäften und Rechtshandlungen, welche der Schiffer nach den Artikeln 495, 496, 497, 499, 504, 507 bis 509, vorzunehmen befugt ist, bedarf es der in den Landesgesetzen etwa vorgeschriebenen Spezialvollmacht nicht.

Art. 513. — **§. 543.** §. 543.

I Was der Schiffer vom Befrachter, Ablader oder Ladungsempfänger außer der Fracht als Kaplaken, Primage oder sonst als Belohnung oder Entschädigung, gleichviel unter welchem Namen, erhält, (muss / **hat**) er dem Rheder als Einnahme in Rechnung zu bringen. 1

Art. 514. — **§. 544.** §. 544.

I Der Schiffer darf ohne Einwilligung des Rheders für eigene Rechnung keine Güter verladen. Handelt er dieser (Bestimmung / **Vorschrift**) zuwider, so (muss / **hat**) er dem Rheder die höchste am Abladungsorte zur Abladungszeit für solche Reisen und Güter bedungene Fracht zu erstatten, unbeschadet des (Rechts / **Anspruchs**) 1

Gewöhnliche deutsche und fette deutsche Schrift = neues H.G.

des Rheders

, einen erweislich höheren Schaden geltend zu machen.	**auf den Ersatz eines ihm verursachten höheren Schadens.**

§. 545. Art. 515. — **§. 545.**

I Der Schiffer kann, selbst wenn das Gegentheil vereinbart ist, jederzeit von dem Rheder entlassen werden, jedoch unbeschadet 1

seiner Entschädigungsansprüche.	**seines Anspruchs auf Entschädigung.**

§. 546. Art. 516. — **§. 546.**

I Erfolgt die Entlassung, weil der Schiffer untüchtig befunden ist oder weil er seiner Pflicht nicht genügt, so erhält er nur dasjenige, was er von der Heuer einschließlich aller sonst bedungenen Vortheile bis dahin verdient hat. 1

§. 547. Art. 517. — **§. 547.**

I $\frac{\text{Wenn}}{\textbf{Wird}}$ ein Schiffer, $\frac{\text{welcher}}{\textbf{der}}$ für eine bestimmte Reise angestellt ist, entlassen wird, weil die Reise wegen Krieg, Embargo oder Blokade oder wegen eines Einfuhr- oder Ausfuhrverbots oder wegen eines anderen Schiff oder Ladung betreffenden Zufalls nicht angetreten oder fortgesetzt werden kann, so erhält er gleichfalls nur dasjenige, was er von der Heuer einschließlich aller sonst bedungenen Vortheile bis dahin verdient hat. Dasselbe gilt, wenn ein auf unbestimmte Zeit angestellter Schiffer **aus einem der angeführten Gründe** entlassen wird, nachdem er die Ausführung einer bestimmten Reise übernommen hat. 1

II Erfolgt in diesen Fällen die Entlassung während der Reise, so $\frac{\text{hat}}{\textbf{kann}}$ der Schiffer außerdem nach seiner Wahl entweder auf freie $\frac{\text{Zurückbeförderung}}{\textbf{Rückbeförderung}}$ nach dem Hafen, wo er ge- 2 heuert worden ist, oder auf eine entsprechende Vergütung $\frac{\text{Anspruch}}{\text{beanspruchen}}$.

III $\frac{\text{Wenn}}{\text{Ein}}$ nach den $\frac{\text{Bestimmungen}}{\text{Vorschriften}}$ dieses Gesetzbuchs $\frac{\text{ein}}{\text{be-}}$ 3
gründeter Anspruch auf freie $\frac{\text{Zurückbeförderung}}{\text{Rückbeförderung}}$ begründet ist, so umfaßt derselbe auch den Unterhalt während der Reise.

Art. 518. — **§. 548.** §. 548.

I Wird ein Schiffer, der auf eine unbestimmte Zeit an- 1
gestellt ist, aus anderen als den in den $\frac{\text{Artikeln 516 und 517}}{\text{§§. 546, 547}}$ angeführten Gründen entlassen, nachdem er die Ausführung einer bestimmten Reise übernommen hat, so erhält er außer demjenigen, was ihm nach den $\frac{\text{Bestimmungen des vorigen Artikels}}{\text{Vorschriften des §. 547}}$ gebührt, als Entschädigung noch die Heuer für zwei oder vier Monate, je nachdem die Entlassung in einem europäischen oder in einem $\frac{\text{nichteuropäischen}}{\text{außereuropäischen}}$ Hafen erfolgt ist. Jedoch erhält er in keinem Falle mehr, als er erhalten haben würde, wenn er die Reise zu Ende geführt hätte.

Art. 519. — **§. 549.** §. 549.

I War die Heuer nicht zeitweise, sondern in Bausch und 1
Bogen für die ganze Reise bedungen, so wird in den Fällen der $\frac{\text{Artikel 516 bis 518}}{\text{§§. 546 bis 548}}$ die verdiente Heuer mit Rücksicht auf den vollen Heuerbetrag nach $\frac{\text{Verhältniss}}{\text{dem Verhältnisse}}$ der geleisteten Dienste sowie des etwa zurückgelegten Theiles der Reise bestimmt. Zur Ermittelung der im $\frac{\text{Artikel 518}}{\text{§. 548}}$ erwähnten Heuer für zwei oder vier Monate wird die durchschnittliche Dauer der Reise einschließlich der Ladungs- und Löschungszeit

unter Berücksichtigung der Beschaffenheit des Schiffes in Ansatz gebracht und danach die Heuer für die zwei oder vier Monate berechnet.

§. 550. Art. 520. — **§. 550.**

I Endet die Rückreise des Schiffes nicht in dem Heimaths- 1
hafen und war der Schiffer für die Aus-/**Ausreise** und **die** Rück-
reise oder auf unbestimmte Zeit angestellt, so hat der Schiffer Anspruch auf freie Zurückbeförderung/**Rückbeförderung** nach dem Hafen, wo er geheuert worden ist, und auf Fortbezug der Heuer während der Reise oder nach seiner Wahl auf eine entsprechende Vergütung.

§. 551. Art. 521. — **§. 551.**

I Der Schiffer, welcher auf unbestimmte Zeit angestellt 1
ist, muß, sobald er eine Reise angetreten hat, in dem/**im** Dienste verbleiben, bis das Schiff in den Heimathshafen oder in einen inländischen Hafen zurückgekehrt und die Entlöschung erfolgt ist.

II Er kann jedoch seine Entlassung fordern, wenn seit der 2
ersten Abreise zwei oder drei Jahre verflossen sind, je nachdem **sich** das Schiff zur Zeit der Ankündigung/**Kündigung** in einem europäischen oder in einem nichteuropäischen/**außereuropäischen** Hafen sich befindet. Er hat in einem solchen Falle dem Rheder die zu seiner Ersetzung erforderliche Zeit zu gewähren und den Dienst inzwischen fortzusetzen, jedenfalls die laufende Reise zu beendigen.

III Hat/**Ordnet** der Rheder sofort nach der Kündigung die Rück- 3 reise angeordnet / **an**, so muss / ist der Schiffer **verpflichtet**, das Schiff zurückfahren / **zurückzuführen**.

Art. 522. — **§. 552.** §. 552.

I Die Schiffspart, mit welcher der Schiffer auf Grund 1
einer mit den übrigen Rhedern getroffenen Vereinbarung als Mitrheder an dem Schiffe betheiligt ist, muss / ist im Falle seiner unfreiwilligen Entlassung auf sein Verlangen von den Mitrhedern gegen Auszahlung des durch Sachverständige zu bestimmenden Schätzungswerths zu übernommen werden / **übernehmen**. Dieses Recht des Schiffers erlischt, wenn er die Erklärung, davon Gebrauch zu machen, ohne Grund verzögert.

Art. 523. — **§. 553.** §. 553.

I Falls der Schiffer nach Antritt / **dem Antritte** der Reise erkrankt 1
oder verwundet wird, so trägt der Rheder die Kosten der Verpflegung und Heilung:

1. wenn der Schiffer mit dem Schiffe zurückkehrt und die Rückreise in dem Heimathshafen oder in dem Hafen endet, wo er geheuert worden ist, bis zur Beendigung der Rückreise;
2. wenn er mit dem Schiffe zurückkehrt und die Reise nicht in einem der genannten Häfen endet, bis zum Ablaufe von sechs Monaten seit der Beendigung der Rückreise;
3. wenn er während der Reise am Lande zurückgelassen werden mußte, bis zum Ablaufe von sechs Monaten seit der Weiterreise des Schiffes.

II Auch gebührt ihm / **kann der Schiffer** in den beiden letzteren Fällen 2 freie Zurückbeförderung / Rückbeförderung (Art. 517 / §. 547) oder nach seiner Wahl eine entsprechende Vergütung beanspruchen.

III Die Heuer einschließlich aller sonst bedungenen Vortheile 3
bezieht der nach Antritt / dem Antritte der Reise erkrankte oder verwundete Schiffer, wenn er mit dem Schiffe zurückkehrt, bis zur Beendigung der Rückreise, wenn er am Lande zurückgelassen werden mußte, bis zu dem Tage, an welchem er das Schiff verläßt.

IV Ist der Schiffer bei Vertheidigung des Schiffes be- 4
schädigt, so hat er überdies auf eine angemessene, erforderlichenfalls von dem Richter zu bestimmende Belohnung Anspruch.

§. 554.

Art. 524. — §. 554.

I Stirbt der Schiffer nach Antritt / dem Antritte des Dienstes, so 1
hat der Rheder die bis zum Todestage verdiente Heuer einschließlich aller sonst bedungenen Vortheile zu entrichten; ist der Tod nach Antritt / dem Antritte der Reise erfolgt, so hat der Rheder auch die Beerdigungskosten zu tragen.

II Wird der Schiffer bei Vertheidigung des Schiffes getödtet, 2
so hat der Rheder überdies eine angemessene, erforderlichenfalls von dem Richter zu bestimmende Belohnung zu zahlen.

Art. 525.

I Auf die in den Artikeln 523 und 524 bezeichneten Forderungen findet die Vorschrift des Artikels 453 gleichfalls Anwendung.

§. 555.

Art. 526. — §. 555.

I Auch nach dem Verluste des Schiffes ist der Schiffer ver- 1
pflichtet, noch für die Verklarung zu sorgen und überhaupt das Interesse des Rheders so lange wahrzunehmen, als es erforderlich ist. Er hat aber auch für diese Zeit Anspruch

auf Fortbezug der Heuer und auf Erstattung der Kosten des Unterhalts. Für diese Heuer und Unterhaltskosten haftet der Rheder persönlich. Außerdem

behält der Schiffer, jedoch nur nach Massgabe des Artikels 453, Anspruch auf	kann er

freie $\frac{\text{Zurückbeförderung (Art. 517)}}{\textbf{Rückbeförderung (§. 547)}}$ oder nach seiner Wahl auf eine entsprechende Vergütung **beanspruchen.**

Art. 527.

I Die Bestimmungen der Landesgesetze über die von dem Schiffer nachzuweisende Qualifikation werden durch dieses Gesetzbuch nicht berührt.

Vierter Titel.

Von der Schiffsmannschaft.

(Der vierte Titel des fünften Buches Art. 528—556 ist schon aufgehoben durch die Seemanns-Ordnung vom 27. Dezember 1872 § 110.)

Fünfter Titel.	Vierter Abschnitt.
Von dem Frachtgeschäft zur Beförderung von Gütern.	**Frachtgeschäft zur Beförderung von Gütern.**

Art. 557. — **§. 556.** §. 556.

I Der Frachtvertrag zur Beförderung von Gütern bezieht sich entweder 1

1. auf das Schiff im Ganzen oder einen verhältnißmäßigen Theil oder einen bestimmt bezeichneten Raum des Schiffes oder
2. auf einzelne Güter (Stückgüter).

Gewöhnliche deutsche und fette deutsche Schrift = neues H.G.

§. 557. Art. 558. — **§. 557.**

I Wird das Schiff im Ganzen oder zu einem verhältnißmäßigen Theile oder wird ein bestimmt bezeichneter Raum des Schiffes verfrachtet, so kann jede Partei verlangen, daß über den Vertrag eine schriftliche Urkunde (Chartepartie) errichtet werde/**wird**. 1

§. 558. Art. 559. — **§. 558.**

I In der Verfrachtung eines ganzen Schiffes ist die Kajüte nicht einbegriffen; es dürfen jedoch in dieselbe ohne Einwilligung des Befrachters **in die Kajüte** keine Güter verladen werden. 1

§. 559. Art. 560. — **§. 559.**

I Bei jeder Art von Frachtvertrag (Art. 557/**§. 556**) hat der Verfrachter das Schiff in seetüchtigem Stande zu liefern. 1

II Er haftet dem Befrachter für jeden Schaden, welcher/**der** aus dem mangelhaften Zustande des Schiffes entsteht, es sei denn, daß die Mängel aller/**der Mangel bei Anwendung der** Sorgfalt ungeachtet/**eines ordentlichen Verfrachters** nicht zu entdecken waren/**war**. 2

§. 560. Art. 561. — **§. 560.**

I Der Schiffer hat zur Einnahme der Ladung das Schiff an den vom Befrachter oder, wenn das Schiff an Mehrere verfrachtet ist, von sämmtlichen Befrachtern ihm angewiesenen Platz hinzulegen. 1

II Wenn/**Erfolgt** die Anweisung nicht rechtzeitig erfolgt oder wenn/**wird nicht** von sämmtlichen Befrachtern nicht derselbe Platz 2

Gewöhnliche deutsche und lateinische Schrift = altes H.G.

angewiesen wird oder $\frac{\text{wenn}}{\textbf{gestatten}}$ die Wassertiefe, die Sicherheit des Schiffes oder die örtlichen Verordnungen oder Einrichtungen die Befolgung der Anweisung nicht gestatten, so $\frac{\text{muss}}{\textbf{hat}}$ der Schiffer an dem ortsüblichen Ladungsplatz $\frac{\text{anlegen}}{\textbf{anzulegen}}$.

Art. 562. — **§. 561.** §. 561.

I Sofern nicht durch Vertrag oder durch die örtlichen Ver- 1
ordnungen des Abladungshafens und in deren Ermangelung durch einen daselbst bestehenden Ortsgebrauch ein Anderes bestimmt ist, $\frac{\text{müssen}}{\textbf{sind}}$ die Güter von dem Befrachter kostenfrei bis an das Schiff $\frac{\text{geliefert}}{\textbf{zu liefern}}$, dagegen die Kosten der Einladung derselben in das Schiff von dem Verfrachter $\frac{\text{getragen}}{\textbf{zu}}$ $\frac{\text{werden}}{\textbf{tragen}}$.

Art. 563. — **§. 562.** §. 562.

I Der Verfrachter $\frac{\text{muss}}{\textbf{ist verpflichtet,}}$ statt der vertragsmäßigen 1
Güter andere, von dem Befrachter zur Verschiffung nach demselben Bestimmungshafen ihm angebotene Güter $\frac{\text{annehmen}}{\textbf{anzunehmen}}$, wenn dadurch seine Lage nicht erschwert wird.

II Diese $\frac{\text{Bestimmung}}{\textbf{Vorschrift}}$ findet keine Anwendung, wenn die 2
Güter im Vertrage nicht blos nach Art oder Gattung, sondern speziell bezeichnet sind.

Art. 564 — **§. 563.** §. 563.

I Der Befrachter oder Ablader, welcher die verladenen Güter 1

Gewöhnliche deutsche und fette deutsche Schrift = neues H.G.

unrichtig bezeichnet oder Kriegskontrebande oder Güter verladet, deren Ausfuhr oder deren Einfuhr in den Bestimmungshafen verboten ist, oder welcher bei der Abladung die gesetzlichen Vorschriften, insbesondere die Polizei-, Steuer- und Zollgesetze, übertritt, wird, sofern ihm dabei ein Verschulden zur Last fällt, nicht blos dem Verfrachter, sondern auch allen übrigen im ersten Absatz des Artikels 479 / **§. 512 Abs. 1** bezeichneten Personen für den durch sein Verfahren veranlaßten Aufenthalt und jeden anderen Schaden verantwortlich.

II Dadurch, daß er mit Genehmigung / **Zustimmung** des Schiffers gehandelt hat, wird seine Verantwortlichkeit den übrigen Personen gegenüber nicht ausgeschlossen. 2

III Er kann aus der Konfiskation der Güter keinen Grund herleiten, die Zahlung der Fracht zu verweigern. 3

IV Gefährden die Güter das Schiff oder die übrige Ladung, so ist der Schiffer befugt, die Güter ans Land zu setzen oder in dringenden Fällen über Bord zu werfen. 4

§. 564.

Art. 565. — **§. 564.**

I Auch derjenige, welcher ohne Wissen des Schiffers Güter an Bord bringt, ist nach Maßgabe des vorigen Artikels / **§. 563** zum Ersatze des daraus entstehenden Schadens verpflichtet. Der Schiffer ist befugt, solche Güter wieder ans Land zu setzen oder, wenn sie das Schiff oder die übrige Ladung gefährden, nöthigenfalls über Bord zu werfen. Hat der Schiffer die Güter an Bord behalten, so muss / **ist** dafür die höchste am Abladungsorte zur Abladungszeit für solche Reisen und Güter bedungene Fracht bezahlt werden / **zu bezahlen**. 1

Art. 566. — **§. 565.** §. 565.

I Der Verfrachter ist nicht befugt, ohne Erlaubniß des Befrachters die Güter in ein anderes Schiff zu verladen. Handelt er dieser [Bestimmung / **Vorschrift**] zuwider, so ist er für jeden **daraus entstehenden** Schaden verantwortlich, [in Ansehung dessen er nicht beweist, / **es sei denn**] daß [derselbe / **der Schaden**] auch dann entstanden und dem Befrachter zur Last gefallen sein würde, wenn die Güter nicht in ein anderes Schiff verladen worden wären. 1

II Auf Umladungen in ein anderes Schiff, [welche / **die**] in Fällen der Noth nach [Antritt / **dem Antritte**] der Reise erfolgen, [findet / **finden die**] [dieser Artikel / **Vorschriften des Abs. 1**] keine Anwendung. 2

Art. 567. — **§. 566.** §. 566.

I Ohne [Genehmigung / **Zustimmung**] des Abladers dürfen dessen Güter weder auf das Verdeck verladen noch an die Seiten des Schiffes **gehängt werden.** 1

II [Den Landesgesetzen bleibt vorbehalten, zu / **Die Landesgesetze können**] bestimmen, daß [in Ansehung der Küstenschiffahrt die vorstehende / **diese**] Vorschrift, soweit sie auf die Beladung des Verdecks [sich bezieht, / **betrifft, auf die Küstenschiffahrt**] keine Anwendung [finde / **findet**] 2

Gewöhnliche deutsche und fette deutsche Schrift = neues H.G.

§. 567. **Art. 568. — §. 567.**

I Bei der Verfrachtung eines Schiffes im Ganzen hat der Schiffer, sobald er zur Einnahme der Ladung fertig und bereit ist, dies dem Befrachter anzuzeigen, 1

II Mit dem auf die Anzeige folgenden Tage beginnt die Ladezeit. 2

III Ueber die Ladezeit hinaus hat der Verfrachter auf die Abladung noch länger zu warten, wenn es vereinbart ist (Ueberliegezeit). 3

IV Für die Ladezeit kann, sofern nicht das Gegentheil bedungen ist, keine besondere Vergütung verlangt werden. Dagegen $\frac{\text{muss}}{\textbf{hat}}$ der Befrachter dem Verfrachter für die Ueberliegezeit eine Vergütung (Liegegeld) zu gewähren. 4

§. 568. **Art. 569. — §. 568.**

I Ist die Dauer der Ladezeit durch Vertrag nicht festgesetzt, so wird sie durch die örtlichen Verordnungen des Abladungshafens nnd in deren Ermangelung durch den daselbst bestehenden Ortsgebrauch bestimmt. Besteht auch ein solcher Ortsgebrauch nicht, so gilt als Ladezeit eine den Umständen des Falles angemessene Frist. 1

II Ist eine Ueberliegezeit, nicht aber deren Dauer, durch Vertrag bestimmt, so beträgt die Ueberliegezeit vierzehn Tage. 2

III Enthält der Vertrag nur die Festsetzung eines Liegegeldes, so ist anzunehmen, daß eine Ueberliegezeit ohne Bestimmung der Dauer vereinbart sei. 3

§ 569 **Art. 570. — §. 569.**

I Ist die Dauer der Ladezeit oder der Tag, mit welchem die Ladezeit enden soll, durch Vertrag bestimmt, so beginnt die Ueberliegezeit ohne Weiteres mit dem Ablaufe der Ladezeit. 1

II In Ermangelung einer solchen vertragsmäßigen Bestimmung beginnt die Ueberliegezeit erst, nachdem der Verfrachter dem Befrachter erklärt hat, daß die Ladezeit ab- 2 gelaufen sei. Der Verfrachter kann schon innerhalb der Ladezeit dem Befrachter erklären, an welchem Tage er die Ladezeit für abgelaufen halte. In diesem Falle ist zum Ablaufe der Ladezeit und zum Beginne der Ueberliegezeit eine neue Erklärung des Verfrachters nicht erforderlich.

Art. 571. — **§. 570.** §. 570.

I Nach Ablauf / **dem Ablaufe** der Ladezeit oder, wenn eine Ueber- 1
liegezeit vereinbart ist, nach Ablauf / **dem Ablaufe** der Ueberliegezeit ist der Verfrachter nicht verpflichtet, auf die Abladung noch länger zu warten. Er muß jedoch seinen Willen, nicht länger zu warten, spätestens drei Tage vor Ablauf / **dem Ablaufe** der Ladezeit oder der Ueberliegezeit dem Befrachter erklären.

II Ist dies nicht geschehen, so läuft die Ladezeit oder Ueber- 2
liegezeit nicht eher ab, als bis die Erklärung nachgeholt ist und seit dem Tage der Abgabe derselben / **der Erklärung** drei Tage verstrichen sind.

III Die in diesem Artikel / **den Abs. 1, 2** erwähnten drei Tage werden in 3
allen Fällen als ununterbrochen fortlaufende Tage nach dem Kalender gezählt.

Art. 572. — **§. 571.** §. 571.

I Die in den Artikeln 570 und 571 erwähnten / **§§. 569, 570 bezeichneten** Erklär- 1
ungen des Verfrachters sind an keine besondere Form gebunden. Weigert sich der Befrachter, den Empfang einer solchen Erklärung in genügender Weise zu bescheinigen, so ist der Verfrachter befugt, eine öffentliche Urkunde darüber auf Kosten des Befrachters errichten zu lassen.

Gewöhnliche deutsche und **fette deutsche Schrift = neues H.G.**

§. 572. **Art. 573. — §. 572.**

I Das Liegegeld $\frac{\text{wird}}{\textbf{ist}}$, wenn es nicht durch Vertrag be- 1
stimmt ist, von dem Richter nach billigem Ermessen nöthigenfalls nach Anhörung von Sachverständigen, $\frac{\textbf{zu bestimmen}}{\text{festgesetzt}}$.

II $\frac{\text{Der Richter hat hierbei}}{\textbf{Hierbei ist}}$ auf die näheren Umstände des 2
Falles, insbesondere auf die Heuerbeträge und **die** Unterhaltskosten der Schiffsbesatzung sowie auf den dem Verfrachter entgehenden Frachtverdienst, Rücksicht zu nehmen.

§. 573. **Art. 574. — §. 573.**

I Bei **der** Berechnung der Lade- und Ueberliegezeit werden 1
die Tage in ununterbrochen fortlaufender Reihenfolge gezählt; insbesondere kommen in Ansatz die Sonntage und **die** Feiertage sowie diejenigen Tage, an welchen der Befrachter durch Zufall die Ladung zu liefern verhindert ist.

II Nicht in Ansatz kommen jedoch die Tage, an $\frac{\text{welchen}}{\textbf{denen}}$ 2
durch Wind und Wetter oder durch irgend einen anderen Zufall entweder

1. die Lieferung nicht nur der bedungenen, sondern jeder Art von Ladung an das Schiff oder
2. die Uebernahme der Ladung

verhindert ist.

§. 574. **Art. 575. — §. 574.**

I Für die Tage, $\frac{\text{während welcher}}{\textbf{die}}$ der Verfrachter wegen 1
Verhinderung der Lieferung jeder Art von Ladung hat länger warten $\frac{\text{müssen}}{\textbf{muß}}$, gebührt ihm Liegegeld, selbst wenn die Verhinderung, während der Ladezeit eintritt. Dagegen ist für die

Tage, während welcher / die er wegen Verhinderung der Uebernahme der Ladung hat länger warten müssen / muß, Liegegeld nicht zu entrichten, selbst wenn die Verhinderung während der Ueberliegezeit eingetreten ist / eintritt.

Art. 576. — **§. 575.** §. 575.

I Sind für die Dauer der Ladezeit nach Artikel 569 / **§. 568** die örtlichen Verordnungen oder der Ortsgebrauch maßgebend, so kommen bei **der** Berechnung der Ladezeit die beiden vorstehenden Artikel / **Vorschriften der §§. 573, 574** nur insoweit zur Anwendung, als die örtlichen Verordnungen oder der Ortsgebrauch nichts Abweichendes bestimmen. 1

Art. 577. — **§. 576.** §. 576.

I Hat **sich** der Verfrachter sich ausbedungen, daß die Abladung bis zu einem bestimmten Tage beendigt sein müsse / **muß**, so wird er durch die Verhinderung der Lieferung jeder Art von Ladung (Art. 574 Ziff. 1 / **§. 573 Abs. 2 Nr. 1**) zum längeren Warten nicht verpflichtet. 1

Art. 578. — **§. 577.** §. 577.

I Soll der Verfrachter die Ladung von einem Dritten erhalten und ist dieser Dritte ungeachtet der von dem Verfrachter in ortsüblicher Weise kundgemachten Bereitschaft zum Laden nicht zu ermitteln oder verweigert er die Lieferung der Ladung, so hat der Verfrachter den Befrachter schleunigst hiervon zu benachrichtigen und nur bis zum Ablaufe der Lade- 1

Gewöhnliche deutsche und fette deutsche Schrift = neues H.G.

zeit, nicht auch während der etwa vereinbarten Ueberliegezeit auf die Abladung zu warten, es sei denn, daß er von dem Befrachter oder einem Bevollmächtigten desselben/**des Befrachters** noch innerhalb der Ladezeit eine entgegengesetzte Anweisung erhält.

II Ist für die Ladezeit und die Löschzeit zusammen eine 2
ungetheilte Frist bestimmt, so wird für den oben/**im Abs. 1** erwähnten Fall die Hälfte dieser Frist als Ladezeit angesehen.

§. 578. Art. 579. — **§. 578.**

I Der Verfrachter muss/**hat** auf Verlangen des Befrachters die 1
Reise auch ohne die volle bedungene Ladung antreten/**anzutreten**. Es gebührt ihm aber alsdann nicht nur die volle Fracht und das etwaige Liegegeld, sondern er ist auch berechtigt, soweit ihm durch die Unvollständigkeit der Ladung die Sicherheit für die volle Fracht entgeht, die Bestellung einer anderweitigen Sicherheit zu fordern. Außerdem sind ihm die Mehrkosten, welche/**die ihm** in Folge der Unvollständigkeit der Ladung etwa erwachsen, durch den Befrachter zu erstatten.

§. 579. Art. 580. — **§. 579.**

I Hat der Befrachter bis zum Ablaufe der Zeit, während 1
welcher der Verfrachter auf die Abladung zu warten verpflichtet ist (Wartezeit), die Abladung nicht vollständig bewirkt, so ist der Verfrachter befugt, sofern der Befrachter nicht von dem Vertrage zurücktritt, die Reise anzutreten und die im vorstehenden Artikel/**§. 578** bezeichneten Forderungen geltend zu machen.

§. 580. Art. 581. — **§. 580.**

I Der Befrachter kann vor Antritt/**dem Antritte** der Reise, sei diese 1
eine einfache oder **eine** zusammengesetzte, von dem Vertrag

unter der Verpflichtung zurücktreten, die Hälfte der bedungenen Fracht als Fautfracht zu zahlen.

II $\frac{\text{Bei Anwendung}}{\textbf{Im Sinne}}$ dieser $\frac{\text{Bestimmung}}{\textbf{Vorschrift}}$ wird die Reise schon dann als angetreten erachtet: 2

1. wenn der Befrachter den Schiffer bereits abgefertigt hat;
2. wenn er die Ladung bereits ganz oder $\frac{\text{zum Theil}}{\textbf{zu einem Theile}}$ geliefert hat und die Wartezeit verstrichen ist.

Art. 582. — §. 581. §. 581.

I Macht der Befrachter von dem im $\frac{\text{vorstehenden Artikel}}{\textbf{§. 580}}$ bezeichneten Rechte Gebrauch, nachdem Ladung geliefert ist, so $\frac{\text{muss}}{\textbf{hat}}$ er auch die Kosten der Einladung und Wiederausladung zu tragen und für die Zeit der mit möglichster Beschleunigung zu bewirkenden Wiederausladung, soweit sie nicht in die Ladezeit fällt, Liegegeld ($\frac{\text{Art. 573}}{\textbf{§. 572}}$) zu zahlen. **Die Wiederausladung ist mit möglichster Beschleunigung zu bewirken.** 1

II Der Verfrachter ist verpflichtet, den Aufenthalt, $\frac{\text{welchen}}{\textbf{den}}$ die Wiederausladung verursacht, selbst dann sich gefallen zu lassen, wenn dadurch die Wartezeit überschritten wird $\frac{\text{; wo-}}{\textbf{. Für}}$ gegen ihm für die Zeit nach $\frac{\text{Ablauf}}{\textbf{dem Ablaufe}}$ der Wartezeit **hat er Anspruch auf** Liegegeld und $\frac{\text{der}}{\textbf{auf}}$ Ersatz des durch **die** Ueberschreitung der Wartezeit entstandenen Schadens gebührt, soweit der letztere den Betrag dieses Liegegeldes erweislich übersteigt. 2

Gewöhnliche deutsche und fette deutsche Schrift = neues H.G.

§. 582. **Art. 583. — §. 582.**

I Nachdem die Reise im Sinne des Artikels 581 / §. 580 angetreten 1
ist, kann der Befrachter nur gegen Berichtigung der vollen Fracht sowie aller sonstigen Forderungen des Verfrachters (Art. 615 / §. 614) und gegen Berichtigung oder Sicherstellung der im Artikel 616 / §. 615 bezeichneten Forderungen von dem Vertrage zurücktreten und die Wiederausladung der Güter fordern.

II Im Falle der Wiederausladung hat der Befrachter nicht 2
nur die hierdurch entstehenden Mehrkosten, sondern auch den Schaden zu ersetzen, welcher aus dem durch die Wiederausladung verursachten Aufenthalte dem Verfrachter entsteht.

III Zum Zwecke der Wiederausladung der Güter die Reise 3
zu ändern oder einen Hafen anzulaufen, ist der Verfrachter nicht verpflichtet.

§. 583. **Art. 584. — §. 583.**

I Der Befrachter ist statt der vollen Fracht nur zwei Drittel derselben / Drittheile 1
als Fautfracht zu zahlen verpflichtet, wenn das Schiff zugleich auf Rückladung verfrachtet ist oder in Ausführung des Vertrags zur Einnahme der Ladung eine Fahrt aus einem anderen Hafen zu machen hat und wenn in diesen beiden Fällen der Rücktritt früher erklärt wird, als die Rückreise oder die Reise aus dem Abladungshafen im Sinne des Artikels 581 / §. 580 angetreten ist.

§. 584. **Art. 585. — §. 584.**

I Bei anderen zusammengesetzten Reisen erhält der Ver- 1
frachter, wenn der Befrachter den Rücktritt erklärt, bevor in Bezug auf den letzten Reiseabschnitt die Reise im Sinne des Artikels 581 / §. 580 angetreten ist, als Fautfracht zwar die volle

Fracht, es kommt von dieser jedoch eine angemessene Quote / **ein angemessener Bruchtheil** in Abzug, sofern die Umstände die Annahme begründen, daß der Verfrachter in Folge der Aufhebung des Vertrags Kosten erspart und Gelegenheit zu anderweitigem Frachtverdienste gehabt habe.

II Können sich die Parteien über die Zulässigkeit des Abzuges oder die Höhe desselben nicht einigen, so entscheidet darüber der Richter nach billigem Ermessen.

III Der Abzug darf in keinem Falle die Hälfte der Fracht übersteigen. 2

Art. 586. — **§. 585.** §. 585

I Hat / **Liefert** der Befrachter bis zum Ablaufe der Wartezeit keine Ladung geliefert, so ist der Verfrachter an seine Verpflichtungen aus dem Vertrage nicht länger gebunden und befugt, gegen den Befrachter dieselben Ansprüche geltend zu machen, welche ihm zugestanden haben würden, wenn der Befrachter von dem Vertrage zurückgetreten wäre (Art. 581, 584, 585 / **§§. 580, 583, 584**). 1

Art. 587. — **§. 586.** §. 586.

I Auf die Fautfracht wird die Fracht, welche der Verfrachter für andere Ladungsgüter erhält, nicht angerechnet. 1

II Durch diese Bestimmung wird jedoch die	**Die**
Vorschrift	Vorschrift
im ersten Absatz des Artikels 585 nicht berührt.	**des §. 584 Abs. 1 bleibt unberührt.**

III Der Anspruch des Verfrachters auf Fautfracht ist nicht davon abhängig, daß er die im Vertrage bezeichnete Reise ausführt. 2

IV Durch die Fautfracht werden die Ansprüche des Ver- 3
frachters auf Liegegeld und die übrigen ihm etwa zustehenden
Forderungen (Art. 615 / **§. 614**) nicht ausgeschlossen.

§. 587. Art. 588. — **§. 587.**

I Ist ein verhältnißmäßiger Theil oder ein bestimmt be- 1
zeichneter Raum des Schiffes verfrachtet, so gelten die
Artikel 568 bis 587 / **Vorschriften der §§. 567 bis 586** mit folgenden Abweich-
ungen:

1. Der Befrachter erhält in den Fällen, in welchen / **denen** er
sich nach diesen Artikeln / **Vorschriften** mit einem Theile der Fracht
sich begnügen müßte, als Fautfracht die volle Fracht,
es sei denn, daß sämmtliche Befrachter zurücktreten oder
keine Ladung liefern.

   Von der vollen Fracht kommt jedoch die Fracht
für diejenigen Güter in Abzug, welche der Verfrachter
an Stelle der nicht gelieferten angenommen hat / **annimmt**.

2. In den Fällen der Artikel 582, 583 / **§§. 581, 582** kann der Be-
frachter die Wiederausladung nicht verlangen, wenn
dieselbe / **sie** eine Verzögerung der Reise zur Folge haben
oder eine Umladung nöthig machen würde, es sei denn,
daß alle übrigen Befrachter ihre Genehmigung ertheilten / **zustimmen**.
Außerdem ist der Befrachter verpflichtet, sowohl die
Kosten als auch den Schaden zu ersetzen, welche durch
die Wiederausladung entstehen.

   Machen sämmtliche Befrachter von dem Rechte des

Rücktritts Gebrauch, so hat es bei den Vorschriften der Artikel 582 und 583 / **§§. 581, 582** sein Bewenden.

Art. 589. — **§. 588.** §. 588.

I Hat der Frachtvertrag Stückgüter zum Gegenstande, so muß der Befrachter auf die Aufforderung des Schiffers ohne Verzug die Abladung bewirken. 1

II Ist der Befrachter säumig, so ist der Verfrachter nicht verpflichtet, auf die Lieferung der Güter zu warten; der Befrachter muß, wenn ohne dieselben die Reise **ohne die Güter** angetreten wird, gleichwohl die volle Fracht entrichten. Es kommt von der letzteren jedoch die Fracht für diejenigen Güter in Abzug, welche der Verfrachter an Stelle der nicht gelieferten angenommen hat / **annimmt**. 2

III Der Verfrachter, welcher / **der** den Anspruch auf die Fracht gegen den säumigen Befrachter geltend machen will, ist bei Verlust des Anspruchs verpflichtet, dies dem Befrachter vor der Abreise kund zu geben. Auf diese Erklärung finden die Vorschriften des Artikels 572 / **§. 571** Anwendung. 3

Art. 590. — **§. 589.** §. 589.

I Nach der Abladung kann der Befrachter auch gegen Berichtigung der vollen Fracht sowie aller sonstigen Forderungen des Verfrachters (Art. 615 / **§. 614**) und gegen Berichtigung oder Sicherstellung der im Art. 616 / **§. 615** bezeichneten Forderungen nur nach Maßgabe des 1

ersten Absatzes der Vorschrift unter Ziffer 2 des Artikels 588	**§. 587 Nr. 2 Abs. 1**

Gewöhnliche deutsche und fette deutsche Schrift = neues HG

von dem Vertrage zurücktreten und die Wiederausladung der Güter fordern.

II Ausserdem findet auch für diese Fälle die	**Die** 2
Vorschrift	
im letzten Absatz des Artikels 583	**des §. 582 Abs. 3 findet**
Anwendung.	

§. 590. Art. 591. — **§. 590.**

I Ist ein Schiff auf Stückgüter angelegt und die Zeit der Abreise nicht festgesetzt, so hat auf Antrag des Befrachters der Richter nach den Umständen des Falles den Zeitpunkt zu bestimmen, über welchen hinaus der Antritt der Reise nicht verschoben werden kann / **darf**. 1

§. 591. Art. 592. — **§. 591.**

I Bei jeder Art von Frachtvertrag hat der Befrachter innerhalb der Zeit, binnen welcher die Güter zu liefern sind, dem Schiffer zugleich alle zur Verschiffung der Güter erforderlichen Papiere zuzustellen. 1

§. 592. Art. 593. — **§. 592.**

I Der Schiffer hat zur Löschung der Ladung das Schiff an den Platz hinzulegen, welcher / **der** ihm von demjenigen, an den / **welchen** die Ladung abzuliefern ist (Empfänger), oder, wenn die Ladung an mehrere Empfänger abzuliefern ist, von sämmtlichen Empfängern angewiesen wird. 1

II Wenn / **Erfolgt** die Anweisung nicht rechtzeitig erfolgt oder wenn / **wird nicht** von sämmtlichen Empfängern derselbe Platz an= 2 gewiesen wird oder $\frac{\text{wenn}}{\textbf{gestatten}}$ die Wassertiefe, die Sicherheit des Schiffes oder die örtlichen Verordnungen oder Einrichtungen die Befolgung der Anweisung nicht gestatten, so $\frac{\text{muss}}{\textbf{hat}}$ der Schiffer an dem ortsüblichen Löschungsplatz $\frac{\text{anlegen}}{\textbf{anzulegen}}$.

Art. 594. — **§. 593.** §. 593.

I Sofern nicht durch Vertrag oder durch die örtlichen Verordnungen des Löschungshafens und in deren Ermangelung durch einen daselbst bestehenden Ortsgebrauch ein Anderes bestimmt ist, werden die Kosten der Ausladung aus dem Schiffe von dem Verfrachter, alle übrigen Kosten der Löschung von dem Ladungsempfänger getragen. 1

Art. 595. — **§. 594.** §. 594.

I Bei der Verfrachtung eines Schiffes im Ganzen hat der Schiffer, sobald er zum Löschen fertig und bereit ist, dies dem Empfänger anzuzeigen. 1

II Die Anzeige muss durch öffentliche Bekanntmachung in ortsüblicher Weise geschehen, wenn der Empfänger dem Schiffer unbekannt ist.	**Ist der Empfänger dem Schiffer unbekannt, so ist die Anzeige durch öffentliche Bekanntmachung in ortsüblicher Weise zu bewirken.**	2

III Mit dem auf die Anzeige folgenden Tage beginnt die Löschzeit. 3

IV Ueber die Löschzeit hinaus hat der Verfrachter nur dann auf die Abnahme der Ladung noch länger zu warten, wenn es vereinbart ist (Ueberliegezeit). 4

V Für die Löschzeit kann, sofern nicht das Gegentheil bedungen ist, keine besondere Vergütung verlangt werden. Dagegen $\frac{\text{muss}}{\textbf{ist}}$ dem Verfrachter für die Ueberliegezeit eine Vergütung (Liegegeld) $\frac{\text{gewährt werden}}{\textbf{zu gewähren}}$. 5

VI Das Liegegeld wird von dem Richter nach Anleitung des Artikels 573 festgesetzt, wenn es nicht durch Vertrag bestimmt ist.	**In Ansehung der Höhe des Liegegeldes finden die Vorschriften des §. 572 Anwendung.** 6

§. 595. Art. 596. — **§. 595.**

I Ist die Dauer der Löschzeit durch Vertrag nicht festgesetzt, so wird sie durch die örtlichen Verordnungen des Löschungshafens und in deren Ermangelung durch den daselbst bestehenden Ortsgebrauch bestimmt. Besteht auch ein solcher Ortsgebrauch nicht, so gilt als Löschzeit eine den Umständen des Falles angemessene Frist. 1

II Ist eine Ueberliegezeit, nicht aber deren Dauer, durch Vertrag bestimmt, so beträgt die Ueberliegezeit vierzehn Tage. 2

III Enthält der Vertrag nur die Festsetzung eines Liegegeldes, so ist anzunehmen, daß eine Ueberliegezeit ohne Bestimmung der Dauer vereinbart sei. 3

§. 596. Art. 597. — **§. 596.**

I Ist die Dauer der Löschzeit oder der Tag, mit welchem dieselbe / **die Löschzeit** enden soll, durch Vertrag bestimmt, so beginnt die Ueberliegezeit ohne Weiteres mit dem Ablaufe der Löschzeit. 1

II In Ermangelung einer solchen vertragsmäßigen Bestimmung beginnt die Ueberliegezeit erst, wenn / **nachdem** der Verfrachter dem Empfänger erklärt hat, daß die Löschzeit abgelaufen sei. Der Verfrachter kann schon innerhalb der Löschzeit dem Empfänger erklären, an welchem Tage er die Löschzeit für abgelaufen halte. In diesem Falle ist zum Ablaufe der Löschzeit und zum Beginne der Ueberliegezeit eine neue Erklärung des Verfrachters nicht erforderlich. 2

III Auf die in diesem Artikel / **im Abs. 2** erwähnten Erklärungen des 3

Gewöhnliche deutsche und lateinische Schrift = altes H.G.

Verfrachters finden die Vorschriften des Artikels 572 / **§. 571** Anwendung.

Art. **598.** — **§. 597.** §. 597.

I Bei **der** Berechnung der Lösch- und Ueberliegezeit werden die Tage in ununterbrochen fortlaufender Reihenfolge gezählt; insbesondere kommen in Ansatz die Sonntage und **die** Feiertage sowie diejenigen Tage, an welchen der Empfänger durch Zufall die Ladung abzunehmen verhindert ist. 1

II Nicht in Ansatz kommen jedoch die Tage, an welchen / **denen** durch Wind und Wetter oder durch irgend einen anderen Zufall entweder 2

1 der Transport / **die Beförderung** nicht nur der im Schiffe befindlichen, sondern jeder Art von Ladung von dem Schiffe an das Land oder

2. die Ausladung aus dem Schiffe

verhindert ist.

Art. 599. — **§. 598.** §. 598.

I Für die Tage, während welcher / **die** der Verfrachter wegen der Verhinderung des Transports / **der Beförderung** jeder Art von Ladung von dem Schiffe an das Land hat länger warten müssen / **muß**, gebührt ihm Liegegeld, selbst wenn die Verhinderung während der Löschzeit eingetreten ist / **eintritt**. Dagegen ist für die Tage, während welcher / **die** er wegen Verhinderung der Ausladung aus dem Schiffe hat länger warten müssen / **muß**, Liegegeld nicht 1 zu entrichten, selbst wenn die Verhinderung während der Ueberliegezeit (eingetreten ist / **eintritt**).

§. 599. Art. 600. — **§. 599.**

I Sind für die Dauer der Löschzeit nach (Artikel 596 / **§. 595**) die örtlichen Verordnungen oder der Ortsgebrauch maßgebend, so kommen bei **der** Berechnung der Löschzeit die (beiden vorstehenden Artikel / **Vorschriften der §§. 597, 598**) nur insoweit zur Anwendung, als die örtlichen Verordnungen oder der Ortsgebrauch nichts Abweichendes bestimmen. 1

§. 600. Art. 601. — **§. 600.**

I Hat **sich** der Verfrachter sich ausbedungen, daß die Löschung bis zu einem bestimmten Tage beendigt sein (müsse / **muß**), so wird er durch die Verhinderung (des Transports / **der Beförderung**) jeder Art von Ladung von dem Schiffe an das Land ((Art. 598 / **§. 597 Abs. 2**) (Ziff. 1 / **Nr. 1**)) zum längeren Warten nicht verpflichtet. 1

§. 601. Art. 602. — **§. 601.**

I Wenn **sich** der Empfänger zur Abnahme der Güter sich bereit erklärt, (dieselbe / **die Abnahme**) aber über die von ihm einzuhaltenden Fristen verzögert, so ist der Schiffer befugt, die Güter unter Benachrichtigung des Empfängers (gericht- / **in einem öffent-** 1

Gewöhnliche deutsche und lateinische Schrift = altes H.G.

(lich / lichen Lagerhaus) oder (in anderer / sonst in) sicherer Weise zu hinterlegen.

II Der Schiffer ist verpflichtet, in dieser Weise zu verfahren und zugleich den Befrachter davon in Kenntniß zu setzen, wenn der Empfänger die Annahme der Güter verweigert oder sich über (dieselbe / die Annahme) auf die im (Artikel 595 / §. 594) vorgeschriebene Anzeige sich nicht erklärt oder wenn der Empfänger nicht zu ermitteln ist. 2

Art. 603. — §. 602. §. 602.

I (Insoweit / Soweit) durch die Säumniß des Empfängers oder durch das (Niederlegungsverfahren / Hinterlegungsverfahren) die Löschzeit ohne Verschulden des Schiffers überschritten wird, hat der Verfrachter Anspruch auf Liegegeld ((Art. 595 / §. 594)), unbeschadet des Rechtes, für diese Zeit, soweit sie keine vertragsmäßige Ueberliegezeit ist, einen erweislich höheren Schaden geltend zu machen. 1

Art. 604. — §. 603. §. 603.

I Die (Art. 595 bis 603 / Vorschriften der §§. 594 bis 602) kommen auch dann zur Anwendung, wenn ein verhältnißmäßiger Theil oder ein bestimmt bezeichneter Raum des Schiffes verfrachtet ist. 1

Art. 605. — §. 604. §. 604.

I (Der Empfänger von Stückgütern hat dieselben / Stückgüter hat der Empfänger) auf die Aufforderung des Schiffers ohne Verzug abzunehmen. Ist der Empfänger dem Schiffer (nicht bekannt / unbekannt), so (muss / ist) die Auf- 1 forderung durch öffentliche Bekanntmachung in ortsüblicher Weise geschehen / **zu bewirken**.

II In Ansehung des Rechtes und der Verpflichtung des 2
Schiffers, die Güter niederzulegen / **zu hinterlegen**, gelten die Vorschriften des Artikels 602 / **§. 601**. Die im Artikel 602 / **§. 601** vorgeschriebene Benachrichtigung des Befrachters kann durch öffentliche, in ortsüblicher Weise zu bewirkende Bekanntmachung erfolgen.

III Für die Tage, um welche durch die Säumniß des 3
Empfängers oder durch das Niederlegungsverfahren / **Hinterlegungsverfahren** die Frist, binnen welcher das Schiff würde entlöscht worden sein, überschritten ist, hat der Verfrachter Anspruch auf Liegegeld (Art. 595 / **§. 594**), unbeschadet des Rechtes, einen erweislich höheren Schaden geltend zu machen.

§. 605. Art. 606. — **§. 605.**

I Wenn / **Hat** bei der Verfrachtung des Schiffes im Ganzen 1
oder eines verhältnißmäßigen Theiles oder eines bestimmt bezeichneten Raumes des Schiffes der Befrachter Unterfrachtverträge über Stückgüter beschlossen hat, so bleiben für die Rechte und Pflichten des ursprünglichen Verfrachters die Artikel 595 bis 603 / **Vorschriften der §§. 594 bis 602** maßgebend.

§. 606. Art. 607. — **§. 606.**

I Der Verfrachter haftet für den Schaden, welcher / **der** durch 1
Verlust oder Beschädigung der Güter seit / **in der Zeit von** der

$\frac{\text{Empfangnahme}}{\text{Annahme}}$ bis zur Ablieferung $\frac{\text{entstanden ist, sofern er nicht}}{\text{entsteht, es sei}}$ $\frac{\text{beweist}}{\text{denn}}$, daß der Verlust oder die Beschädigung

durch höhere Gewalt (vis major) oder durch die natürliche Beschaffenheit der Güter, namentlich durch inneren Verderb, Schwinden, gewöhnliche Leckage und dergleichen oder

auf Umständen beruht, die durch die Sorgfalt eines ordentlichen Verfrachters nicht abgewendet werden konnten.

durch äusserlich nicht erkennbare Mängel der Verpackung entstanden ist.

II Verlust und Beschädigung, welche aus einem mangelhaften Zustande des Schiffes entstehen, der aller Sorgfalt ungeachtet nicht zu entdecken war (Art. 560 Abs. II), werden dem Verluste oder der Beschädigung durch höhere Gewalt gleichgeachtet.

Art. 608. — §. 607. §. 607.

I Für Kostbarkeiten, **Kunstgegenstände**, $\frac{\text{Gelder}}{\text{Geld}}$ und Werthpapiere haftet der Verfrachter nur in dem Falle, wenn diese Beschaffenheit oder der Werth der Güter bei der Abladung dem Schiffer angegeben **worden** ist. 1

Art. 609. — §. 608. §. 608.

I Bevor der Empfänger die Güter $\frac{\text{übernommen hat}}{\text{übernimmt}}$, kann sowohl der Empfänger als der Schiffer, um den Zustand oder die Menge der Güter festzustellen, $\frac{\text{die}}{\text{ihre}}$ Besichtigung derselben durch die zuständige Behörde oder durch die zu dem Zwecke amtlich bestellten Sachverständigen bewirken lassen. 1

Gewöhnliche deutsche und fette deutsche Schrift = neues H.G.

II Bei diesem Verfahren ist die am Orte anwesende Gegenpartei zuzuziehen, sofern die Umstände es gestatten. 2

§. 609. Art. 610. — **§. 609.**

I Ist die Besichtigung vor der Uebernahme nicht geschehen, 1
so muß der Empfänger binnen acht und vierzig Stunden / **spätestens am zweiten Werktage** nach dem Tage der Uebernahme die nachträgliche Besichtigung der Güter nach Maßgabe des Artikels 609 / **§. 608** erwirken, widrigenfalls alle Ansprüche wegen Beschädigung oder theilweisen Verlustes erlöschen. Es macht keinen Unterschied, ob **der** Verlust und / **oder die** Beschädigung äußerlich erkennbar waren / **war** oder nicht.

II Diese Bestimmung / **Vorschrift** findet keine Anwendung auf solche 2
Verluste und Beschädigungen, welche / **die** durch eine bösliche / **Vorsatz oder** Handlungsweise / **grobe Fahrlässigkeit** einer Person der Schiffsbesatzung entstanden sind.

§ 610. Art. 611. — **§. 610.**

I Die Kosten der Besichtigung hat derjenige zu tragen, 1
welcher dieselbe / **sie** beantragt hat.

II Ist jedoch die Besichtigung von dem Empfänger beantragt 2
und wird ein Verlust oder eine Beschädigung ermittelt, wofür der Verfrachter Ersatz leisten muss / **zu leisten hat**, so fallen **diesem** die Kosten dem letzteren zur Last.

Gewöhnliche deutsche und lateinische Schrift = altes H.G.

Art. 612. — §. 611. §. 611.

I Wenn / Muß auf Grund des Artikels 607 / Frachtvertrags für den / gänzlichen 1
oder theilweisen Verlust von Gütern Ersatz geleistet werden
muss, so ist nur der gemeine Handelswerth und in dessen
Ermangelung der gemeine Werth

der verlorenen Güter zu vergüten Dieser Werth wird durch den Marktpreis bestimmt, welchen Güter derselben Art und Beschaffenheit am Bestimmungsorte der verlorenen Güter bei Beginn der Löschung des Schiffs oder, wenn eine Entlöschung des Schiffs an diesem Orte nicht erfolgt, bei seiner Ankunft daselbst haben.

zu ersetzen, welchen Güter derselben Art und Beschaffenheit am Bestimmungsorte der Güter bei Beginn der Löschung des Schiffes oder, wenn eine Entlöschung des Schiffes an diesem Orte nicht erfolgt, bei seiner Ankunft daselbst haben; hiervon kommt in Abzug, was in Folge des Verlustes an Zöllen und sonstigen Kosten sowie an Fracht erspart ist.

II In Ermangelung eines Marktpreises, oder falls über denselben oder über dessen Anwendung, insbesondere mit Rücksicht auf die Qualität der Güter Zweifel bestehen, wird der Preis durch Sachverständige ermittelt.

III Von dem Preise kommt in Abzug, was an Fracht, Zöllen und Unkosten in Folge des Verlustes der Güter erspart wird.

IV Wird der Bestimmungsort der Güter nicht erreicht, so 2
tritt an dessen Stelle des Bestimmungsorts der Ort, wo die
Reise endet, oder, wenn die Reise durch Verlust des Schiffes
endet, der Ort, wohin die Ladung in Sicherheit gebracht ist.

Art. 613. — §. 612. §. 612.

I Die Bestimmungen / Vorschriften des Artikels 612 / §. 611 finden auch auf die- 1

Gewöhnliche deutsche und fette deutsche Schrift = neues H.G.

jenigen Güter Anwendung, für welche der Rheder nach Artikel 510 / §. 541 Ersatz leisten muß.

II Uebersteigt im Falle der Verfügung über die Güter durch Verkauf der Reinerlös derselben den im Artikel 612 / §. 611 bezeichneten Preis, so tritt an die Stelle des letzteren der Reinerlös. 2

§. 613. Art. 614. — §. 613.

I Muß auf Grund des Frachtvertrags für Beschädigung der Güter / von Gütern auf Grund des Artikels 607 Ersatz geleistet werden, so ist 1

nur die durch die Beschädigung verursachte Werthsverminderung der Güter zu vergüten. Diese Werthsverminderung wird bestimmt durch den	der

Unterschied zwischen dem durch Sachverständige zu ermittelnden Verkaufswerthe

	der Güter im beschädigten Zustande und dem gemeinen Handelswerth oder dem gemeinen Werthe zu ersetzen

, welchen die Güter

im beschädigten Zustande haben, und dem im Artikel 612 bezeichneten Preise nach Abzug der Zölle und Unkosten, soweit sie	ohne die Beschädigung am Bestimmungsorte zur Zeit der Löschung des Schiffes gehabt haben würden; hiervon kommt in Abzug, was

in Folge der Beschädigung

an Zöllen und sonstigen Kosten

erspart sind / ist.

Art. 615. — **§. 614.** §. 614.

I Durch **die** Annahme der Güter wird der Empfänger verpflichtet, nach **Maßgabe** des Frachtvertrags oder des Konnossements, auf deren Grund die Empfangnahme geschieht, die Fracht nebst allen Nebengebühren sowie das etwaige Liegegeld zu bezahlen, die ausgelegten Zölle und übrigen Auslagen zu erstatten und die ihm sonst obliegenden Verpflichtungen zu erfüllen. 1

II Der Verfrachter hat die Güter gegen Zahlung der Fracht und gegen Erfüllung der übrigen Verpflichtungen des Empfängers auszuliefern. 2

Art. 616. — **§. 615.** §. 615.

I Der Verfrachter ist nicht verpflichtet, die Güter früher auszuliefern, als bis die auf denselben / **darauf** haftenden Beiträge zur großen Haverei, Bergungs- und Hülfskosten und Bodmereigelder bezahlt oder sichergestellt sind. 1

II Ist die Verbodmung für Rechnung des Rheders geschehen, so gilt die vorstehende Bestimmung / **diese Vorschrift** unbeschadet der Verpflichtung des Verfrachters, für die Befreiung der Güter von der Bodmereischuld noch vor der Auslieferung zu sorgen. 2

Art. 617. — **§. 616.** §. 616.

I Der Verfrachter ist nicht verpflichtet, die Güter, mögen sie verdorben oder beschädigt sein oder nicht, für die Fracht an Zahlungsstatt anzunehmen. 1

II Sind jedoch Behältnisse, welche / **die** mit flüssigen Waaren 2

Gewöhnliche deutsche und fette deutsche Schrift = neues H.G.

angefüllt waren, während der Reise ganz oder zum größeren Theile ausgelaufen, so können $\frac{\text{dieselben}}{\textbf{sie}}$ dem Verfrachter für die Fracht und seine übrigen Forderungen ($\frac{\text{Art. 615}}{\textbf{§. 614}}$) an Zahlungsstatt überlassen werden.

III Durch die Vereinbarung, daß der Verfrachter nicht für Leckage haftet, oder durch die Klausel: »frei von Leckage« wird dieses Recht nicht ausgeschlossen. Das Recht erlischt, sobald die Behältnisse in den Gewahrsam des Abnehmers gelangt sind. 3

IV Ist die Fracht in Bausch und Bogen bedungen und sind nur einige Behältnisse ganz oder zum größeren Theile ausgelaufen, so können $\frac{\text{dieselben}}{\textbf{diese}}$ für einen verhältnißmäßigen Theil der Fracht und der übrigen Forderungen des Verfrachters an Zahlungsstatt überlassen werden. 4

§. 617. Art. 618. — **§. 617.**

I Für Güter, $\frac{\text{welche}}{\textbf{die}}$ durch irgend einen Unfall verloren gegangen sind, ist keine Fracht zu bezahlen und die etwa vorausbezahlte zu erstatten, sofern nicht das Gegentheil bedungen ist. 1

II Diese $\frac{\text{Bestimmung}}{\textbf{Vorschrift}}$ kommt auch dann zur Anwendung, wenn das Schiff im Ganzen oder ein verhältnißmäßiger oder ein bestimmt bezeichneter Raum des Schiffes verfrachtet ist. Sofern in einem solchen Falle das Frachtgeld in Bausch und Bogen bedungen ist, berechtigt der Verlust eines Theiles der Güter zu einem verhältnißmäßigen Abzuge von der Fracht. 2

§. 618. Art. 619. — **§. 618.**

I Ungeachtet der $\frac{\text{Nichtablieferung}}{\textbf{nicht erfolgten Ablieferung}}$ ist die 1

Gewöhnliche deutsche und lateinische Schrift = altes H.G.

Fracht zu zahlen für Güter, deren Verlust in Folge ihrer natürlichen Beschaffenheit (Art. 607), **namentlich durch inneren Verderb, Schwinden, gewöhnliche Leckage,** eingetreten ist, sowie für Thiere, welche / **die** unterwegs gestorben sind.

II Inwiefern die Fracht für Güter zu ersetzen ist, welche / **die** 2
in Fällen der großen Haverei aufgeopfert worden sind, wird durch die Vorschriften über die große Haverei bestimmt.

Art. 620. — **§. 619.** §. 619.

I Für Güter, welche / **die** ohne Abrede über die Höhe der 1
Fracht zur Beförderung übernommen sind, ist die am Abladungsorte zur Abladungszeit übliche Fracht zu zahlen.

II Für Güter, welche / **die** über das mit dem Befrachter ver- 2
einbarte Maß hinaus zur Beförderung übernommen sind, ist die Fracht nach Verhältniss / **dem Verhältnisse** der bedungenen Fracht zu zahlen.

Art. 621 — **§. 620.** §. 620.

I Wenn / **Ist** die Fracht nach Maß, Gewicht oder Menge der 1
Güter bedungen ist, so ist im Zweifel anzunehmen, daß Maß, Gewicht oder Menge der abgelieferten und nicht der eingelieferten Güter für die Höhe der Fracht entscheiden soll.

Art. 622. — **§. 621.** §. 621.

I Außer der Fracht können Kaplaken, Prämien und der- 1
gleichen nicht gefordert werden, sofern sie nicht ausbedungen sind.

II Die gewöhnlichen und ungewöhnlichen Unkosten / **Kosten** der 2
Schiffahrt, als: / **wie** Lootsengeld, Hafengeld, Leuchtfeuergeld, Schlepp-

lohn, Quarantänegelder, Auseisungskosten und dergleichen, fallen in Ermangelung einer entgegenstehenden Abrede dem Verfrachter allein zur Last, selbst wenn derselbe / **er** zu den Maßregeln, welche die Auslagen verursacht haben, auf Grund des Frachtvertrags nicht verpflichtet war.

III Die Fälle der großen Haverei sowie die Fälle der Aufwendung von Kosten zur Erhaltung, Bergung und Rettung der Ladung werden durch diesen Artikel / **die Vorschriften des Abs. 2** nicht berührt. 3

§. 622. Art. 623. — **§. 622.**

I Wenn / **Ist** die Fracht nach Zeit bedungen ist, so beginnt sie in Ermangelung einer anderen Abrede mit dem Tage zu laufen, der auf denjenigen folgt, an welchem der Schiffer angezeigt hat / **anzeigt**, daß er zur Einnahme der Ladung, oder bei einer Reise in Ballast, daß er zum Antritte der Reise fertig und bereit sei, sofern aber bei einer Reise in Ballast diese Anzeige am Tage vor dem Antritte der Reise noch nicht erfolgt ist, mit dem Tage, an welchem die Reise angetreten wird. 1

II Ist Liegegeld oder Ueberliegegeld / **Ueberliegezeit** bedungen, so beginnt in allen Fällen die Zeitfracht erst mit dem Tage zu laufen, an welchem der Antritt der Reise erfolgt. 2

III Die Zeitfracht endet mit dem Tage, an welchem die Löschung vollendet ist. 3

IV Wird die Reise ohne Verschulden des Verfrachters verzögert oder unterbrochen, so muß für die Zwischenzeit die Zeitfracht fortentrichtet werden, jedoch unbeschadet der Bestimmungen der Artikel 639 und 640 / **Vorschriften der §§. 637, 638**. 4

Gewöhnliche deutsche und lateinische Schrift = altes H.G.

Art. 624. — §. 623. §. 623.

I Der Verfrachter hat wegen der im $\frac{\text{Artikel 615}}{\text{§. 614}}$ erwähnten 1
Forderungen ein Pfandrecht an den Gütern.

II Das Pfandrecht besteht, solange die Güter zurückbehalten 2
oder $\frac{\text{deponirt}}{\text{hinterlegt}}$ sind; es dauert auch nach der Ablieferung
noch fort, sofern es binnen dreißig Tagen nach der Beendigung
$\frac{\text{derselben}}{\text{der Ablieferung}}$ gerichtlich geltend gemacht wird

; es erlischt jedoch, sobald vor der gerichtlichen Geltendmachung die Güter in den Gewahrsam eines Dritten gelangen, welcher sie nicht für den Empfänger besitzt.	**und das Gut noch im Besitze des Empfängers ist.**

Die nach §. 366 Abs. 3, §. 368 für das Pfandrecht des Frachtführers geltenden Vorschriften finden auch auf das Pfandrecht des Verfrachters Anwendung. 3

Die im §. 1234 Abs. 1 des Bürgerlichen Gesetzbuchs bezeichnete Androhung des Pfandverkaufs sowie die in den §§. 1237, 1241 des Bürgerlichen Gesetzbuchs vorgesehenen Benachrichtigungen sind an den Empfänger zu richten. Ist dieser nicht zu ermitteln oder verweigert er die Annahme des Gutes, so hat die Androhung und Benachrichtigung gegenüber dem Absender zu erfolgen. 4

Art. 625. — §. 624. §. 624.

I Im Falle des Streites über die Forderungen des Verfrachters ist dieser 1

die Güter auszuliefern	**zur Auslieferung der Güter**

verpflichtet, sobald die streitige Summe

bei Gericht oder bei einer anderen zur Annahme von	**öffentlich hinterlegt ist.**

Depositen ermächtigten Behörde oder Anstalt deponirt ist.

II Nach der Ablieferung der Güter ist der Verfrachter zur 2
Erhebung der $\frac{\text{deponirten}}{\text{hinterlegten}}$ Summe gegen angemessene Sicherheitsleistung berechtigt.

Art. 626.

I So lange das Pfandrecht des Verfrachters besteht, kann das Gericht auf dessen Ansuchen verordnen, dass die Güter ganz oder zu einem entsprechenden Theil behufs Befriedigung des Verfrachters öffentlich verkauft werden.

II Dieses Recht gebührt dem Verfrachter auch gegenüber den übrigen Gläubigern und der Konkursmasse des Eigenthümers.

III Das Gericht hat die Betheiligten, wenn sie am Orte anwesend sind, über das Gesuch, bevor der Verkauf verfügt wird, zu hören.

§. 625. Art. 627. — §. 625.

I Hat der Verfrachter die Güter ausgeliefert, so kann er 1
sich wegen der gegen den Empfänger ihm zustehenden Forderungen ($\frac{\text{Art. 615}}{\text{§. 614}}$) nicht an dem Befrachter sich nicht erholen. Nur $\frac{\text{insoweit}}{\text{soweit sich}}$ der Befrachter mit dem Schaden des Verfrachters sich etwa bereichern würde, findet ein Rückgriff statt.

§. 626. Art. 628. — §. 626.

I Hat der Verfrachter die Güter nicht ausgeliefert und von 1
dem im ersten Absatze des Artikels 626 bezeichneten Rechte des Pfandverkaufs Gebrauch gemacht, jedoch durch den Verkauf der Güter seine vollständige Befriedigung nicht erhalten, so kann er sich an dem Befrachter sich erholen, soweit er wegen seiner Forderungen aus dem zwischen ihm und dem Befrachter abgeschlossenen Frachtvertrage nicht befriedigt ist.

Art. 629. — **§. 627.** §. 627.

I Werden die Güter von dem/**vom** Empfänger nicht abgenommen, so ist der Befrachter verpflichtet, den Verfrachter wegen der Fracht und der übrigen Forderungen dem Frachtvertrage gemäß zu befriedigen. 1

II Bei der Abnahme der Güter durch den Befrachter kommen die Artikel 593 bis 626 in der Weise/**Vorschriften der §§. 592 bis 624 mit der Maßgabe** zur Anwendung, daß an **die** Stelle des in diesen Artikeln bezeichneten Empfängers der Befrachter tritt. Insbesondere steht in einem solchen Falle dem Verfrachter wegen seiner Forderungen das Zurückbehaltungs- und Pfandrecht an den Gütern nach Massgabe der Artikel 624, 625, 626 | **den Vorschriften der §§. 623, 624** sowie das im Artikel 616/**§. 615** bezeichnete Recht zu. 2

Art. 630. — **§. 628.** §. 628.

I Der Frachtvertrag tritt außer Kraft, ohne daß ein Theil zur Entschädigung des anderen verpflichtet ist, wenn vor Antritt/**dem Antritte** der Reise durch einen Zufall: 1

1. das Schiff verloren geht, insbesondere
   wenn es verunglückt,
   wenn es als reparaturunfähig oder reparaturunwürdig kondemnirt (Art. 444/**§. 479**) und in dem letzteren Falle ohne Verzug/**unverzüglich** öffentlich verkauft wird,
   wenn es geraubt wird,
   wenn es aufgebracht oder angehalten und für gute Prise erklärt wird,
   oder

2. die im Frachtvertrage nicht blos nach Art oder Gattung, sondern speziell bezeichneten Güter verloren gehen oder

3. die wenn auch nicht im Frachtvertrage speziell bezeichneten Güter verloren gehen, nachdem $\frac{\text{dieselben}}{\text{sie}}$ bereits an Bord gebracht oder behufs der Einladung in das Schiff an der Ladungsstelle $\frac{\text{von dem}}{\text{vom}}$ Schiffer übernommen worden sind.

II Hat aber in dem unter Ziffer 3 bezeichneten Falle der Verlust der	**Gehen im Falle des Abs. 1 Nr. 3 die** 2

Güter noch innerhalb der Wartezeit

(Art. 580) sich zugetragen,	**(§. 579) verloren,**

so tritt der Vertrag nicht außer Kraft, sofern der Befrachter **sich** $\frac{\text{ohne Verzug sich}}{\textbf{unverzüglich}}$ bereit erklärt, statt der verloren gegangenen andere Güter ($\frac{\text{Art. 563}}{\textbf{§. 562}}$) zu liefern, und mit der Lieferung noch innerhalb der Wartezeit beginnt. Er hat die Abladung der anderen Güter binnen kürzester Frist zu vollenden, die etwaigen Mehrkosten dieser Abladung zu tragen und, $\frac{\text{insoweit}}{\textbf{soweit}}$ durch $\frac{\text{dieselbe}}{\text{sie}}$ die Wartezeit überschritten wird, den dem Verfrachter daraus entstehenden Schaden zu ersetzen.

§. 629. Art. 631. — **§. 629.**

I Jeder Theil ist befugt, von dem Vertrage zurückzutreten, ohne zur Entschädigung verpflichtet zu sein: 1

1. wenn vor $\frac{\text{Antritt}}{\textbf{dem Antritte}}$ der Reise das Schiff mit Embargo belegt oder $\frac{\text{zum landes}}{\textbf{für den}}$

herrlichen Dienst / Dienst des Reichs oder zum Dienst einer fremden Macht in Beschlag genommen,
der Handel mit dem Bestimmungsort untersagt,
der Abladungs- oder Bestimmungshafen blokirt,
die Ausfuhr der nach dem Frachtvertrage zu verschiffenden Güter aus dem Abladungshafen oder die / ihre Einfuhr derselben in den Bestimmungshafen verboten,
durch eine andere Verfügung von hoher Hand das Schiff am Auslaufen oder die Reise oder die Versendung der nach dem Frachtvertrage zu liefernden Güter verhindert wird.

In allen vorstehenden / diesen Fällen berechtigt jedoch die Verfügung von hoher Hand nur dann zum Rücktritte, wenn das eingetretene Hinderniß nicht voraussichtlich von nur unerheblicher Dauer ist;

2. wenn vor Antritt / dem Antritte der Reise ein Krieg ausbricht, in Folge dessen das Schiff oder die nach dem Frachtvertrage zu verschiffenden Güter oder beide nicht mehr als frei betrachtet werden können und der Gefahr der Aufbringung ausgesetzt würden.

II Die Ausübung der im Artikel 563 / §. 562 dem Befrachter beigelegten / ertheilten Befugniß ist in den Fällen der vorstehenden Bestimmungen / wird durch diese Vorschriften nicht ausgeschlossen. 2

Art. 632. — §. 630. §. 630.

I Wenn / Geht das Schiff nach Antritt / dem Antritte der Reise das Schiff durch einen Zufall verloren (§. 628 Abs. 1 Nr. 1) geht (Art. 630 1

Gewöhnliche deutsche und fette deutsche Schrift = neues H.G.

Ziff. 1), so endet der Frachtvertrag. Jedoch hat der Befrachter, soweit Güter geborgen oder gerettet $\frac{\text{sind}}{\textbf{werden}}$, die Fracht im Verhältnisse der zurückgelegten zur ganzen Reise zu zahlen (Distanzfracht).

II Die Distanzfracht ist nur soweit zu zahlen, als der gerettete Werth der Güter reicht. 2

§. 631. **Art. 633. — §. 631.**

I Bei **der** Berechnung der Distanzfracht kommt in Anschlag nicht allein das Verhältniß der bereits zurückgelegten zu der noch zurückzulegenden Entfernung, sondern auch das Verhältniß des Aufwandes an Kosten und Zeit, der Gefahren und Mühen, welche durchschnittlich mit dem vollendeten Theile der Reise verbunden sind, zu denen des nicht vollendeten Theiles. 1

II Können sich die Parteien über den Betrag der Distanzfracht nicht einigen, so entscheidet darüber der Richter nach billigem Ermessen.

§. 632. **Art. 634. — §. 632.**

I Die Auflösung des Frachtvertrags ändert nichts in den Verpflichtungen des Schiffers, bei Abwesenheit der Betheiligten auch nach dem Verluste des Schiffes für das Beste der Ladung zu sorgen ($\frac{\text{Art. 504 bis 506}}{\textbf{§§. 535 bis 537}}$). Der Schiffer ist demzufolge berechtigt und verpflichtet, und zwar im Falle der Dringlichkeit auch ohne vorherige Anfrage, je nachdem es den Umständen entspricht, entweder die Ladung für Rechnung der Betheiligten mittelst eines anderen Schiffes nach dem Bestimmungshafen befördern zu lassen oder die Auflagerung oder den Verkauf $\frac{\text{derselben}}{\textbf{der Ladung}}$ zu bewirken und im Falle der Weiterbeförderung oder Auflagerung, behufs **der** Beschaffung der hierzu sowie zur Erhaltung der Ladung nöthigen Mittel, einen Theil davon zu verkaufen oder im Falle der Weiter- 1 beförderung die Ladung ganz oder $\frac{\text{zum Theil}}{\text{zu einem Theile}}$ zu verbodmen.

II Der Schiffer ist jedoch nicht verpflichtet, die Ladung auszuantworten, oder zur Weiterbeförderung einem anderen Schiffer zu übergeben, bevor die Distanzfracht nebst den sonstigen Forderungen des Verfrachters ($\frac{\text{Art. 615}}{\text{§. 614}}$) und die auf der Ladung haftenden Beiträge zur großen Haverei, Bergungs- und Hülfskosten und Bodmereigelder bezahlt oder sichergestellt sind. 2

III Auch für die Erfüllung der nach $\frac{\text{dem ersten Absatz}}{\text{Abs. 1}}$ dieses Artikels dem Schiffer obliegenden Pflichten haftet der Rheder mit dem Schiffe, soweit etwas davon gerettet ist, und mit der Fracht. 3

Art. 635. — §. 633. §. 633.

I Gehen nach $\frac{\text{Antritt}}{\text{dem Antritte}}$ der Reise die Güter durch einen Zufall verloren, so endet der Frachtvertrag, ohne daß ein Theil zur Entschädigung des anderen verpflichtet ist; insbesondere ist die Fracht weder ganz noch theilweise zu zahlen, insofern nicht im $\frac{\text{Gesetze}}{\text{§. 618}}$ das Gegentheil bestimmt ist (Art. 619). 1

Art. 636. — §. 634. §. 634.

I Ereignet sich nach dem Antritte der Reise einer der im $\frac{\text{Artikel 631}}{\text{§. 629}}$ erwähnten Zufälle, so ist jeder Theil befugt, von dem Vertrage zurückzutreten, ohne zur Entschädigung verpflichtet zu sein. 1

II $\frac{\text{Ist}}{\text{Tritt}}$ jedoch einer der im $\frac{\text{Artikel 631 unter Ziffer 1}}{\text{§. 629 Abs. 1 Nr. 1}}$ bezeichneten Zufälle $\frac{\text{eingetreten}}{\text{ein}}$, so muß, bevor der Rücktritt stattfindet, auf die Beseitigung des Hindernisses drei oder 2 fünf Monate gewartet werden, je nachdem **sich** das Schiff in einem europäischen oder in einem nichteuropäischen / **außereuropäischen** Hafen sich befindet.

III **Die** Frist wird, wenn der Schiffer das Hinderniß während des Aufenthalts in einem Hafen erfährt, von dem Tage der erhaltenen Kunde, anderenfalls von dem Tage an berechnet, an welchem der Schiffer, nachdem er davon in Kenntniß gesetzt worden ist, mit dem Schiffe zuerst einen Hafen erreicht. 3

IV Die Ausladung des Schiffes erfolgt in Ermangelung / **mangels** einer anderweitigen Vereinbarung in dem Hafen, in welchem es **sich** zur Zeit der Erklärung des Rücktritts sich befindet. 4

V Für den zurückgelegten Theil der Reise ist der Befrachter Distanzfracht (Art. 632, 633 / **§§. 630, 631**) zu zahlen verpflichtet. 5

VI Ist das Schiff in Folge des Hindernisses in den Abgangshafen oder in einen anderen Hafen zurückgekehrt, so wird bei **der** Berechnung der Distanzfracht der dem Bestimmungshafen nächste Punkt, welchen das Schiff erreicht hat, behufs **der** Feststellung der zurückgelegten Entfernung zum Anhalte genommen. 6

VII Der Schiffer ist auch in den Fällen dieses Artikels / **vorstehenden Fällen** verpflichtet, vor und nach der Auflösung des Frachtvertrags für das Beste der Ladung nach Maßgabe der Artikel 504 bis 506 und 634 / **§§. 535 bis 537, 632** zu sorgen. 7

§. 635.

Art. 637. — **§. 635.**

I **Muß** das Schiff, nachdem es die Ladung eingenommen hat, vor Antritt / **dem Antritte** der Reise in dem / **im** Abladungshafen oder nach Antritt derselben / **dem Antritte der Reise** in einem Zwischen- oder Nothhafen 1

Gewöhnliche deutsche und lateinische Schrift = altes H.G.

in Folge eines der im Artikel 631 / **§. 629** erwähnten Ereignisse liegen bleiben, so werden die Kosten des Aufenthalts, auch wenn die Erfordernisse der großen Haverei nicht vorliegen, über Schiff, Fracht und Ladung nach den Grundsätzen der großen Haverei vertheilt, gleichviel ob demnächst der Vertrag aufgehoben oder vollständig erfüllt wird. Zu den Kosten des Aufenthalts werden alle in dem zweiten Absatz des Artikels 708 Ziffer 4 / **im §. 706 Nr. 4 Abs. 2** aufgeführten Kosten gezählt, diejenigen des Ein- und Auslaufens jedoch nur dann, wenn wegen des Hindernisses ein Nothhafen angelaufen ist.

Art. 638. — **§. 636.** §. 636.

I Wird nur ein Theil der Ladung vor Antritt / **dem Antritte** 1
der Reise durch einen Zufall betroffen, welcher, hätte / **der, wenn** er die ganze Ladung betroffen hätte, nach den Artikeln 630 und 631 / **§§. 628, 629** den Vertrag aufgelöst oder die Parteien zum Rücktritte berechtigt haben würde, so ist der Befrachter nur befugt, entweder statt der vertragsmäßigen andere Güter abzuladen, sofern durch deren Beförderung die Lage des Verfrachters nicht erschwert wird (Art. 563 / **§. 562**), oder von dem Vertrag unter der Verpflichtung zurückzutreten, die Hälfte der bedungenen Fracht und die sonstigen Forderungen des Verfrachters zu berichtigen (Art 581, 582 / **§§. 580, 581**). Bei der Ausübung dieser Rechte ist der Befrachter jedoch nicht an die sonst einzuhaltende Zeit gebunden. Er / **; er** hat sich aber ohne Verzug zu erklären, von welchem der beiden Rechte er Gebrauch machen wolle, und, wenn er

die Abladung anderer Güter wählt, **die Abladung** / dieselbe binnen kürzester Frist zu bewirken, auch die etwaigen Mehrkosten dieser Abladung zu tragen und, insoweit / **soweit** durch sie die Wartezeit überschritten wird, den dem Verfrachter daraus entstehenden Schaden zu ersetzen.

II Macht er von keinem der beiden Rechte Gebrauch, so hat 2
er auch für den durch den Zufall betroffenen Theil der Ladung die volle Fracht zu entrichten. Den durch Krieg, durch ein Einfuhr- oder Ausfuhrverbot oder **durch** eine andere Verfügung von hoher Hand unfrei gewordenen Theil der Ladung ist er jedenfalls aus dem Schiffe herauszunehmen verbunden.

III Tritt der Zufall nach Antritt / **dem Antritte** der Reise ein, so 3
muss / **hat** der Befrachter für den dadurch betroffenen Theil der Ladung die volle Fracht auch dann **zu** entrichten, wenn der Schiffer diesen Theil in einem anderen als dem Bestimmungshafen zu löschen sich genöthigt gefunden und hierauf mit oder ohne Aufenthalt die Reise fortgesetzt hat.

IV Durch diesen Artikel werden die Bestimmungen der Artikel 618 und 619 nicht berührt.	**Die Vorschriften der §§. 617, 618 bleiben unberührt.** 4

§. 637. Art. 639. — **§. 637.**

I Abgesehen von den Fällen der Artikel 631 bis 638 / **§§. 629 bis 636** hat 1
ein Aufenthalt, welchen / **den** die Reise vor oder nach ihrem Antritte durch Naturereignisse oder andere Zufälle erleidet, auf die Rechte und Pflichten der Parteien keinen Einfluß, es sei denn, daß der erkennbare Zweck des Vertrags durch einen solchen Aufenthalt vereitelt würde / **wird**. Der Befrachter ist jedoch

befugt, während jedes durch einen Zufall entstandenen, voraussichtlich längeren Aufenthalts die bereits in das Schiff geladenen Güter auf seine Gefahr und Kosten gegen Sicherheitsleistung für die rechtzeitige Wiedereinladung auszuladen. Unterläßt er die Wiedereinladung, so hat er die volle Fracht zu zahlen. In jedem Falle muss/**hat** er den Schaden **zu** ersetzen, welcher/**der** aus der von ihm veranlaßten Wiederausladung entsteht.

II Gründet sich/**Ist** der Aufenthalt in einer/**durch eine** Verfügung von 2
hoher Hand **herbeigeführt**, so ist für die Dauer derselben/**der Verfügung** keine Fracht zu bezahlen, wenn diese zeitweise/**nach Zeit** bedungen war (Art. 623/**§. 622**)

Art. 640. — **§. 638.** §. 638.

I Muß das Schiff während der Reise ausgebessert werden, 1
so hat der Befrachter die Wahl, ob er die ganze Ladung an dem Orte, wo sich das Schiff befindet, gegen Berichtigung der vollen Fracht und der übrigen Forderungen des Verfrachters (Art. 615/**§. 614**) und gegen Berichtigung oder Sicherstellung der im Artikel 616/**§. 615** bezeichneten Forderungen zurücknehmen oder die Wiederherstellung abwarten will. Im letzteren Falle ist für die Dauer der Ausbesserung keine Fracht zu bezahlen, wenn diese zeitweise/**nach Zeit** bedungen war.

Art. 641. — **§. 639.** §. 639.

I Wird der Frachtvertrag in Gemässheit der Artikel 630 bis 636/**nach den §§. 628 bis 634** 1
aufgelöst, so werden die Kosten der Ausladung aus dem Schiffe von dem Verfrachter, die übrigen Löschungskosten von dem Befrachter getragen. Hat der Zufall jedoch nur die Ladung betroffen, so fallen die sämmtlichen Kosten

Gewöhnliche deutsche und fette deutsche Schrift = neues H.G.

der Löschung dem Befrachter zur Last. Dasselbe gilt, wenn im Falle des Artikels 638 / **§. 636** ein Theil der Ladung gelöscht wird. Musste / **Muß** in einem solchen Falle behufs der Löschung ein Hafen angelaufen werden, so hat der Befrachter auch die Hafenkosten zu tragen.

§. 640. Art. 642. — **§. 640.**

I Die Artikel 630 bis 641 / **§§. 628 bis 639** kommen auch zur Anwendung, 1
wenn das Schiff zur Einnahme der Ladung eine Zureise in Ballast nach dem Abladungshafen zu machen hat. Die Reise gilt aber in einem solchen Falle erst dann als angetreten, wenn sie aus dem Abladungshafen angetreten ist. Wird der Vertrag, nachdem das Schiff den Abladungshafen erreicht hat, aber / **wenn auch** vor Antritt / **dem Antritte** der Reise aus dem letzteren, aufgelöst, so erhält der Verfrachter für die Zureise eine nach den Grundsätzen der Distanzfracht (Art. 633 / **§. 631**) zu bemessende Entschädigung.

II In anderen Fällen einer zusammengesetzten Reise sind / **kommen** 2
die obigen Artikel / **§§. 628 bis 639** insoweit anwendbar / **zur Anwendung**, als **die** Natur und **der** Inhalt des Vertrags nicht entgegenstehen.

§. 641. Art. 643. — **§. 641.**

I Wenn / **Bezieht sich** der Vertrag nicht auf das Schiff im Ganzen, 1
sondern nur auf einen verhältnißmäßigen Theil oder einen bestimmt bezeichneten Raum des Schiffes oder auf Stückgüter sich bezieht, so gelten die Artikel 630 bis 642 / **Vorschriften der §§. 628 bis 640** mit folgenden Abweichungen:

1. In / **in** den Fällen der Artikel 631 und 636 / **§§. 629, 634** ist jeder Theil

sogleich nach Eintritt / **dem Eintritte** des Hindernisses und ohne Rücksicht auf die / **dessen** Dauer desselben **befugt,** von dem Vertrage zurückzutreten befugt. / **;**

2. Im / **im** Falle des Artikels 638 / **§. 636** kann von dem Befrachter das Recht, von dem Vertrage zurückzutreten, nicht ausgeübt werden. / **;**

3. Im / **im** Falle des Artikels 639 / **§. 637** steht dem Befrachter das Recht der einstweiligen Löschung nur dann zu, wenn die übrigen Befrachter ihre Genehmigung ertheilen. / **;**

4. Im / **im** Falle des Artikels 640 / **§. 638** kann der Befrachter die Güter gegen Entrichtung der vollen Fracht und der übrigen Forderungen nur dann zurücknehmen, wenn während der Ausbesserung die Löschung dieser Güter ohnehin erfolgt ist.

II Die Vorschriften der 2

Artikel 588 und 590 werden hierdurch nicht berührt.	**§§. 587, 589 bleiben unberührt.**

Art. 644. — **§. 642.** §. 642.

I Nach **der** Beendigung jeder einzelnen Abladung hat der Schiffer dem Ablader ohne Verzug / **unverzüglich** gegen Rückgabe des etwa bei der Annahme der Güter ertheilten vorläufigen Empfangsscheins ein Konnossement in so vielen Exemplaren auszustellen, als der Ablader verlangt. 1

II Alle Exemplare des Konnossements müssen von gleichem Inhalte sein, dasselbe Datum haben und ausdrücken, wie viele Exemplare ausgestellt sind. 2

Gewöhnliche deutsche und fette deutsche Schrift = neues H.G.

III Dem / **Der Ablader hat dem** Schiffer ist auf sein Verlangen von 3
dem Ablader eine mit der Unterschrift des letzteren versehene / **von ihm unterschriebene**
Abschrift des Konnossements zu ertheilen.

Die Ausstellung des Konnossements kann an Stelle des Schiffers durch einen anderen dazu ermächtigten Vertreter des Rheders erfolgen. 4

Das Konnossement kann mit Zustimmung des Abladers auch über Güter ausgestellt werden, die zur Beförderung übernommen, aber noch nicht abgeladen sind. 5

§. 643. Art. 645. — **§. 643.**

I Das Konnossement enthält: 1

1. den Namen des Schiffers:
2. den Namen und die Nationalität des Schiffes;
3. den Namen des Abladers;
4. den Namen des Empfängers;
5. den Abladungshafen;
6. den Löschungshafen oder den Ort, an welchem Order über denselben / **ihn** einzuholen ist;
7. die Bezeichnung der abgeladenen **oder zur Beförderung übernommenen** Güter, deren Menge und Merkzeichen;
8. die Bestimmung in Ansehung der Fracht;
9. den Ort und den Tag der Ausstellung;
10. die Zahl der ausgestellten Exemplare.

§. 644. Art. 646. — **§. 644.**

I Auf Verlangen des Abladers ist das Konnossement, sofern nicht das Gegentheil vereinbart ist, an die Order des Empfängers oder lediglich an Order zu stellen. Im letzteren Falle ist unter der Order die Order des Abladers zu verstehen. 1

II Das Konnossement kann auch auf den Namen des Schiffers als Empfängers lauten. 2

Art. 647. — **§. 645.** §. 645.

I Der Schiffer ist verpflichtet, im Löschungshafen dem legitimirten Inhaber auch nur eines Exemplars des Konnossements die Güter auszuliefern. 1

II Zur Empfangnahme der Güter legitimirt ist derjenige, an welchen die Güter nach dem Konnossement abgeliefert werden sollen, oder auf welchen das Konnossement, wenn es an Order lautet, durch Indossament übertragen ist. 2

Art. 648. — **§. 646.** §. 646.

I Melden sich mehrere legitimirte Konnossementsinhaber, so ist der Schiffer verpflichtet, sie sämmtlich zurückzuweisen, die Güter 1

gerichtlich oder in einer anderen sicheren Weise niederzulegen	**in einem öffentlichen Lagerhaus oder sonst in sicherer Weise zu hinterlegen**

und die Konnossementsinhaber, welche / **die** sich gemeldet haben, unter Angabe der Gründe seines Verfahrens hiervon zu benachrichtigen.

II Wenn die Niederlegung nicht gerichtlich geschieht, so ist er	**Er ist**

2

befugt, über sein Verfahren und dessen Gründe eine öffentliche Urkunde errichten zu lassen und wegen der daraus entstehenden Kosten in gleicher Art wie wegen der Fracht sich an die Güter zu halten (Art. 626).

Art. 649. — **§. 647.** §. 647.

I Die Uebergabe des an Ordre lautenden Konnossements 1
an denjenigen, welcher durch dasselbe / **das Konnossement** zur Empfangnahme legitimirt wird, hat, sobald die Güter **von dem Schiffer oder einem anderen Vertreter des Rheders zur Beförderung**

Gewöhnliche deutsche und fette deutsche Schrift = neues H.G.

abgeladen / **übernommen** sind, für den Erwerb der von der Uebergabe der Güter abhängigen Rechte | **von Rechten an den Gütern** dieselben rechtlichen Wirkungen wie die Uebergabe der Güter.

§. 648. Art. 650. — **§. 648.**

I Sind mehrere Exemplare eines an Order lautenden Konnossements ausgestellt, so können von dem Inhaber des einen Exemplars die in dem vorstehenden Artikel / **im §. 647** bezeichneten rechtlichen Wirkungen der Uebergabe des Konnossements zum Nachtheile desjenigen nicht geltend gemacht werden, welcher auf Grund eines anderen Exemplars gemäß des Artikels 647 / **§. 645** die Auslieferung der Güter von dem Schiffer erlangt hat, bevor der Anspruch auf Auslieferung von dem Inhaber des ersteren Exemplars erhoben worden ist. 1

§. 649. Art. 651. — **§. 649.**

I Hat der Schiffer die Güter noch nicht ausgeliefert, so geht unter mehreren sich meldenden Konnossementsinhabern, wenn und soweit die von denselben / **ihnen** auf Grund der Konnossementsübergabe an den Gütern geltend gemachten Rechte kollidiren / **einander entgegenstehen**, derjenige vor, dessen Exemplar von dem gemeinschaftlichen Vormanne, welcher mehrere Konnossementsexemplare an verschiedene Personen übertragen hat, zuerst der einen dieser Personen dergestalt übergeben worden ist, daß dieselbe / **sie** zur Empfangnahme der Güter legitimirt wurde. 1

II Bei dem nach einem anderen Orte übersandten / **übersendeten** Exem- 2 plare wird die Zeit der Uebergabe durch den Zeitpunkt der Absendung bestimmt.

Art. 652. — **§. 650.** §. 650.

I Der Schiffer ist zur Ablieferung der Güter nur gegen Rückgabe eines Exemplars des Konnossements, auf welchem die Ablieferung der Güter zu bescheinigen / **bescheinigt** ist, verpflichtet. 1

Art. 653. — **§. 651.** §. 651.

I Das Konnossement ist entscheidend für das Rechtsverhältniß zwischen dem Verfrachter und dem Empfänger der Güter **maßgebend**; insbesondere muss / **hat** die Ablieferung der Güter an den Empfänger nach Inhalt / **dem Inhalte** des Konnossements zu erfolgen. 1

II Die **nicht** in das Konnossement nicht aufgenommenen Bestimmungen des Frachtvertrags haben gegenüber / **sind** dem Empfänger **gegenüber** keine rechtliche Wirkung / **unwirksam**, sofern nicht auf dieselben ausdrücklich Bezug genommen ist. / **das Konnossement ausdrücklich auf sie Bezug nimmt.** Wird in Ansehung der Fracht auf den Frachtvertrag verwiesen (zum Beispiel durch die Worte: »Fracht laut Chartepartie«), so sind hierin die Bestimmungen über Löschzeit, Ueberliegezeit und Liegegeld nicht als einbegriffen anzusehen. 2

III Für die Rechtsverhältnisse / **das Rechtsverhältniß** zwischen **dem** Verfrachter und **dem** Befrachter bleiben die Bestimmungen des Frachtvertrags maßgebend. 3

Art. 654. — **§. 652.** §. 652.

I Der Verfrachter ist für die Richtigkeit der im Konnosse- 1

Gewöhnliche deutsche und fette deutsche Schrift = neues H.G.

ment enthaltenen Bezeichnung der abgeladenen / übernommenen Güter dem Empfänger verantwortlich. Seine Haftung beschränkt sich jedoch auf den Ersatz des Minderwerths, welcher / der sich aus der Nichtübereinstimmung der Güter mit der im Konnossement enthaltenen Bezeichnung sich ergiebt.

§. 653. Art. 655. — §. 653.

I Die im vorstehenden Artikel / §. 652 erwähnte Haftung des 1
Verfrachters tritt auch dann ein, wenn die Güter dem Schiffer in Verpackung oder in geschlossenen Gefäßen übergeben worden sind.

II Ist dieses zugleich / dies aus dem Konnossement ersichtlich, so 2
ist der Verfrachter für die Richtigkeit der Bezeichnung der Güter dem Empfänger nicht verantwortlich, sofern er beweist, / wenn dass ungeachtet der Sorgfalt eines ordentlichen Schiffers die Unrichtigkeit der in dem Konnossement enthaltenen Bezeichnung nicht wahrgenommen werden konnte.

III Die Haftung des Verfrachters wird dadurch nicht aus- 3
geschlossen, daß die Identität / Uebereinstimmung der abgelieferten und der übernommenen Güter nicht bestritten oder daß dieselbe / sie von dem / vom Verfrachter nachgewiesen ist / wird.

§. 654. Art. 656. — §. 654.

I Werden dem Schiffer Güter in Verpackung oder in ge- 1
schlossenen Gefäßen übergeben, so kann er das Konnossement mit dem Zusatze: »Inhalt unbekannt« versehen. Enthält das

Gewöhnliche deutsche und lateinische Schrift = altes H.G.

Konnossement diesen oder einen gleichbedeutenden Zusatz, so ist der Verfrachter,

im Falle der Nichtübereinstimmung des abgelieferten Inhalts	**falls der abgelieferte Inhalt**

mit dem im Konnossement angegebenen

nicht übereinstimmt,

nur insoweit verantwortlich, als $\frac{\text{ihm bewiesen}}{\textbf{festgestellt}}$ wird, daß er einen anderen als den abgelieferten Inhalt empfangen $\frac{\text{habe}}{\textbf{hat}}$.

Art. 657. — **§. 655.** §. 655.

I Sind die im Konnossemente nach Zahl, Maß oder Gewicht bezeichneten Güter dem Schiffer nicht zugezählt, zugemessen oder zugewogen, so kann er das Konnossement mit dem Zusatze: »Zahl, Maß, Gewicht unbekannt« versehen. Enthält das Konnossement diesen oder einen gleichbedeutenden Zusatz, so hat der Verfrachter die Richtigkeit der Angaben des Konnossements über Zahl, Maß oder Gewicht der übernommenen Güter nicht zu vertreten. 1

Art. 658. — **§. 656.** §. 656.

I Ist die Fracht nach Zahl, Maß oder Gewicht der Güter bedungen und im Konnossemente Zahl, Maß oder Gewicht angegeben, so ist diese Angabe für die Berechnung der Fracht entscheidend, wenn nicht das Konnossement eine abweichende Bestimmung enthält. Als eine solche ist der Zusatz: »Zahl, Maß, Gewicht unbekannt« oder ein gleichbedeutender Zusatz nicht anzusehen. 1

Art. 659. — **§. 657.** §. 657.

I Ist das Konnossement mit dem Zusatze: »frei von Bruch« oder: »frei von Leckage« oder: »frei von Beschädigung« oder mit einem gleichbedeutenden Zusatze versehen, so haftet der Verfrachter 1

bis zum Beweise des Verschuldens des Schiffers oder einer Person,	**nicht für Bruch, Leckage oder Beschädigung, es sei denn, daß den Schiffer oder eine Person,**

für $\frac{\text{welche}}{\textbf{die}}$ der Verfrachter verantwortlich ist,

nicht für Bruch oder Leckage oder Beschädigung.	**ein Verschulden trifft.**

§. 658. Art. 660. — **§. 658.**

I $\frac{\textbf{Werden}}{\text{Sind}}$ dem Schiffer Güter übergeben, deren Beschädigung, schlechte Beschaffenheit oder schlechte Verpackung sichtbar ist, so hat er diese Mängel im Konnossemente zu bemerken, widrigenfalls er dem Empfänger dafür verantwortlich ist, auch wenn das Konnossement mit einem der im $\frac{\text{vorhergehenden Artikel}}{\textbf{§. 657}}$ erwähnten Zusätze versehen ist. 1

§. 659. Art. 661. — **§. 659.**

I $\frac{\text{Nachdem}}{\textbf{Hat}}$ der Schiffer ein an Order lautendes Konnossement ausgestellt hat, **so** darf er den Anweisungen des Abladers wegen Rückgabe oder Auslieferung der Güter nur dann Folge leisten, wenn ihm die sämmtlichen Exemplare des Konnossements zurückgegeben werden. 1

II Dasselbe gilt in Ansehung der Anforderungen eines Konnossementsinhabers auf Auslieferung der Güter, solange der Schiffer den Bestimmungshafen nicht erreicht hat. 2

III Handelt er diesen Vorschriften entgegen, so bleibt er dem rechtmäßigen Inhaber des Konnossements verpflichtet. 3

IV Lautet das Konnossement nicht an Order, so ist der Schiffer zur $\frac{\text{Zurückgabe}}{\textbf{Rückgabe}}$ oder Auslieferung der Güter auch ohne Beibringung eines Exemplars des Konnossements ver- 4 pflichtet, sofern der Ablader und der im Konnossemente bezeichnete Empfänger in die $\frac{\text{Zurückgabe}}{\textbf{Rückgabe}}$ oder Auslieferung der Güter willigen. Werden jedoch nicht sämmtliche Exemplare des Konnossements zurückgestellt, so kann der Schiffer wegen der deshalb zu besorgenden Nachtheile zuvor Sicherheitsleistung fordern.

Art. 662. — **§. 660.** §. 660.

I Die $\frac{\text{Bestimmungen}}{\textbf{Vorschriften}}$ des $\frac{\text{Artikels 661}}{\textbf{§. 659}}$ kommen auch dann zur Anwendung, wenn der Frachtvertrag vor der Erreichung des Bestimmungshafens in Folge eines Zufalls nach den $\frac{\text{Artikeln 630 bis 643}}{\textbf{§§. 628 bis 641}}$ aufgelöst wird. 1

Art. 663. — **§. 661.** §. 661.

I In Ansehung der Verpflichtungen des Schiffers aus den von ihm geschlossenen Frachtverträgen und ausgestellten Konnossementen hat es bei den Vorschriften der $\frac{\text{Artikel 478, 479 und 502}}{\textbf{§§. 511, 512, 533}}$ sein Bewenden. 1

Art. 664. — **§. 662.** §. 662.

I Im Falle der Unterverfrachtung haftet für die Erfüllung des Unterfrachtvertrags, $\frac{\text{insoweit}}{\textbf{soweit}}$ dessen Ausführung zu den Dienstobliegenheiten des Schiffers gehört und von diesem übernommen ist, insbesondere durch Annahme der Güter und Ausstellung des Konnossements, nicht der Unterverfrachter, sondern der Rheder mit Schiff und Fracht ($\frac{\text{Art. 452}}{\textbf{§. 486}}$). 1

II Ob und inwieweit im Uebrigen der Rheder oder der Unterverfrachter von dem Unterbefrachter in Anspruch genommen werden kann und ob im letzteren Falle der Unterverfrachter für die Erfüllung unbeschränkt zu haften oder nur die auf Schiff und Fracht beschränkte Haftung des Rheders 2 zu vertreten $\frac{\text{habe}}{\textbf{hat}}$, wird durch $\frac{\text{vorstehende Bestimmung}}{\textbf{diese Vorschrift}}$ nicht berührt.

§. 663. **§. 663.**

Auf die Beförderung von Gütern zur See durch die Postverwaltungen des Reichs und der Bundesstaaten finden die Vorschriften dieses Abschnitts keine Anwendung. 1

Sechster Titel.	Fünfter Abschnitt.
Von dem Frachtgeschäft zur Beförderung von Reisenden.	**Frachtgeschäft zur Beförderung von Reisenden.**

§. 664. Art. 665. — **§. 664.**

I Ist der Reisende in dem Ueberfahrtsvertrage genannt, so ist er nicht befugt, das Recht auf die Ueberfahrt an einen Anderen abzutreten. 1

§. 665. Art. 666. — **§. 665.**

I Der Reisende ist verpflichtet, alle die Schiffsordnung betreffenden Anweisungen des Schiffers zu befolgen. 1

§. 666. Art. 667. — **§. 666.**

I Der Reisende, $\frac{\text{welcher}}{\textbf{der sich}}$ vor oder nach dem Antritte der Reise sich nicht rechtzeitig an Bord begiebt, $\frac{\text{muss}}{\textbf{hat}}$ das volle Ueberfahrtsgeld zu bezahlen, wenn der Schiffer die Reise antritt oder fortsetzt, ohne auf ihn zu warten. 1

§. 667. Art. 668. — **§. 667.**

I Wenn der Reisende vor dem Antritte der Reise den Rücktritt von dem Ueberfahrtsvertag erklärt oder stirbt oder durch Krankheit oder einen anderen in seiner Person sich ereignenden 1

Gewöhnliche deutsche und lateinische Schrift = altes H.G.

Zufall zurückzubleiben genöthigt wird, so ist nur die Hälfte des Ueberfahrtsgeldes zu zahlen.

II Wenn nach $\frac{\text{Antritt}}{\textbf{dem Antritte}}$ der Reise der Rücktritt erklärt 2
wird oder einer der erwähnten Zufälle sich ereignet, so ist das volle Ueberfahrtsgeld zu zahlen.

Art. 669. — **§. 668.** §. 668.

I Der Ueberfahrtsvertrag tritt außer Kraft, wenn durch 1
einen Zufall das Schiff verloren geht ($\frac{\text{Art. 630 Ziff. 1}}{\textbf{§. 628 Abs. 1 Nr. 1}}$).

Art. 670. — **§. 669.** §. 669.

I Der Reisende ist befugt, von dem Vertrage zurückzutreten, 1
wenn ein Krieg ausbricht, in Folge dessen das Schiff nicht mehr als frei betrachtet werden kann und der Gefahr der Aufbringung ausgesetzt wäre, oder wenn die Reise durch eine das Schiff betreffende Verfügung von hoher Hand aufgehalten wird.

II Das Recht des Rücktritts steht auch dem Verfrachter zu, 2
wenn er in einem der vorstehenden Fälle die Reise aufgiebt oder wenn das Schiff hauptsächlich zur Beförderung von Gütern bestimmt ist und die Unternehmung unterbleiben muß, weil die Güter ohne sein Verschulden nicht befördert werden können.

Art. 671. — **§. 670.** §. 670.

I In allen Fällen, in $\frac{\text{welchen zufolge der Artikel 669}}{\textbf{denen nach den §§. 668,}}$ 1
$\frac{\text{und 670}}{\textbf{669}}$ der Ueberfahrtsvertrag aufgelöst wird, ist kein Theil zur Entschädigung des anderen verpflichtet.

II Ist jedoch die Auflösung erst nach $\frac{\text{Antritt}}{\textbf{dem Antritte}}$ der 2
Reise erfolgt, so hat der Reisende das Ueberfahrtsgeld nach

$\frac{\text{Verhältniss}}{\textbf{dem Verhältnisse}}$ der zurückgelegten zur ganzen Reise zu zahlen.

III Bei der Berechnung des zu zahlenden Betrags $\frac{\text{sind}}{\textbf{ist}}$ die 3 $\frac{\text{Vorschriften des Artikels 663}}{\textbf{Vorschrift des §. 631}}$ maßgebend.

§. 671. Art. 672. — **§. 671.**

I Muß das Schiff während der Reise ausgebessert werden, so hat der Reisende, auch wenn er die Ausbesserung nicht abwartet, das volle Ueberfahrtsgeld zu zahlen. Wartet er die Ausbesserung ab, so hat ihm der Verfrachter bis zum Wiederantritte der Reise ohne besondere Vergütung Wohnung zu gewähren, auch die nach dem Ueberfahrtsvertrag in Ansehung der Beköstigung ihm obliegenden Pflichten weiter zu erfüllen. 1

II Erbietet sich jedoch der Verfrachter, den Reisenden mit einer anderen gleich guten Schiffsgelegenheit ohne Beeinträchtigung der übrigen vertragsmäßigen Rechte $\frac{\text{desselben}}{\textbf{des Reisenden}}$ nach dem Bestimmungshafen zu befördern, und weigert sich der Reisende, von dem Anerbieten Gebrauch zu machen, so hat er auf Gewährung von Wohnung und Kost bis zum Wiederantritte der Reise nicht weiter Anspruch. 2

§. 672. Art. 673. — **§. 672.**

I Für $\frac{\text{den Transport der Reise-Effekten, welche}}{\textbf{die Beförderung des Reiseguts, welches}}$ der Reisende nach dem Ueberfahrtsvertrag an Bord zu bringen befugt ist, hat $\frac{\text{derselbe}}{\textbf{er}}$, wenn nicht ein Anderes bedungen ist, neben dem Ueberfahrtsgelde keine besondere Vergütung zu zahlen. 1

Gewöhnliche deutsche und lateinische Schrift = altes H.G.

Art. 674. — **§. 673.** §. 673.

I Auf die / **das** an Bord gebrachten Reise-Effekten / **gebrachte Reisegut** finden die 1
Vorschriften der Artikel 592, 594, 618 / **§§. 561, 593, 617** Anwendung.

II Sind dieselben / **Ist das Reisegut** von dem Schiffer oder einem dazu 2
bestellten Dritten übernommen, so gelten für den Fall ihres / **seines**
Verlustes oder ihrer / **seiner** Beschädigung die Vorschriften der
Artikel 607, 608, 609, 610, 611 / **§§. 606 bis 610**.

III Auf sämmtliche von dem Reisenden an Bord gebrachte 3
Sachen finden außerdem die Artikel 564, 565, 566 und 620 / **Vorschriften der §§. 563 bis 565, 619** Anwendung.

Art. 675. — **§. 674.** §. 674.

I Der Verfrachter hat wegen des Ueberfahrtsgeldes an 1
den von dem Reisenden an Bord gebrachten Sachen ein
Pfandrecht.

II Das Pfandrecht besteht jedoch nur, solange die Sachen 2
zurückbehalten oder deponirt / **hinterlegt** sind.

Art. 676. — **§. 675.** §. 675.

I Stirbt ein Reisender, so ist der Schiffer verpflichtet, in 1
Ansehung der / **des** an Bord befindlichen Effekten desselben / **Reisegutes des Verstorbenen**
das Interesse der Erben nach den Umständen des Falles in
geeigneter Weise wahrzunehmen.

Art. 677. — **§. 676.** §. 676.

I Wird ein Schiff zur Beförderung von Reisenden einem 1

Gewöhnliche deutsche und fette deutsche Schrift = neues H. G.

Dritten verfrachtet, sei **es** im Ganzen oder zu einem Theile oder dergestalt, daß eine bestimmte Zahl von Reisenden befördert werden soll, so gelten für das Rechtsverhältniß zwischen dem Verfrachter und dem Dritten die Vorschriften des fünften Titels / **vierten Abschnitts**, soweit die Natur der Sache die / **ihre** Anwendung derselben **zuläßt**.

§. 677. Art. 678. — **§. 677.**

I Wenn in den folgenden Titeln / **Abschnitten** dieses **Buches** die Fracht erwähnt wird, so sind unter dieser / **darunter**, sofern nicht das Gegentheil bestimmt ist, auch die Ueberfahrtsgelder zu verstehen. 1

§. 678. Art. 679. — **§. 678.**

I Die auf das Auswanderungswesen sich beziehenden Landesgesetze **werden**, auch insoweit / **soweit** sie privatrechtliche Bestimmungen / **Vorschriften** enthalten, werden durch die Vorschriften dieses Titels / **Abschnitts** nicht berührt. 1

Siebenter Titel. | Sechster Abschnitt.

Von der Bodmerei. | **Bodmerei.**

§. 679. Art. 680. — **§. 679.**

I Bodmerei im Sinne dieses Gesetzbuchs ist ein Darlehnsgeschäft, **welches** von dem Schiffer als solchem kraft der in diesem Gesetzbuch ihm ertheilten Befugnisse unter Zusicherung einer Prämie und unter Verpfändung von Schiff, Fracht und Ladung oder von einem oder mehreren dieser Gegenstände in 1 der Art eingegangen wird, daß der Gläubiger wegen seiner Ansprüche nur an die verpfändeten (verbodmeten) Gegenstände nach **der** Ankunft des Schiffes an dem Orte sich halten $\frac{\text{könne}}{\textbf{kann}}$, wo die Reise enden soll, für welche das Geschäft eingegangen ist (Bodmereireise).

Art. 681. — **§. 680.** §. 680.

I Bodmerei kann von dem Schiffer nur in folgenden Fällen eingegangen werden: 1

1. während **sich** das Schiff außerhalb des Heimathshafens sich befindet, zum Zwecke der Ausführung der Reise nach Maßgabe der

Artikel 497, 507 bis 509 und 511;	**§§. 528, 538 bis 540, 542;**

2. während der Reise im alleinigen Interesse der Ladungsbetheiligten zum Zwecke der Erhaltung und Weiterbeförderung der Ladung nach Maßgabe der

Artikel 504, 511 und 634.	**§§. 535, 542, 632.**

II $\frac{\text{In dem Falle der Ziffer 2}}{\textbf{Im Falle des Abs. 1 Nr. 2}}$ kann der Schiffer die Ladung allein verbodmen, in allen übrigen Fällen kann er zwar das Schiff oder die Fracht allein, die Ladung aber nur zusammen mit dem Schiffe und der Fracht verbodmen. 2

III In der Verbodmung des Schiffes ohne Erwähnung der Fracht ist die Verbodmung der $\frac{\text{letzteren}}{\textbf{Fracht}}$ nicht enthalten. Werden aber Schiff und Ladung verbodmet, so gilt die Fracht als mitverbodmet. 3

IV Die Verbodmung der Fracht ist zulässig, solange diese der Seegefahr noch nicht entzogen ist. 4

V Auch die Fracht desjenigen Theiles der Reise, welcher noch nicht angetreten ist, kann verbodmet werden 5

§. 681. **Art. 682. — §. 681.**

I Die Höhe der Bodmereiprämie ist ohne Beschränkung dem Uebereinkommen der Parteien überlassen. 1

II Die Prämie umfaßt in Ermangelung einer entgegenstehenden Vereinbarung auch die Zinsen. 2

§. 682. **Art. 683. — §. 682.**

I Ueber die Verbodmung muß von dem Schiffer ein Bodmereibrief ausgestellt werden. Ist $\frac{\text{dieses}}{\text{dies}}$ nicht geschehen, so hat der Gläubiger diejenigen Rechte, welche ihm zustehen würden, wenn der Schiffer zur Befriedigung des Bedürfnisses ein einfaches Kreditgeschäft eingegangen wäre. 1

§. 683. **Art. 684. — §. 683.**

I Der Bodmereigeber kann verlangen, daß der Bodmereibrief enthält: 1

1. den Namen des Bodmereigläubigers;
2. den Kapitalbetrag der Bodmereischuld;
3. den Betrag der Bodmereiprämie oder den Gesammtbetrag der dem Gläubiger zu zahlenden Summe;
4. die Bezeichnung der verbodmeten Gegenstände;
5. die Bezeichnung des Schiffes und des Schiffers;
6. die Bodmereireise;
7. die Zeit, zu welcher die Bodmereischuld gezahlt werden soll;
8. den Ort, wo die Zahlung erfolgen soll;
9. die Bezeichnung der Urkunde im $\frac{\text{Kontext}}{\text{Texte}}$ als Bodmereibrief oder die Erklärung, daß die Schuld als Bodmereischuld eingegangen $\frac{\text{sei}}{\text{ist}}$, oder eine andere das Wesen der Bodmerei genügend bezeichnete Erklärung;
10. die Umstände, welche die Eingehung der Bodmerei nothwendig gemacht haben;
11. den Tag und den Ort der Ausstellung;

Gewöhnliche deutsche und lateinische Schrift = altes H.G.

12. die Unterschrift des Schiffers.

Die Unterschrift des Schiffers muss / ist auf Verlangen in öffentlich beglaubigter Form ertheilt werden / zu ertheilen.

Art. 685. — **§. 684.** §. 684.

I Auf Verlangen des Bodmereigebers ist der Bodmereibrief, sofern nicht das Gegentheil vereinbart ist, an die Order des Gläubigers oder lediglich an Order zu stellen. Im letzteren Falle ist unter der Order die Order des Bodmereigebers zu verstehen. 1

Art. 686. — **§. 685.** §. 685.

I Ist vor der Ausstellung des Bodmereibriefs die Nothwendigkeit der Eingehung des Geschäfts von dem 1

Landeskonsul oder demjenigen Konsul, welcher dessen Geschäfte zu versehen berufen ist,	**deutschen Konsul**

und in dessen Ermangelung von dem Gericht oder der sonst zuständigen Behörde des Ortes der Ausstellung, sofern es aber auch an einer solchen fehlt, von den Schiffsoffizieren urkundlich bezeugt, so wird angenommen, daß der Schiffer zur Eingehung des Geschäfts in dem vorliegenden Umfange befugt gewesen sei.

II Es findet jedoch der Gegenbeweis statt. 2

Art. 687. — **§. 686.** §. 686.

I Der Bodmereigeber kann die Ausstellung des Bodmereibriefs in mehreren Exemplaren verlangen. 1

II Werden mehrere Exemplare ausgestellt, so ist in jedem Exemplar anzugeben, wie viele ertheilt sind. 2

III Der Bodmereibrief kann durch Indossament übertragen werden, wenn er an Order lautet.

IV Der Einwand, daß der Schiffer zur Eingehung des Geschäfts überhaupt oder in dem vorliegenden Umfange nicht befugt gewesen sei, ist auch gegen den Indossatar zulässig. 3

Gewöhnliche deutsche und fette deutsche Schrift = neues H.G.

§. 687. **Art. 688. — §. 687.**

I Die Bodmereischuld ist, sofern nicht in dem Bodmereibriefe selbst eine andere Bestimmung getroffen ist, in dem Bestimmungshafen der Bodmereireise und am achten Tage nach der Ankunft des Schiffes in diesem Hafen zu zahlen. 1

II Von dem Zahlungstag an laufen kaufmännische Zinsen von der ganzen Bodmereischuld einschließlich der Prämie. 2

III Die vorstehende Bestimmung kommt nicht zur / **Diese Vorschrift findet keine** Anwendung, wenn die Prämie nach Zeit bedungen ist; die Zeitprämie läuft aber bis zur Zahlung des Bodmereikapitals.

§. 688. **Art. 689. — §. 688.**

I Zur Zahlungszeit kann die Zahlung der Bodmereischuld dem legitimirten Inhaber auch nur eines Exemplars des Bodmereibriefs nicht verweigert werden. 1

II Die Zahlung kann nur gegen Rückgabe dieses Exemplars verlangt werden, auf welchem über die Zahlung zu quittiren ist. 2

§. 689. **Art. 690. — §. 689.**

I Melden sich mehrere gehörig legitimirte Bodmereibriefsinhaber, so sind sie sämmtlich zurückzuweisen, die Gelder, wenn die verbodmeten Gegenstände befreit werden sollen, gerichtlich oder in anderer / **öffentlich oder, falls dies nicht thunlich ist, sonst in** sicherer Weise niederzulegen / **zu hinterlegen** und die Bodmereibriefsinhaber, welche / **die** sich gemeldet haben, unter Angabe der Gründe des Verfahrens hiervon zu benachrichtigen. 1

II Wenn die Niederlegung / **Kann eine öffentliche Hinterlegung** nicht gerichtlich / **er-** geschieht / **folgen**, so ist der Deponent / **Hinterleger** befugt, über sein Ver- 2 fahren und dessen Gründe eine öffentliche Urkunde errichten zu lassen und die daraus entstehenden Kosten von der Bodmereischuld abzuziehen.

Art. 691. — **§. 690.** §. 690.

I Dem Bodmereigläubiger fällt weder die große noch die besondere Haverei zur Last. 1

II Insoweit / **Soweit** jedoch die verbodmeten Gegenstände durch große oder besondere Haverei zur Befriedigung des Bodmereigläubigers unzureichend werden, hat derselbe / **er** den hieraus entstehenden Nachtheil zu tragen. 2

Art. 692. — **§. 691.** §. 691.

I Die sämmtlichen / **Jeder der** verbodmeten Gegenstände haften / **haftet** dem Bodmereigläubiger solidarisch / **für die ganze Bodmereischuld**. 1

II Auch schon vor Eintritt der Zahlungszeit	**Sobald das Schiff im Bestimmungshafen der Bodmereireise angekommen ist,**

2

kann der Gläubiger

nach Ankunft des Schiffs im Bestimmungshafen der Bodmereireise die Beschlagnahme der sämmtlichen verbodmeten Gegenstände nachsuchen.	**die verbodmeten Gegenstände mit Arrest belegen lassen; zur Anordnung des Arrestes ist nicht erforderlich, daß ein Arrestgrund glaubhaft gemacht wird.**

Art. 693. — **§. 692.** §. 692.

I Der Schiffer hat für die Bewahrung und Erhaltung der verbodmeten Gegenstände zu sorgen; er darf ohne dringende Gründe keine Handlung vornehmen, wodurch / **durch welche** die Gefahr für den Bodmereigeber eine größere oder eine andere wird, 1

Gewöhnliche deutsche und fette deutsche Schrift = neues H.G.

als $\frac{\text{derselbe}}{\text{dieser}}$ bei dem Abschlusse des Vertrags voraussetzen mußte.

II Handelt der Schiffer diesen $\frac{\text{Bestimmungen}}{\text{Vorschriften}}$ zuwider, so ist 2
er dem Bodmereigläubiger für den daraus entstehenden Schaden verantwortlich ($\frac{\text{Art. 479}}{\text{§. 512}}$).

§. 693. **Art 694. — §. 693.**

I $\frac{\text{Hat}}{\text{Verändert}}$, der Schiffer **willkürlich** die Bodmereireise 1
willkürlich verändert oder $\frac{\text{ist}}{\text{weicht}}$ er von dem ihr entsprechenden Wege willkürlich $\frac{\text{abgewichen}}{\text{ab}}$ oder $\frac{\text{hat}}{\text{setzt}}$ er nach ihrer Beendigung die verbodmeten Gegenstände von neuem einer Seegefahr $\frac{\text{ausgesetzt}}{\text{aus}}$, ohne daß das Interesse des Gläubigers es $\frac{\text{geboten hat}}{\text{gebietet}}$, so haftet $\frac{\text{der Schiffer}}{\text{er}}$ dem Gläubiger für die Bodmereischuld insoweit persönlich, als $\frac{\text{derselbe}}{\text{dieser}}$ aus den verbodmeten Gegenständen seine Befriedigung nicht erhält, es sei denn, dass er beweist, daß die unterbliebene Befriedigung durch die Veränderung der Reise oder die Abweichung oder die neue Seegefahr nicht verursacht ist.

§. 694. **Art. 695. — §. 694.**

I Der Schiffer darf die verbodmete Ladung vor **der** Be- 1
friedigung oder Sicherstellung des Gläubigers weder ganz noch theilweise ausliefern, widrigenfalls er dem Gläubiger für die Bodmereischuld insoweit verpflichtet wird, als $\frac{\text{derselbe}}{\text{dieser}}$ aus den ausgelieferten Gütern zur Zeit der Auslieferung hätte befriedigt werden können.

II Es wird bis zum Beweise des Gegentheils angenommen / **vermuthet**, 2
daß der Gläubiger seine vollständige Befriedigung hätte erlangen können.

Art. 696. — **§. 695.** §. 695.

I Hat der Rheder in den Fällen der Artikel 693, 694, 695 / **§§. 692 bis 694** 1
die Handlungsweise des Schiffers angeordnet, so kommen die Vorschriften des zweiten und dritten Absatzes des Artikels 479 / **§. 512 Abs. 2, 3**
zur Anwendung.

Art. 697. — **§. 696.** §. 696.

I Wird zur Zahlungszeit die Bodmereischuld nicht bezahlt, 1
so kann **sich** der Gläubiger

den öffentlichen Verkauf des verbodmeten Schiffs und der verbodmeten Ladung, sowie die Ueberweisung der verbodmeten Fracht bei dem zuständigen Gericht beantragen.	**aus den verbodmeten Gegenständen befriedigen. Die Befriedigung erfolgt nach den für die Zwangsvollstreckung geltenden Vorschriften.**

II Die Klage ist zu richten in / **In** Ansehung des Schiffes und 2
der Fracht **ist die Klage** gegen den Schiffer oder **den Rheder zu richten** ÷ **;** **das gegen den Schiffer ergangene Urtheil ist auch gegenüber dem Rheder wirksam** — in / **. In** Ansehung der Ladung **ist die Klage** vor der Auslieferung gegen den Schiffer **zu richten** ÷ nach der Auslieferung gegen den Empfänger, sofern dieselbe sich noch bei ihm oder einem Anderen befindet, welcher sie für ihn besitzt.

III Zum Nachtheil eines dritten Erwerbers, welcher / **der** den Be- 3 sitz der verbodmeten Ladung in gutem Glauben erlangt hat, kann der Gläubiger von seinen Rechten keinen Gebrauch machen.

§. 697. Art. 698. — **§. 697.**

I Der Empfänger, welchem / **dem** bei **der** Annahme der verbodmeten Güter bekannt ist, daß auf ihnen eine Bodmereischuld haftet, wird dem Gläubiger für die Schuld bis zum / **zu dem** Werthe, welchen die Güter zur Zeit ihrer Auslieferung hatten / **haben**, insoweit persönlich verpflichtet, als der Gläubiger, falls die Auslieferung nicht erfolgt wäre, aus den Gütern hätte befriedigt werden können. 1

§. 698. Art. 699. — **§. 698.**

I Wird vor dem Antritte der Bodmereireise die Unternehmung aufgegeben, so ist der Gläubiger befugt, die sofortige Bezahlung der Bodmereischuld an dem Orte zu verlangen, an welchem die Bodmerei eingegangen ist; er muß sich jedoch eine verhältnißmäßige Herabsetzung der Prämie gefallen lassen; bei der Herabsetzung ist vorzugsweise das Verhältniß der bestandenen zu der übernommenen Gefahr maßgebend. 1

II Wird die Bodmereireise in einem anderen als in ihrem Bestimmungshafen derselben beendet, so ist die Bodmereischuld ohne einen Abzug von der Prämie in diesem anderen Hafen nach Ablauf / **dem Ablaufe** der vertragsmäßigen und in deren Ermangelung der achttägigen Zahlungsfrist (Art. 688 / **§. 687**) zu zahlen. Die Zahlungsfrist wird vom / **von dem** Tage der definitiven / **endgültigen** Einstellung der Reise berechnet. 2

III Soweit in diesem Artikel nicht / **sich nicht aus den Vorschriften der Abs. 1, 2** 3 ein Anderes bestimmt ist / ergiebt, kommen

die Artikel 689 bis 698 auch in den vorstehenden Fällen	**auch in diesen Fällen die Vorschriften der §§. 688 bis 697**

zur Anwendung.

Art. 700. — **§. 699.** §. 699.

I Die Anwendung der Vorschriften dieses Titels / **Abschnitts** wird 1
dadurch nicht ausgeschlossen, daß der Schiffer zugleich Miteigenthümer oder Alleineigenthümer des Schiffes oder der Ladung oder beider ist oder daß er auf Grund besonderer / **einer besonderen** Anweisung der Betheiligten die Bodmerei eingegangen ist.

Art. 701.

I Die Bestimmungen über die uneigentliche Bodmerei, d. h. diejenige, welche nicht von dem Schiffer als solchem in den im Artikel 681 bezeichneten Fällen eingegangen ist, bleiben den Landesgesetzen vorbehalten.

Achter Titel.	Siebenter Abschnitt.
Von der Haverei.	**Haverei.**
Erster Abschnitt.	Erster Titel.

Große (gemeinschaftliche) Haverei und besondere Haverei.

Art. 702. — **§. 700.** §. 700.

I Alle Schäden, welche / **die** dem Schiffe oder der Ladung oder 1 beiden zum Zwecke der Errettung beider aus einer gemeinsamen Gefahr von dem Schiffer oder auf dessen Geheiß vorsätzlich zugefügt werden, sowie auch die durch solche Maßregeln ferner verursachten Schäden, ingleichen die Kosten, welche / die zu demselben Zwecke aufgewendet werden, sind große Haverei.

II Die große Haverei wird von Schiff, Fracht und Ladung 2
gemeinschaftlich getragen.

§. 701. Art. 703. — §. 701.

I Alle nicht zur großen Haverei gehörigen, durch einen 1
Unfall verursachten Schäden und Kosten, soweit letztere / die letzteren nicht unter den Artikel 622 / §. 621 fallen, sind besondere Haverei.

II Die besondere Haverei wird von den Eigenthümern des 2
Schiffes und der Ladung, von jedem für sich allein, getragen.

§. 702. Art. 704. — §. 702.

I Die Anwendung der Vorschriften über die große Haverei 1
wird dadurch nicht ausgeschlossen, daß die Gefahr in Folge des Verschuldens eines Dritten oder auch eines Betheiligten herbeigeführt ist.

II Der Betheiligte, welchem ein solches Verschulden zur 2
Last fällt, kann jedoch nicht allein wegen des ihm entstandenen Schadens keine Vergütung fordern, sondern ist auch den Beitragspflichtigen für den Verlust verantwortlich, welchen / den sie dadurch erleiden, daß der Schaden als große Haverei zur Vertheilung kommt.

III Ist die Gefahr durch eine Person der Schiffsbesatzung 3
verschuldet, so trägt die Folgen dieses Verschuldens auch der Rheder nach Maßgabe der Artikel 451, 452 / §§. 485, 486.

Gewöhnliche deutsche und lateinische Schrift = altes H.G.

Art. 705. — **§. 703.** §. 703.

I Die Havereivertheilung tritt nur ein, wenn sowohl das Schiff als auch die Ladung und zwar jeder dieser Gegenstände entweder ganz oder theilweise wirklich gerettet worden ist. 1

Art. 706. — **§. 704.** §. 704.

I Die Verpflichtung, von einem geretteten Gegenstande beizutragen, wird dadurch, daß derselbe / **der Gegenstand** später von besonderer / **einer besonderen** Haverei betroffen wird, nur dann vollständig aufgehoben, wenn der Gegenstand ganz verloren geht. 1

Art. 707. — **§. 705.** §. 705.

I Der Anspruch auf Vergütung einer zur großen Haverei gehörenden Beschädigung wird durch eine besondere Haverei, welche / **die** den beschädigten Gegenstand später trifft, sei es, daß er von neuem beschädigt wird oder ganz verloren geht, nur insoweit / **dann** aufgehoben, als bewiesen wird, dass / **wenn** der spätere Unfall nicht allein mit dem früheren in keinem Zusammenhange steht, sondern dass er / **und nur insoweit, als der spätere Unfall** auch den früheren Schaden nach sich gezogen haben würde, wenn dieser nicht bereits entstanden gewesen wäre. 1

II Sind jedoch vor Eintritt / **dem Eintritte** des späteren Unfalls zur Wiederherstellung des beschädigten Gegenstandes bereits Aufwendungen gemacht, so bleibt rücksichtlich dieser der Anspruch auf Vergütung bestehen. 2

Art. 708. — **§. 706.** §. 706.

I Große Haverei liegt namentlich in folgenden / **den nachstehenden** 1

Gewöhnliche deutsche und fette deutsche Schrift = neues H.G.

Fällen vor, vorausgesetzt, daß in denselben zugleich die Erfordernisse der $\frac{\text{Artikel 702, 704 und 705}}{\textbf{§§. 700, 702, 703}}$ insoweit vorhanden sind, als in $\frac{\text{diesem Artikel}}{\textbf{den folgenden Vorschriften}}$ nichts Besonderes bestimmt ist:

1. Wenn Waaren, Schiffstheile oder Schiffsgeräthschaften über Bord geworfen, Masten gekappt, Taue oder Segel weggeschnitten, Anker, Ankertaue oder Ankerketten geschlippt oder gekappt $\frac{\text{worden sind}}{\textbf{werden}}$.

   Sowohl diese Schäden selbst als die durch solche Maßregeln an Schiff oder Ladung ferner verursachten Schäden gehören zur großen Haverei.

2. Wenn zur Erleichterung des Schiffes die Ladung ganz oder theilweise in Leichterfahrzeuge übergeladen $\frac{\text{worden ist}}{\textbf{wird}}$.

   Es gehört zur großen Haverei sowohl der Leichterlohn als der Schaden, $\frac{\text{welcher}}{\textbf{der}}$ bei dem Ueberladen in das Leichterfahrzeug oder bei dem Rückladen in das Schiff der Ladung oder dem Schiffe zugefügt $\frac{\text{worden}}{\textbf{wird}}$ ist, sowie der Schaden, $\frac{\text{welcher}}{\textbf{den}}$ die Ladung auf dem Leichterfahrzeug $\frac{\text{betroffen hat}}{\textbf{erleidet}}$.

   Muß die Erleichterung im regelmäßigen Verlaufe der Reise erfolgen, so liegt große Haferei nicht vor.

3. Wenn das Schiff absichtlich auf den Strand gesetzt $\frac{\text{worden ist}}{\textbf{wird}}$, jedoch nur wenn $\frac{\text{die}}{\textbf{es zum Zwecke der}}$

Gewöhnliche deutsche und lateinische Schrift = altes H.G.

Abwendung des Unterganges oder der Nehmung damit bezweckt war / geschieht.

Sowohl die durch die Strandung einschließlich der Abbringung entstandenen / entstehenden Schäden als auch die Kosten der Abbringung gehören zur großen Haverei.

Wird das behufs der Abwendung des Unterganges auf den Strand gesetzte Schiff nicht abgebracht oder nach der Abbringung reparaturunfähig befunden (Art. 444 / §. 479), so findet eine Havereivertheilung nicht statt.

Ist / Strandet das Schiff gestrandet, ohne daß die Strandung zur Rettung von Schiff und Ladung vorsätzlich herbeigeführt war / ist, so gehören zwar nicht die durch die Strandung veranlaßten Schäden, wohl aber die auf die Abbringung verwendeten Kosten und die zu diesem Zwecke dem Schiffe oder der Ladung absichtlich zugefügten Schäden zur großen Haverei.

4. Wenn das Schiff zur Vermeidung einer dem Schiffe und der Ladung im Falle der Fortsetzung der Reise drohenden gemeinsamen Gefahr in einen Nothhafen eingelaufen ist / einläuft, wohin insbesondere gehört, wenn das Einlaufen zur nothwendigen Ausbesserung eines Schadens erfolgt, welchen / den das Schiff während der Reise erlitten hat.

Es gehören in diesem Falle zur großen Haverei: die Kosten des Einlaufens und des Auslaufens, die das Schiff selbst treffenden Aufenthaltskosten, die der Schiffsbesatzung während des Aufenthalts gebührende

Gewöhnliche deutsche und fette deutsche Schrift = neues H.G.

Heuer und Kost, sowie die Auslagen für die Unterbringung der Schiffsbesatzung am Lande, wenn und solange $\frac{\text{dieselbe}}{\textbf{die Besatzung nicht}}$ an Bord nicht hat verbleiben $\frac{\text{können}}{\textbf{kann}}$, ferner, falls die Ladung wegen des Grundes, welcher das Einlaufen in den Nothhafen herbeigeführt hat, gelöscht werden muß, die Kosten des $\frac{\text{Von- und Anbordbringens und}}{\textbf{Verbringens von Bord und an Bord sowie}}$ die Kosten der Aufbewahrung der Ladung am Lande bis zu dem Zeitpunkte, in welchem $\frac{\text{dieselbe}}{\textbf{sie}}$ wieder an Bord hat gebracht werden $\frac{\text{können}}{\textbf{kann}}$.

Die sämmtlichen Aufenthaltskosten kommen nur für die Zeit der Fortdauer des Grundes in Rechnung, $\frac{\text{welcher}}{\textbf{der}}$ das Einlaufen in den Nothhafen herbeigeführt hat. Liegt der Grund in einer nothwendigen Ausbesserung des Schiffes, so kommen außerdem die Aufenthaltskosten nur bis zu dem Zeitpunkt in Rechnung, in welchem die Ausbesserung hätte vollendet sein können.

Die Kosten der Ausbesserung des Schiffes gehören nur insoweit zur großen Haverei, als der auszubessernde Schaden selbst große Haverei ist.

5. Wenn das Schiff gegen Feinde oder Seeräuber vertheidigt $\frac{\text{worden ist}}{\textbf{wird}}$.

Die bei der Vertheidigung dem Schiffe oder der Ladung zugefügten Beschädigungen, $\frac{\text{die}}{\textbf{der}}$ dabei ver-

---

Gewöhnliche deutsche und lateinische Schrift = altes H.G.

brauchte $\frac{\text{Munition}}{\textbf{Schießbedarf}}$ und, $\frac{\text{im Fall}}{\textbf{falls}}$ eine Person der Schiffsbesatzung bei der Vertheidigung verwundet oder getödtet $\frac{\text{worden ist}}{\textbf{wird}}$, die Heilungs- und Begräbnißkosten sowie die **nach den §§. 553, 554 dieses Gesetzbuchs und den §§. 49, 51 der Seemannsordnung** zu zahlenden Belohnungen (Art. 523, 524, 549, 551) bilden die große Haverei.

6. Wenn im Falle der Anhaltung des Schiffes durch Feinde oder Seeräuben Schiff und Ladung losgekauft $\frac{\text{worden sind}}{\textbf{werden}}$.

Was zum Loskaufe gegeben ist, bildet nebst den durch den Unterhalt und die Auslösung der Geiseln $\frac{\text{entstandenen}}{\textbf{entstehenden}}$ Kosten die große Haverei.

7. Wenn die Beschaffung der zur Deckung der großen Haverei während der Reise erforderlichen Gelder Verluste und Kosten verursacht hat oder wenn durch die Auseinandersetzung unter den Betheiligten Kosten $\frac{\text{entstanden sind}}{\textbf{entstehen}}$.

Diese Verluste und Kosten gehören gleichfalls zur großen Haverei.

Dahin werden insbesondere gezählt der Verlust an den während der Reise verkauften Gütern; die Bodmereiprämie, wenn $\frac{\text{die erforderlichen Gelder}}{\textbf{das erforderliche Geld}}$ durch Bodmerei aufgenommen $\frac{\text{worden sind}}{\textbf{wird}}$, und wenn dies nicht der Fall ist, die Prämie für die Versicherung $\frac{\text{der}}{\textbf{des}}$ aufgewendeten $\frac{\text{Gelder}}{\textbf{Geldes}}$, die Kosten für die Er-

---

Gewöhnliche deutsche und fette deutsche Schrift = neues H.G.

mittelung der Schäden und für die Aufmachung der Rechnung über die große Haverei (Dispache).

§. 707. Art. 709. — **§. 707.**

I Nicht als große Haverei, sondern als besondere Haverei 1
werden angesehen:

1. die Verluste und Kosten, welche, wenn auch während der Reise, aus der in Folge einer besonderen Haverei nöthig gewordenen Beschaffung von $\frac{\text{Geldern}}{\textbf{Geld}}$ entstehen;
2. die Reklamekosten, auch wenn Schiff und Ladung zusammen und beide mit Erfolg reklamirt werden:
3. die durch Prangen verursachte Beschädigung des Schiffes, seines Zubehörs und der Ladung, selbst wenn, um der Strandung oder Nehmung zu entgehen, geprangt worden ist.

§. 708. Art. 710. — **§. 708.**

I In den Fällen der großen Haverei bleiben bei der 1
Schadensberechnung die Beschädigungen und Verluste außer Ansatz, welche die nachstehenden Gegenstände betreffen:

1. die nicht unter Deck $\frac{\text{geladenen}}{\textbf{geladene}}$ Güter; diese Vorschrift findet jedoch bei der Küstenschiffahrt insofern keine Anwendung, als in Ansehung derselben Decladungen durch die Landesgesetze für zulässig erklärt sind ($\frac{\text{Art. 567}}{\textbf{§. 566}}$);
2. diejenigen Güter, $\frac{\text{worüber}}{\textbf{über die}}$ weder ein Konnossement ausgestellt ist noch das Manifest oder Ladebuch Auskunft giebt;
3. die Kostbarkeiten, **Kunstgegenstände**, $\frac{\text{Gelder}}{\textbf{Geld}}$ und Werthpapiere, $\frac{\text{welche}}{\textbf{die}}$ dem Schiffer nicht gehörig bezeichnet worden sind ($\frac{\text{Art. 608}}{\textbf{§. 607}}$).

Gewöhnliche deutsche und lateinische Schrift = altes H.G.

Art. 711 — **§. 709.** §. 709.

I Der am dem Schiffe oder dem Zubehöre desselben / **des Schiffes** 1
entstandene, zur großen Haverei gehörige Schaden ist, wenn die Reparatur / **Ausbesserung** während der Reise erfolgt, am Orte der Ausbesserung und bei desselben / **dieser**, sonst an dem Orte, wo die Reise endet, durch Sachverständige zu ermitteln und zu schätzen. Die Taxe muß die Veranschlagung der erforderlichen Reparatur-kosten / **Ausbesserungskosten** enthalten. Sie ist, wenn während der Reise ausgebessert wird, für die Schadensberechnung insoweit maßgebend, als nicht die Ausführungskosten unter den Anschlagssummen bleiben. War die Aufnahme einer Taxe nicht ausführbar, so entscheidet der Betrag der auf die erforderlichen Reparaturen / **Ausbesserungen** wirklich verwendeten Kosten.

II Insoweit / **Soweit** die Ausbesserung **nicht** während der Reise nicht geschieht, ist die Abschätzung für die Schadensberechnung ausschließlich maßgebend. 2

Art. 712. — **§. 710.** §. 710.

I Der nach Maßgabe des vorstehenden Artikels / **§. 709** ermittelte volle Betrag der Reparaturkosten / **Ausbesserungskosten** bestimmt die zu leistende Vergütung, wenn das Schiff zur Zeit der Beschädigung noch nicht ein volles Jahr zu Wasser war. 1

II Dasselbe gilt von der Vergütung für einzelne Theile des Schiffes, namentlich für die Metallhaut, sowie für einzelne Theile des Zubehörs, wenn solche Theile noch nicht ein volles Jahr in Gebrauch waren. 2

Gewöhnliche deutsche und fette deutsche Schrift = neues H.G.

III In den übrigen Fällen wird von dem vollen Betrage 3
wegen des Unterschieds zwischen alt und neu ein $\frac{\text{Drittel}}{\text{Drittheil}}$, bei den Ankerketten ein $\frac{\text{Sechstel}}{\text{Sechstheil}}$, bei den Ankern jedoch nichts abgezogen.

IV Von dem vollen Betrage kommen ferner in Abzug der 4
volle Erlös oder Werth der etwa noch vorhandenen alten Stücke, welche durch neue ersetzt sind oder zu ersetzen sind.

V Findet ein solcher Abzug und zugleich der Abzug wegen 5
des Unterschieds zwischen alt und neu statt, so ist zuerst dieser letztere und sodann erst von dem verbleibenden Betrage der andere Abzug zu machen.

§. 711.

Art. 713. — §. 711.

I Die Vergütung für aufgeopferte Güter wird durch den 1
Marktpreis bestimmt, welchen Güter derselben Art und Beschaffenheit am Bestimmungsorte bei $\frac{\text{Beginn}}{\text{dem Beginne}}$ der Löschung des Schiffes haben.

II In Ermangelung eines Marktpreises oder $\frac{\text{insofern}}{\text{sofern}}$ über 2
$\frac{\text{denselben}}{\text{den Marktpreis}}$ oder über dessen Anwendung, insbesondere mit Rücksicht auf die $\frac{\text{Qualität}}{\text{Beschaffenheit}}$ der Güter, Zweifel bestehen, wird der Preis durch Sachverständige ermittelt.

III Von dem Preise kommt in Abzug, was an Fracht, Zöllen 3
und $\frac{\text{Unkosten}}{\text{Kosten}}$ in Folge des Verlustes der Güter erspart wird.

IV Zu den aufgeopferten Gütern gehören auch diejenigen, 4
welche zur Deckung der großen Haverei verkauft worden sind ($\frac{\text{Art. 708 Ziff 7}}{\text{§. 706 Nr. 7}}$).

Art. 714. — §. 712. §. 712.

I Die Vergütung für Güter, $\frac{\text{welche}}{\text{die}}$ eine zur großen 1
Haverei gehörige Beschädigung erlitten haben, wird bestimmt durch den Unterschied zwischen dem durch Sachverständige zu ermittelnden Verkaufswerthe, welchen die Güter im beschädigten Zustande am Bestimmungsorte bei $\frac{\text{Beginn}}{\text{dem Beginne}}$ der Löschung des Schiffes haben, und dem im $\frac{\text{vorstehenden Artikel}}{\text{§. 711}}$ bezeichneten Preise nach Abzug der Zölle und $\frac{\text{Unkosten}}{\text{Kosten}}$, soweit sie in Folge der Beschädigung erspart sind.

Art. 715. — §. 713. §. 713.

I Die vor, bei oder nach dem Havereifall entstandenen, 1
zur großen Haverei nicht gehörenden Werthsverringerungen und Verluste sind bei der Berechnung der Vergütung $\left(\frac{\text{Art. 713, 714}}{\text{§. 711, 712}}\right)$ in Abzug zu bringen.

Art. 716. — §. 714. §. 714.

I Endet die Reise für Schiff und Ladung nicht im Be- 1
stimmungshafen, sondern an einem anderen Orte, so tritt dieser letztere, endet sie durch Verlust des Schiffes, so tritt der Ort, wohin die Ladung in Sicherheit gebracht ist, für die Ermittelung der Vergütung an die Stelle des Bestimmungsorts.

Art. 717. — §. 715. §. 715.

I Die Vergütung für entgangene Fracht wird bestimmt 1
durch den Frachtbetrag, welcher für die aufgeopferten Güter zu entrichten gewesen sein würde, wenn $\frac{\text{dieselben}}{\text{sie}}$ mit dem Schiffe an dem Orte ihrer Bestimmung oder, wenn dieser von

Gewöhnliche deutsche und fette deutsche Schrift = neues H.G.

dem Schiffe nicht erreicht wird, an dem Orte angelangt wären, wo die Reise endet.

§. 716. Art. 718. — **§. 716.**

I Der gesammte Schaden, welcher die große Haverei bildet, wird über das Schiff, die Ladung und die Fracht nach Verhältniss / **dem Verhältnisse** des Werthes **des Schiffes und der Ladung** und des Betrags derselben / **der Fracht** vertheilt. 1

§. 717. Art. 719. — **§. 717.**

I Das Schiff nebst Zubehör trägt bei: 1

1. mit dem Werthe, welchen es in dem Zustand am Ende der Reise bei Beginn / **dem Beginne** der Löschung hat;
2. mit dem als große Haverei in Rechnung kommenden Schaden an Schiff und Zubehör;

II Von dem unter Ziffer 1 / **im Abs. 1 Nr. 1** bezeichneten Werthe ist der noch vorhandene Werth derjenigen Reparaturen / **Ausbesserungen** und Anschaffungen abzuziehen, welche erst nach dem Havereifall erfolgt sind. 2

§. 718. Art. 720. — **§. 718.**

I Die Ladung trägt bei: 1

1. mit den am Ende der Reise bei Beginn / **dem Beginne** der Löschung noch vorhandenen Gütern oder, wenn die Reise durch den Verlust des Schiffes endet (Art 716 / **§. 714**), mit den in Sicherheit gebrachten Gütern, soweit in beiden Fällen diese Güter sich zur Zeit des Haverei-

falls $\frac{\text{am}}{\textbf{an}}$ Bord des Schiffes oder eines Leichterfahrzeugs ($\frac{\text{Art. 708 Ziff. 2}}{\textbf{§. 706 Nr. 2}}$) befunden haben;

2. mit den aufgeopferten Gütern ($\frac{\text{Art. 713}}{\textbf{§. 711}}$).

Art. 721. — **§. 719.** §. 719.

I Bei **der** Ermittelung des Beitrags kommt in Ansatz: 1

1. für die Güter, $\frac{\text{welche}}{\textbf{die}}$ unversehrt sind, der Marktpreis oder der durch Sachverständige zu ermittelnde Preis ($\frac{\text{Art. 713}}{\textbf{§. 711}}$), welchen $\frac{\text{dieselben}}{\textbf{sie}}$ am Ende der Reise bei **dem** Beginn und am Orte der Löschung des Schiffes, oder, wenn die Reise durch Verlust des Schiffes endet ($\frac{\text{Art. 716}}{\textbf{§. 714}}$), zur Zeit und am Orte der Bergung haben, nach Abzug der Fracht, Zölle und sonstigen $\frac{\text{Unkosten}}{\textbf{Kosten}}$;

2. für die Güter, $\frac{\text{welche}}{\textbf{die}}$ während der Reise verdorben sind oder eine zur großen Haverei nicht gehörige Beschädigung erlitten haben, der durch Sachverständige zu ermittelnde Verkaufswerth ($\frac{\text{Art. 714}}{\textbf{§. 712}}$), welchen die Güter im beschädigten Zustande zu der $\frac{\text{unter Ziffer 1}}{\textbf{in Nr. 1}}$ erwähnten Zeit und an dem dort bezeichneten Orte haben, nach Abzug der Fracht, Zölle und sonstigen $\frac{\text{Unkosten}}{\textbf{Kosten}}$;

3. für die Güter, $\frac{\text{welche}}{\text{die}}$ aufgeopfert worden sind, der Betrag, welcher dafür nach $\frac{\text{Artikel 713}}{\text{§. 711}}$ für dieselben als große Haverei in Rechnung kommt;

4. für die Güter, $\frac{\text{welche}}{\text{die}}$ eine zur großen Haverei gehörige Beschädigung erlitten haben, der nach $\frac{\text{der Bestimmung unter Ziffer 2}}{\text{Nr. 2}}$ zu ermittelnde Werth, welchen die Güter im beschädigten Zustande haben, und der Werthsunterschied, welcher nach $\frac{\text{Artikel 714}}{\text{§. 712}}$ für die Beschädigung als große Haverei in Rechnung kommt.

§. 720. Art. 722. — §. 720.

I Sind Güter geworfen, so haben $\frac{\text{dieselben}}{\text{sie}}$ zu der gleich- 1
zeitigen oder einer späteren großen Haverei im Falle ihrer Bergung nur dann beizutragen, wenn der Eigenthümer eine Vergütung verlangt.

§. 721. Art. 723. — §. 721.

I Die Frachtgelder tragen bei mit zwei $\frac{\text{Drittel}}{\text{Drittheilen}}$: 1

1. des Bruttobetrags, welcher verdient ist;
2. des Betrags, welcher nach $\frac{\text{Artikel 717}}{\text{§. 715}}$ als große Haverei in Rechnung kommt.

II Den Landesgesetzen bleibt vorbehalten, die auf zwei Drittel bestimmte Quote bis auf die Hälfte zu ermässigen.

III Ueberfahrtsgelder tragen bei mit dem Betrage, welcher 2
im Falle des Verlustes des Schiffes eingebüßt wäre ($\frac{\text{Art. 671}}{\text{§. 670}}$),

nach Abzug der $\frac{\text{Unkosten, welche}}{\textbf{Kosten, die}}$ alsdann erspart sein würden.

Art. 724. — **§. 722.** §. 722.

I Haftet auf einem beitragspflichtigen Gegenstand eine $\frac{\text{in einem}}{\textbf{durch einen}}$ späteren Nothfall $\frac{\text{sich gründende}}{\textbf{begründete}}$ Forderung, so trägt der Gegenstand nur mit seinem Werthe nach Abzug dieser Forderung bei. 1

Art. 725. — **§. 723.** §. 723.

I Zur großen Haverei tragen nicht bei: 1

1. die Kriegs- und Mundvorräthe des Schiffes;
2. die Heuer und $\frac{\text{Effekten}}{\textbf{die Habe}}$ der Schiffsbesatzung;
3. $\frac{\text{die Reise-Effekten}}{\textbf{das Reisegut}}$ der Reisenden.

II Sind $\frac{\text{Vorräthe oder Effekten}}{\textbf{Sachen}}$ dieser Art aufgeopfert oder 2
haben sie eine zur großen Haverei gehörige Beschädigung erlitten, so wird $\frac{\text{für dieselben}}{\textbf{dafür}}$ nach Maßgabe der $\frac{\text{Artikel 713 bis 717}}{\textbf{§§. 711 bis 715}}$ Vergütung gewährt; für Effekten, welche in Kostbarkeiten, **Kunstgegenstände**, $\frac{\text{Geldern}}{\textbf{Geld}}$ und $\frac{\text{Werthpapieren bestehen,}}{\textbf{Werthpapiere}}$ wird jedoch nur dann Vergütung gewährt, wenn $\frac{\text{dieselben}}{\textbf{sie}}$ dem Schiffer gehörig bezeichnet **worden** sind ($\frac{\text{Art. 608}}{\textbf{§. 607}}$). $\frac{\text{Vorräthe}}{\textbf{Sachen}}$ und Effekten, für $\frac{\text{welche}}{\textbf{die}}$ eine Vergütung gewährt wird, tragen mit dem Werthe oder dem Werthsunterschiede bei, welcher als große Haverei in Rechnung kommt.

Gewöhnliche deutsche und fette deutsche Schrift = neues H.G.

III Die im $\frac{\text{Artikel 710}}{\text{§. 708}}$ erwähnten Gegenstände sind beitrags- 3
pflichtig, soweit sie gerettet sind.

IV Die Bodmereigelder sind nicht beitragspflichtig. 4

§. 724. **Art. 726. — §. 724.**

I Wenn nach dem Havereifall und bis zum Beginne der 1
Löschung am Ende der Reise ein beitragspflichtiger Gegenstand
ganz verloren geht ($\frac{\text{Art. 706}}{\text{§. 704}}$) oder zu einem Theile verloren
geht oder im Werthe verringert

wird, wohin insbesondere der Fall des Artikels 724 gehört,	**, insbesondere gemäß §. 722 mit einer Forderung belastet wird,**

so tritt eine verhältnißmäßige Erhöhung der von den übrigen Gegenständen zu entrichtenden Beiträge ein.

II Ist erst nach Beginn der Löschung der Verlust oder die 2
Werthsverringerung **erst nach dem Beginne der Löschung**
erfolgt, so geht der Beitrag, welcher auf den Gegenstand fällt,
soweit dieser zur Berichtigung $\frac{\text{desselben}}{\textbf{des Beitrags}}$ unzureichend ge-
worden ist, den Vergütungsberechtigten verloren.

§. 725. **Art. 727. — §. 725.**

I Die Vergütungsberechtigten haben wegen der von dem 1
Schiffe und der Fracht zu entrichtenden Beiträge die Rechte
von Schiffsgläubigern (Tit. 10). Auch in Ansehung der
beitragspflichtigen Güter steht ihnen an den einzelnen Gütern
wegen des von diesen zu entrichtenden Beitrags ein Pfand-
recht zu. Das Pfandrecht kann jedoch nach der Auslieferung
der Güter nicht zum Nachtheile des dritten Erwerbers, welcher
den Besitz in gutem Glauben erlangt hat, geltend gemacht
werden.

Gewöhnliche deutsche und lateinische Schrift = altes H.G.

Art. 728. — **§. 726.** §. 726.

I Eine persönliche Verpflichtung zur Entrichtung des Beitrags wird durch den Havereifall an sich nicht begründet. 1

II Der Empfänger beitragspflichtiger Güter wird jedoch, wenn ihm bei der Annahme der Güter bekannt ist, daß davon ein Beitrag zu entrichten sei/**ist**, für den letzteren bis zum/**zu dem** Werthe, welchen die Güter zur Zeit ihrer Auslieferung hatten/**haben**, insoweit persönlich verpflichtet, als der Beitrag, falls die Auslieferung nicht erfolgt wäre, aus den Gütern hätte geleistet werden können. 2

Art. 729. — **§. 727.** §. 727.

I Die Feststellung und Vertheilung der Schäden erfolgt an dem Bestimmungsort und, wenn dieser nicht erreicht wird, in dem Hafen, wo die Reise endet. 1

Art. 730. — **§. 728.** §. 728.

I Der Schiffer ist verpflichtet, die Aufmachung der Dispache ohne Verzug zu veranlassen. Handelt er dieser Verpflichtung zuwider, so macht er sich jedem Betheiligten verantwortlich. 1

II Wird die Aufmachung der Dispache nicht rechtzeitig veranlaßt, so kann jeder Betheiligte die Aufmachung in Antrag bringen und betreiben. 2

Art. 731. — **§. 729.** §. 729

I **Im Gebiete dieses Gesetzbuchs** wird die Dispache durch die ein für allemal bestellten oder in deren Ermangelung durch die vom Gerichte besonders ernannten Personen (Dispacheure) aufgemacht. 1

II Jeder Betheiligte ist verpflichtet, die zur Aufmachung der Dispache erforderlichen Urkunden, soweit er sie zu seiner Verfügung hat, namentlich Chartepartieen, **Konnossemente** und Fakturen, dem Dispacheur mitzutheilen. 2

Gewöhnliche deutsche und fette deutsche Schrift = neues H.G.

III Den Landesgesetzen bleibt vorbehalten, über das Verfahren bei Aufmachung der Dispache und die Ausführung derselben nähere Bestimmungen zu erlassen.

§. 730. Art. 732. — **§. 730.**

I Für die von dem Schiffe zu leistenden Beiträge ist den Ladungsbetheiligten Sicherheit zu bestellen, bevor das Schiff den Hafen verlassen darf, in welchem nach $\frac{\text{Artikel 729}}{\textbf{§. 727}}$ die Feststellung und Vertheilung der Schäden zu erfolgen hat. 1

§. 731. Art. 733. — **§. 731.**

I Der Schiffer darf Güter, auf $\frac{\text{welchen}}{\textbf{denen}}$ Havereibeiträge haften, vor der Berichtigung oder Sicherstellung der letzteren ($\frac{\text{Art. 616}}{\textbf{§. 615}}$) nicht ausliefern, widrigenfalls er, unbeschadet der Haftung der Güter, für die Beiträge persönlich verantwortlich wird. 1

II Hat der Rheder die Handlungsweise des Schiffers angeordnet, so kommen die Vorschriften des 2
zweiten und dritten Absatzes des Artikels 479 | **§. 512 Abs. 2, 3**
zur Anwendung.

III Das an den beitragspflichtigen Gütern den Vergütungsberechtigten zustehende Pfandrecht wird für diese durch den Verfrachter ausgeübt. **Die Geltendmachung des Pfandrechts durch den Verfrachter erfolgt nach Maßgabe der Vorschriften, die für das Pfandrecht des Verfrachters wegen der Fracht und der Auslagen gelten.** 3

§. 732. Art. 734. — **§. 732.**

I Hat der Schiffer zur Fortsetzung der Reise, jedoch zum Zwecke einer nicht zur großen Haverei gehörenden Aufwendung, die Ladung verbodmet oder über einen Theil $\frac{\text{derselben}}{\textbf{der Ladung}}$ 1 durch Verkauf oder Verwendung verfügt, so ist der Verlust, $\frac{\text{welchen}}{\text{den}}$ ein Ladungsbetheiligter dadurch erleidet, daß er wegen seiner Ersatzansprüche aus Schiff und Fracht gar nicht oder nicht vollständig befriedigt werden kann ($\frac{\text{Art. 509, 510, 613}}{\text{§§. 540, 541, 612}}$), von sämmtlichen Ladungsbetheiligten nach den Grundsätzen der großen Haverei zu tragen.

II Bei der Ermittelung des Verlustes ist $\frac{\text{in dem}}{\text{im}}$ Verhältnisse 2
zu den Ladungsbetheiligten in allen Fällen, namentlich auch im Falle des
zweiten Absatzes des Art. 613 | **§. 612 Abs. 2,**
die im $\frac{\text{Art. 713}}{\text{§. 711}}$ bezeichnete Vergütung maßgebend. Mit dem Werthe, durch welchen diese Vergütung bestimmt wird, tragen die verkauften Güter auch zu einer etwa eintretenden großen Haverei bei ($\frac{\text{Art. 720}}{\text{§. 718}}$).

Art. 735. — **§. 733.** §. 733.

I Ueber die ausserdem nach den Grundsätzen der grossen Haverei zu vertheilenden Schäden und Kosten bestimmt der Artikel 637.

II Die in den Fällen $\frac{\text{des Artikels 637 und des Artikels 734}}{\text{der §§. 635, 732}}$ 1
zu entrichtenden Beiträge und eintretenden Vergütungen stehen in allen rechtlichen Beziehungen den Beiträgen und Vergütungen in **den** Fällen der großen Haverei gleich.

Zweiter Abschnitt. | Zweiter Titel.

Schaden durch Zusammenstoß von Schiffen.

Art. 736. — **§. 734.** §. 734.

I Wenn zwei Schiffe zusammenstoßen und entweder auf 1

einer oder auf beiden Seiten durch den Stoß Schiff oder Ladung allein oder Schiff und Ladung beschädigt werden oder ganz verloren gehen, so ist, falls eine Person der Besatzung des einen Schiffes durch ihr Verschulden den Zusammenstoß herbeigeführt hat, der Rheder dieses Schiffes nach Maßgabe der Artikel 451 und 452 / **§§. 485, 486** verpflichtet, den durch den Zusammenstoß dem anderen Schiffe und dessen Ladung zugefügten Schaden zu ersetzen.

II Die Eigenthümer der Ladung beider Schiffe sind **nicht verpflichtet,** zum Ersatze des Schadens beizutragen nicht verpflichtet. 2

III Die persönliche Verpflichtung der zur Schiffsbesatzung gehörigen Personen, für die Folgen ihres Verschuldens aufzukommen, wird durch diesen Artikel / **diese Vorschriften** nicht berührt. 3

§. 735. Art. 737. — **§. 735.**

I Fällt keiner Person der Besatzung des einen oder des anderen Schiffes ein Verschulden zur Last oder / , ist der Zusammenstoss durch beiderseitiges Verschulden herbeigeführt, so findet ein Anspruch auf Ersatz des dem einen oder anderen oder beiden Schiffen zugefügten Schadens nicht statt. 1

Ist der Zusammenstoß durch beiderseitiges Verschulden herbeigeführt, so hängt die Verpflichtung zum Ersatze sowie der Umfang des zu leistenden Ersatzes von den Umständen, insbesondere davon ab, inwieweit der Zusammenstoß vorwiegend von Personen der einen oder der anderen Besatzung verursacht worden ist. 2

§. 736. Art. 738. — **§. 736.**

I Die beiden vorstehenden Artikel / **Vorschriften der §§. 734, 735** kommen zur Anwendung ohne Unterschied, ob beide Schiffe oder das eine 1 oder das andere sich in der Fahrt oder im Treiben befinden oder vor Anker oder am Lande befestigt liegen.

Art. 739. — **§. 737.** § 737

I Ist ein durch den Zusammenstoß beschädigtes Schiff gesunken, bevor es einen Hafen erreichen konnte, so wird vermuthet, daß der Untergang des Schiffes eine Folge des Zusammenstoßes war. 1

Art. 740 — **§. 738.** §. 738.

I Wenn / **Hat** sich das Schiff unter der Führung eines Zwangslootsen befunden hat und **haben** die zur Schiffsbesatzung gehörigen Personen die ihnen obliegenden Pflichten erfüllt haben, so ist der Rheder des Schiffes von der Verantwortung für den Schaden frei, welcher durch den von dem Lootsen verschuldeten Zusammenstoß entstanden ist. 1

Art. 741. — **§. 739.** §. 739.

I Die Vorschriften dieses Abschnitts / **Titels** kommen auch dann zur Anwendung, wenn mehr als zwei Schiffe zusammenstoßen. 1

II Ist in einem solchen Falle der Zusammenstoß durch eine Person der Besatzung des einen Schiffes verschuldet, so haftet der Rheder des letzteren auch für den Schaden, welcher daraus entsteht, daß durch den Zusammenstoß dieses Schiffes mit einem anderen der Zusammenstoß dieses anderen Schiffes mit einem dritten verursacht ist. 2

Neunter Titel.	Achter Abschnitt.
Von der Bergung und Hülfsleistung in Seenoth.	**Bergung und Hülfsleistung in Seenoth.**

Art. 742. — **§. 740.** §. 740.

I Wird in einer Seenoth ein Schiff oder dessen Ladung 1

ganz oder theilweise, nachdem sie der Verfügung der Schiffsbesatzung entzogen oder von ihr verlassen waren, von dritten Personen an sich genommen und in Sicherheit gebracht, so haben diese Personen Anspruch auf Bergelohn.

II Wird außer dem vorstehenden Falle ein Schiff oder 2
dessen Ladung durch Hülfe dritter Personen aus einer Seenoth gerettet, so haben diese nur Anspruch auf Hülfslohn.

III Der Schiffsbesatzung des verunglückten oder gefährdeten 3
Schiffes steht ein Anspruch auf Berge- oder Hülfslohn nicht zu.

§. 741. Art. 743. — §. 741.

I $\frac{\text{Wenn}}{\text{Wird}}$ noch während der Gefahr ein Vertrag über die 1
Höhe des Berge- oder Hülfslohns geschlossen ist, so kann $\frac{\text{derselbe}}{\text{der Vertrag}}$ wegen erheblichen Uebermaßes der zugesicherten Vergütung angefochten und die Herabsetzung der letzteren auf das den Umständen entsprechende Maß verlangt werden.

§. 742. Art. 744. — §. 742.

I In Ermangelung einer Vereinbarung $\frac{\text{wird}}{\text{ist}}$ die Höhe des 1
Berge- oder Hülfslohns von dem Richter unter Berücksichtigung aller Umstände des Falles nach billigem Ermessen in Geld $\frac{\text{festgesetzt}}{\text{festzusetzen}}$.

§. 743. Art. 745. — §. 743.

I Der Berge- oder Hülfslohn umfaßt zugleich die Ver- 1
gütung für die Aufwendungen, welche zum Zwecke des Bergens und Rettens geschehen sind.

II Nicht darin enthalten sind die Kosten und Gebühren der 2
Behörden, die von den geborgenen oder geretteten Gegenständen zu entrichtenden Zölle und sonstigen Abgaben $\frac{\text{und}}{\text{sowie}}$

die Kosten zum Zwecke der Aufbewahrung, Erhaltung, Abschätzung und Veräußerung $\frac{\text{derselben}}{\text{dieser Gegenstände}}$.

Art. 746. — **§. 744.** §. 744.

I Bei der Bestimmung des Betrags des Berge- oder Hülfslohns kommen insbesondere in Anschlag der bewiesene Eifer, die verwendete Zeit, die geleisteten Dienste, die geschehenen Aufwendungen, die Zahl der thätig gewesenen Personen, die Gefahr, $\frac{\text{welcher dieselben}}{\text{der sie}}$ ihre Person und ihre Fahrzeuge unterzogen haben, sowie die Gefahr, $\frac{\text{welche}}{\text{die}}$ den geborgenen oder geretteten Gegenständen gedroht hat, und der nach Abzug der Kosten ($\frac{\text{Art. 745}}{\text{§. 743}}$ Abs. 2) verbliebene Werth $\frac{\text{derselben}}{\text{der letzteren}}$. 1

Art. 747. — **§. 745.** §. 745.

I Der Berge- oder Hülfslohn darf ohne den übereinstimmenden Antrag der Parteien nicht auf $\frac{\text{eine Quote}}{\text{einen Bruchtheil}}$ des Werthes der geborgenen oder geretteten Gegenstände festgesetzt werden. 1

Art. 748. — **§. 746.** §. 746.

I Der Betrag des Bergelohns soll den dritten Theil des Werthes der geborgenen Gegenstände ($\frac{\text{Art. 746}}{\text{§. 744}}$) nicht übersteigen. 1

II Nur ausnahmsweise, wenn die Bergung mit ungewöhnlichen Anstrengungen und Gefahren verbunden war und jener Werth zugleich ein geringer ist, kann der Betrag bis zur Hälfte des Werthes erhöht werden. 2

Art. 749. — **§. 747.** §. 747.

I Der Hülfslohn ist stets unter dem Betrage festzusetzen, 1

Gewöhnliche deutsche und fette deutsche Schrift = neues H.G.

welchen der Bergelohn unter sonst gleichen Umständen erreicht haben würde. Auf den Werth der geretteten Gegenstände ist bei **der** Bestimmung des Hülfslohns nur eine untergeordnete Rücksicht zu nehmen.

§ 748. Art 750. — **§. 748.**

I Haben / **Betheiligen sich** mehrere Personen an der Bergung 1
oder Hülfsleistung sich betheiligt, so wird der Berge- oder Hülfslohn unter dieselben / **sie** nach Maßgabe der persönlichen und sachlichen Leistungen der einzelnen und im Zweifel nach der Kopfzahl vertheilt.

II Zur gleichmäßigen Theilnahme sind auch diejenigen be- 2
rechtigt, welche **sich** in derselben Gefahr der Rettung von Menschen sich unterzogen haben / **unterziehen**.

§. 749. Art. 751. — **§. 749.**

I Wird ein Schiff oder dessen Ladung ganz oder theil- 1
weise von einem anderen Schiffe geborgen oder gerettet, so wird der Berge- oder Hülfslohn zwischen dem Rheder, dem Schiffer und der übrigen Besatzung des anderen Schiffs, sofern nicht durch Vertrag unter ihnen ein Anderes bestimmt ist, in der Art vertheilt, daß der Rheder die Hälfte, der Schiffer ein Viertel / **Viertheil** und die übrige Besatzung zusammen gleichfalls ein Viertel / **Viertheil** erhalten. Die Vertheilung unter die letztere erfolgt nach Verhältniss / **dem Verhältnisse** der Heuer, welche / **die** dem Einzelnen gebührt oder seinem Range nach gebühren würde.

§. 750. Art. 752. — **§. 750.**

I Auf Berge- und Hülfslohn hat keinen Anspruch: 1

Gewöhnliche deutsche und lateinische Schrift = altes H.G.

1. wer seine Dienste $\frac{\text{aufgedrungen}}{\textbf{aufdrängt}}$, **insbesondere ohne Erlaubniß des anwesenden Schiffers das Schiff** $\frac{\text{betreten}}{\textbf{betritt}}$ hat;

2 **wer von den geborgenen Gegenständen dem Schiffer, dem Eigenthümer oder der zuständigen Behörde nicht sofort Anzeige** $\frac{\text{gemacht hat}}{\textbf{macht}}$.

Art. 753. — **§. 751.** §. 751.

I **Wegen der Bergungs- und Hülfskosten,** 1

wozu auch der Berge- und Hülfslohn gezählt wird,	**insbesondere auch wegen des Berge- und Hülfslohns,**

steht dem Gläubiger ein Pfandrecht an den geborgenen oder geretteten Gegenständen, an den geborgenen Gegenständen bis zur Sicherheitsleistung zugleich das Zurückbehaltungsrecht zu.

II $\frac{\text{In Ansehung der}}{\textbf{Auf die}}$ **Geltendmachung des Pfandrechts finden die Vorschriften des** 2

zweiten und dritten Absatzes des Artikels 697	**§. 696 entsprechende**

Anwendung.

Art. 754. — **§. 752.** §. 752.

I **Der Schiffer darf die Güter vor der Befriedigung oder Sicherstellung des Gläubigers weder ganz noch theilweise ausliefern, widrigenfalls er dem Gläubiger insoweit persönlich verpflichtet wird, als** $\frac{\text{derselbe}}{\textbf{dieser}}$ **aus den ausgelieferten Gütern zur Zeit der Auslieferung hätte befriedigt werden können.** 1

II **Hat der Rheder die Handlungsweise des Schiffers angeordnet, so kommen die Vorschriften des** 2

zweiten und dritten Absatzes des Artikels 479	§. 512 Abs. 2, 3

zur Anwendung.

§. 753. Art. 755. — §. 753.

I Eine persönliche Verpflichtung zur Entrichtung der Bergungs- und Hülfskosten wird durch die Bergung oder Rettung an sich nicht begründet. 1

II Der Empfänger von Gütern wird jedoch, wenn ihm bei der Annahme $\frac{\text{derselben}}{\text{der Güter}}$ bekannt ist, daß davon Bergungs- oder Hülfskosten zu berichtigen $\frac{\text{seien}}{\text{sind}}$, für diese Kosten insoweit persönlich verpflichtet, als $\frac{\text{dieselben}}{\text{sie}}$, falls die Auslieferung nicht erfolgt wäre, aus den Gütern hätten berichtigt werden können. 2

III Sind noch andere Gegenstände gemeinschaftlich mit den ausgelieferten Gütern geborgen oder gerettet, so geht die persönliche Haftung des Empfängers über den Betrag nicht hinaus, welcher bei einer Vertheilung der Kosten über sämmtliche Gegenstände auf die ausgelieferten Güter fällt. 3

Art. 756.

I Den Landesgesetzen bleibt vorbehalten, die Vorschriften dieses Titels zu ergänzen.

II Dieselben können bestimmen, dass über die Verpflichtung zur Zahlung eines Berge- oder Hülfslohns oder über den Betrag desselben von einer anderen als einer richterlichen Behörde unter Vorbehalt des Rechtsweges (Art. 744) zu entscheiden sei.

III Die Bestimmungen der Landesgesetze über die Wiedernehmung eines von dem Feinde genommenen Schiffs werden durch die Vorschritten dieses Titels nicht berührt.

Zehnter Titel.	Neunter Abschnitt.
Von den Schiffsgläubigern.	**Schiffsgläubiger.**

Art. 757. — **§. 754.** §. 754.

I **Die nachbenannten Forderungen gewähren die Rechte eines Schiffsgläubigers:** 1

1) die Kosten des Zwangsverkaufs des Schiffs; zu diesen gehören auch die Kosten der Vertheilung des Kaufgeldes, sowie die etwaigen Kosten der Bewachung, Verwahrung und Erhaltung des Schiffs und seines Zubehörs seit der Einleitung des Zwangsverkaufs oder seit der derselben vorausgegangenen Beschlagnahme;

$\frac{2.}{1.}$ die

in der Ziffer 1 nicht begriffenen	**zu den Kosten der Zwangsvollstreckung nicht gehörenden**

Kosten der Bewachung und Verwahrung des Schiffes und seines Zubehörs seit der Einbringung des Schiffes in den letzten Hafen, falls das Schiff im Wege der Zwangsvollstreckung verkauft $\frac{\text{ist}}{\textbf{wird}}$;

$\frac{3.}{2.}$ die öffentlichen Schiffs-, Schiffahrts- und Hafenabgaben, insbesondere die Tonnen-, Leuchtfeuer-, Quarantäne- und Hafengelder;

$\frac{4.}{3.}$ die aus den Dienst- und Heuerverträgen herrührenden Forderungen der Schiffsbesatzung;

$\frac{5.}{4.}$ die Lootsengelder sowie die Bergungs-, Hülfs-, Loskaufs- und Reklamekosten;

$\frac{6.}{5.}$ die Beiträge des Schiffes zur großen Haverei;

Gewöhnliche deutsche und fette deutsche Schrift = neues H.G.

$\frac{7.}{6.}$ die Forderungen der Bodmereigläubiger, welchen das Schiff verbodmet ist, sowie die Forderungen aus sonstigen Kreditgeschäften, $\frac{\text{welche}}{\text{die}}$ der Schiffer als solcher während des Aufenthalts des Schiffes außerhalb des Heimathshafens in Nothfällen abgeschlossen hat ($\frac{\text{Art. 497, 510}}{\text{§§. 528, 541}}$), auch wenn er Miteigenthümer oder Alleineigenthümer des Schiffes ist; den Forderungen aus solchen Kreditgeschäften stehen die Forderungen wegen Lieferungen oder Leistungen gleich, $\frac{\text{welche}}{\text{die}}$ ohne Gewährung eines Kredits dem Schiffer als solchem während des Aufenthalts des Schiffes außerhalb des Heimathshafens in Nothfällen zur Erhaltung des Schiffes oder zur Ausführung der Reise gemacht sind, soweit diese Lieferungen oder Leistungen zur Befriedigung des Bedürfnisses erforderlich waren;

$\frac{8.}{7.}$ die Forderungen wegen Nichtablieferung oder Beschädigung der Ladungsgüter und

der im zweiten Absatze des Artikels 674 | des im §. 673 Abs. 2

erwähnten $\frac{\text{Reise-Effekten}}{\text{Reiseguts}}$;

$\frac{9.}{8.}$ die nicht unter eine der vorigen $\frac{\text{Ziffern}}{\text{Nummern}}$ fallenden Forderungen aus Rechtsgeschäften, $\frac{\text{welche}}{\text{die}}$ der Schiffer als solcher kraft seiner gesetzlichen Befugnisse und nicht mit Bezug auf eine besondere Vollmacht geschlossen hat ($\frac{\text{Art. 452 Ziff. 1}}{\text{§. 486 Abs. 1 Nr. 1}}$), sowie die nicht unter eine der vorigen $\frac{\text{Ziffern}}{\text{Nummern}}$ fallenden Forderungen wegen

Gewöhnliche deutsche und lateinische Schrift = altes H.G.

Nichterfüllung oder wegen unvollständiger oder mangelhafter Erfüllung eines von dem Rheder abgeschlossenen Vertrags, insofern die Ausführung des letzteren zu den Dienstobliegenheiten des Schiffers gehört hat ($\frac{\text{Art. 452 Ziff 2}}{\textbf{§. 486 Abs. 1 Nr. 2}}$);

$\frac{10.}{9.}$ die Forderungen aus dem Verschulden einer Person der Schiffsbesatzung

(Art. 451 und 452 Ziff. 3) | **(§. 485, §. 486 Abs. 1 Nr. 3)**

, auch wenn $\frac{\text{dieselbe}}{\textbf{diese Person}}$ zugleich Miteigenthümer oder Alleineigenthümer des Schiffes ist $\frac{.}{;}$

10. die Forderungen, welche der Berufsgenossenschaft nach den Vorschriften über die Unfallversicherung und der Versicherungsanstalt nach den Vorschriften über die Invalidenversicherung gegen den Rheder zustehen.

Art. 758. — **§. 755.** §. 755.

I Den Schiffsgläubigern, welchen das Schiff nicht schon durch Verbodmung verpfändet ist, steht ein gesetzliches Pfandrecht an dem Schiffe und dem Zubehör $\frac{\text{desselben}}{\textbf{des Schiffes}}$ zu. 1

II Das Pfandrecht ist gegen $\frac{\text{dritte}}{\textbf{jeden dritten}}$ Besitzer des Schiffes verfolgbar. 2

Art. 759. — **§. 756.** §. 756.

I Das gesetzliche Pfandrecht eines jeden dieser Schiffsgläubiger erstreckt sich außerdem auf die Bruttofracht derjenigen Reise, aus welcher seine Forderung entstanden ist. 1

Art. 760. — **§. 757.** §. 757.

I Als eine Reise im Sinne dieses $\frac{\text{Titels}}{\textbf{Abschnitts}}$ wird die- 1 jenige angesehen, zu welcher das Schiff von neuem ausgerüstet oder welche entweder auf Grund eines neuen Frachtvertrags oder nach vollständiger Löschung der Ladung angetreten wird.

§. 758. Art. 761. — §. 758.

I Den im Artikel 757 / §. 754 unter Ziffer 4 / Nr. 3 aufgeführten Schiffs- 1
gläubigern steht wegen der aus einer späteren Reise entstandenen Forderungen zugleich ein gesetzliches Pfandrecht an der Fracht der früheren Reisen zu, sofern die verschiedenen Reisen unter denselben Dienst- und Heuervertrag fallen (Art. 521, 536, 538, 554).

§. 759. Art. 762. — §. 759.

I Auf das dem Bodmereigläubiger 1
in Gemässheit des Artikels 680 | nach §. 679
zustehende Pfandrecht finden dieselben Vorschriften Anwendung, welche für das gesetzliche Pfandrecht der übrigen Schiffsgläubiger gelten.

II Der Umfang des Pfandrechts des Bodmereigläubigers 2
bestimmt sich jedoch nach dem Inhalte des Bodmereivertrags (Art. 681 / §. 680).

§. 760. Art. 763. — §. 760.

I Das einem Schiffsgläubiger zustehende Pfandrecht gilt 1
in gleichem Maße für Kapital, Zinsen, Bodmereiprämie und Kosten.

§. 761. Art. 764. — §. 761.

Die Befriedigung des Schiffsgläubigers aus dem 1
Schiffe und der Fracht erfolgt nach den für die Zwangsvollstreckung geltenden Vorschriften.

I Der Schiffsgläubiger, welcher sein Pfandrecht verfolgt, | **Die Klage** 2
kann sowohl **gegen** den Rheder als auch / **gegen** den Schiffer

belangen / **gerichtet werden**, gegen den letzteren auch dann, wenn sich das Schiff in dem / **im** Heimathshafen liegt (Art. 495). / **(§. 480) befindet;**

II Das / **das** gegen den Schiffer ergangene Erkenntniss / **Urtheil** ist in Ansehung des Pfandrechts ist **auch** gegenüber den / **dem** Rheder wirksam.

Art. 765. — **§. 762.** §. 762.

I Auf die Rechte eines Schiffsgläubigers hat es keinen Einfluß, daß der Rheder für die Forderung bei deren Entstehung oder später zugleich persönlich verpflichtet wird. 1

II Diese Vorschrift findet insbesondere auf die Forderungen der Schiffsbesatzung aus den Dienst- und Heuerverträgen Anwendung (Art. 453). 2

Art. 766. — **§. 763.** §. 763.

I Gehört das Schiff einer Rhederei, so haftet / **haften** das Schiff und die Fracht den Schiffsgläubigern in gleicher Weise, als wenn das Schiff nur einem Rheder gehörte. 1

Art. 767. — **§. 764.** §. 764.

I Das Pfandrecht der Schiffsgläubiger am Schiffe erlischt: / — 1

1) durch den im Inlande im Wege der Zwangsvollstreckung erfolgten Verkauf des Schiffs;	**außer dem Falle der im Inland erfolgten Zwangsversteigerung des Schiffes auch**

an Stelle des letzteren tritt für die Schiffsgläubiger das Kaufgeld.

Es müssen die Schiffsgläubiger zur Wahrnehmung ihrer Rechte öffentlich aufgefordert werden; im Uebrigen bleiben die Vorschriften über das den Verkauf betreffende Verfahren den Landesgesetzen vorbehalten;

2) durch den von dem Schiffer im Falle $\frac{\text{der zwingenden}}{\text{zwingender}}$ Nothwendigkeit auf Grund seiner gesetzlichen Befugnisse bewirkten Verkauf des Schiffes ($\frac{\text{Art 499}}{\text{§. 530}}$); an die Stelle des $\frac{\text{letzteren}}{\text{Schiffes}}$ tritt für die Schiffsgläubiger das Kaufgeld, solange es bei dem Käufer aussteht oder noch in den Händen des Schiffers ist.

Diese Vorschriften finden auch auf sonstige Pfandrechte am Schiffe Anwendung. 2

§ 765.

Art. 768.

I Den Landesgesetzen bleibt vorbehalten, zu bestimmen, dass auch in anderen Veräusserungsfällen die Pfandrechte erlöschen, wenn die Schiffsgläubiger zur Anmeldung der Pfandrechte ohne Erfolg öffentlich aufgefordert sind, oder wenn die Schiffsgläubiger ihre Pfandrechte innerhalb einer bestimmten Frist, seitdem das Schiff in dem Heimathshafen oder in einem inländischen Hafen sich befunden hat, bei der zuständigen Behörde nicht angemeldet haben.

§. 765.

Wird außer den im §. 764 bezeichneten Fällen das Schiff veräußert, so ist der Erwerber berechtigt, die Ausschließung der unbekannten Schiffsgläubiger mit ihren Pfandrechten im Wege des Aufgebotsverfahrens zu beantragen. 1

Art 769.

I Der Artikel 767 findet keine Anwendung, wenn nicht das ganze Schiff, sondern nur eine oder mehrere Schiffsparten veräussert werden

§ 766.

Art. 770 — **§. 766.**

I In Ansehung des Schiffes haben die Kosten des Zwangsverkaufs (Art 757 Ziff 1) und die Bewachungs- und Verwahrungskosten seit der Einbringung in den letzten Hafen 1

($\frac{\text{Art. 757 Ziff. 2}}{\textbf{§. 754 Nr. 1}}$) **vor allen anderen Forderungen der Schiffs-**
gläubiger den Vorzug.

II Die Kosten des Zwangsverkaufs gehen den Bewachungs- und Verwahrungskosten seit der Einbringung in den letzten Hafen vor.

Art. 771. — **§. 767.** §. 767.

I Von den $\frac{\text{übrigen}}{\textbf{im §. 754 unter Nr. 2 bis 9 aufgeführten}}$ 1
Forderungen gehen die die letzte Reise ($\frac{\text{Art. 760}}{\textbf{§. 757}}$) betreffenden Forderungen, zu welchen auch die nach der Beendigung der letzten Reise entstandenen Forderungen gerechnet werden, den Forderungen vor, welche die früheren Reisen betreffen.

II Von den Forderungen, welche nicht die letzte Reise be- 2
treffen, gehen die eine spätere Reise betreffenden denjenigen vor, welche eine frühere Reise betreffen.

III Den im $\frac{\text{Artikel 757}}{\textbf{§. 754}}$ unter $\frac{\text{Ziffer 4}}{\textbf{Nr. 3}}$ aufgeführten Schiffs- 3
gläubigern gebührt jedoch wegen der eine frühere Reise betreffenden Forderungen dasselbe Vorzugsrecht, welches ihnen wegen der eine spätere Reise betreffenden Forderungen zusteht, sofern die verschiedenen Reisen unter denselben Dienst- oder Heuervertrag fallen.

IV Wenn die Bodmereireise mehrere Reisen im Sinne des 4
$\frac{\text{Artikel 760}}{\textbf{§. 757}}$ umfaßt, so steht der Bodmereigläubiger denjenigen Schiffsgläubigern nach, deren Forderungen die nach **der** Vollendung der ersten dieser Reisen angetretenen späteren Reisen betreffen.

Art. 772. — **§. 768.** §. 768.

I Die Forderungen, welche dieselbe Reise betreffen, sowie 1

Gewöhnliche deutsche und fette deutsche Schrift = neues H.G.

diejenigen, welche als dieselbe Reise betreffend anzusehen sind, ($\frac{\text{Art. 771}}{\text{§. 767}}$), werden in nachstehender Ordnung berichtigt:

1. die öffentlichen Schiffs-, Schiffahrts- und Hafenabgaben ($\frac{\text{Art. 757 Ziff. 3}}{\text{§. 754 Nr. 2}}$);
2. die aus den Dienst- und Heuerverträgen herrührenden Forderungen der Schiffsbesatzung ($\frac{\text{Art. 757 Ziff. 4}}{\text{§. 754 Nr. 3}}$);
3. die Lootsengelder sowie die Bergungs-, Hülfs-, Loskaufs- und Reklamekosten ($\frac{\text{Art. 757 Ziff. 5}}{\text{§. 754 Nr. 4}}$), die Beiträge des Schiffes zur großen Haverei ($\frac{\text{Art. 757 Ziff. 6}}{\text{§. 754 Nr. 5}}$), die Forderungen aus den von dem Schiffer in Nothfällen abgeschlossenen Bodmerei- und sonstigen Kreditgeschäften sowie die diesen Forderungen gleichzuachtenden Forderungen ($\frac{\text{Art. 757 Ziff. 7}}{\text{§. 754 Nr. 6}}$);
4. die Forderungen wegen Nichtablieferung oder Beschädigung von Ladungsgütern und $\frac{\text{Reise-Effekten}}{\text{Reisegut}}$ ($\frac{\text{Art. 757 Ziff. 8}}{\text{§. 754 Nr. 7}}$);
5. die im $\frac{\text{Artikel 757}}{\text{§. 754}}$ unter $\frac{\text{Ziffer 9 und 10}}{\text{Nr. 8, 9}}$ aufgeführten Forderungen.

§. 769. Art. 773. — §. 769.

I Von den $\frac{\text{unter Ziffer 1, 2, 4 und 5 des Artikels 772}}{\text{im §. 768 unter Nr. 1, 2, 4, 5}}$ 1
aufgeführten Forderungen sind die **dort** unter derselben

$\frac{\text{Ziffer dieses Artikels}}{\textbf{Nummer}}$ aufgeführten gleichberechtigt.

II Von den $\frac{\text{unter Ziffer 3 des Art. 772}}{\textbf{im §. 768 unter Nr. 3}}$ aufgeführten 2
Forderungen geht dagegen die später entstandene der früher entstandenen vor; die gleichzeitig entstandenen sind gleichberechtigt.

III Hat der Schiffer aus Anlaß desselben Nothfalls ver- 3
schiedene Geschäfte abgeschlossen ($\frac{\text{Art. 757 Ziff. 7}}{\textbf{§. 754 Nr. 6}}$), so gelten die daraus herrührenden Forderungen als gleichzeitig entstanden.

IV Forderungen aus Kreditgeschäften, namentlich aus Bod- 4
mereiverträgen, $\frac{\text{welche der}}{\textbf{die von dem}}$ Schiffer zur Berichtigung früherer unter $\frac{\text{die Ziffer 3 des Artikels 772}}{\textbf{§. 768 Nr. 3}}$ fallender Forderungen eingegangen $\frac{\text{ist}}{\textbf{sind}}$, sowie Forderungen aus Verträgen, $\frac{\text{welche}}{\textbf{die von}}$ $\frac{\text{derselbe}}{\textbf{ihm}}$ behufs einer Verlängerung der Zahlungszeit $\frac{\text{,}}{\textbf{oder behufs der}}$ Anerkennung oder Erneuerung solcher $\frac{\text{früherer}}{\textbf{früheren}}$ Forderungen abgeschlossen $\frac{\text{hat}}{\textbf{sind}}$, haben auch dann, wenn das Kreditgeschäft oder der Vertrag zur Fortsetzung der Reise nothwendig war, nur dasjenige Vorzugsrecht, welches der früheren Forderung zustand.

§. 770. §. 770.

Die im §. 754 unter Nr. 10 bezeichneten Forderungen 1
stehen allen übrigen Forderungen von Schiffsgläubigern ohne Rücksicht auf die Zeit ihrer Entstehung nach.

Gewöhnliche deutsche und **fette deutsche Schrift** = neues H.G.

§. 771. **Art. 774. — §. 771.**

I Das Pfandrecht der Schiffsgläubiger an der Fracht (Art. 759 / **§. 756**) ist nur so lange wirksam, als die Fracht noch aussteht oder die Frachtgelder in den Händen des Schiffers sind. 1

II Auch auf dieses Pfandrecht finden die in den vorstehenden Artikeln / **Vorschriften der §§. 766 bis 770** über die Rangordnung enthaltenen Bestimmungen Anwendung. 2

III Im Falle der Cession / **Abtretung** der Fracht kann das Pfandrecht der Schiffsgläubiger, solange die Fracht noch aussteht oder die Frachtgelder in den Händen des Schiffers sind, auch dem Cessionar / **neuen Gläubiger** gegenüber geltend gemacht werden. 3

IV Insoweit / **Soweit** der Rheder die Fracht eingezogen hat / **einzieht**, haftet er den Schiffsgläubigern, welchen das Pfandrecht dadurch ganz oder zum Theil / **zu einem Theile** entgeht, persönlich und zwar einem jeden in Höhe desjenigen Betrags, welcher **sich** für denselben / **ihn** bei **einer** Vertheilung des eingezogenen Betrags nach der gesetzlichen Rangordnung sich ergiebt. 4

V Dieselbe persönliche Haftung des Rheders tritt ein in Ansehung der am Abladungsorte zur Abladungszeit üblichen Fracht für die Güter, welche für seine Rechnung abgeladen sind. 5

§. 772. **Art. 775. — §. 772.**

I Hat / **Verwendet** der Rheder die Fracht zur Befriedigung eines oder mehrerer Gläubiger, welchen / **denen** ein Pfandrecht an derselben / **der Fracht** 1 zustand, verwendet / zusteht, so ist er den Gläubigern, welchen der Vorzug gebührt hätte, nur insoweit verantwortlich, als erwiesen wird, dass er dieselben / sie wissentlich verkürzt hat.

Art. 776. — §. 773. §. 773.

I Insoweit / Soweit der Rheder in den 1

im Artikel 767 unter Ziffer 1 und 2 erwähnten Fällen	Fällen der §§. 764, 765

das Kaufgeld eingezogen hat / einzieht, haftet er

in Höhe des eingezogenen Betrages sämmtlichen Schiffsgläubigern	den Schiffsgläubigern, deren Pfandrechte in Folge der Zwangsversteigerung, des Verkaufs oder des Aufgebotsverfahrens erloschen sind,

in gleicher Weise persönlich, wie den Gläubigern einer Reise im Falle der Einziehung der Fracht (Art. 774, 775 / §§. 771, 772).

Art. 777. — §. 774. §. 774.

I Wenn / Sendet der Rheder, nachdem er von der Forderung eines 1 Schiffsgläubigers, für welche / die er nur mit Schiff und Fracht haftet, Kenntniß erhalten hat, das Schiff zu einer neuen Reise (Art. 760 / §. 757) in See sendet, ohne daß das Interesse des Schiffsgläubigers es geboten hat / gebietet, so wird er für die Forderung in Höhe desjenigen Betrags zugleich persönlich verpflichtet, welcher sich für den Gläubiger sich ergeben haben würde, falls der Werth, $\frac{\text{welchen}}{\textbf{den}}$ das Schiff bei $\frac{\text{Antritt}}{\textbf{dem Antritte}}$ der Reise hatte, unter die Schiffsgläubiger nach der gesetzlichen Rangordnung vertheilt worden wäre.

II Es wird 2

bis zum Beweise des Gegentheils angenommen,	**vermuthet,**

daß der Gläubiger bei dieser Vertheilung seine vollständige Befriedigung erlangt haben würde.

III Die persönliche Verpflichtung des Rheders, welche aus 3
der Einziehung der dem Gläubiger haftenden Fracht entsteht ($\frac{\text{Art. 774}}{\textbf{§. 771}}$), wird durch $\frac{\text{diesen Artikel}}{\textbf{diese Vorschriften}}$ nicht berührt.

§. 775. Art. 778 — **§. 775.**

I Die Vergütung für Aufopferung oder Beschädigung in 1
Fällen der großen Haverei tritt für die Schiffsgläubiger an die Stelle desjenigen, wofür die Vergütung bestimmt ist.

II Dasselbe gilt von der Entschädigung, $\frac{\text{welche}}{\textbf{die}}$ im Falle 2
des Verlustes oder der Beschädigung des Schiffes oder wegen entzogener Fracht im Falle des Verlustes oder der Beschädigung von Gütern dem Rheder von demjenigen $\frac{\text{gezahlt werden muss}}{\textbf{zu zahlen ist}}$, welcher den Schaden durch rechtswidrige Handlung verursacht hat.

III Ist die Vergütung oder Entschädigung von dem Rheder 3
eingezogen, so haftet er in Höhe des eingezogenen Betrags den Schiffsgläubigern in gleicher $\frac{\text{Art}}{\textbf{Weise}}$ persönlich wie den Gläubigern einer Reise im Falle der Einziehung der Fracht ($\frac{\text{Art. 774, 775}}{\textbf{§§. 771, 772}}$).

§. 776. Art. 779. — **§. 776.**

I Im Falle der Konkurrenz der	**Treffen** 1

Schiffsgläubiger, $\frac{\text{welche}}{\text{die}}$ ihr Pfandrecht verfolgen, mit anderen Pfandgläubigern oder sonstigen Gläubigern zusammen, so haben die Schiffsgläubiger den Vorzug.

Art. 780.

I Die Bestimmungen der Artikel 767 und 769 über das Erlöschen der Pfandrechte der Schiffsgläubiger finden auch Anwendung auf die sonstigen Pfandrechte, welche nach den Landesgesetzen an dem Schiff oder einer Schiffspart durch Willenserklärung oder Gesetz erworben und gegen den dritten Besitzer verfolgbar sind.

II Die Vorschrift des Artikels 767 Ziffer 1 tritt auch rücksichtlich der auf einer Schiffspart haftenden Pfandrechte im Falle des Zwangsverkaufs dieser Schiffspart ein.

III Im Uebrigen werden die Rechte der im ersten Absatze erwähnten Pfandgläubiger nicht nach den Bestimmungen dieses Titels, sondern nach den Landesgesetzen beurtheilt.

Art. 781. — §. 777. §. 777.

I Von den auf den Gütern wegen der Fracht, der Bodmereigelder, der Beiträge zur großen Haverei und der Bergungs- und Hülfskosten 1
(Art. 624, 626, 680, 727, 753) | (§§. 623, 679, 725, 751)
haftenden Pfandrechten steht das wegen der Fracht allen übrigen nach; unter diesen übrigen hat das später entstandene vor dem früher entstandenen den Vorzug; die gleichzeitig entstandenen sind gleichberechtigt. Die Forderungen aus den von dem Schiffer aus Anlaß desselben Nothfalls abgeschlossenen Geschäften gelten als gleichzeitig entstanden.

II In den Fällen der großen Haverei und des Verlustes 2
oder der Beschädigung durch rechtswidrige Handlungen kommen die Vorschriften des $\frac{\text{Artikels 778}}{\text{§. 775}}$ und im Falle des von dem Schiffer zur Abwendung oder Verringerung eines Ver-

lustes nach Maßgabe des $\frac{\text{dritten Absatzes des Artikels 504}}{\text{§. 535 Abs. 3}}$ bewirkten Verkaufs die Vorschriften des $\frac{\text{Artikels 767 Ziffer 2}}{\text{§. 764}}$ und, wenn derjenige, für dessen Rechnung der Verkauf geschehen ist, das Kaufgeld einzieht, $\frac{\text{der Artikel 776}}{\text{auch die Vorschrift des §. 773}}$ zur Anwendung.

Elfter Titel.	Zehnter Abschnitt.
Von der Versicherung gegen die Gefahren der Seeschifffahrt.	**Versicherung gegen die Gefahren der Seeschiffahrt.**
Erster Abschnitt.	Erster Titel.
Allgemeine Grundsätze.	**Allgemeine Vorschriften.**

§. 778. Art. 782. — §. 778.

I Jedes in Geld schätzbare Interesse, welches Jemand daran hat, daß Schiff oder Ladung die Gefahren der Seeschiffahrt $\frac{\text{bestehe}}{\text{besteht}}$, kann Gegenstand der Seeversicherung sein. 1

§. 779. Art. 783. — §. 779.

I Es können insbesondere versichert werden: 1

das Schiff;
die Fracht;
die Ueberfahrtsgelder;
die Güter;
die Bodmereigelder;
die Havereigelder;
andere Forderungen, zu deren Deckung Schiff, Fracht, Ueberfahrtsgelder oder Güter dienen;

der von der Ankunft der Güter am Bestimmungsort erwartete Gewinn (imaginäre Gewinn);
die zu verdienende Provision;
die von dem Versicherer übernommene Gefahr (Rückversicherung).

II In der einen dieser Versicherungen ist die andere nicht enthalten. 2

Art. 784. — **§. 780.** §. 780.

I Die Heuerforderung des Schiffers und der Schiffsmannschaft kann nicht versichert werden. 1

Art. 785. — **§. 781.** §. 781.

I Der Versicherungsnehmer kann entweder sein eigenes Interesse (Versicherung für eigene Rechnung) oder das Interesse eines Dritten (Versicherung für fremde Rechnung) und im letzteren Falle mit oder ohne Bezeichnung der Person des Versicherten unter Versicherung bringen. 1

II **Es** kann im **Vertrag** auch unbestimmt gelassen werden, ob die Versicherung für eigene oder für fremde Rechnung genommen wird (für Rechnung »wen es angeht«). Ergiebt sich bei einer Versicherung für Rechnung »wen es angeht«, daß dieselbe / **sie** für fremde Rechnung genommen ist, so kommen die Vorschriften über die Versicherung für fremde Rechnung zur Anwendung. 2

III Die Versicherung gilt als für eigene Rechnung des Versicherungsnehmers geschlossen, wenn der Vertrag nicht ergiebt, daß sie für fremde Rechnung oder für Rechnung »wen es angeht« genommen ist. 3

Art. 786. — **§. 782.** §. 782.

I Die Versicherung für fremde Rechnung ist für den Versicherer nur dann verbindlich, wenn entweder der Versicherungsnehmer zur Eingehung derselben / **der Versicherung** von dem Ver- 1

Gewöhnliche deutsche und fette deutsche Schrift = neues H.G.

sicherten beauftragt war oder wenn der Mangel eines solchen Auftrags von dem Versicherungsnehmer bei dem Abschlusse des Vertrags dem Versicherer angezeigt wird.

II Ist die Anzeige unterlassen, so kann der Mangel des Auftrags dadurch nicht ersetzt werden, daß der Versicherte $\frac{\text{die}}{\text{der}}$ Versicherung nachträglich $\frac{\text{genehmigt}}{\text{zustimmt}}$. 2

III Ist die Anzeige erfolgt, so ist die Verbindlichkeit der Versicherung für den Versicherer von der nachträglichen $\frac{\text{Genehmigung}}{\text{Zustimmung}}$ des Versicherten nicht abhängig. 3

IV Der Versicherer, für welchen nach $\frac{\text{den Bestimmungen}}{\text{diesen}}$ $\frac{\text{dieses Artikels}}{\text{Vorschriften}}$ der Versicherungsvertrag unverbindlich ist, $\frac{\text{hat, selbst}}{\text{kann, auch}}$ wenn er die Unverbindlichkeit des Vertrags geltend macht, $\frac{\text{gleichwohl auf die}}{\text{die}}$ volle Prämie $\frac{\text{Anspruch}}{\text{beanspruchen}}$. 4

§. 783.

Art. 787. — §. 783.

I $\frac{\text{Ist}}{\text{Wird}}$ die Versicherung von einem Bevollmächtigten, von einem Geschäftsführer ohne Auftrag oder einem sonstigen Vertreter des Versicherten in dessen Namen geschlossen, so ist im Sinne dieses Gesetzbuchs weder der Vertreter Versicherungsnehmer noch die Versicherung selbst eine Versicherung für fremde Rechnung. 1

II Im Zweifel wird angenommen, daß selbst die auf das Interesse eines benannten Dritten sich beziehende Versicherung eine Versicherung für fremde Rechnung $\frac{\text{ist}}{\text{sei}}$. 2

Gewöhnliche deutsche und lateinische Schrift = altes H.G.

Art. 788. — §. 784. §. 784.

I Der Versicherer ist verpflichtet, eine von ihm unterzeichnete Urkunde (Polize) über den Versicherungsvertrag dem Versicherungsnehmer auf dessen Verlangen auszuhändigen. 1

Art. 789. — §. 785. §. 785.

I Auf die Gültigkeit des Versicherungsvertrags hat es keinen Einfluß, daß zur Zeit des Abschlusses desselben die Möglichkeit des Eintritts eines zu ersetzenden Schadens schon ausgeschlossen oder der zu ersetzende Schaden bereits eingetreten ist. 1

II Waren jedoch beide Theile von dem Sachverhältniß unterrichtet, so ist der Vertrag als Versicherungsvertrag ungültig. 2

III Wußte nur der Versicherer, daß die Möglichkeit des Eintritts eines zu ersetzenden Schadens schon ausgeschlossen $\frac{\text{sei}}{\text{war}}$, oder wußte nur der Versicherungsnehmer, daß der zu ersetzende Schaden schon eingetreten $\frac{\text{sei}}{\text{war}}$, so ist der Vertrag für den anderen, von dem Sachverhältnisse nicht unterrichteten Theil unverbindlich. Im zweiten Falle $\frac{\text{hat}}{\text{kann}}$ der Versicherer, auch wenn er die Unverbindlichkeit des Vertrags geltend macht, $\frac{\text{gleichwohl auf die}}{\text{die}}$ volle Prämie $\frac{\text{Anspruch}}{\text{beanspruchen}}$. 3

IV Im Falle, daß der Vertrag für den Versicherungsnehmer durch einen Vertreter abgeschlossen wird, kommt die Vorschrift des $\frac{\text{zweiten Absatzes des Artikels 810}}{\text{§. 806 Abs. 2}}$, im Falle der Versicherung für fremde Rechnung die Vorschrift des $\frac{\text{Artikels 811}}{\text{§. 807}}$ und im Falle der Versicherung mehrerer Gegenstände oder einer Gesammtheit von Gegenständen die Vorschrift des $\frac{\text{Artikels 814}}{\text{§. 810}}$ zur Anwendung. 4

Gewöhnliche deutsche und fette deutsche Schrift = neues H.G.

§. 786. **Art. 790. — §. 786.**

I Der volle Werth des versicherten Gegenstandes ist der 1
Versicherungswerth.

II Die Versicherungssumme kann den Versicherungswerth 2
nicht übersteigen.

III Soweit die Versicherungssumme den Versicherungswerth 3
übersteigt (Ueberversicherung), hat die Versicherung keine rechtliche Geltung.

§. 787. **Art. 791. — §. 787.**

I Uebersteigt im Falle einer gleichzeitigen Abschließung 1
verschiedener Versicherungsverträge der Gesammtbetrag der Versicherungssummen den Versicherungswerth, so haften alle Versicherer zusammen nur in Höhe des Versicherungswerths, und zwar jeder einzelne für so viele Prozente des Versicherungswerths, als seine Versicherungssumme Prozente des Gesammtbetrags der Versicherungssummen bildet. Hierbei wird im Zweifel vermuthet, daß die Verträge gleichzeitig abgeschlossen sind / seien.

II Mehrere Versicherungsverträge, worüber / über die eine gemein- 2
schaftliche Polize ertheilt ist, ingleichen / sowie mehrere Versicherungsverträge, welche / die an demselben Tage abgeschlossen sind, gelten als gleichzeitig abgeschlossen.

§. 788. **Art. 792. — §. 788.**

I Wird ein Gegenstand, welcher / der bereits zum vollen Werthe 1
versichert ist, nochmals versichert, so hat die spätere Versicherung insoweit keine rechtliche Geltung, als der Gegenstand auf dieselbe Zeit und gegen dieselbe Gefahr bereits versichert ist (Doppelversicherung).

Gewöhnliche deutsche und lateinische Schrift = altes H.G.

II Ist durch die frühere Versicherung nicht der volle Werth versichert, so gilt die spätere Versicherung, soweit sie auf dieselbe Zeit und gegen dieselbe Gefahr genommen ist, nur für den noch nicht versicherten Theil des Werthes. 2

Art. 793. — **§. 789.** §. 789.

I Die spätere Versicherung hat jedoch ungeachtet der Eingehung der früheren Versicherung rechtliche Geltung: 1

1. wenn bei dem Abschlusse des späteren Vertrags mit dem Versicherer vereinbart wird, daß demselben / **ihm** die Rechte aus der früheren Versicherung abzutreten seien / **sind**;
2. wenn die spätere Versicherung unter der Bedingung geschlossen wird, daß der Versicherer nur insoweit **haftet**, als der Versicherte sich an den früheren Versicherer wegen Zahlungsunfähigkeit des- / **des früheren Versicherers** selben / **an diesem** nicht zu erholen vermöge / **vermag** oder **als** die frühere Versicherung nicht zu Recht bestehe / **besteht**;
3. wenn der frühere Versicherer mittelst Verzichtsanzeige seiner Verpflichtung insoweit entlassen wird, als zur Vermeidung einer Doppelversicherung nöthig ist, und der spätere Versicherer bei **der** Eingehung der späteren Versicherung hiervon benachrichtigt wird. Dem früheren Versicherer gebührt in diesem Falle, obgleich er von seiner Verpflichtung befreit wird, gleichwohl die volle Prämie.

Art. 794. — **§. 790.** §. 790.

I Im Falle der Doppelversicherung hat nicht die zuerst genommene, sondern die später genommene Versicherung rechtliche Geltung, wenn die frühere Versicherung für fremde Rechnung ohne Auftrag genommen ist, die spätere dagegen von dem Versicherer selbst genommen wird, sofern in einem 1

Gewöhnliche deutsche und fette deutsche Schrift = neues H.G

solchen Falle der Versicherte entweder bei der Eingehung der späteren Versicherung von der früheren noch nicht unterrichtet war oder bei der Eingehung der späteren Versicherung dem Versicherer anzeigt, daß er die frühere Versicherung zurückweise.

II Die Rechte des früheren Versicherers in Ansehung der 2
Prämie bestimmen sich in diesen Fällen nach den Vorschriften der Artikel 900 und 901 / §§. 895, 896.

§. 791. **Art. 795. — §. 791.**

I Sind mehrere Versicherungen gleichzeitig oder nach ein- 1
ander geschlossen worden, so hat ein späterer Verzicht auf die gegen den einen Versicherer begründeten Rechte keinen Einfluß auf die Rechte und Verpflichtungen der übrigen Versicherer.

§. 792. **Art. 796. — §. 792.**

I Wenn / Erreicht die Versicherungssumme den Versicherungswerth 1
nicht erreicht, so haftet der Versicherer im Falle eines theilweisen Schadens für den Betrag desselben / des letzteren nur nach dem Verhältnisse der Versicherungssumme zum Versicherungswerthe.

§. 793. **Art. 797. — §. 793.**

I Wird durch Vereinbarung der Parteien der Versicherungs- 1
werth auf eine bestimmte Summe (Taxe) festgestellt (taxirte Polize), so ist die Taxe unter den Parteien für den Versicherungswerth maßgebend.

II Der Versicherer ist jedoch befugt, / kann jedoch eine Herabsetzung der 2
Taxe zu fordern, wenn er beweist, dass diesselbe / sie wesentlich übersetzt sei / ist; ist imaginärer Gewinn taxirt, so

---

Gewöhnliche deutsche und lateinische Schrift = altes H.G.

hat er im Falle der Anfechtung der Taxe zu beweisen, dass dieselbe den	**kann der Versicherer eine Herabsetzung der Taxe fordern, wenn sie den Gewinn übersteigt, der**

zur Zeit des Abschlusses des Vertrags nach kaufmännischer Berechnung

möglicher Weise zu erwartenden Gewinn überstiegen habe.	**möglicherweise zu erwarten war.**

III Eine Polize mit der Bestimmung: »vorläufig taxirt« 3
wird, solange die Taxe nicht in eine feste verwandelt ist, einer nicht taxirten Polize (offenen Polize) gleichgeachtet.

IV Bei der Versicherung von Fracht ist die Taxe in Bezug 4
auf einen von dem Versicherer zu ersetzenden Schaden nur dann maßgebend, wenn dieses / **es** besonders bedungen ist.

Art. 798. — **§. 794.** §. 794.

I Wenn in einem Vertrage mehrere Gegenstände oder 1
eine Gesammtheit von Gegenständen unter einer Versicherungssumme begriffen, aber für einzelne derselben / **dieser Gegenstände** besondere Taxen vereinbart sind, so gelten die Gegenstände, welche besonders taxirt sind, auch als abgesondert versichert.

Art. 799. — **§. 795.** §. 795.

I Als Versicherungswerth des Schiffes gilt, wenn die 1
Parteien nicht eine andere Grundlage für die Schätzung vereinbart haben, / **vereinbaren,** der Werth, welchen das Schiff in dem Zeitpunkte hat, in welchem die Gefahr für den Versicherer zu laufen beginnt.

II Diese Bestimmung / **Vorschrift** kommt auch dann zur Anwendung, 2
wenn der Versicherungswerth des Schiffes taxirt ist.

Gewöhnliche deutsche und fette deutsche Schrift = neues H.G.

§. 796. Art. 800. — **§. 796.**

I Die Ausrüstungskosten, die Heuer und die Versicherungskosten können zugleich mit dem Schiffe oder besonders versichert werden, insoweit / **soweit** sie nicht bereits durch die Versicherung der Bruttofracht versichert sind. Sie gelten nur dann als mit dem Schiffe versichert, wenn es vereinbart ist. 1

§. 797. Art. 801. — **§. 797.**

I Die Fracht kann bis zu ihrem Bruttobetrage versichert werden, insoweit / **soweit** sie nicht bereits durch die Versicherung der Ausrüstungskosten, der Heuer und der Versicherungskosten versichert ist. 1

II Als Versicherungswerth der Fracht gilt der Betrag der in den Frachtverträgen bedungenen Fracht und, wenn eine bestimmte Fracht nicht bedungen ist oder insoweit / **soweit** Güter für Rechnung des Rheders verschifft sind, der Betrag der üblichen Fracht (Art. 620 / **§. 619**). 2

§. 798. Art. 802. — **§. 798.**

I Ist bei der Versicherung der Fracht nicht bestimmt, ob dieselbe / **sie** ganz oder ob nur ein Theil derselben versichert sei / **werden soll**, so gilt die ganze Fracht als versichert. 1

II Ist nicht bestimmt, ob die Brutto- oder die Nettofracht versichert sei / **werden soll**, so gilt die Bruttofracht als versichert. 2

III Wenn / **Sind** die Fracht der Hinreise und die Fracht der Zurückreise / **Rückreise** unter einer Versicherungssumme versichert sind, und nicht / **ohne daß** bestimmt ist, welcher Theil der Versicherungssumme auf die Fracht der Hinreise und welcher Theil auf die Fracht der 3

Zurückreise falle / **Rückreise fallen soll**, so wird die Hälfte derselben auf die Fracht der Hinreise, die Hälfte auf die Fracht der Zurückreise / **Rückreise** gerechnet.

Art. 803. — **§. 799.** §. 799.

I Als Versicherungswerth der Güter gilt, wenn die Parteien nicht eine andere Grundlage für die Schätzung vereinbart haben / **vereinbaren**, derjenige Werth, welchen die Güter am Orte und zur Zeit der Abladung haben, unter Hinzurechnung aller Kosten bis an Bord einschließlich der Versicherungskosten. 1

II Die Fracht sowie die Kosten während der Reise und am Bestimmungsorte werden nur hinzugerechnet, sofern es vereinbart ist. 2

III Die Bestimmungen dieses Artikels / **Diese Vorschriften** kommen auch dann zur Anwendung, wenn der Versicherungswerth der Güter taxirt ist. 3

Art. 804. — **§. 800.** §. 800.

I Sind die Ausrüstungskosten oder die Heuer, sei es selbständig, sei es durch Versicherung der Bruttofracht, versichert oder sind bei der Versicherung von Gütern die Fracht oder die Kosten während der Reise und am Bestimmungsorte versichert, so leistet der Versicherer für denjenigen Theil derselben / **der Kosten, der Heuer oder der Fracht** keinen Ersatz, welcher in Folge eines Unfalls erspart wird. 1

Art. 805. — **§. 801.** §. 801.

I Bei der Versicherung von Gütern ist der imaginäre Gewinn oder die Provision, selbst / **auch** wenn der Versicherungswerth der Güter taxirt ist, als mitversichert nur anzusehen, sofern es im Vertrage bestimmt ist. 1

II Ist im Falle der Mitversicherung des imaginären Gewinns der Versicherungswerth taxirt, aber nicht bestimmt, 2

Gewöhnliche deutsche und fette deutsche Schrift = neues H.G.

welcher Theil der Taxe sich auf den imaginären Gewinn sich beziehe / **beziehen soll**, so wird angenommen, daß zehn Prozent der Taxe auf den imaginären Gewinn fallen. Wenn im Falle der Mitversicherung des imaginären Gewinns der Versicherungswerth nicht taxirt ist, so werden als imaginärer Gewinn zehn Prozent des Versicherungswerthes der Güter (Art. 803 / **§. 799**) als versichert betrachtet.

III Die Bestimmungen / **Vorschriften** des zweiten Absatzes / **Abs. 2** kommen auch im Falle der Mitversicherung der Provision mit der Maßgabe zur Anwendung, daß an die Stelle der zehn Prozent zwei Prozent treten. 3

§. 802. Art. 806. — **§. 802.**

I Ist der imaginäre Gewinn oder die Provision selbständig versichert, der Versicherungswerth jedoch nicht taxirt, so wird im Zweifel angenommen, daß die Versicherungssumme zugleich als Taxe des Versicherungswerths gelten soll. 1

§. 803. Art. 807. — **§. 803.**

I Die Bodmereigelder können einschließlich der Bodmereiprämie für den Bodmereigläubiger versichert werden. 1

II Ist bei der Versicherung von Bodmereigeldern nicht angegeben, welche Gegenstände verbodmet sind, so wird angenommen, daß Bodmereigelder auf Schiff, Fracht und Ladung versichert seien / **sind**. Wenn / **Hierauf kann sich, wenn** in Wirklichkeit nicht alle diese Gegenstände verbodmet sind, so kann nur der Versicherer auf die vorstehende Bestimmung sich berufen. 2

§. 804. Art. 808. — **§. 804.**

I Hat der Versicherer seine Verpflichtungen erfüllt, so tritt er, insoweit / **soweit** er einen Schaden vergütet hat, dessen Er- 1

Gewöhnliche deutsche und lateinische Schrift = altes H.G.

stattung der Versicherte von einem Dritten zu fordern befugt ist, jedoch unbeschadet der Bestimmungen im zweiten Absatze des Artikels 778 und im zweiten Absatze des Artikels 781, in die Rechte des Versicherten gegen den Dritten ein, **jedoch unbeschadet der Vorschriften des §. 775 Abs. 2 und des §. 777 Abs. 2.**

II Der Versicherte ist verpflichtet, dem Versicherer, wenn er es verlangt, auf dessen Kosten eine öffentlich beglaubigte Anerkennungsurkunde über den Eintritt in die Rechte gegen den Dritten zu ertheilen. 2

III Der Versicherte ist verantwortlich für jede Handlung, durch welche / **die** er jene Rechte beeinträchtigt. 3

Art. 809. — **§. 805.** §. 805.

I Ist eine Forderung versichert, zu deren Deckung eine den Gefahren der See ausgesetzte Sache dient, so ist der Versicherte im Falle eines Schadens verpflichtet, dem Versicherer, nachdem dieser seine Verpflichtungen erfüllt hat, seine Rechte gegen den Schuldner insoweit abzutreten, als der Versicherer Ersatz geleistet hat. 1

II Der Versicherte ist nicht verpflichtet, die ihm gegen den Schuldner zustehenden Rechte geltend zu machen, bevor er den Versicherer in Anspruch nimmt. 2

Zweiter Abschnitt. | Zweiter Titel.

Anzeigen bei dem Abschlusse des Vertrags.

Art. 810. — **§. 806.** §. 806.

I Der Versicherungsnehmer ist sowohl im Falle der Versicherung für eigene Rechnung als im Falle der Versicherung für fremde Rechnung verpflichtet, bei dem Abschlusse des Vertrags dem Versicherer alle ihm bekannten Umstände anzuzeigen, welche / **die** wegen ihrer Erheblichkeit für die Beurtheilung der 1

Gewöhnliche deutsche und fette deutsche Schrift = neues H.G.

von dem Versicherer zu tragenden Gefahr geeignet sind, auf den Entschluß des letzteren, sich auf den Vertrag überhaupt oder unter denselben Bestimmungen einzulassen, Einfluß zu üben.

II Wenn der Vertrag für den Versicherungsnehmer durch einen Vertreter abgeschlossen wird, so sind auch die dem Vertreter bekannten Umstände anzuzeigen. 2

§. 807. **Art. 811. — §. 807.**

1 I Im Falle der Versicherung für fremde Rechnung müssen dem Versicherer bei dem Abschlusse des Vertrags auch diejenigen Umstände angezeigt werden, welche dem Versicherten selbst oder einem Zwischenbeauftragten bekannt sind. 1

II Die Kenntniß des Versicherten oder eines Zwischenbeauftragten kommt jedoch nicht in Betracht, wenn **ihnen** der Umstand denselben so spät bekannt wird, daß sie den Versicherungsnehmer ohne Anwendung außergewöhnlicher Maßregeln vor Abschluss / **dem Abschlusse** des Vertrags nicht mehr davon benachrichtigen können. 2

III Die Kenntniß des Versicherten kommt auch dann nicht in Betracht, wenn die Versicherung ohne **seinen** Auftrag und ohne **sein** Wissen desselben genommen ist. 3

§. 808. **Art. 812. — §. 808.**

I Wenn / **Wird** die in den beiden vorstehenden Artikeln / **§§. 806, 807** bezeichnete Verpflichtung nicht erfüllt wird, so ist der Vertrag für den Versicherer unverbindlich. 1

II Die Vorschrift findet jedoch keine Anwendung, wenn der nicht angezeigte Umstand dem Versicherer bekannt war oder als ihm bekannt vorausgesetzt werden durfte. 2

§. 809. **Art. 813. — §. 809.**

I Wird von dem Versicherungsnehmer bei dem Abschlusse des Vertrags in Bezug auf einen erheblichen Umstand 1

($\frac{\text{Art. 810}}{\textbf{§. 806}}$) eine unrichtige Anzeige gemacht, so ist der Vertrag für den Versicherer unverbindlich, es sei denn, daß diesem die Unrichtigkeit der Anzeige bekannt war.

II Diese $\frac{\text{Bestimmung}}{\textbf{Vorschrift}}$ kommt zur Anwendung ohne Unter- 2
schied, ob die Anzeige wissentlich oder aus Irrthum, ob sie mit oder ohne Verschulden unrichtig gemacht $\frac{\text{ist}}{\textbf{wird}}$.

Art. 814. — **§. 810.** §. 810.

I Wird bei einer Versicherung mehrerer Gegenstände oder 1
einer Gesammtheit von Gegenständen den Vorschriften der $\frac{\text{Artikel 810 bis 813}}{\textbf{§§. 806 bis 809}}$ in Ansehung eines Umstandes zuwidergehandelt, $\frac{\text{welcher}}{\textbf{der}}$ nur einen Theil der versicherten Gegenstände betrifft, so bleibt der Vertrag für den Versicherer in Ansehung des übrigen Theiles verbindlich. Der Vertrag ist jedoch auch in Ansehung des übrigen Theiles für den Versicherer unverbindlich, wenn $\frac{\text{erhellet}}{\textbf{anzunehmen ist}}$, daß der $\frac{\text{letztere}}{\textbf{Ver-}}$ $\frac{\text{denselben}}{\textbf{sicherer diesen Theil}}$ allein unter denselben Bestimmungen nicht versichert haben würde.

Art. 815. — **§. 811.** §. 811.

I Dem Versicherer gebührt in den Fällen der $\frac{\text{Artikel 810 bis}}{\textbf{§§. 806 bis}}$ 1
$\frac{\text{814, selbst}}{\textbf{810, auch}}$ wenn er die gänzliche oder theilweise Unverbindlichkeit des Vertrags geltend macht, gleichwohl die volle Prämie.

Gewöhnliche deutsche und fette deutsche Schrift = neues H.G.

Dritter Abschnitt. | Dritter Titel.

Verpflichtungen des Versicherten aus dem Versicherungsvertrage.

§. 812. **Art. 816. — §. 812.**

I **Die Prämie ist, sofern nicht ein Anderes vereinbart ist, sofort nach dem Abschlusse des Vertrags und, wenn eine Polize verlangt wird, gegen Auslieferung der Polize zu zahlen.** 1

II **Zur Zahlung der Prämie ist der Versicherungsnehmer verpflichtet.** 2

III **Wenn bei der Versicherung für fremde Rechnung der Versicherungsnehmer zahlungsunfähig geworden ist und die Prämie von dem Versicherten noch nicht erhalten hat, so kann der Versicherer auch den Versicherten auf Zahlung der Prämie in Anspruch nehmen.** 3

§. 813. **Art. 817. — §. 813.**

I **Wird statt der versicherten Reise, bevor die Gefahr für den Versicherer zu laufen begonnen hat, eine andere Reise angetreten, so ist der Versicherer bei der Versicherung von Schiff und Fracht von jeder Haftung frei, bei anderen Versicherungen trägt** $\frac{\text{der Versicherer}}{\textbf{er}}$ **die Gefahr für die andere Reise nur dann, wenn die Veränderung der Reise weder von dem Versicherten noch** $\frac{\text{im}}{\textbf{in dessen}}$ **Auftrag oder mit** $\frac{\text{Genehmigung desselben}}{\textbf{dessen Zustimmung}}$ **bewirkt ist.** 1

II **Wird die versicherte Reise verändert, nachdem die Gefahr für den Versicherer zu laufen begonnen hat, so haftet der Versicherer nicht für die nach der Veränderung der Reise eintretenden Unfälle. Er haftet jedoch für diese Unfälle, wenn die Veränderung weder von dem Versicherten noch** $\frac{\text{im}}{\textbf{in dessen}}$ 2

Gewöhnliche deutsche und lateinische Schrift = altes H.G.

Auftrag oder mit Genehmigung desselben / **dessen Zustimmung** bewirkt oder wenn sie durch einen Nothfall verursacht ist, es sei denn, daß der / **sich** letztere in einer / **der Nothfall auf eine** Gefahr sich gründet, welche / **die** der Versicherer nicht zu tragen hat.

III Die Reise ist verändert, sobald der Entschluß, dieselbe / **sie** nach einem anderen Bestimmungshafen zu richten, zur Ausführung gebracht wird, sollten **sich** auch die Wege nach beiden Bestimmungshäfen sich noch nicht geschieden haben. Diese Vorschrift gilt sowohl für die Fälle des ersten / **Abs. 1** als für die Fälle des zweiten Absatzes dieses Artikels / **Abs. 2**. 3

Art. 818. — **§. 814.** §. 814.

I Wenn von dem Versicherten oder im / **in dessen** Auftrag oder mit Genehmigung desselben / **dessen Zustimmung** der Antritt oder die Vollendung der Reise ungebührlich verzögert, von dem der versicherten Reise entsprechenden Wege abgewichen oder ein Hafen angelaufen wird, dessen Angehung als in der versicherten Reise begriffen nicht erachtet werden kann, oder wenn der Versicherte in anderer Weise eine Vergrößerung oder Veränderung der Gefahr veranlaßt, namentlich eine in dieser Beziehung ertheilte besondere Zusage nicht erfüllt, so haftet der Versicherer nicht für die später sich ereignenden Unfälle. 1

II Diese Wirkung tritt jedoch nicht ein: 2

1. wenn erhellet / **anzunehmen ist**, daß die Vergrößerung oder Veränderung der Gefahr keinen Einfluß auf den späteren Unfall hat üben können;

Gewöhnliche deutsche und fette deutsche Schrift = neues H.G.

2. wenn die Vergrößerung oder Veränderung der Gefahr, nachdem die Gefahr für den Versicherer bereits zu laufen begonnen hat, durch einen Nothfall verursacht ist, es sei denn, daß der letztere in einer / **sich der Nothfall auf eine** Gefahr sich gründet, welche / **die** der Versicherer nicht zu tragen hat;
3. wenn der Schiffer zu der Abweichung von dem Wege durch das Gebot der Menschlichkeit genöthigt **worden** ist.

§. 815. Art. 819. — **§. 815.**

I Wird bei dem Abschlusse des Vertrags der Schiffer bezeichnet, so ist in dieser Bezeichnung allein noch nicht die Zusage enthalten, daß der benannte Schiffer auch die Führung des Schiffes behalten werde. 1

§. 816. Art. 820. — **§. 816.**

I Bei der Versicherung von Gütern haftet der Versicherer für keinen Unfall, wenn und insoweit / **; soweit** die Beförderung derselben / **der Güter** nicht mit dem zum Transport / **dazu** bestimmten Schiffe geschieht. Er haftet jedoch nach Maßgabe des Vertrags, wenn die Güter, nachdem die Gefahr für ihn bereits zu laufen begonnen hat, ohne Auftrag und ohne Genehmigung / **Zustimmung** des Versicherten in anderer Art als mit dem zum Transport / **zur Beförderung** bestimmten Schiffe weiter befördert werden oder wenn dies in Folge eines Unfalls geschieht, es sei denn, daß der letztere in einer / **sich der Unfall auf eine** Gefahr sich gründet, welche / **die** der Versicherer nicht zu tragen hat. 1

Gewöhnliche deutsche und lateinische Schrift = altes H.G.

Art. 821. — §. 817. §. 817.

I Bei der Versicherung von Gütern ohne Bezeichnung des Schiffes oder der Schiffe (in unbestimmten oder unbenannten Schiffen) $\frac{\text{muss}}{\textbf{hat}}$ der Versicherte, sobald er Nachricht erhält, in welches Schiff versicherte Güter abgeladen sind, diese Nachricht dem Versicherer $\frac{\text{mittheilen}}{\textbf{mitzutheilen}}$. 1

II Im Falle der Nichterfüllung dieser Verpflichtung haftet der Versicherer für keinen Unfall, $\frac{\text{welcher}}{\textbf{der}}$ den abgeladenen Gütern zustößt. 2

Art. 822. — §. 818. §. 818.

I Jeder Unfall $\frac{\text{muss}}{\textbf{ist}}$, sobald der Versicherungsnehmer oder der Versicherte, wenn dieser von der Versicherung Kenntniß hat, Nachricht von dem Unfall erhält, dem Versicherer $\frac{\text{angezeigt werden}}{\textbf{anzuzeigen}}$, widrigenfalls der Versicherer befugt ist, von der Entschädigungssumme den Betrag abzuziehen, um $\frac{\text{welchen}}{\textbf{den}}$ $\frac{\text{dieselbe}}{\textbf{sie sich}}$ bei rechtzeitiger Anzeige sich gemindert hätte. 1

Art. 823. — §. 819. §. 819.

I Der Versicherte ist verpflichtet, wenn **sich** ein Unfall sich zuträgt, sowohl für die Rettung der versicherten Sachen als für die Abwendung größerer Nachtheile thunlichst zu sorgen. 1

II Er hat jedoch, wenn thunlich, über die erforderlichen Maßregeln vorher mit dem Versicherer Rücksprache zu nehmen. 2

Vierter Abschnitt. | Vierter Titel.

Umfang der Gefahr.

Art. 824. — §. 820. §. 820.

I Der Versicherer trägt alle Gefahren, $\frac{\text{welchen}}{\textbf{denen}}$ Schiff oder 1

Gewöhnliche deutsche und fette deutsche Schrift = neues H.G.

Ladung während der Dauer der Versicherung ausgesetzt sind, soweit nicht durch die nachfolgenden Bestimmungen / **Vorschriften** oder durch Vertrag ein Anderes bestimmt ist.

II Er trägt insbesondere: 2

1. die Gefahr der Elementarereignisse / **Naturereignisse** und der sonstigen Seeunfälle, auch wenn diese durch das Verschulden eines Dritten veranlaßt sind, als: / **wie** Eindringen des Seewassers, Strandung, Schiffbruch, Sinken, Feuer, Explosion, Blitz, Erdbeben, Beschädigung durch Eis u. s. w.;
2. die Gefahr des Krieges und der Verfügungen von hoher Hand;
3. die Gefahr des auf Antrag eines Dritten verhängten / **angeordneten**, von dem Versicherten nicht verschuldeten Arrestes;
4. die Gefahr des Diebstahls sowie die Gefahr des Seeraubs, der Plünderung und sonstiger Gewaltthätigkeiten,
5. die Gefahr der Verbodmung der versicherten Güter zur Fortsetzung der Reise oder der Verfügung über dieselben / **die Güter** durch Verkauf oder durch Verwendung zu gleichem Zwecke (Art. 507 bis 510, 734 / **§§. 538 bis 541, 732**);
6. die Gefahr der Unredlichkeit oder des Verschuldens einer Person der Schiffsbesatzung, sofern daraus für den versicherten Gegenstand ein Schaden entsteht;
7. die Gefahr des Zusammenstoßes von Schiffen und zwar ohne Unterschied, ob der Versicherte in Folge des Zusammenstoßes unmittelbar oder ob er mittelbar dadurch einen Schaden erleidet, daß er den einem Dritten zugefügten Schaden zu ersetzen hat.

Gewöhnliche deutsche und lateinische Schrift = altes H.G.

Art. 825. — §. 821. §. 821.

I Dem Versicherer fallen die nachstehend bezeichneten Schäden nicht zur Last: 1

1. bei der Versicherung von Schiff oder Fracht:
   der Schaden, welcher daraus entsteht, daß das Schiff in einem nicht seetüchtigen Zustand oder nicht gehörig ausgerüstet oder bemannt oder ohne die erforderlichen Papiere ($\frac{\text{Art. 480}}{\textbf{§. 518}}$) in See gesandt ist;
   der Schaden, welcher außer dem Falle des Zusammenstoßes von Schiffen daraus entsteht, daß der Rheder für den durch eine Person der Schiffsbesatzung einem Dritten zugefügten Schaden haften muß ($\frac{\text{Art. 451 und 452}}{\textbf{§§. 485, 486}}$);
2. bei einer auf das Schiff sich beziehenden Versicherung:
   der Schaden an Schiff und Zubehör, welcher nur eine Folge der Abnutzung des Schiffes im gewöhnlichen Gebrauch ist;
   der Schaden an Schiff und Zubehör, welcher nur durch Alter, Fäulniß oder Wurmfraß verursacht wird;
3. bei einer auf Güter oder Fracht sich beziehenden Versicherung der Schaden, welcher durch die natürliche Beschaffenheit der Güter, namentlich durch inneren Verderb, Schwinden, gewöhnliche Leckage und dergleichen, oder durch mangelhafte Verpackung der Güter entsteht oder an diesen durch Ratten oder Mäuse verursacht wird; wenn jedoch die Reise durch einen Unfall, für $\frac{\text{welchen}}{\textbf{den}}$ der Versicherer haftet, ungewöhnlich verzögert wird, so hat der Versicherer den unter dieser $\frac{\text{Ziffer}}{\textbf{Nummer}}$

Gewöhnliche deutsche und fette deutsche Schrift = neues H.G.

bezeichneten Schaden in dem Maße zu ersetzen, in welchem die Verzögerung dessen Ursache ist;

4. der Schaden, welcher $\frac{\text{in einem}}{\text{sich auf ein}}$ Verschulden des Versicherten sich gründet, und bei der Versicherung von Gütern oder imaginärem Gewinn auch der Schaden, welcher durch ein dem Ablader, Empfänger oder Kargadeur in dieser ihrer Eigenschaft zur Last fallendes Verschulden entsteht.

§. 822. **Art. 826. — §. 822.**

I Die Verpflichtung des Versicherers zum Ersatz eines Schadens tritt auch dann ein, wenn dem Versicherten ein Anspruch auf dessen Vergütung gegen den Schiffer oder eine andere Person zusteht. Der Versicherte kann sich wegen des Ersatzes des Schadens zunächst an den Versicherer halten. Er hat jedoch dem Versicherer die zur wirksamen Verfolgung eines solchen Anspruchs etwa erforderliche Hülfe zu gewähren, auch für die Sicherstellung des Anspruchs durch Einbehaltung der Fracht, $\frac{\text{Auswirkung der Beschlagnahme des Schiffs}}{\text{Erwirkung des Arrestes in das Schiff}}$ oder sonst in geeigneter Weise auf Kosten des Versicherers die nach den Umständen angemessene Sorge zu tragen ($\frac{\text{Art. 823}}{\text{§. 819}}$). 1

§. 823. **Art. 827. — §. 823.**

I Bei der Versicherung des Schiffes für eine Reise beginnt die Gefahr für den Versicherer mit dem Zeitpunkt, in welchem mit der Einnahme der Ladung oder des Ballastes angefangen wird, oder, wenn weder Ladung noch Ballast einzunehmen ist, mit dem Zeitpunkte der Abfahrt des Schiffes. Sie endet mit dem Zeitpunkt, in welchem die Löschung der Ladung oder des Ballastes im Bestimmungshafen beendigt ist. 1

II Wird die Löschung von dem Versicherten ungebührlich verzögert, so endet die Gefahr mit dem Zeitpunkt, in welchem 2 die Löschung beendigt sein würde, falls ein solcher Verzug nicht stattgefunden hätte.

III Wird vor der Beendigung der Löschung für eine neue Reise Ladung oder Ballast eingenommen, so endet die Gefahr mit dem Zeitpunkt, in welchem mit der Einnahme der Ladung oder des Ballastes begonnen wird. 3

Art. 828. — **§. 824.** §. 824.

I Sind Güter, imaginärer Gewinn oder die von verschifften Gütern zu verdienende Provision versichert, so beginnt die Gefahr mit dem Zeitpunkt, in welchem die Güter zum Zwecke der Einladung in das Schiff oder in die Leichterfahrzeuge vom Lande scheiden; sie endet mit dem Zeitpunkt, in welchem die Güter im Bestimmmungshafen wieder an das Land gelangen. 1

II Wird die Löschung von dem Versicherten oder bei der Versicherung von Gütern oder imaginärem Gewinne von dem Versicherten oder von einer der im $\frac{\text{Artikel 825 unter Ziffer 4}}{\textbf{§. 821 Nr. 4}}$ bezeichneten Personen ungebührlich verzögert, so endet die Gefahr mit dem Zeitpunkt, in welchem die Löschung beendigt sein würde, falls ein solcher Verzug nicht stattgefunden hätte. 2

III Bei der Einladung und Ausladung trägt der Versicherer die Gefahr der ortsgebräuchlichen Benutzung von Leichterfahrzeugen. 3

Art. 829. — **§. 825.** §. 825.

I Bei der Versicherung der Fracht beginnt und endet die Gefahr in Ansehung der Unfälle, $\frac{\text{welchen}}{\textbf{denen}}$ das Schiff und dadurch die Fracht ausgesetzt ist, mit demselben Zeitpunkt, in $\frac{\text{dem}}{\textbf{welchem}}$ die Gefahr bei der Versicherung des Schiffes für dieselbe Reise beginnen und enden würde, in Ansehung der Unfälle, $\frac{\text{welchen}}{\textbf{denen}}$ die Güter und dadurch die Fracht ausgesetzt 1

Gewöhnliche deutsche und fette deutsche Schrift = neues H.G.

sind, mit demselben Zeitpunkt, in welchem die Gefahr bei der Versicherung der Güter für dieselbe Reise beginnen und enden würde.

II Bei der Versicherung von Ueberfahrtsgeldern beginnt 2
und endet die Gefahr mit demselben Zeitpunkt, in welchem die Gefahr bei der Versicherung des Schiffes beginnen und enden würde.

III Der Versicherer von Fracht= und Ueberfahrtsgeldern 3
haftet für einen Unfall, von $\frac{\text{welchem}}{\text{dem}}$ das Schiff betroffen wird, nur insoweit, als Fracht= oder Ueberfahrtsverträge bereits abgeschlossen sind, und wenn der Rheder Güter für seine Rechnung verschifft, nur insoweit, als diese zum Zwecke der Einladung in das Schiff oder in die Leichterfahrzeuge bereits vom Lande geschieden sind.

§. 826. Art. 830. — **§. 826.**

I Bei der Versicherung von Bodmerei= und Havereigeldern 1
beginnt die Gefahr mit dem Zeitpunkt, in welchem die Gelder vorgeschossen sind, oder, wenn der Versicherte selbst die Havereigelder verausgabt hat, mit dem Zeitpunkt, in welchem $\frac{\text{dieselben}}{\text{sie}}$ verwendet sind; sie endet mit dem Zeitpunkt, in welchem sie bei einer Versicherung der Gegenstände, welche verbodmet oder $\frac{\text{worauf}}{\text{auf welche}}$ die Havereigelder verwendet sind, enden würde.

§. 827. Art. 831. — §. 827.

I Die begonnene Gefahr läuft für den Versicherer während 1
der bedungenen Zeit oder der versicherten Reise ununterbrochen fort. Der Versicherer trägt insbesondere die Gefahr auch während des Aufenthalts in einem Noth= oder Zwischenhafen und im Falle der Versicherung für die $\frac{\text{Hin-}}{\text{Hinreise}}$ und Rückreise während des Aufenthalts des Schiffes in dem Bestimmungshafen der Hinreise.

II Müssen die Güter einstweilen gelöscht werden oder wird 2
das Schiff zur [Reparatur / **Ausbesserung**] an das Land gebracht, so trägt der Versicherer die Gefahr auch
[während / **für die Zeit, während welcher sich**]
die Güter oder das Schiff sich am Lande befinden.

Art. 832. — **§. 828.** §. 828.

I [Wenn / **Wird**] nach dem Beginne der Gefahr die versicherte Reise 1
freiwillig oder gezwungen aufgegeben wird, so tritt in Ansehung der Beendigung der Gefahr der Hafen, in welchem die Reise beendigt wird, an die Stelle des Bestimmungshafens.

II Werden die Güter, nachdem die Reise des Schiffes auf- 2
gegeben ist, in anderer Art als mit dem [zum Transport / **zur Beförderung**] bestimmten Schiffe nach dem Bestimmungshafen weiter befördert, so läuft in Betreff der Güter die begonnene Gefahr fort, auch wenn die Weiterbeförderung ganz oder [zum / **zu einem**] [Theil / **Theile**] zu Lande geschieht. Der Versicherer trägt in solchen Fällen zugleich die Kosten der früheren Löschung, die Kosten der einstweiligen Lagerung und die Mehrkosten der Weiterbeförderung, auch wenn diese zu Lande erfolgt.

Art. 833. — **§. 829.** §. 829.

I Die [Artikel 831 und 832 / **Vorschriften der §§. 827, 828**] gelten nur unbe- 1
schadet der
[in den Artikeln 818 und 820 enthaltenen Vorschriften. / **Vorschriften der §§. 814, 816.**]

Art. 834. — **§. 830.** §. 830.

I Ist die Dauer der Versicherung nach Tagen, Wochen, 1
Monaten oder Jahren bestimmt, so wird die Zeit nach dem

Kalender und der Tag von Mitternacht zu Mitternacht be- berechnet. Der Versicherer trägt die Gefahr während des Anfangstags und des Schlußtags.

II Bei der Berechnung der Zeit ist der Ort, wo sich das Schiff sich befindet, maßgebend. 2

§. 831. **Art. 835. — §. 831.**

I $\frac{\text{Wenn}}{\text{Ist}}$ im Falle der Versicherung des Schiffes auf Zeit 1 $\frac{\text{dasselbe}}{\text{das Schiff}}$ bei dem Ablaufe der im Vertrage festgesetzten Versicherungszeit unterwegs ist, so gilt die Versicherung in Ermangelung einer entgegenstehenden Vereinbarung als verlängert bis zur Ankunft des Schiffes im nächsten Bestimmungshafen und, falls in diesem gelöscht wird, bis zur Beendigung der Löschung ($\frac{\text{Art. 827}}{\text{§. 823}}$). Der Versicherte ist jedoch befugt, die Verlängerung durch eine dem Versicherer, solange das Schiff noch nicht unterwegs ist, kundzugebende Erklärung auszuschließen.

II Im Falle der Verlängerung hat der Versicherte für 2 $\frac{\text{die}}{\text{deren}}$ Dauer derselben und, wenn die Verschollenheit des Schiffes eintritt, bis zum Ablaufe der Verschollenheitsfrist die vereinbarte Zeitprämie fortzuentrichten.

III Ist die Verlängerung ausgeschlossen, so kann der Ver- 3 sicherer, wenn die Verschollenheitsfrist über die Versicherungszeit hinausläuft, auf Grund der Verschollenheit nicht in Anspruch genommen werden.

§. 832. **Art. 836. — §. 832.**

I Bei einer Versicherung nach einem oder dem anderen 1 unter mehreren Häfen ist dem Versicherten gestattet, einen dieser Häfen zu wählen; bei einer Versicherung nach einem und einem anderen oder nach einem und mehreren anderen

Häfen ist der Versicherte zum Besuch eines jeden der bezeichneten Häfen befugt.

Art. 837. — **§. 833.** §. 833.

I Wenn / **Ist** die Versicherung nach mehreren Häfen geschlossen 1
oder dem Versicherten das Recht vorbehalten ist, mehrere Häfen anzulaufen, so ist dem Versicherten nur gestattet, die Häfen nach der vereinbarten oder in Ermangelung einer Vereinbarung nach der den Schiffahrtsverhältnissen entsprechenden Reihenfolge zu besuchen; er ist jedoch zum Besuch aller einzelnen Häfen nicht verpflichtet.

II Die in der Polize enthaltene Reihenfolge wird, insoweit / **soweit** 2
nicht ein Anderes erhellet / **sich ergiebt**, als die vereinbarte angesehen.

Art. 838. — **§. 834.** §. 834.

I Dem Versicherer fallen zur Last: 1

1. die Beiträge zur großen Haverei mit Einschluß derjenigen, welche der Versicherte selbst wegen eines von ihm erlittenen Schadens zu tragen hat; die in Gemäßheit der Artikel 637 und 734 / **§§. 635, 732** nach den Grundsätzen der großen Haverei zu beurtheilenden Beiträge werden den Beiträgen zur großen Haverei gleich geachtet;
2. die Aufopferungen, welche zur großen Haverei gehören würden, wenn das Schiff Güter und zwar andere als Güter des Rheders an Bord gehabt hätte;
3. die sonstigen zur Rettung sowie zur Abwendung größerer Nachtheile nothwendig oder zweckmäßig aufgewendeten Kosten (Art. 823 / **§. 819**), selbst wenn die ergriffenen Maßregeln erfolglos geblieben sind;
4. die zur Ermittelung und Feststellung des dem Versicherer zur Last fallenden Schadens erforderlichen

Gewöhnliche deutsche und fette deutsche Schrift = neues H.G.

Kosten, insbesondere die Kosten der Besichtigung, der Abschätzung, des Verkaufs und der Anfertigung der Dispache.

§. 835. **Art. 839. — §. 835.**

I In Ansehung der Beiträge zur großen Haverei und der nach den Grundsätzen der großen Haverei zu beurtheilenden Beiträge bestimmen sich die Verpflichtungen des Versicherers nach der am gehörigen Orte im Inland oder im Ausland, im Einklange mit dem am Orte der Aufmachung geltenden Rechte aufgemachten Dispache. Insbesondere ist der Versicherte, der einen zur großen Haverei gehörenden Schaden erlitten hat, nicht berechtigt, von dem Versicherer mehr als den Betrag zu fordern, zu welchem der Schaden in der Dispache berechnet ist; andererseits haftet der Versicherer für diesen ganzen Betrag, ohne daß namentlich der Versicherungswerth maßgebend ist. 1

II Auch kann der Versicherte, wenn der Schaden nach dem am Orte der Aufmachung geltenden Rechte als große Haverei nicht anzusehen ist, den Ersatz des Schadens von dem Versicherer nicht aus dem Grunde fordern, weil der Schaden nach einem anderen Rechte, insbesondere nach dem Rechte des Versicherungsorts, große Haverei sei. 2

§. 836. **Art. 840. — §. 836.**

I Der Versicherer haftet jedoch nicht für die im vorstehen- / **§. 835** den Artikel erwähnten Beiträge **nicht**, insoweit dieselben in / **soweit sie sich auf** einem / **einen** Unfall sich gründen, für welchen / **den** der Versicherer nach dem Versicherungsvertrage nicht haftet. 1

§. 837. **Art. 841. — §. 837.**

I Ist die Dispache von einer durch Gesetz oder Gebrauch dazu berufenen Person aufgemacht **worden**, so kann der 1

Versicherer dieselbe/sie wegen Nichtübereinstimmung mit dem am Orte der Aufmachung geltenden Rechte und der dadurch bewirkten Benachtheiligung des Versicherten nicht anfechten, es sei denn, daß der Versicherte durch mangelhafte Wahrnehmung seiner Rechte die Benachtheiligung verschuldet hat.

II Dem Versicherten liegt jedoch ob, die Ansprüche gegen 2
die zu seinem Nachtheile Begünstigten dem Versicherer abzutreten.

III Dagegen ist der Versicherer befugt, in allen Fällen die 3
Dispache dem Versicherten gegenüber insoweit anzufechten, als ein von dem Versicherten selbst erlittener Schaden, für welchen/den ihm nach dem am Orte der Aufmachung der Dispache geltenden Rechte eine Vergütung nicht gebührt hätte, gleichwohl als große Haverei behandelt worden ist.

Art. 842. — §. 838. §. 838.

I Wegen eines von dem Versicherten erlittenen, zur großen 1
Haverei gehörenden oder nach den Grundsätzen der letzteren zu beurtheilenden Schadens haftet der Versicherer, wenn die Einleitung des die Feststellung und Vertheilung des Schadens bezweckenden ordnungsmäßigen Verfahrens stattgefunden hat, in Ansehung der Beiträge, welche dem Versicherten zu entrichten sind, nur insoweit, als der Versicherte die ihm gebührende Vergütung auch im Rechtswege, sofern er diesen füglich betreten konnte, nicht erhalten hat.

Art. 843. — §. 839. §. 839.

I Ist die Einleitung des Verfahrens ohne Verschulden des 1
Versicherten unterblieben, so kann derselbe/er den Versicherer wegen des ganzen Schadens nach Maßgabe des Versicherungsvertrags unmittelbar in Anspruch nehmen.

Gewöhnliche deutsche und fette deutsche Schrift = neues H.G.

§. 840. **Art. 844. — §. 840.**

I Der Versicherer haftet für den Schaden nur bis zur Höhe 1
der Versicherungssumme.

II Er hat jedoch die im (Artikel 838 unter Ziffer 3 und 4 / **§. 834 Nr. 3, 4**) 2
erwähnten Kosten vollständig zu erstatten, wenngleich die hiernach im Ganzen zu zahlende Vergütung die Versicherungssumme übersteigt.

III Sind in Folge eines Unfalls solche Kosten bereits auf- 3
gewendet, zum Beispiel Loskaufs- oder Reklamekosten verausgabt, oder sind zur Wiederherstellung oder Ausbesserung der durch den Unfall beschädigten Sache bereits Verwendungen geschehen, zum Beispiel zu einem solchen Zwecke Havereigelder verausgabt, oder sind von dem Versicherten Beiträge zur großen Haverei bereits entrichtet oder ist eine persönliche Verpflichtung des Versicherten zur Entrichtung solcher Beiträge bereits entstanden und ereignet sich später ein neuer Unfall, so haftet der Versicherer für den durch den späteren Unfall entstehenden Schaden bis (auf / **zur**) Höhe der ganzen Versicherungssumme ohne Rücksicht auf die ihm zur Last fallenden früheren Aufwendungen und Beiträge.

§. 841. **Art. 845. — §. 841.**

I Der Versicherer ist nach dem Eintritt eines Unfalls be- 1
rechtigt, **sich** durch Zahlung der vollen Versicherungssumme von allen weiteren Verbindlichkeiten aus dem Versicherungsvertrage sich zu befreien, insbesondere von der Verpflichtung, die Kosten zu erstatten, welche zur Rettung, Erhaltung und Wiederherstellung der versicherten Sachen erforderlich sind.

II War zur Zeit des Eintritts des Unfalls ein Theil der 2
versicherten Sachen der vom Versicherer zu tragenden Gefahr bereits entzogen, so hat der Versicherer, welcher von dem Rechte des (dieses Artikels / **Abs. 1**) Gebrauch macht, den auf jenen

---

Theil fallenden Theil der Versicherungssumme nicht zu entrichten.

III Der Versicherer erlangt durch Zahlung der Versicherungssumme keinen Anspruch auf die versicherten Sachen. 3

IV Ungeachtet der Zahlung der Versicherungssumme bleibt der Versicherer zum Ersatze derjenigen Kosten verpflichtet, welche auf die Rettung, Erhaltung oder Wiederherstellung der versicherten Sachen verwendet **worden** sind, bevor seine Erklärung, von dem Rechte Gebrauch zu machen, dem Versicherten zugegangen ist. 4

Art. 846. — **§. 842.** §. 842.

I Der Versicherer muß seinen Entschluß, dass er von dem 1
im Artikel 845 / **§. 841** bezeichneten Rechte Gebrauch **zu** machen wolle, bei Verlust dieses Rechtes dem Versicherten spätestens am dritten Tage nach Ablauf / **dem Ablaufe** desjenigen Tages erklären, an welchem ihm der Versicherte nicht allein den Unfall unter Bezeichnung der / **seiner** Beschaffenheit und **seiner** unmittelbaren Folgen desselben angezeigt , sondern auch / **und** alle sonstigen auf den Unfall sich beziehenden Umstände mitgetheilt hat, soweit die letzteren dem Versicherten bekannt sind.

Art. 847. — **§. 843.** §. 843.

I Im Falle / **Ist** nicht zum vollen Werthe versichert ist, **so** haftet 1
der Versicherer für die im Artikel 838 unter Ziffer 1 bis 4 / **§. 834** erwähnten Beiträge, Aufopferungen und Kosten nur nach Verhältniss / **dem Verhältnisse** der Versicherungssumme zum Versicherungswerthe.

Gewöhnliche deutsche und fette deutsche Schrift = neues H.G.

§. 844. Art. 848. — **§. 844.**

I Die Verpflichtung des Versicherers, einen Schaden zu erseßen, wird dadurch nicht wieder aufgehoben oder geändert, daß später in Folge einer Gefahr, $\frac{\text{welche}}{\textbf{die}}$ der Versicherer nicht zu tragen hat, ein neuer Schaden und selbst ein Totalverlust eintritt. 1

§. 845. Art. 849. — **§. 845.**

I Besondere Havereien **hat der Versicherer nicht zu ersetzen,** wenn sie ohne die Kosten der Ermittelung und Feststellung des Schadens ($\frac{\text{Art. 838 Ziff. 4}}{\textbf{§. 834 Nr. 4}}$) drei Prozent des Versicherungswerths nicht übersteigen 1

, hat der Versicherer nicht zu ersetzen, wenn sie aber | **; betragen sie**

mehr als drei Prozent $\frac{\text{betragen,}}{\textbf{, so sind sie}}$ ohne Abzug der drei Prozent zu vergüten.

II Ist das Schiff auf Zeit oder auf mehrere Reisen versichert, so sind die drei Prozent für jede einzelne Reise zu berechnen. Der Begriff der Reise bestimmt sich nach der Vorschrift des Artikels 760. | **§. 757.** 2

§. 846. Art. 850. — **§. 846.**

I Die im $\frac{\text{Artikel 838}}{\textbf{§. 834}}$ unter $\frac{\text{Ziffer}}{\textbf{Nr.}}$ 1 bis 3 erwähnten Beiträge, Aufopferungen und Kosten muß der Versicherer ersetzen, auch wenn sie drei Prozent des Versicherungswerths nicht erreichen. $\frac{\text{Dieselben}}{\textbf{Sie}}$ kommen jedoch bei der Ermittelung der im $\frac{\text{Artikel 849}}{\textbf{§. 845}}$ bezeichneten drei Prozent nicht in Berechnung. 1

Gewöhnliche deutsche und lateinische Schrift = altes H.G.

Art. 851. — **§. 847.** §. 847.

Ist vereinbart, daß der Versicherer von bestimmten Prozenten frei sein soll, so kommen die 1

in den Artikeln 849 und 850 enthaltenen Vorschriften	**Vorschriften der §§. 845, 846**

mit der Maßgabe zur Anwendung, daß an die Stelle der dort erwähnten drei Prozent die im Vertrag angegebene Anzahl von Prozenten tritt.

Art. 852. — **§. 848.** §. 848.

I Ist vereinbart, daß der Versicherer die Kriegsgefahr nicht übernehme / **übernimmt**, auch die Versicherung rücksichtlich der übrigen Gefahren nur bis zum Eintritt einer Kriegsbelästigung dauern solle / **soll** — welche Vereinbarung namentlich angenommen wird, wenn der Vertrag mit der Klausel: »frei vom Kriegsmolest« abgeschlossen ist —, so endet die Gefahr für den Versicherer mit dem Zeitpunkt, in welchem die Kriegsgefahr auf die Reise Einfluß zu üben beginnt, insbesondere also, wenn der Antritt oder die Fortsetzung der Reise durch Kriegsschiffe, Kaper oder Blokade behindert oder zur Vermeidung der Kriegsgefahr aufgeschoben wird, wenn das Schiff aus einem solchen Grunde von seinem Wege abweicht oder wenn der Schiffer durch Kriegsbelästigung die freie Führung des Schiffes verliert. 1

Eine Vereinbarung der im Abs. 1 bezeichneten Art wird angenommen, wenn der Vertrag mit der Klausel: »frei von Kriegsmolest« abgeschlossen ist. 2

Art. 853. — **§. 849.** §. 849.

I Ist vereinbart, daß der Versicherer zwar nicht die Kriegsgefahr übernehme / **übernimmt**, alle übrigen Gefahren aber auch nach dem Eintritt einer Kriegsbelästigung tragen soll — welche 1

Vereinbarung namentlich angenommen wird, wenn der Vertrag mit der Klausel: »nur für Seegefahr« abgeschlossen ist —, so endet die Gefahr für den Versicherer erst mit der Kondemnation der versicherten Sache oder sobald sie geendet hätte, wenn die Kriegsgefahr nicht ausgenommen worden wäre; der Versicherer haftet aber nicht für die zunächst durch Kriegsgefahr verursachten Schäden, also insbesondere nicht:

für Konfiskation durch kriegführende Mächte;

für Nehmung, Beschädigung, Vernichtung und Plünderung durch Kriegsschiffe und Kaper;

für die Kosten, welche entstehen aus der Anhaltung und Reklamirung, aus der Blokade des Aufenthaltshafens oder der Zurückweisung von einem blokirten Hafen oder aus dem freiwilligen Aufenthalte wegen Kriegsgefahr;

für die nachstehenden Folgen eines solchen Aufenthalts: Verderb und Verminderung der Güter, Kosten und Gefahr ihrer Entlöschung und Lagerung, Kosten ihrer Weiterbeförderung.

II Im Zweifel wird angenommen, daß ein eingetretener Schaden durch Kriegsgefahr nicht verursacht sei. 2

Eine Vereinbarung der im Abs. 1 bezeichneten Art wird namentlich angenommen, wenn der Vertrag mit der Klausel: »nur für Seegefahr« abgeschlossen ist. 3

§. 850. Art. 854. — **§. 850.**

I $\frac{\text{Wenn}}{\text{Ist}}$ der Vertrag mit der Klausel: »für behaltene Ankunft« abgeschlossen ist, so endet die Gefahr für den Versicherer schon mit dem Zeitpunkt, in welchem das Schiff im Bestimmungshafen am gebräuchlichen oder gehörigen Platze den Anker hat fallen lassen oder befestigt ist. 1

II Auch haftet der Versicherer nur: 2

1. bei der auf das Schiff sich beziehenden Versicherung, wenn entweder ein Totalverlust eintritt oder wenn

Gewöhnliche deutsche und lateinische Schrift = altes H.G.

das Schiff abandonnirt (Art. 865 / **§. 861**) oder in Folge eines Unfalls vor **der** Erreichung des Bestimmungshafens wegen Reparaturunfähigkeit oder wegen Reparaturunwürdigkeit verkauft wird (Art. 877 / **§. 873**);

2. bei der auf Güter sich beziehenden Versicherung, wenn die Güter oder ein Theil derselben / **der Güter** in Folge eines Unfalls den Bestimmungshafen nicht erreichen, insbesondere wenn sie vor **der** Erreichung desselben / **des Bestimmungshafens** in Folge eines Unfalls verkauft werden. Erreichen die Güter den Bestimmungshafen, so haftet der Versicherer weder für eine Beschädigung, noch für einen Verlust, welcher / **der die** Folge einer Beschädigung ist.

III Ueberdies hat der Versicherer in keinem Falle die in dem / **im** Artikel 838 unter Ziffer 1 bis 4 / **§. 834** erwähnten Beiträge, Aufopferungen und Kosten zu tragen. 3

Art. 855. — **§. 851.** §. 851.

I Wenn / **Ist** der Vertrag mit der Klausel: »frei von Beschädigung außer im Strandungsfall« abgeschlossen ist, so haftet der Versicherer nicht für einen Schaden, welcher / **der** aus einer Beschädigung entstanden ist / **entsteht**, ohne Unterschied, ob derselbe / **der Schaden** in einer Werthsverringerung oder in einem gänzlichen oder theilweisen Verlust und insbesondere darin besteht, daß die versicherten Güter gänzlich verdorben und in ihrer ursprüng- 1

Gewöhnliche deutsche und fette deutsche Schrift = neues H.G.

lichen Beschaffenheit zerstört den Bestimmungshafen erreichen oder während der Reise wegen Beschädigung und drohenden Verderbs verkauft worden sind, es sei denn, daß das Schiff oder das Leichterfahrzeug, $\frac{\text{worin}}{\textbf{in welchem sich}}$ die versicherten Güter $\frac{\text{sich befinden}}{\textbf{befanden}}$, gestrandet ist. Der Strandung werden folgende Seeunfälle gleich geachtet: Kentern, Sinken, Zerbrechen des Rumpfes, Scheitern und jeder Seeunfall, $\frac{\text{wodurch}}{\textbf{durch den}}$ das Schiff oder das Leichterfahrzeug reparaturunfähig geworden ist.

II Hat **sich** eine Strandung oder ein dieser gleich zu achtender 2
anderer Seeunfall sich ereignet, so haftet der Versicherer für jede drei Prozent **(§. 845)** übersteigende (Art. 849) Beschädigung, $\frac{\text{welche}}{\textbf{die}}$ in Folge eines solchen Seeunfalls entstanden ist, nicht aber für eine sonstige Beschädigung. Es wird bis zum Nachweise des Gegentheils vermuthet, daß eine Beschädigung, $\frac{\text{welche}}{\textbf{die}}$ möglicherweise Folge des eingetretenen Seeunfalls sein kann, in Folge $\frac{\text{desselben}}{\textbf{des Unfalls}}$ entstanden $\frac{\text{ist}}{\textbf{sei}}$.

III Für jeden Schaden, $\frac{\text{welcher}}{\textbf{der}}$ nicht aus einer Beschädigung 3
$\frac{\text{entstanden ist}}{\textbf{entsteht}}$, haftet der Versicherer, ohne Unterschied, ob **sich** eine Strandung oder ein anderer der erwähnten Unfälle sich zugetragen hat oder nicht, in derselben Weise, als wenn der Vertrag ohne die Klausel abgeschlossen wäre. Jedenfalls haftet er für die im $\frac{\text{Artikel 838}}{\textbf{§. 834}}$ unter $\frac{\text{Ziffer}}{\textbf{Nr.}}$ 1, 2 $\frac{\text{und}}{,}$ 4 erwähnten Beiträge, Aufopferungen und Kosten, für die $\frac{\text{darin}}{\textbf{im §. 834}}$ unter $\frac{\text{Ziffer}}{\textbf{Nr.}}$ 3 erwähnten Kosten aber nur dann,

wenn sie zur Abwendung eines ihm zur Last fallenden Verlustes verausgabt worden sind.

IV Eine Beschädigung, welche / **die** erweislich ohne Selbstentzündung durch Feuer oder durch Löschung eines solchen Feuers oder durch Beschießen entstanden ist, wird als eine solche Beschädigung, von welcher der Versicherer durch die Klausel befreit wird, nicht angesehen. 4

Art. 856. — **§. 852.** §. 852.

I Wenn der Vertrag mit der Klausel: »frei von Bruch außer im Strandungsfall« abgeschlossen ist, so finden die Bestimmungen / **Vorschriften** des vorstehenden Artikels / **§. 851** mit der Maßgabe Anwendung, daß der Versicherer für Bruch insoweit haftet, als er nach dem vorstehenden Artikel / **§. 851** für Beschädigung aufkommt / **aufzukommen hat**. 1

Art. 857. — **§. 853.** §. 853.

I Eine Strandung im Sinne des Artikel 855 und 856 / **der §§. 851, 852** ist vorhanden, wenn das Schiff unter nicht gewöhnlichen Verhältnissen der Seeschiffahrt auf den Grund festgeräth und entweder nicht wieder flott wird oder zwar wieder flott wird, jedoch entweder 1

1. nur unter Anwendung ungewöhnlicher Maßregeln, als / **wie** Kappen der Masten, Werfen oder Löschung eines Theiles der Ladung und dergleichen, oder durch den Eintritt einer ungewöhnlich hohen Fluth, nicht aber ausschließlich durch Anwendung gewöhnlicher Maßregeln als: / **, wie** Winden auf den Anker, Backstellen der Segel und dergleichen, oder

---

2. erst nachdem das Schiff durch das Festgerathen einen erheblichen Schaden am Schiffskörper erlitten hat.

Fünfter Abschnitt. | Fünfter Titel.

Umfang des Schadens.

§. 854. Art. 858. — §. 854.

I Ein Totalverlust des Schiffes oder der Güter liegt vor, 1
wenn das Schiff oder die Güter zu Grunde gegangen oder dem Versicherten ohne Aussicht auf Wiedererlangung entzogen sind, namentlich wenn sie unrettbar gesunken oder in ihrer ursprünglichen Beschaffenheit zerstört oder für gute Prise erklärt sind. Ein Totalverlust des Schiffes wird dadurch nicht ausgeschlossen, daß einzelne Theile des Wrackes oder des Inventars gerettet sind.

§. 855. Art. 859. — §. 855.

I Ein Totalverlust in Ansehung der Fracht liegt vor, 1
wenn die ganze Fracht verloren gegangen ist.

§. 856. Art. 860. — §. 856.

I Ein Totalverlust in Ansehung des imaginären Gewinns 1
oder in Ansehung der Provision, welche von der Ankunft der Güter am Bestimmungsort erwartet werden, liegt vor, wenn die Güter den Bestimmungsort nicht erreicht haben.

§. 857. Art. 861. — §. 857.

I Ein Totalverlust in Ansehung der Bodmerei- und 1
Havereigelder liegt vor, wenn die Gegenstände, welche verbodmet oder für welche die Havereigelder vorgeschossen oder verausgabt sind, entweder von einem Totalverlust oder dergestalt von anderen Unfällen betroffen sind, daß in Folge der dadurch herbeigeführten Beschädigungen, Verbodmungen oder sonstigen Belastungen zur Deckung jener Gelder nichts übrig geblieben ist.

Art. 862. — **§. 858.** §. 858.

I Im Falle des Totalverlustes hat der Versicherer die Versicherungssumme zum vollen Betrage zu zahlen, jedoch unbeschadet der nach 1
Vorschrift des Artikels 804 | **§. 800**
etwa zu machenden Abzüge.

Art. 863. — **§. 859.** §. 859.

I Ist im Falle des Totalverlustes vor der Zahlung der Versicherungssumme etwas gerettet, so kommt der Erlös des Geretteten von der Versicherungssumme in Abzug. War nicht zum vollen Werthe versichert, so wird nur ein verhältnißmäßiger Theil des Geretteten von der Versicherungssumme abgezogen. 1

II Mit der Zahlung der Versicherungssumme gehen die Rechte des Versicherten an der versicherten Sache auf den Versicherer über. 2

III Erfolgt erst nach der Zahlung der Versicherungssumme eine vollständige oder theilweise Rettung, so hat auf das nachträglich Gerettete nur der Versicherer Anspruch. War nicht zum vollen Werthe versichert, so gebührt dem Versicherer nur ein verhältnißmäßiger Theil des Geretteten. 3

Art. 864. — **§. 860.** §. 860.

I Sind bei einem Totalverlust in Ansehung des imaginären Gewinns ($\frac{\text{Art. 860}}{\textbf{§. 856}}$) die Güter während der Reise so günstig verkauft, daß der Reinerlös mehr beträgt als der Versicherungswerth der Güter, oder ist für $\frac{\text{dieselben}}{\textbf{die Güter}}$, wenn sie in Fällen der großen Haverei aufgeopfert **worden** sind oder wenn dafür nach Maßgabe der $\frac{\text{Artikel 612 und 613}}{\textbf{§§. 611, 612}}$ Ersatz geleistet werden muß, mehr als jener Werth vergütet, so kommt von der Versicherungssumme des imaginären Gewinns der Ueberschuß in Abzug. 1

Gewöhnliche deutsche und fette deutsche Schrift = neues H.G.

§. 861. **Art. 865. — §. 861.**

I Der Versicherte ist befugt, die Zahlung der Versicherungssumme zum vollen Betrage gegen Abtretung der in Ansehung des versicherten Gegenstandes ihm zustehenden Rechte in folgenden Fällen zu verlangen (Abandon): 1

1. wenn das Schiff verschollen ist;
2. wenn der Gegenstand der Versicherung dadurch bedroht ist, daß das Schiff oder die Güter unter Embargo gelegt, von einer kriegführenden Macht aufgebracht, auf andere Weise durch Verfügung von hoher Hand angehalten oder durch Seeräuber genommen und während einer Frist von sechs, neun oder zwölf Monaten nicht freigegeben sind, je nachdem die Aufbringung, Anhaltung oder Nehmung geschehen ist:
   a. in einem europäischen Hafen oder in einem europäischen Meere
   oder in einem, wenn auch nicht zu Europa gehörenden | **einschließlich aller Häfen oder**
   Theile des Mittelländischen, Schwarzen oder / **und** Azowschen Meeres oder
   b. in einem anderen Gewässer, jedoch diesseits des Vorgebirges der guten Hoffnung und des Kap Horn, oder
   c. in einem Gewässer jenseits des einen jener Vorgebirge.

II Die Fristen werden von dem Tage an berechnet, an welchem dem Versicherer der Unfall durch den Versicherten angezeigt ist (Art. 822) / **wird (§. 818)**. 2

§. 862. **Art. 866. — §. 862.**

I Ein Schiff, welches eine Reise angetreten hat, ist als verschollen anzusehen, wenn es innerhalb der Verschollenheits- 1

Gewöhnliche deutsche und lateinische Schrift = altes H.G.

frist den **Bestimmungshafen nicht erreicht hat, auch innerhalb** dieser **Frist den Betheiligten keine Nachrichten über** $\frac{\text{dasselbe}}{\textbf{das Schiff}}$ **zugegangen sind.**

II **Die Verschollenheitsfrist beträgt:** 2

1. wenn sowohl der Abgangshafen als der Bestimmungshafen ein europäischer Hafen ist, bei Segelschiffen sechs, bei Dampfschiffen vier Monate;
2. wenn entweder nur der Abgangshafen oder nur der Bestimmungshafen ein $\frac{\text{nichteuropäischer}}{\textbf{außereuropäischer}}$ Hafen ist, falls $\frac{\text{derselbe}}{\textbf{er}}$ diesseits des Vorgebirges der guten Hoffnung und des Kap Horn belegen ist, bei Segel- und Dampfschiffen neun Monate, falls $\frac{\text{derselbe}}{\textbf{er}}$ jenseits des einen jener Vorgebirge belegen ist, bei Segel- und Dampfschiffen zwölf Monate;
3. wenn sowohl der Abgangs- als der Bestimmungshafen ein $\frac{\text{nichteuropäischer}}{\textbf{außereuropäischer}}$ Hafen ist, bei Segel- und Dampfschiffen sechs, neun oder zwölf Monate, je nachdem die Durchschnittsdauer der Reise nicht über zwei oder nicht über drei oder mehr als drei Monate beträgt.

III Im Zweifel ist die längere Frist abzuwarten. 3

Art. 867. — **§. 868.** §. 868.

I Die Verschollenheitsfrist wird von dem Tage an berechnet, an welchem das Schiff die Reise angetreten hat. Sind jedoch seit dessen Abgange Nachrichten von $\frac{\text{demselben}}{\textbf{ihm}}$ angelangt, so wird von dem Tage an, bis zu welchem die letzte Nachricht reicht, diejenige Frist berechnet, welche maßgebend sein würde, wenn das Schiff von dem Punkte, an welchem es sich nach sicherer Nachricht zuletzt sich befunden hat, abgegangen wäre. 1

Gewöhnliche deutsche und fette deutsche Schrift = neues H.G.

§. 864. Art. 868. — **§. 864.**

I Die Abandonerklärung muß dem Versicherer innerhalb der Abandonfrist zugegangen sein. 1

II Die Abandonfrist beträgt sechs Monate, wenn im Falle der Verschollenheit (Art. 865 Ziff. 1 / **§. 861 Abs. 1 Nr. 1**) der Bestimmungshafen ein europäischer Hafen ist und wenn im Falle der Aufbringung, Anhaltung oder Nehmung (Art. 865 Ziff. 2 / **§. 861 Abs. 1 Nr. 2**) der Unfall sich in einem europäischen Hafen oder in einem europäischen Meere oder in einem, wenn auch nicht zu Europa / **einschließlich aller Häfen oder** gehörenden Theile des Mittelländischen, Schwarzen und Azowschen Meeres sich zugetragen hat. In den übrigen Fällen beträgt die Abandonfrist neun Monate. Die Abandonfrist beginnt mit dem Ablaufe der in den Artikeln 865 und 866 / **§§. 861, 862** bezeichneten Fristen. 2

III Bei der Rückversicherung beginnt die Abandonfrist mit dem Ablaufe des Tages, an welchem dem Rückversicherten von dem Versicherten der Abandon erklärt worden ist. 3

§. 865. Art. 869. — **§. 865.**

I Nach Ablauf / **Nach dem Ablaufe** der Abandonfrist ist der Abandon unstatthaft, unbeschadet des Rechtes des Versicherten, nach Maßgabe der sonstigen Grundsätze Vergütung eines Schadens in Anspruch zu nehmen. 1

II Ist im Falle der Verschollenheit des Schiffes die Abandonfrist versäumt, so kann der Versicherte zwar den Ersatz eines Totalschadens fordern; er muss / **hat** jedoch, wenn die versicherte Sache wieder zum Vorscheine kommt und sich dabei ergiebt, daß ein Totalverlust nicht vorliegt, auf Verlangen des Versicherers gegen Verzicht des letzteren auf die in Folge der 2

Zahlung der Versicherungssumme nach $\frac{\text{Artikel 863}}{\text{§. 859}}$ ihm zustehenden Rechte die Versicherungssumme zu erstatten und sich mit dem Ersatz eines etwa erlittenen theilweisen $\frac{\text{Partial-}}{\text{Schadens}}$ schadens $\frac{\text{sich}}{\text{zu}}$ begnügen.

Art. 870. — §. 866. §. 866.

I Die Abandonerklärung muß, um gültig zu sein, ohne Vorbehalt oder Bedingung erfolgen und sich auf den ganzen versicherten Gegenstand sich erstrecken, soweit dieser zur Zeit des Unfalls den Gefahren der See ausgesetzt war. 1

II Wenn jedoch nicht zum vollen Werthe versichert war, so ist der Versicherte nur den verhältnißmäßigen Theil des versicherten Gegenstandes zu abandonniren verpflichtet. 2

III Die Abandonerklärung ist unwiderruflich. 3

Art. 871. — §. 867. §. 867.

I Die Abandonerklärung ist ohne rechtliche Wirkung, wenn die Thatsachen, auf welche sie gestützt wird, sich nicht bestätigen oder zur Zeit der Mittheilung der Erklärung nicht mehr bestehen. Dagegen bleibt sie für beide Theile verbindlich, auch wenn sich auch später Umstände sich ereignen, deren früherer Eintritt das Recht zum Abandon ausgeschlossen haben würde. 1

Art. 872. — §. 868. §. 868.

I Durch Abandonerklärung gehen auf den Versicherer alle Rechte über, $\frac{\text{welche}}{\text{die}}$ dem Versicherten in Ansehung des abandonnirten Gegenstandes zustanden. 1

II Der Versicherte hat dem Versicherer Gewähr zu leisten wegen der auf dem abandonnirten Gegenstande zur Zeit der Abandonerklärung haftenden dinglichen Rechte, es sei denn, 2 daß sich diese in/**auf** Gefahren sich gründen, wofür/**für die** der Versicherer nach dem Versicherungsvertrag aufzukommen hatte/**hat**.

III Wird das Schiff abandonnirt, so gebührt dem Versicherer 3
des Schiffes die Nettofracht der Reise, auf welcher sich der Unfall sich zugetragen hat, soweit die Fracht erst nach der Abandonerklärung verdient ist. Dieser Theil der Fracht wird nach den für die Ermittelung der Distanzfracht geltenden Vorschriften berechnet.

IV Den hiernach für den Versicherten entstehenden Verlust 4
hat, wenn die Fracht selbständig versichert ist, der Versicherer der letzteren/**Fracht** zu tragen.

§. 869.

Art. 873. — §. 869.

I Die Zahlung der Versicherungssumme kann erst verlangt 1
werden, nachdem die zur Rechtfertigung des Abandons dienenden Urkunden dem Versicherer mitgetheilt sind und eine angemessene Frist zur/**zu deren** Prüfung derselben abgelaufen ist. Wird wegen Verschollenheit des Schiffes abandonnirt, so gehören zu den mitzutheilenden Urkunden glaubhafte Bescheinigungen über die Zeit, in welcher das Schiff den Abgangshafen verlassen hat, und über die Nichtankunft des Schiffes im Bestimmungshafen während der Verschollenheitsfrist.

II Der Versicherte ist verpflichtet, bei der Abandonerklärung, 2
soweit er dazu im Stande ist, dem Versicherer anzuzeigen, ob und welche andere den abandonnirten Gegenstand betreffende Versicherungen genommen sind , und/**sowie** ob und welche Bodmereischulden oder sonstige Belastungen darauf haften. Ist die Anzeige unterblieben, so kann der Versicherer die Zahlung der Versicherungssumme so lange verweigern, bis die Anzeige nachträglich geschehen ist; wenn eine Zahlungsfrist bedungen

Gewöhnliche deutsche und lateinische Schrift = altes H.G.

ist, so beginnt $\frac{\text{dieselbe}}{\text{diese}}$ erst mit dem Zeitpunkt, in welchem die Anzeige nachgeholt $\frac{\text{ist}}{\text{wird}}$.

Art. 874. — §. 870. §. 870.

I Der Versicherte ist verpflichtet, auch nach der Abandon- 1
erklärung für die Rettung der versicherten Sachen und für die Abwendung größerer Nachtheile nach $\frac{\text{Vorschrift des Artikels 823}}{\text{§. 819}}$ und zwar so lange zu sorgen, bis der Versicherer selbst dazu im Stande ist.

II Erfährt der Versicherte, daß ein für verloren erachteter 2
Gegenstand wieder zum Vorscheine gekommen ist, so muß er dies dem Versicherer sofort anzeigen und ihm auf Verlangen die zur Erlangung oder Verwerthung des Gegenstandes erforderliche Hülfe leisten.

III Die Kosten hat der Versicherer zu ersetzen; auch hat 3
$\frac{\text{derselbe}}{\text{er}}$ den Versicherten auf Verlangen mit einem angemessenen Vorschusse zu versehen.

Art. 875. — §. 871. §. 871.

I Der Versicherte muß dem Versicherer, wenn dieser die 1
Rechtmäßigkeit des Abandons anerkennt, auf **dessen** Verlangen und auf **dessen** Kosten desselben über den nach $\frac{\text{Artikel 872}}{\text{§. 868}}$ durch die Abandonerklärung eingetretenen Uebergang der Rechte eine **öffentlich** beglaubigte Anerkennungsurkunde (Abandonrevers) ertheilen und die auf die abandonnirten Gegenstände sich beziehenden Urkunden ausliefern.

Art. 876. — §. 872. §. 872.

I Bei einem $\frac{\text{partiellen}}{\text{theilweisen}}$ Schaden am Schiffe besteht der 1

Gewöhnliche deutsche und fette deutsche Schrift = neues H.G.

Schaden in dem nach $\frac{\text{Vorschrift der Artikel 711 und 712}}{\text{den §§. 709, 710}}$ zu ermittelnden Betrage der $\frac{\text{Reparaturkosten}}{\text{Ausbesserungskosten}}$, soweit diese die Beschädigungen betreffen, welche dem Versicherer zur Last fallen.

§. 873. **Art. 877. — §. 873.**

I Ist die Reparaturunfähigkeit oder Reparaturunwürdig- 1
keit des Schiffes ($\frac{\text{Art. 444}}{\text{§. 479}}$) auf dem im $\frac{\text{Artikel 499}}{\text{§. 530}}$ vorgeschriebenen Wege festgestellt, so ist der Versicherte dem Versicherer gegenüber befugt, das Schiff oder das Wrack zum öffentlichen Verkaufe zu bringen $\frac{\text{und besteht}}{\text{;}}$ im Falle des Verkaufs **besteht** der Schaden in dem Unterschiede zwischen dem Reinerlös und dem Versicherungswerthe.

II Die übernommene Gefahr endet für den Versicherer erst 2
mit dem Verkaufe des Schiffes oder des Wrackes; auch haftet der Versicherer für den Eingang des Kaufpreises.

III Bei der zur Ermittelung der Reparaturunwürdigkeit des 3
Schiffs erforderlichen Feststellung des Werthes $\frac{\text{desselben}}{\text{des Schiffes}}$ im unbeschädigten Zustande bleibt dessen Versicherungswerth, gleichviel ob $\frac{\text{dieser}}{\text{er}}$ taxirt ist oder nicht, außer Betracht.

§. 874. **Art. 878. — §. 874.**

I Der Beginn der $\frac{\text{Reparatur}}{\text{Ausbesserung}}$ schließt die Ausübung 1
des $\frac{\text{in dem vorhergehenden Artikel}}{\text{im §. 873}}$ dem Versicherten eingeräumten Rechtes nicht aus, wenn erst später erhebliche

Schäden entdeckt werden, welche / **die** dem Versicherten ohne sein Verschulden unbekannt geblieben waren.

II Macht der Versicherte von dem Rechte nachträglich Gebrauch, so muß der Versicherer die bereits aufgewendeten Reparaturkosten / **Ausbesserungskosten** insoweit besonders vergüten, als durch die Reparatur / **Ausbesserung** bei dem Verkaufe des Schiffes ein höherer Erlös erzielt worden ist 2

Art. 879. — **§. 875.** §. 875.

I Bei Gütern, welche / **die** beschädigt in dem / **im** Bestimmungshafen 1
ankommen, ist durch Vergleichung des Bruttowerths, den sie daselbst im beschädigten Zustande wirklich haben, mit dem Bruttowerthe, welchen sie dort im unbeschädigten Zustande haben würden, zu ermitteln, wie viele Prozente des Werthes der Güter verloren sind. Ebenso viele Prozente des Versicherungswerths sind als der Betrag des Schadens anzusehen.

II Die Ermittelung des Werthes, welchen die Güter im 2
beschädigten Zustande haben, erfolgt durch öffentlichen Verkauf oder, wenn der Versicherer einwilligt, durch Abschätzung. Die Ermittelung des Werthes / **Der Werth**, welchen die Güter in unbeschädigtem Zustande haben würden,

geschieht nach Massgabe der Bestimmungen des ersten und zweiten Absatzes des Artikels 612.	**bestimmt sich nach §. 611 Abs. 1.**

III Der Versicherer hat außerdem die Besichtigungs-, Ab- 3
schätzungs- und Verkaufskosten zu tragen.

Art. 880. — **§. 876.** §. 876.

I Ist / **Geht** ein Theil der Güter auf der Reise verloren ge- 1 gangen, so besteht der Schaden in ebensovielen Prozenten des Versicherungswerths, als Prozente des Werthes der Güter verloren gegangen sind.

§. 877. Art. 881. — **§. 877.**

I Wenn / **Sind** Güter auf der Reise in Folge eines Unfalls verkauft worden sind, so besteht der Schaden in dem Unterschiede zwischen dem nach Abzug der Fracht, **der** Zölle und Verkaufskosten sich ergebenden Reinerlöse der Güter und deren Versicherungswerthe. 1

II Die übernommene Gefahr endet für den Versicherer erst mit dem Verkaufe der Güter; auch haftet der Versicherer für den Eingang des Kaufpreises. 2

III Die Bestimmungen der Artikel 838 bis 842 werden durch die Vorschriften dieses Artikels nicht berührt.	**Die Vorschriften der §§. 834 bis 838 bleiben unberührt.** 3

§. 878. Art. 882. — **§. 878.**

I Bei partiellem / **einem theilweisen** Verluste der Fracht besteht der Schaden in demjenigen Theile der bedungenen oder in deren Ermangelung der üblichen Fracht, welcher verloren gegangen ist. 1

II Ist die Fracht taxirt und die Taxe nach 2

Vorschrift des vierten Absatzes des Artikels 797	**§. 793 Abs. 4**

in Bezug auf einen von dem Versicherer zu ersetzenden Schaden maßgebend, so besteht der Schaden in ebensovielen Prozenten der Taxe, als Prozente der bedungenen oder üblichen Fracht verloren sind.

§. 879. Art. 883. — **§. 879.**

I Bei **einem** imaginären Gewinn oder **einer** Provision, 1

$\frac{\text{welche}}{\text{die}}$ von der Ankunft der Güter erwartet werden, besteht der Schaden, wenn die Güter in beschädigtem Zustand ankommen, in ebensovielen Prozenten des als Gewinn oder Provision versicherten Betrags, als der nach $\frac{\text{Artikel 879}}{\text{§. 875}}$ zu ermittelnde Schaden an den Gütern Prozente des Versicherungswerths der letzteren beträgt.

II $\frac{\text{Hat}}{\text{Erreicht}}$ ein Theil der Güter den Bestimmungshafen 2
nicht erreicht, so besteht der Schaden in ebensovielen Prozenten des als Gewinn oder Provision versicherten Betrags, als der Werth des in dem Bestimmungshafen nicht angelangten Theiles der Güter Prozente des Werthes aller Güter beträgt.

III $\frac{\text{Wenn}}{\text{Sind}}$ bei der Versicherung des imaginären Gewinns in 3
Ansehung des nicht angelangten Theiles der Güter die Voraussetzungen des $\frac{\text{Artikels 864}}{\text{§. 860}}$ vorhanden sind, so kommt von dem Schaden der im $\frac{\text{Artikel 864}}{\text{§. 860}}$ bezeichnete Ueberschuß in Abzug.

Art. 884. — §. 880. §. 880.

I Bei Bodmerei- oder Havereigeldern besteht im Falle 1
eines $\frac{\text{partiellen}}{\text{theilweisen}}$ Verlustes der Schaden in dem Ausfalle, welcher $\frac{\text{darin sich}}{\text{sich darauf}}$ gründet, daß der Gegenstand, $\frac{\text{welcher}}{\text{der}}$ verbodmet oder für $\frac{\text{welchen}}{\text{den}}$ die Havereigelder vorgeschossen oder verausgabt sind, zur Deckung der Bodmerei- oder Havereigelder in Folge späterer Unfälle nicht mehr genügt.

Art. 885. — §. 881. §. 881.

I Der Versicherer hat den nach den $\frac{\text{Artikeln 876}}{\text{§§. 872}}$ bis $\frac{884}{880}$ 1 zu berechnenden Schaden vollständig zu vergüten, wenn zum vollen Werthe versichert war, jedoch unbeschadet der Vorschrift des $\frac{\text{Artikels 804}}{\text{§. 800}}$; war nicht zum vollen Werthe versichert, so hat er nach Maßgabe des $\frac{\text{Artikels 796}}{\text{§. 792}}$ nur einen verhältnißmäßigen Theil dieses Schadens zu vergüten.

Sechster Abschnitt. | . Sechster Titel.

Bezahlung des Schadens.

§. 882. Art. 886. — **§. 882.**

I Der Versicherte hat, um den Ersatz eines Schadens fordern 1
zu können, eine Schadensberechnung dem Versicherer mitzutheilen.

II Er muß zugleich durch genügende Belege dem Versicherer 2
darthun:

1. sein Interesse;
2. daß der versicherte Gegenstand den Gefahren der See ausgesetzt worden ist;
3. den Unfall, $\frac{\text{worauf}}{\text{auf den}}$ der Anspruch gestützt wird;
4. den Schaden und dessen Umfang.

§. 883. Art. 887 — **§. 883.**

I Bei der Versicherung für fremde Rechnung hat sich 1
außerdem der Versicherte sich darüber auszuweisen, daß er dem Versicherungsnehmer zum Abschlusse des Vertrags Auftrag ertheilt hat. Ist die Versicherung ohne Auftrag geschlossen ($\frac{\text{Artikel 786}}{\text{§. 782}}$), so muß der Versicherte die Umstände darthun, aus welchen hervorgeht, daß die Versicherung in seinem Interesse genommen ist.

I Als genügende Belege sind anzusehen im Allgemeinen 1
solche Belege anzusehen, $\frac{\text{welche}}{\text{die}}$ im Handelsverkehre, namentlich wegen der Schwierigkeit der Beschaffung anderer Beweise, nicht beanstandet zu werden pflegen, insbesondere

1. zum Nachweise des $\frac{\text{Interesse}}{\text{Interesses}}$:
   bei der Versicherung des Schiffes die üblichen Eigenthumsurkunden;
   bei der Versicherung von Gütern die Fakturen und Konnossemente, $\frac{\text{insofern}}{\text{sofern}}$ nach deren Inhalt derselben der Versicherte zur Verfügung über die Güter befugt erscheint;
   bei der Versicherung der Fracht die Chartepartien und Konnossemente;
2. zum Nachweise der Verladung der Güter die Konnossemente;
3. zum Nachweise des Unfalls die Verklarung und das $\frac{\text{Schiffsjournal}}{\text{Tagebuch}}$ (Art. 488 und 494), in Kondemnationsfällen das Erkenntniß des Prisengerichts, in Verschollenheitsfällen glaubhafte Bescheinigungen über die Zeit, in welcher das Schiff den Abgangshafen verlassen hat, und über die Nichtankunft $\frac{\text{desselben}}{\text{des Schiffes}}$ im Bestimmungshafen während der Verschollenheitsfrist;
4. zum Nachweise des Schadens und dessen Umfanges die den Gesetzen oder Gebräuchen des Ortes der Schadensermittelung entsprechenden Besichtigungs-, Abschätzungs- und Versteigerungsurkunden sowie die Kostenanschläge der Sachverständigen, ferner die quittirten Rechnungen über die ausgeführten $\frac{\text{Repara-}}{\text{Aus-}}$

Gewöhnliche deutsche und fette deutsche Schrift = neues H.G.

$\frac{\text{turen}}{\textbf{besserungen}}$ und andere Quittungen über geleistete Zahlungen; in Ansehung eines $\frac{\text{partiellen}}{\textbf{theilweisen}}$ Schadens am Schiffe ($\frac{\text{Art. 876, 877}}{\textbf{§§. 872, 878}}$) genügen jedoch die Besichtigungs- und Abschätzungsurkunden sowie die Kostenanschläge nur dann, wenn die etwaigen Schäden, $\frac{\text{welche in}}{\textbf{die sich auf}}$ Abnutzung, Alter, Fäulniß oder Wurmfraß sich gründen, gehörig ausgeschieden sind und wenn zugleich, soweit es ausführbar war, solche Sachverständige zugezogen worden sind, $\frac{\text{welche}}{\textbf{die}}$ entweder ein für allemal obrigkeitlich bestellt oder von dem Ortsgericht oder dem $\frac{\text{Landeskonsul}}{\textbf{deutschen Konsul}}$ und in deren Ermangelung oder sofern deren Mitwirkung sich nicht erlangen $\frac{\text{liesse}}{\textbf{ließ}}$, von einer anderen Behörde besonders ernannt waren.

Art. 889
ist schon aufgehoben durch §. 13 Nr. 2 des Einführungsgesetzes zur Civilprozessordnung.

§. 885. Art. 890. — **§. 885.**

I Eine Vereinbarung, $\frac{\text{wodurch}}{\textbf{durch die}}$ der Versicherte von dem 1
Nachweise der im $\frac{\text{Artikel 886}}{\textbf{§. 882}}$ erwähnten Umstände oder eines Theiles $\frac{\text{derselben}}{\textbf{dieser Umstände}}$ befreit wird, ist gültig, jedoch unbeschadet des Rechtes des Versicherers, das Gegentheil zu beweisen.

Gewöhnliche deutsche und lateinische Schrift = altes H.G.

II Die bei der Versicherung von Gütern getroffene Ver- 2
einbarung, daß das Konnossement nicht zu produziren sei / **vorzulegen ist**,
befreit nur von dem Nachweise der Verladung.

Art. 891. — **§. 886.** §. 886.

I Bei der Versicherung für fremde Rechnung ist der Ver- 1
sicherungsnehmer ohne Beibringung einer Vollmacht des Ver-
sicherten legitimirt, über die Rechte, welche in dem / **die im** Versicherungs-
vertrage für den Versicherten ausbedungen sind, zu verfügen
sowie die Versicherungsgelder zu erheben und einzuklagen.
Diese Bestimmung / **Vorschrift** gilt jedoch im Falle der Ertheilung einer
Polize nur dann, wenn der Versicherungsnehmer die Polize
beibringt.

II Ist die Versicherung ohne Auftrag genommen, so bedarf 2
der Versicherungsnehmer zur Erhebung oder Einklagung der
Versicherungsgelder der Zustimmung des Versicherten.

Art. 892. — **§. 887.** §. 887.

I Im Falle der Ertheilung einer Polize hat der Versicherer 1
die Versicherungsgelder dem Versicherten zu zahlen, wenn dieser
die Polize beibringt.

Art. 893. — **§. 888.** §. 888.

I Der Versicherungsnehmer ist nicht verpflichtet, die Polize 1
dem Versicherten oder den Gläubigern oder der Konkursmasse
desselben / **des Versicherten** auszuliefern, bevor er wegen der gegen den
Versicherten in Bezug auf den versicherten Gegenstand ihm
zustehenden Ansprüche befriedigt ist. Im Falle eines Schadens
kann der Versicherungsnehmer sich wegen dieser Ansprüche
aus der Forderung, welche gegen den Versicherer begründet
ist, und nach Einziehung der Versicherungsgelder aus den

Gewöhnliche deutsche und fette deutsche Schrift = neues H.G.

letzteren vorzugsweise vor dem Versicherten und vor dessen Gläubigern sich befriedigen.

§. 889. Art. 894. — **§. 889.**

I Der Versicherer macht sich dem Versicherungsnehmer verantwortlich, wenn er, während **sich** dieser noch im Besitze der Polize sich befindet, **durch** Zahlungen, welche / **die** er dem Versicherten oder den Gläubigern oder der Konkursmasse desselben / **des Versicherten** leistet, oder durch Verträge, welche / **die** er mit denselben / **ihnen** schließt, das in dem Artikel 893 / **im §. 888** bezeichnete Recht des Versicherungsnehmers beeinträchtigt. 1

II Inwiefern **sich** der Versicherer einem Dritten, welchem Rechte aus der Polize eingeräumt sind, sich dadurch verantwortlich macht, daß er über diese Rechte Verträge schließt oder Versicherungsgelder zahlt, ohne **sich** die Polize sich zurückgeben zu lassen oder dieselben / **sie** mit der erforderlichen Bemerkung zu versehen, bestimmt sich nach den Vorschriften des bürgerlichen Rechtes. 2

§. 890. Art. 895. — **§. 890.**

I Wird der Versicherer auf Zahlung der Versicherungsgelder in Anspruch genommen, so kann er bei der Versicherung für fremde Rechnung Forderungen, welche / **die** ihm gegen den Versicherungsnehmer zustehen, nicht zur Kompensation bringen / **aufrechnen**. 1

§. 891. Art. 896. — **§. 891.**

I Der Versicherte ist befugt, nicht allein / **nur** die aus einem be- 1 reits eingetretenen Unfall ihm zustehenden, sondern auch die künftigen Entschädigungsansprüche einem Dritten abzutreten.

Ist eine Polize ertheilt, welche an Order lautet, so kann dieselbe durch Indossament übertragen werden; in Ansehung eines solchen Indossamentes kommen die Vorschriften der Artikel 301, 303, 305 zur Anwendung. Bei

Ist die Polize nach §. 363 Abs. 2 an Order gestellt, so ist bei

der Versicherung für fremde Rechnung ist zur Gültigkeit der ersten Uebertragung das Indossament des Versicherungsnehmers genügend.

Art. 897. — §. 892. §. 892.

I Wenn nach $\frac{\text{Ablauf zweier Monate}}{\textbf{dem Ablaufe von zwei Monaten}}$ seit der 1
Anzeige des Unfalls die Schadensberechnung ($\frac{\text{Art. 886}}{\textbf{§. 882}}$) ohne Verschulden des Versicherten noch nicht vorgelegt, wohl aber durch ungefähre Ermittelung die Summe festgestellt worden ist, welche dem Versicherer mindestens zur Last fällt, so hat der letztere diese Summe in Anrechnung auf seine Schuld vorläufig zu zahlen, jedoch nicht vor $\frac{\text{Ablauf}}{\textbf{dem Ablaufe}}$ der etwa für die Zahlung der Versicherungsgelder bedungenen Frist. Soll die Zahlungsfrist mit dem Zeitpunkte beginnen, in welchem dem Versicherer die Schadensberechnung mitgetheilt ist, so wird $\frac{\text{dieselbe im Falle dieses Artikels}}{\textbf{sie in dem bezeichneten Falle}}$ von der Zeit an berechnet, in welcher dem Versicherer die vorläufige Ermittelung mitgetheilt ist.

Art. 898. — §. 893. §. 893.

I Der Versicherer hat: 1
1. in Havereifällen zu den für die Rettung, Erhaltung

oder Wiederherstellung der versicherten Sache nöthigen Ausgaben in Anrechnung auf seine später festzustellende Schuld zwei Drittel / Drittheile des ihm zur Last fallenden Betrags,

2. bei Aufbringung des Schiffes oder der Güter den vollen Betrag der ihm zur Last fallenden Kosten des Reklameprozesses, sowie sie erforderlich werden, vorzuschießen.

Siebenter Abschnitt. | Siebenter Titel.

Aufhebung der Versicherung und Rückzahlung der Prämie.

§. 894. Art. 899. — §. 894.

I Wird die Unternehmung, auf welche sich die Versicherung sich 1
bezieht, ganz oder zum Theil / zu einem Theile von dem Versicherten aufgegeben oder wird ohne sein Zuthun die ganze versicherte Sache ganz oder ein Theil derselben / dieser Sache der von dem Versicherer übernommenen Gefahr nicht ausgesetzt, so kann die Prämie ganz oder zu dem verhältnißmäßigen Theile bis auf eine dem Versicherer gebührende Vergütung zurückgefordert oder einbehalten werden (Ristorno).

II Die Vergütung (Ristornogebühr) besteht, sofern nicht ein 2
anderer Betrag vereinbart oder am Orte der Versicherung üblich ist, in einem halben Prozente der ganzen oder des entsprechenden Theiles der Versicherungssumme, wenn aber die Prämie nicht ein Prozent der Versicherungssumme erreicht, in der Hälfte der ganzen oder des verhältnißmäßigen Theiles der Prämie.

Gewöhnliche deutsche und lateinische Schrift = altes H.G.

Art. 900. — **§. 895.** §. 895.

I Ist die Versicherung wegen Mangels des versicherten 1
Interesse (Art. 782) / **Interesses (§. 778)** oder wegen Ueberversicherung (Art. 790 / **§. 786**)
oder wegen Doppelversicherung (Art. 792 / **§. 788**) unwirksam und hat sich der Versicherungsnehmer bei dem Abschlusse des Vertrags und im Falle der Versicherung für fremde Rechnung auch der Versicherte bei der Ertheilung des Auftrags in gutem Glauben befunden, so kann die Prämie gleichfalls bis auf die im Artikel 899 / **§. 894** bezeichnete Ristornogebühr zurückgefordert oder einbehalten werden.

Art. 901. — **§. 896.** §. 896.

I Die Anwendung der Artikel 899 und 900 ist / **Vorschriften der §§. 894, 895 wird** 1
dadurch nicht ausgeschlossen, daß der Versicherungsvertrag für den Versicherer wegen Verletzung der Anzeigepflicht oder aus anderen Gründen unverbindlich ist, selbst wenn der Versicherer ungeachtet dieser Unverbindlichkeit auf die volle Prämie Anspruch hätte.

Art. 902. — **§. 897.** §. 897.

I Ein Ristorno findet nicht statt, wenn die Gefahr für den 1
Versicherer bereits zu laufen begonnen hat.

Art. 903. — **§. 898.** §. 898.

I Wenn der Versicherer zahlungsunfähig geworden ist, so 1
ist der Versicherte befugt, nach seiner Wahl entweder von dem Vertrage zurückzutreten und die ganze Prämie zurückzufordern oder einzubehalten oder auf Kosten des Versicherers nach Maßgabe des Artikels 793 / **§. 789** eine neue Versicherung zu nehmen. Dieses Recht steht ihm jedoch nicht zu, wenn ihm wegen der Erfüllung der Verpflichtungen des Versicherers genügende

Sicherheit bestellt wird, bevor er von dem Vertrage zurückgetreten ist oder die neue Versicherung genommen hat.

§. 899. **Art. 904. — §. 899.**

I Wird der versicherte Gegenstand veräußert, so können dem Erwerber die dem Versicherten nach dem Versicherungsvertrag auch in Bezug auf künftige Unfälle zustehenden Rechte mit der Wirkung $\frac{\text{übertragen}}{\textbf{abgetreten}}$ werden, daß der Erwerber den Versicherer ebenso in Anspruch zu nehmen befugt ist, als wenn die Veräußerung nicht stattgefunden hätte und der Versicherte selbst den Anspruch erhöbe. 1

II Der Versicherer bleibt von der Haftung für die Gefahren befreit, welche nicht eingetreten sein würden, wenn die Veräußerung unterblieben wäre. 2

III Er kann sich nicht nur der Einreden und Gegenforderungen bedienen, welche ihm unmittelbar gegen den Erwerber zustehen, sondern auch derjenigen, welche er dem Versicherten hätte entgegenstellen können, der aus dem Versicherungsvertrage nicht hergeleiteten jedoch nur insofern, als sie bereits vor der Anzeige der Uebertragung entstanden sind. 3

IV Durch $\frac{\text{die vorstehende Bestimmung}}{\textbf{diese Vorschriften}}$ werden die rechtlichen Wirkungen der mittelst Indossaments erfolgten Uebertragung einer Polize, $\frac{\text{welche}}{\textbf{die}}$ an Order lautet, nicht berührt. 4

§. 900. **Art. 905. — §. 900.**

I Die Vorschriften des $\frac{\text{Artikels 904}}{\textbf{§. 899}}$ gelten auch im Falle der Versicherung einer Schiffspart. 1

II Ist das Schiff selbst versichert, so kommen $\frac{\text{dieselben}}{\textbf{sie}}$ nur zur Anwendung, wenn das Schiff während einer Reise veräußert wird. **Der** Anfang und **das** Ende der Reise be- 2 stimmen sich nach Artikel 827 / **§. 823**. Ist das Schiff auf Zeit oder für mehrere Reisen (Art. 760 / **§. 757**) versichert, so dauert die Versicherung im Falle der Veräußerung während einer Reise nur bis zur Entlöschung des Schiffes im nächsten Bestimmungshafen (Art 827 / **§. 823**).

Zwölfter Titel. | Elfter Abschnitt.
Von der Verjährung. | **Verjährung.**

Art. 906. — **§. 901.** §. 901.

I Die im Artikel 757 / **§. 754 Nr. 1 bis 9** aufgeführten Forderungen 1
verjähren in einem Jahre. Es beträgt jedoch die Verjährungsfrist zwei Jahre:

1. für die aus den Dienst- und Heuerverträgen herrührenden Forderungen der Schiffsbesatzung, wenn die Entlassung jenseits des Vorgebirges der guten Hoffnung oder des Kap Horn erfolgt ist;
2. für die aus dem Zusammenstoße von Schiffen hergeleiteten Entschädigungsforderungen.

Art. 907. — **§. 902.** §. 902.

I Die nach dem vorstehenden Artikel / **§. 901** eintretende Verjähr- 1
ung bezieht sich zugleich auf die persönlichen Ansprüche, welche / **die** dem Gläubiger etwa gegen den Rheder oder eine Person der Schiffsbesatzung zustehen.

Art. 908. — **§. 903.** §. 903.

I Die Verjährung beginnt: 1

1. in Ansehung der Forderungen der Schiffsbesatzung

$\left(\frac{\text{Art. 757 Ziff. 4}}{\text{§. 754 Nr. 3}}\right)$ mit dem Ablaufe des $\frac{\text{Tages, an}}{\text{Jahres, in}}$ welchem das Dienst- oder Heuerverhältniß endet, und, falls die Anstellung der Klage früher möglich und zulässig ist, mit dem Ablaufe des $\frac{\text{Tages, an}}{\text{Jahres, in}}$ welchem diese Voraussetzung eintritt; jedoch kommt das Recht, Vorschuß- und Abschlagszahlungen zu verlangen, für den Beginn der Verjährung nicht in Betracht;

2. in Ansehung der Forderungen wegen Beschädigung oder verspäteter Ablieferung von $\frac{\text{Gütern}}{\text{Ladungsgütern}}$ und $\frac{\text{Reise-Effekten (Art. 757 Ziff. 8 und 10)}}{\text{Reisegut (§. 754 Nr. 7, 9)}}$ und wegen der Beiträge zur großen Haverei $\left(\frac{\text{Art. 757 Ziff. 6}}{\text{§. 754 Nr. 5}}\right)$ mit dem Ablaufe des $\frac{\text{Tages, an}}{\text{Jahres, in}}$ welchem die Ablieferung erfolgt ist, in Ansehung der Forderungen wegen Nichtablieferung von Gütern mit dem Ablaufe des $\frac{\text{Tages, an}}{\text{Jahres, in}}$ welchem das Schiff den Hafen erreicht, wo die Ablieferung erfolgen sollte, und wenn dieser Hafen nicht erreicht wird, mit dem Ablaufe des $\frac{\text{Tages, an}}{\text{Jahres, in}}$ welchem der Betheiligte sowohl hiervon als auch von dem Schaden zuerst Kenntniß $\frac{\text{gehabt hat}}{\text{erlangt}}$;

3. in Ansehung der nicht unter $\frac{\text{die Ziffer 2}}{\text{Nr. 2}}$ fallenden Forderungen aus dem Verschulden einer Person der Schiffsbesatzung $\left(\frac{\text{Art. 757 Ziff. 10}}{\text{§. 754 Nr. 9}}\right)$ mit dem Ablaufe

---

Gewöhnliche deutsche und lateinische Schrift = altes H.G.

des $\frac{\text{Tages, an}}{\text{Jahres, in}}$ welchem der Betheiligte von dem Schaden Kenntniß erlangt hat, in Ansehung der Entschädigungsforderungen wegen des Zusammenstoßes von Schiffen jedoch mit dem Ablaufe des $\frac{\text{Tages, an}}{\text{Jahres, in}}$ welchem der Zusammenstoß stattgefunden hat;

4. in Ansehung aller anderen Forderungen mit dem Ablaufe des $\frac{\text{Tages, an}}{\text{Jahres, in}}$ welchem die Forderung fällig geworden ist.

Art. 909. — §. 904. §. 904.

I Ferner verjähren in einem Jahre die auf den Gütern wegen der Fracht nebst allen Nebengebühren, wegen des Liegegeldes, der ausgelegten Zölle und sonstigen Auslagen, wegen der Bodmereigelder, der Beiträge zur großen Haverei und der Bergungs- und Hülfskosten haftenden Forderungen sowie 1

alle persönlichen Ansprüche gegen die Ladungsbetheiligten und die Forderungen wegen der Ueberfahrtsgelder.	**die wegen dieser Gelder, Beiträge und Kosten begründeten persönlichen Ansprüche.**

II Die Verjährung beginnt in Ansehung der Beiträge zur großen Haverei mit dem Ablaufe des $\frac{\text{Tages, an}}{\text{Jahres, in}}$ welchem die beitragspflichtigen Güter abgeliefert sind, in Ansehung der übrigen Forderungen mit des Ablaufe des $\frac{\text{Tages, an}}{\text{Jahres, in}}$ welchem die Fälligkeit eingetreten ist. 2

Art. 910. — §. 905. §. 905.

I Es verjähren in fünf Jahren die Forderungen des Versicherers und des Versicherten aus dem Versicherungsvertrage. 1

II Die Verjährung beginnt mit dem Ablaufe des letzten 2

Tages des Jahres, in welchem die versicherte Reise beendigt ist, und bei der Versicherung auf Zeit mit dem Ablaufe des Tages, an welchem die Versicherungszeit endet. Sie beginnt, wenn das Schiff verschollen ist, mit dem Ablaufe des Tages, an welchem die Verschollenheitsfrist endet.

Art. 911.

I Eine Forderung, welche nach den Artikeln 906 bis 910 verjährt ist, kann auch im Wege der Kompensation oder sonst als Gegenforderung nicht geltend gemacht werden, wenn sie zur Zeit der Entstehung der anderen Forderung bereits verjährt war.

Urkundlich unter Unserer Höchsteigenhändigen Unterschrift und beigedrucktem Kaiserlichem Insiegel.

Gegeben Urville, den 10. Mai 1897.

(L. S.) Wilhelm.

Fürst zu Hohenlohe.

Vergleichende Zusammenstellung
der
Artikel des alten und der Paragraphen des neuen Handelsgesetzbuchs mit Seitenzahlen.

Artikel des alten Handelsgesetzbuchs		§§ des neuen Handelsgesetzbuchs		Seite	Artikel des alten Handelsgesetzbuchs		§§ des neuen Handelsgesetzbuchs		Seite
fortlauf. Reihenfolge		fortlauf. Reihenfolge			fortlauf. Reihenfolge		fortlauf. Reihenfolge		
1	—	—	—	32	—	—	13^{1}	—	43
2	—	--	—	32	—	*21^{III}*	13^{2}	—	43
3	--	—	—	32	—	—	14	—	44
4	—	1	—	32	—	—	15	—	44
—	*271*	1	—	33	—	—	16	—	44
—	*272^{I}*	1	—	34	*15*	—	17	--	45
—	*273^{II}*	1	—	35	*16*	—	18	—	45
—	—	2	—	36	*17*	—	19	—	46
—	—	3	—	36	*18*	—	20	—	47
—	*10*	4	—	37	*19*	—	—	29	47
—	—	5	—	38	*20*	—	—	30	47
5	—	6	—	38	*21^{I}*	—	—	—	47
6	—	—	—	39	*21^{II}*	—	—	30^{3}	47
7	—	—	—	39	*21^{III}*	--	—	—	47
8	—	—	—	39	—	—	21	—	48
9	—	—	—	40	*22*	—	22	—	48
10	—	—	4	40	*23*	—	23	—	48
11	—	7	—	40	*24*	—	24	—	49
12^{I}	—	8	—	40	—	—	25	—	49
12^{II}	—	9	—	41	—	—	26	—	50
13	—	10	—	42	—	—	27	—	50
14	—	11	—	42	—	—	28	--	51
—	—	12	--	43	—	*19*	29	—	51

Artikel des alten Handelsgesetzbuchs		§§ des neuen Handelsgesetzbuchs		Seite	Artikel des alten Handelsgesetzbuchs		§§ des neuen Handelsgesetzbuchs		Seite
fortlauf. Reihenfolge		fortlauf. Reihenfolge			fortlauf. Reihenfolge		fortlauf. Reihenfolge		
—	*29*	**30**	—	52	*48*	—	—	**57**	66
25	—	**31**	—	52	*49*	—	—	**55**	66
—	—	**32**	—	53	*50*	—	—	**56**	67
—	—	**33**	—	54	*51*	—	—	—	67
—	—	**34**	—	54	*52*	—	—	—	67
—	—	**35**	—	55	*53*	—	—	**58**	68
—	—	**36**	—	55	*54*	—	**52**	—	64
26^{I}	—	—	—	55	—	*45*	**53**	—	64
26^{II}	—	37^{1}	—	55	—	*47*	**54**	—	65
27	—	37^{2}	—	56	—	*49*	**55**	—	66
28	—	**38**	—	57	—	*50*	**56**	—	67
29	—	**39**	—	57	—	*48*	**57**	—	67
30	—	—	**41**	58	—	*53*	**58**	—	68
31	—	**40**	—	59	*55*	—	—	—	68
—	*30*	**41**	—	59	*56*	—	—	—	68
—	—	**42**	—	59	*57*	—	**59**	—	69
32	—	**43**	—	59	*58*	—	—	—	69
33	—	**44**	—	60	*59*	—	**60**	—	70
34	—	—	—	60	—	—	**61**	—	70
35	—	—	—	60	—	—	**62**	—	71
36	—	—	—	60	*60*	—	**63**	—	71
37	—	**45**	—	61	—	—	**64**	—	72
38	—	**46**	—	61	—	—	**65**	—	72
39	—	—	—	61	61^{I}	—	**66**	—	72
40	—	**47**	—	61	61^{I}	—	**67**	—	73
41	—	**48**	—	62	61^{II}	—	—	**77**	73
42	—	**49**	—	63	—	—	**68**	—	73
43	—	**50**	—	63	—	—	**69**	—	73
44	—	**51**	—	63	*62*	—	**70**	—	74
45	—	—	**53**	64	*63*	—	**71**	—	74
46	—	—	—	65	*64*	—	**72**	—	74
47	—	—	**54**	65	—	—	**73**	—	77

Artikel des alten Handelsgesetzbuchs		§§ des neuen Handelsgesetzbuchs		Seite	Artikel des alten Handelsgesetzbuchs		§§ des neuen Handelsgesetzbuchs		Seite
fortlauf. Reihenfolge		fortlauf. Reihenfolge			fortlauf. Reihenfolge		fortlauf. Reihenfolge		
—	—	**74**	—	77	—	*83*	**99**	—	89
—	—	**75**	—	77	—	*71, 72*	**100**	—	89
—	—	**76**	—	78	*74*	—	**101**	—	91
—	*61*^{II}	**77**	—	79	*75*	—	—	—	91
—	—	**78**	—	79	*76*	—	—	—	91
—	—	**79**	—	80	*77*	—	—	—	91
—	—	**80**	—	80	*78*	—	—	—	91
—	—	**81**	—	80	*79*	—	**102**	—	91
—	—	**82**	—	81	—	—	**103**	—	92
65	—	**83**	—	81	—	—	**104**	—	92
—	—	**84**	—	81	*80*	—	—	**96**	87
—	—	**85**	—	82	*81*	—	—	**98**	88
—	—	**86**	—	82	*82*	—	—	—	88
—	—	**87**	—	82	*83*	—	—	**99**	89
—	—	**88**	—	82	*84*	—	—	—	89
—	—	**89**	—	83	*85*	—	**105**	—	93
—	—	**90**	—	83	*86*	—	**106**	—	94
—	—	**91**	—	83	*87*	—	**107**	—	94
—	—	**92**	—	83	*88*	—	**108**	—	95
66	—	**93**	—	84	*89*	—	—	—	96
67^{I}	—	**93**	—	84	*90*	—	**109**	—	96
67^{II}	—	—	**97**	84	*91*	—	—	—	96
68	—	—	—	85	*92*	—	—	—	97
69	—	—	—	85	*93*	—	**110**	—	97
70	—	—	—	86	*94*	—	—	—	97
71	—	—	**100**	86	*95*	—	**111**	—	98
72	—	—	**100**	86	*96*	—	**112**	—	98
73	—	**94**	—	86	*97*	—	**113**	—	99
—	—	**95**	—	87	*98*	—	—	—	100
—	*80*	**96**	—	87	*99*^{I}	—	**114**	—	101
—	*67*^{II}	**97**	—	88	*99*^{II}	—	—	**116**	102
—	*81*	**98**	—	88	*100*	—	**115**	—	101

Artikel des alten Handelsgesetzbuchs		§§ des neuen Handelsgesetzbuchs		Seite	Artikel des alten Handelsgesetzbuchs		§§ des neuen Handelsgesetzbuchs		Seite
fortlauf. Reihenfolge		fortlauf. Reihenfolge			fortlauf. Reihenfolge		fortlauf. Reihenfolge		
101	—	—	**117**	101	*121*	—	—	—	114
102	—	—	**114**	100	*122*	—	—	—	114
—	*99*II	**116**	—	102	*123*	—	**131**	—	115
103	—	**116**	—	102	*124*	—	**132**	—	116
104	—	**116**	—	103	*125*	—	**133**	—	116
105	—	—	**118**	103	—	*123*II *Nr. 6*	**134**	—	118
—	*101*	**117**	—	103					
—	*105*	**118**	—	104	*126*	—	**135**	—	118
106	—	—	**121**	105	—	—	**136**	—	119
—	—	**119**	—	105	—	—	**137**	—	119
107	—	**120**	—	105	*127*	—	**138**	—	120
108	—	—	**122**	105	—	—	**139**	—	120
—	*106*	**121**	—	106	*128*	—	**140**	—	121
109	—	**121**	—	107	*129*	—	—	**143**	124
110	—	—	**123**	108	*130*	—	**140**	—	122
—	*108*	**122**	—	108	*131*	—	—	—	122
—	*110*	**123**	—	108	*132*	—	**141**	—	123
111	—	**124**	—	108	—	—	**142**	—	123
112	—	—	**128**	112	—	*129*	**143**	—	124
113	—	—	**130**	112	—	—	**144**	—	125
114	—	—	**126**	112	*133*	—	**145**	—	125
115	—	**125**	—	109	*133*	—	**146**	—	126
116	—	**126**	—	110	*134*	—	**147**	—	127
117	—	**126**	—	111	*135*	—	**148**	—	127
118	—	**126**	—	111	*136*	—	—	**150**	129
—	*114*	**126**	—	111	*137*	—	**149**	—	128
—	—	**127**	—	112	—	*136*	**150**	—	129
—	*112*	**128**	—	112	*138*	—	**151**	—	129
—	—	**129**	—	113	*139*	—	—	**153**	130
—	*113*	**130**	—	113	*140*	—	**152**	—	129
119	—	—	—	113	*141*	—	—	**155**	130
120	—	—	—	114	—	*139*	**153**	—	130

Artikel des alten Handelsgesetzbuchs		§§ des neuen Handelsgesetzbuchs		Seite	Artikel des alten Handelsgesetzbuchs		§§ des neuen Handelsgesetzbuchs		Seite
fortlauf. Reihenfolge		fortlauf. Reihenfolge			fortlauf. Reihenfolge		fortlauf. Reihenfolge		
—	—	154	—	130	167	—	170	—	143
142	—	155	—	130	168	—	—	—	144
—	141	155	—	130	169	—	—	—	144
143	—	—	—	131	—	165	171	—	144
144	—	156	—	131	—	165	172	—	145
145	—	157	—	132	—	166	173	—	146
—	—	158	—	133	—	—	174	—	146
146	—	159	—	133	—	—	175	—	146
147	—	—	—	134	—	163^{III}	176	—	147
148	—	160	—	134	170	—	177	—	147
149	—	—	—	134	171	—	—	—	147
150	—	161	—	135	172	—	—	—	147
151	—	—	—	136	173	—	—	—	250
—	150	162	—	136	173a	—	—	—	251
152	—	—	—	137	174	—	—	—	251
153	—	—	—	138	174a	—	—	—	252
154	—	—	—	138	175	—	—	321, 322	252
155	—	—	—	138					
156	—	—	—	138	175a	—	—	—	253
157	—	163	—	139	175b	—	—	—	255
158	—	164	—	139	175c	—	—	323	255
159	—	165	—	140	175d	—	—	—	257
160	—	166	—	140	175e	—	—	—	257
161	—	167	—	141	175f	—	—	—	258
162	—	168	—	142	175g	—	—	—	259
—	—	169	—	142	176	—	—	—	259
$163^{\text{I,II}}$	—	—	—	143	177	—	—	—	260
163^{III}	—	—	176	146	178	—	—	—	261
164	—	—	—	143	179	—	—	—	261
165	—	—	171	144	180	—	—	—	261
			172	145	180a	—	—	—	263
166	—	—	173	146	180b	—	—	—	263

Artikel des alten Handelsgesetzbuchs		§§ des neuen Handelsgesetzbuchs		Seite	Artikel des alten Handelsgesetzbuchs		§§ des neuen Handelsgesetzbuchs		Seite
fortlauf. Reihenfolge		fortlauf. Reihenfolge			fortlauf. Reihenfolge		fortlauf. Reihenfolge		
180c	—	—	—	264	*195*	—	—	—	285
180d	—	—	—	264	*196*	—	—	—	286
180e	—	—	**324**	264	*196a*	—	—	—	286
180f	—	—	—	268	*197*	—	—	—	287
180g	—	—	—	268	*198*	—	—	—	287
180h	—	—	—	269	*199*	—	—	**330**	288
180i	—	—	—	271	*200*	—	—	**330**	288
181	—	—	—	271	*201*	—	—	—	289
181a	—	—	—	272	*202*	—	—	—	290
182	—	—	—	273	*203*	—	—	—	290
183	—	—	—	273	*204*	—	—	—	291
183a	—	—	—	273	*205*	—	—	**331**	292
183b	—	—	—	274	*206*	—	—	—	293
184	—	—	—	274	*206a*	—	—	**332**	293
184a	—	—	—	274	—	—	—	**333**	294
184b	—	—	—	275	—	—	—	**334**	296
184c	—	—	—	276	*207*	—	**178**	—	148
185	—	—	—	277	*207*	—	**179**	—	149
185a	—	—	—	277	*207a*	—	**180**	—	149
185b	—	—	—	278	*208*	—	—	**210**	149
185c	—	—	—	278	—	—	**181**	—	150
186	—	—	**328**	279	*209*	—	**182**	—	151
187	—	—	—	280	*209*	—	**183**	—	152
188	—	—	—	281	*209* }	—	**184**	—	152
189	—	—	—	281	*209a* }			—	
190	—	—	—	281	*209a*	—	**185**	—	152
190a	—	—	—	282	*209b*	—	**186*	—	153
190b	—	—	—	283	*209c*	—	**187**	—	154
191	—	—	—	284	*209d*	—	**188**	—	154
192	—	—	—	284	*209e*	—	**189**	—	155
193	—	—	—	285	*209f*	—	**190**	—	157
194	—	—	—	285	*209g*	—	**191**	—	157

Artikel des alten Handelsgesetzbuchs		§§ des neuen Handelsgesetzbuchs		Seite	Artikel des alten Handelsgesetzbuchs		§§ des neuen Handelsgesetzbuchs		Seite
fortlauf. Reihenfolge		fortlauf. Reihenfolge			fortlauf. Reihenfolge		fortlauf. Reihenfolge		
209h	—	**192**	--	158	—	*216*	**213**	—	177
209h	—	**193**	—	158	—	—	**214**	—	177
—	—	**194**	—	159	—	*217*	**215**	—	178
210	—	**195**	—	159	—	—	**216**	—	178
210a	—	**196**	—	162	—	*218*	**217**	—	178
210b	—	**197**	—	163	—	—	**218**	—	179
—	—	**198**	—	164	—	—	**219**	—	179
210c	—	**199**	—	164	—	—	**220**	—	180
211	—	**200**	—	165	—	—	**221**	—	181
212	—	**201**	—	166	*220*	—	**222**	—	181
213	—	—	**210**	175	*220*	—	**223**	—	182
213a	—	**202**	—	167	*220*	—	**224**	—	183
213b	—	**203**	—	169	*221*	—	—	**250**	201
213c	—	**204**	—	170	*222*	—	—	**271**	215
213d	—	**205**	—	170	*222a*	—	—	**266**	210
213e	—	**206**	—	171	—	—	—	**267**	210
213f	—	**207**	—	171	*223*	—	—	**268**	212
213f	—	**208**	—	173	—	—	—	**269**	213
214	—	—	—	173	*224*	—	—	**243**	195
215	—	—	**274**	217	*225*	—	—	**246**	197
			275		*225a*	—	—	**248**	198
215a	—	—	**278**	220	*226*	—	—	**249**	199
*215b*I	—	—	**281**	222	—	—	**225**	--	183
*215b*II	—	—	**284**	223	—	*215d*	**226**	—	183
215c	—	**209**	—	174	—	*215d*	**227**	—	184
215d	—	—	**226**	183	—	—	**228**	—	185
			227		—	—	**229**	—	185
216	—	—	**213**	177	—	—	**230**	—	185
217	—	—	**215**	178	*227*	—	**231**	—	186
218	—	—	**217**	178	*228*	—	—	—	186
—	*213*	**210**	—	175	*229*	—	**232**	—	186
219	—	**211**	—	176	*229*	—	**233**	—	188
219	—	**212**	—	176	*230*	—	—	—	188

Artikel des alten Handelsgesetzbuchs		§§ des neuen Handelsgesetzbuchs		Seite
fortlauf. Reihenfolge		fortlauf. Reihenfolge		
231	—	—	235	189
232	—	—	236	189
232a	—	—	—	189
233	—	234	—	188
—	231	235	—	189
—	232	236	—	189
—	—	237	—	191
234	—	238	—	191
235	—	—	—	191
236	—	—	253	202
237	—	—	254	202
238	—	—	255	203
—	—	—	256	204
238a	—	—	259	205
239^{I}	—	239	—	192
239^{II}	—	—	260	206
—	—	—	263	208
239a	—	—	264	209
$239a^{\mathrm{I}}$	—	—	266	210
239b	—	—	261	207
240	—	240	—	192
241	—	241	—	193
—	—	242	—	195
—	224	243	—	195
—	224	244	—	196
—	224	245	—	196
—	225	246	—	197
—	—	247	—	198
—	225a	248	—	198
—	226	249	—	199
—	221	250	—	201
—	—	251	—	201

Artikel des alten Handelsgesetzbuchs		§§ des neuen Handelsgesetzbuchs		Seite
fortlauf. Reihenfolge		fortlauf. Reihenfolge		
—	—	252	—	201
—	236	253	—	202
—	237	254	—	202
—	238	255	—	203
—	238	256	—	204
—	—	257	—	205
—	—	258	—	205
—	238a	259	—	205
—	239^{II} Satz 1	260	—	206
—	239b	261	—	207
—	—	262	—	208
—	239^{II} Satz 2	263	—	208
—	239a	264	—	209
—	—	—	26	209
—	—	265	—	210
—	$239a^{\mathrm{I}}$	266	—	210
—	222a	266	—	210
—	222a	267	—	212
—	223	268	—	212
—	223	269	—	213
—	—	270	—	215
—	222	271	—	215
—	—	272	—	216
—	—	273	—	216
—	215	274	—	217
—	215	275	—	217
—	—	276	—	219
—	—	277	—	219
—	215a	278	—	220
—	—	279	—	221

Artikel des alten Handelsgesetzbuchs		§§ des neuen Handelsgesetzbuchs		Seite	Artikel des alten Handelsgesetzbuchs		§§ des neuen Handelsgesetzbuchs		Seite
fortlauf. Reihenfolge		fortlauf. Reihenfolge			fortlauf. Reihenfolge		fortlauf. Reihenfolge		
—	—	280	—	221	—	—	311	—	240
—	$215b^{I}$	281	—	222	*249*	—	312	—	241
—	—	282	—	222	*249a*	—	313	—	241
—	—	283	—	223	*249b*	—	314	—	243
—	$215b^{II}$	284	—	223	*249c*	—	315	—	245
—	—	285	—	225	*249d*	—	316	—	246
—	—	286	—	225	*249e*	—	317	—	247
—	—	287	—	225	*249f*	—	318	—	247
—	*248*	288	—	225	*249g*	—	319	—	248
—	—	289	—	227	—	—	320	—	250
—	—	290	—	228	—	*175*	321	—	252
—	—	291	—	228	—	*175*	322	—	253
242	—	292	—	229	—	*175c*	323	—	255
243	—	293	—	229	—	*180e*	324	—	264
—	—	294	—	230	—	—	325	—	266
244	—	295	—	230	—	—	326	—	267
—	—	296	—	230	—	—	327	—	267
—	—	297	—	230	—	*186*	328	—	279
244a	—	298	—	232	—	—	329	—	287
244a	—	299	—	233	—	*199*	330	—	280
245	—	300	—	233	—	*200*	330	—	280
245	—	301	—	234	—	*205*	331	—	292
246	—	302	—	235	—	*206a*	332	—	293
—	—	303	—	235	—	*206a*	333	—	294
—	—	304	—	236	—	*206a*	334	—	296
—	—	305	—	236	*250*	—	335	—	298
247	—	306	—	237	*251*	—	—	—	299
248	—	—	288	225	*252*	—	—	—	299
—	—	307	—	239	*253*	—	—	338	300
—	—	308	—	239	*254*	—	336	—	299
—	—	309	—	240	*255*	—	337	—	300
—	—	310	—	240	—	*253*	338	—	300

Artikel des alten Handelsgesetzbuchs		§§ des neuen Handelsgesetzbuchs		Seite	Artikel des alten Handelsgesetzbuchs		§§ des neuen Handelsgesetzbuchs		Seite
fortlauf. Reihenfolge		fortlauf. Reihenfolge			fortlauf. Reihenfolge		fortlauf. Reihenfolge		
256	—	—	—	301	284	—	**348**	—	311
257	—	—	—	301	285	—	**349**	—	312
258	—	—	**341**	304	286	—	**350**	—	312
259	—	—	**342**	304	—	—	**351**	--	313
260	—	—	—	306	287	—	**352**	—	313
261	—	**339**	—	301	288	—	—	--	313
				302	289	—	**353**	—	313
262	—	**339**	—	302	290	—	**354**	—	314
263	—	**339**	—	302	291	—	**355**	—	314
264	—	**339**	—	303	—	—	**356**	—	315
265	—	**340**	—	303	—	—	**357**	—	316
—	258	**341**	—	304	292	—	—	—	316
—	259	**342**	—	304	293	—	—	—	316
266	—	—	—	306	294	—	—	—	316
267	—	—	—	306	295	—	—	—	317
268	—	—	—	306	296	—	—	--	317
269	—	—	—	306	297	—	—	—	317
270	—	—	—	307	298	—	—	—	317
271	—	—	1	33	299	—	—	—	317
272	—	—	1	34	300	—	—	—	323
273 {	—		1	35	301	—	—	**363**	324
		343		308	302	—	—	**363**	324
274	--	**344**	—	309	303	—	—	**364**	325
275	—	—	—	309	304	—	—	—	325
276	—	—	—	309	305	—	—	**365**	325
277	—	**345**	—	309	306	—	—	**366**	326
278	—	—	—	310	307	—	—	**367**	327
279	—	**346**	—	310	308	—	—	—	328
280	—	—	—	310	309	—	—	—	328
281	—	—	—	311	310	—	—	**368**	329
282	—	**347**	—	311	311	—	—	—	330
283	--	—	—	311	312	—	—	—	330

Artikel des alten Handelsgesetzbuchs fortlauf. Reihenfolge		§§ des neuen Handelsgesetzbuchs fortlauf. Reihenfolge		Seite	Artikel des alten Handelsgesetzbuchs fortlauf. Reihenfolge		§§ des neuen Handelsgesetzbuchs fortlauf. Reihenfolge		Seite
313	—	—	369	330	—	310	368	—	329
314	—	—	370	332	—	313	369	—	330
315	—	—	371	332	—	314	370	—	332
316	—	—	—	334	—	315	371	—	332
317	—	—	—	334	—	—	372	—	333
318	—	—	—	334	337	—	—	—	335
319	—	—	—	334	338	—	—	—	336
320	—	—	—	335	339	—	—	—	336
321	—	—	—	335	340	—	—	—	336
322	—	—	—	335	341	—	—	—	337
323	—	—	362	322	342	—	—	—	337
—	332	358	—	318	343	—	373	—	337
324	—	—	—	318	—	—	374	—	339
325	—	—	—	318	—	—	375	—	339
326	—	—	—	319	344	—	—	—	339
327	—	359	—	319	345	—	—	—	339
328	—	359	—	320	346	—	—	—	339
329	—	—	—	321	347	—	—	377	343
330	—	—	—	321	348	—	—	379	345
331	—	—	—	321	349	—	—	—	346
332	—	—	358	318	350	—	—	—	346
333	—	—	—	321	351	—	—	—	346
334	—	—	—	321	352	—	—	380	346
335	—	360	—	322	353	—	—	—	347
336	—	361	—	322	354	—	—	—	340
—	323	362	—	322	355	—	—	—	341
—	301	363	—	324	356	—	—	—	341
—	302	363	—	324	357	—	376	—	341
—	303	364	—	325	358	—	—	—	343
—	305	365	—	326	359	—	—	—	343
—	306	366	—	326	—	347	377	—	343
—	307	367	—	327	—	—	378	—	344

Artikel des alten Handelsgesetzbuchs		§§ des neuen Handelsgesetzbuchs		Seite	Artikel des alten Handelsgesetzbuchs		§§ des neuen Handelsgesetzbuchs		Seite
fortlauf. Reihenfolge		fortlauf. Reihenfolge			fortlauf. Reihenfolge		fortlauf Reihenfolge		
—	348	379	—	345	—	—	402	—	360
—	352	380	—	346	—	—	403	—	360
—	—	381	—	347	—	—	405	—	360
—	—	382	—	348	377	—	405	—	360
360	—	383	—	348	378	—	406	—	361
361	—	384	—	348	379	—	407	—	362
362	—	385	—	349	—	387	407	—	362
363	—	386	—	350	380	—	408	—	362
364	—	386	—	350	381	—	409	—	363
365	—	—	388	351	382	—	410	—	364
366	—	—	338[2]	352	382	—	411	—	364
			389		383	—	—	413	365
367	—	—	390	352	384	—	—	413	365
368	—	—	392	354	385	—	412	—	364
369	—	—	393	354	—	384	413	—	365
370	—	—	394	355	—	383	413	—	365
371	—	—	396	356	386	—	414	—	366
372	—	387	—	350	387	—	—	407	362
—	—	388	—	351	388	—	415	—	368
—	366	389	—	352	389	—	—	—	368
—	367	390	—	352	—	—	416	—	368
—	—	391	—	353	—	—	417	—	368
—	368	392	—	354	—	—	418	—	368
—	369	393	—	354	—	—	419	—	368
—	370	394	—	355	—	—	420	—	368
373	—	395	—	355	—	—	421	—	368
—	371	396	—	356	—	—	422	—	368
374	—	397	—	356	—	—	423	—	368
375	—	398	—	357	—	—	424	—	368
—	—	399	—	357	390	—	425	—	371
376	—	400	—	358	391	—	426	—	371
—	—	401	—	359	392	—	426	—	372

Artikel des alten Handelsgesetzbuchs		§§ des neuen Handelsgesetzbuchs		Seite	Artikel des alten Handelsgesetzbuchs		§§ des neuen Handelsgesetzbuchs		Seite
fortlauf. Reihenfolge		fortlauf. Reihenfolge			fortlauf. Reihenfolge		fortlauf. Reihenfolge		
393	—	**427**	—	373	*422*	—	**453**	—	390
394	—	**428**	—	373	*423*	—	—	—	392
395	—	**429**	—	374	—	—	**454**	—	393
396	—	**430**	—	375	—	—	**455**	—	393
397	—	—	—	376	—	—	**456**	—	393
398	—	—	—	376	—	—	**457**	—	393
399	—	—	—	376	—	—	**458**	—	394
400	—	**431**	—	377	*424*	—	**459**	—	394
401	—	**432**	—	377	*425*	—	**459**	**465**	400
402	—	**433**	—	378	*426*	—	**460**	—	397
403	—	—	—	378	*427*	—	**461**	—	398
404	—	**434**	—	379	*427*	—	**462**	—	398
405	—	**435**	—	379	*427*	—	**463**	—	399
406	—	**436**	—	380	*428*	—	**464**	—	399
407	—	**437**	—	380	—	*425*	**465**	—	400
408	—	**438**	—	381	—	—	**466**	—	401
408	—	**439**	—	382	—	—	**467**	—	401
409	—	**440**	—	383	*429*	—	—	**469**	402
410	—	**441**	—	384	*430*	—	**468**	—	402
411	—	—	**443**	385	—	*429*	**469**	—	402
412	—	**442**	—	385	*431*	—	—	—	403
—	*411*	**443**	—	385	—	—	**470**	—	404
413	—	**444**	—	386	—	—	**471**	—	404
414	—	**445**	—	386	—	—	**472**	—	405
415	—	**446**	—	387	—	—	**473**	—	405
416	—	**447**	—	388	*432*	—	—	—	406
417	—	**447**	—	387	*433*	—	—	—	406
418	—	**448**	—	388	*434*	—	—	—	406
419	—	—	—	388	*435*	—	—	—	407
—	—	**449**	—	389	*436*	—	—	—	407
—	—	**450**	—	389	*437*	—	—	—	407
420	—	**451**	—	389	*438*	—	—	—	408
421	—	**452**	—	389	*439*	—	**474**	—	408

Artikel des alten Handelsgesetzbuchs		§§ des neuen Handelsgesetzbuchs		Seite	Artikel des alten Handelsgesetzbuchs		§§ des neuen Handelsgesetzbuchs		Seite
fortlauf. Reihenfolge		fortlauf. Reihenfolge			fortlauf. Reihenfolge		fortlauf. Reihenfolge		
440	—	**475**	—	408	*471*	—	**504**	—	419
441	—	**476**	—	408	*472*	—	**505**	—	420
442	—	**477**	—	409	*473*	—	**506**	—	420
443	—	**478**	—	409	*474*	—	**507**	—	421
444	—	**479**	—	409	*475*	—	**508**	—	421
—	—	**480**	—	410	*476*	—	**509**	—	421
445	—	**481**	—	410	*477*	—	**510**	—	422
446	—	**482**	—	410	*478*	—	**511**	—	423
447	—	**483**	—	411	*479*	—	**512**	—	423
448	—	—	—	411	*480*	—	**513**	—	423
449	—	—	—	411	*481*	—	**514**	—	424
450	—	**484**	—	411	*482*	—	**515**	—	424
451	—	**485**	—	412	*483*	—	**516**	—	424
452	—	**486**	—	412	*484*	—	**517**	—	425
453	—	**487**	—	412	*485*	—	**518**	—	425
454	—	—	—	413	*486*	—	**519**	—	425
455	—	**488**	—	413	*487*	—	**520**	—	425
456	—	**489**	—	413	*488*	—	—	—	426
457	—	**490**	—	413	*489*	—	**521**	—	426
458	—	**491**	—	413	*490*	—	**522**	—	427
459	—	**492**	—	414	*491*	—	**523**	—	427
460	—	**493**	—	414	*492*	—	**524**	—	427
461	—	**494**	—	415	*493*	—	**525**	—	428
462	—	**495**	—	416	*494*	—	—	—	428
463	—	**496**	—	416	*495*	—	**526**	—	428
464	—	**497**	—	416	*496*	—	**527**	—	429
465	—	**498**	—	416	*497*	—	**528**	—	429
466	—	**499**	—	417	*498*	—	**529**	—	430
467	—	**500**	—	417	*499*	—	**530**	—	430
468	—	**501**	—	418	*500*	—	**531**	—	430
469	—	**502**	—	418	*501*	—	**532**	—	431
470	—	**503**	—	419	*502*	—	**533**	—	431

Artikel des alten Handelsgesetzbuchs		§§ des neuen Handelsgesetzbuchs		Seite	Artikel des alten Handelsgesetzbuchs		§§ des neuen Handelsgesetzbuchs		Seite
fortlauf. Reihenfolge		fortlauf. Reihenfolge			fortlauf Reihenfolge		fortlauf. Reihenfolge		
503	—	**534**	—	431	*562*	—	**561**	—	443
504	—	**535**	—	432	*563*	—	**562**	—	443
505	—	**536**	—	433	*564*	—	**563**	—	443
506	—	**537**	—	433	*565*	—	**564**	—	444
507	—	**538**	—	434	*566*	—	**565**	—	445
508	—	**539**	—	434	*567*	—	**566**	—	445
509	—	**540**	—	434	*568*	—	**567**	—	446
510	—	**541**	—	434	*569*	—	**568**	—	446
511	—	**542**	—	435	*570*	—	**569**	—	446
512	—	—	—	435	*571*	—	**570**	—	447
513	—	**543**	—	435	*572*	—	**571**	—	447
514	—	**544**	—	435	*573*	—	**572**	—	448
515	—	**545**	—	436	*574*	—	**573**	—	448
516	—	**546**	—	436	*575*	—	**574**	—	448
517	—	**547**	—	436	*576*	—	**575**	—	449
518	—	**548**	—	437	*577*	—	**576**	—	449
519	—	**549**	—	437	*578*	—	**577**	—	449
520	—	**550**	—	438	*579*	—	**578**	—	450
521	—	**551**	—	438	*580*	—	**579**	—	450
522	—	**552**	—	439	*581*	—	**580**	—	450
523	—	**553**	—	439	*582*	—	**581**	—	451
524	—	**554**	—	440	*583*	—	**582**	—	452
525	—	—	—	440	*584*	—	**583**	—	452
526	—	**555**	—	440	*585*	—	**584**	—	452
527	—	—	—	441	*586*	—	**585**	—	453
528 bis 556	—	—	—	441	*587*	—	**586**	—	453
					588	—	**587**	—	454
557	—	**556**	—	441	*589*	—	**588**	—	455
558	—	**557**	—	442	*590*	—	**589**	—	455
559	—	**558**	—	442	*591*	—	**590**	—	456
560	—	**559**	—	442	*592*	—	**591**	—	456
561	—	**560**	—	442	*593*	—	**592**	—	456

Artikel des alten Handelsgesetzbuchs fortlauf. Reihenfolge		§§ des neuen Handelsgesetzbuchs fortlauf. Reihenfolge		Seite
594	—	**593**	—	457
595	—	**594**	—	457
596	—	**595**	—	458
597	—	**596**	—	458
598	—	**597**	—	459
599	—	**598**	—	459
600	—	**599**	—	460
601	—	**600**	—	460
602	—	**601**	—	460
603	—	**602**	—	461
604	—	**603**	—	461
605	—	**604**	—	461
606	—	**605**	—	462
607	—	**606**	—	462
608	—	**607**	—	463
609	—	**608**	—	463
610	—	**609**	—	464
611	—	**610**	—	464
612	—	**611**	—	465
613	—	**612**	—	465
614	—	**613**	—	466
615	—	**614**	—	467
616	—	**615**	—	467
617	—	**616**	—	467
618	—	**617**	—	468
619	—	**618**	—	468
620	—	**619**	—	469
621	—	**620**	—	469
622	—	**621**	—	469
623	—	**622**	—	470
624	—	**623**	—	471
625	—	**624**	—	471

Artikel des alten Handelsgesetzbuchs fortlauf. Reihenfolge		§§ des neuen Handelsgesetzbuchs fortlauf. Reihenfolge		Seite
626	—	—	—	472
627	—	**625**	—	472
628	—	**626**	—	472
629	—	**627**	—	473
630	—	**628**	—	473
631	—	**629**	—	474
632	—	**630**	—	475
633	—	**631**	—	476
634	—	**632**	—	476
635	—	**633**	—	477
636	—	**634**	—	477
637	—	**635**	—	478
638	—	**636**	—	479
639	—	**637**	—	480
640	—	**638**	—	481
641	—	**639**	—	481
642	—	**640**	—	482
643	—	**641**	—	482
644	—	**642**	—	483
645	—	**643**	—	484
646	—	**644**	—	484
647	—	**645**	—	485
648	—	**646**	—	485
649	—	**647**	—	485
650	—	**648**	—	486
651	—	**649**	—	486
652	—	**650**	—	487
653		**651**	—	487
654	—	**652**	—	487
655	—	**653**	—	488
656	—	**654**	—	488
657	—	**655**	—	489

Artikel des alten Handelsgesetzbuchs		§§ des neuen Handelsgesetzbuchs		Seite	Artikel des alten Handelsgesetzbuchs		§§ des neuen Handelsgesetzbuchs		Seite
fortlauf. Reihenfolge		fortlauf. Reihenfolge			fortlauf. Reihenfolge		fortlauf. Reihenfolge		
658	—	**656**	—	489	*689*	—	**688**	—	500
659	—	**657**	—	489	*690*	—	**689**	—	500
660	—	**658**	—	490	*691*	—	**690**	—	501
661	—	**659**	—	490	*692*	—	**691**	—	501
662	—	**660**	—	491	*693*	—	**692**	—	501
663	—	**661**	—	491	*694*	—	**693**	—	502
664	—	**662**	—	491	*695*	—	**694**	—	502
—	—	**663**	—	492	*696*	—	**695**	—	503
665	—	**664**	—	492	*697*	—	**696**	—	503
666	—	**665**	—	492	*698*	—	**697**	—	504
667	—	**666**	—	492	*699*	—	**698**	—	504
668	—	**667**	—	492	*700*	—	**699**	—	505
669	—	**668**	—	493	*701*	—	—	—	505
670	—	**669**	—	493	*702*	—	**700**	—	505
671	—	**670**	—	493	*703*	—	**701**	—	506
672	—	**671**	—	494	*704*	—	**702**	—	506
673	—	**672**	—	494	*705*	—	**703**	—	507
674	—	**673**	—	495	*706*	—	**704**	—	507
675	—	**674**	—	495	*707*	—	**705**	—	507
676	—	**675**	—	495	*708*	—	**706**	—	507
677	—	**676**	—	495	*709*	—	**707**	—	512
678	—	**677**	—	496	*710*	—	**708**	—	512
679	—	**678**	—	496	*711*	—	**709**	—	513
680	—	**679**	—	496	*712*	—	**710**	—	513
681	—	**680**	—	497	*713*	—	**711**	—	514
682	—	**681**	—	498	*714*	—	**712**	—	515
683	—	**682**	—	498	*715*	—	**713**	—	515
684	—	**683**	—	498	*716*	—	**714**	—	515
685	—	**684**	—	499	*717*	—	**715**	—	515
686	—	**685**	—	499	*718*	—	**716**	—	516
687	—	**686**	—	499	*719*	—	**717**	—	516
688	—	**687**	—	500	*720*	—	**718**	—	516

Artikel des alten Handelsgesetzbuchs		§§ des neuen Handelsgesetzbuchs		Seite	Artikel des alten Handelsgesetzbuchs		§§ des neuen Handelsgesetzbuchs		Seite
fortlauf. Reihenfolge		fortlauf. Reihenfolge			fortlauf. Reihenfolge		fortlauf. Reihenfolge		
721	—	**719**	—	517	*753*	—	**751**	—	529
722	—	**720**	—	518	*754*	—	**752**	—	529
723	—	**721**	—	518	*755*	—	**753**	—	530
724	—	**722**	—	519	*756*	—	—	—	530
725	—	**723**	—	519	*757*	—	**754**	—	531
726	—	**724**	—	520	*758*	—	**755**	—	533
727	—	**725**	—	520	*759*	—	**756**	—	533
728	—	**726**	—	521	*760*	—	**757**	—	533
729	—	**727**	—	521	*761*	—	**758**	—	534
730	—	**728**	—	521	*762*	—	**759**	—	534
731	—	**729**	—	521	*763*	—	**760**	—	534
732	—	**730**	—	522	*764*	—	**761**	—	534
733	—	**731**	—	522	*765*	—	**762**	—	535
734	—	**732**	—	522	*766*	—	**763**	—	535
735	—	**733**	—	523	*767*	—	**764**	—	535
736	—	**734**	—	523	*768*	—	**765**	—	536
737	—	**735**	—	524	*769*	—	—	—	536
738	—	**736**	—	524	*770*	—	**766**	—	536
739	—	**737**	—	525	*771*	—	**767**	—	537
740	—	**738**	—	525	*772*	—	**768**	—	537
741	—	**739**	—	525	*773*	—	**769**	—	538
742	—	**740**	—	525	—	—	**770**	—	539
743	—	**741**	—	526	*774*	—	**771**	—	540
744	—	**742**	—	526	*775*	—	**772**	—	540
745	—	**743**	—	526	*776*	—	**773**	—	541
746	—	**744**	—	527	*777*	—	**774**	—	541
747	—	**745**	—	527	*778*	—	**775**	—	542
748	—	**746**	—	527	*779*	—	**776**	—	542
749	—	**747**	—	527	*780*	—	—	—	543
750	—	**748**	—	528	*781*	—	**777**	—	543
751	—	**749**	—	528	*782*	—	**778**	—	544
752	—	**750**	—	528	*783*	—	**779**	—	544

Artikel des alten Handelsgesetzbuchs		§§ des neuen Handelsgesetzbuchs		Seite	Artikel des alten Handelsgesetzbuchs		§§ des neuen Handelsgesetzbuchs		Seite
fortlauf. Reihenfolge		fortlauf. Reihenfolge			fortlauf. Reihenfolge		fortlauf. Reihenfolge		
784	—	**780**	—	545	816	—	**812**	—	558
785	—	**781**	—	545	817	—	**813**	—	558
786	—	**782**	—	545	818	—	**814**	—	559
787	—	**783**	—	546	819	—	**815**	—	560
788	—	**784**	—	547	820	—	**816**	—	560
789	—	**785**	—	547	821	—	**817**	—	561
790	—	**786**	—	548	822	—	**818**	—	561
791	—	**787**	—	548	823	—	**819**	—	561
792	—	**788**	—	548	824	—	**820**	—	561
793	—	**789**	—	549	825	—	**821**	—	563
794	—	**790**	—	549	826	—	**822**	—	564
795	—	**791**	—	550	827	—	**823**	—	564
796	—	**792**	—	550	828	—	**824**	—	565
797	—	**793**	—	550	829	—	**825**	—	565
798	—	**794**	—	551	830	—	**826**	—	566
799	—	**795**	—	551	831	—	**827**	—	566
800	—	**796**	—	552	832	—	**828**	—	567
801	—	**797**	—	552	833	—	**829**	—	567
802	—	**798**	—	552	834	—	**830**	—	567
803	—	**799**	—	553	835	—	**831**	—	568
804	—	**800**	—	553	836	—	**832**	—	568
805	—	**801**	—	553	837	—	**833**	—	569
806	—	**802**	—	554	838	—	**834**	—	569
807	—	**803**	—	554	839	—	**835**	—	570
808	—	**804**	—	554	840	—	**836**	—	570
809	—	**805**	—	555	841	—	**837**	—	570
810	—	**806**	—	555	842	—	**838**	—	571
811	—	**807**	—	556	843	—	**839**	—	571
812	—	**808**	—	556	844	—	**840**	—	572
813	—	**809**	—	556	845	—	**841**	—	572
814	—	**810**	—	557	846	—	**842**	—	573
815	—	**811**	—	557	847	—	**843**	—	573

Artikel des alten Handelsgesetzbuchs / fortlauf Reihenfolge		§§ des neuen Handelsgesetzbuchs / fortlauf Reihenfolge		Seite	Artikel des alten Handelsgesetzbuchs / fortlauf Reihenfolge		§§ des neuem Handelsgesetzbuchs / fortlauf Reihenfolge		Seite
848	—	844	—	574	880	—	876	—	589
849	—	845	—	574	881	—	877	—	590
850	—	846	—	574	882	—	878	—	590
851	—	847	—	575	883	—	879	—	590
852	—	848	—	575	884	—	880	—	591
853	—	849	—	575	885	—	881	—	591
854	—	850	—	576	886	—	882	—	592
855	—	851	—	577	887	—	883	—	592
856	—	852	—	579	888	—	884	—	593
857	—	853	—	579	889	—	—	—	594
858	—	854	—	580	890	—	885	—	594
859	—	855	—	580	891	—	886	—	595
860	—	856	—	580	892	—	887	—	595
861	—	857	—	580	893	—	888	—	595
862	—	858	—	581	894	—	889	—	596
863	—	859	—	581	895	—	890	—	596
864	—	860	—	581	896	—	891	—	596
865	—	861	—	582	897	—	892	—	597
866	—	862	—	582	898	—	893	—	597
867	—	863	—	583	899	—	894	—	598
868	—	864	—	584	900	—	895	—	599
869	—	865	—	584	901	—	896	—	599
870	—	866	—	585	902	—	897	—	599
871	—	867	—	585	903	—	898	—	599
872	—	868	—	585	904	—	899	—	600
873	—	869	—	586	905	—	900	—	600
874	—	870	—	587	906	—	901	—	601
875	—	871	—	587	907	—	902	—	601
876	—	872	—	587	908	—	903	—	601
877	—	873	—	588	909	—	904	—	603
878	—	874	—	588	910	—	905	—	603
879	—	875	—	589	911	—	—	—	603

Alphabetisches Sachregister.

(Die Zahlen außer Klammer bedeuten die Paragraphen des neuen, die Zahlen in den Klammern die Artikel des alten Handelsgesetzbuchs).

B.

J.

K.

L.

M.

N.

O.

T.

U.

V.

Berichtigung.

Auf Seite 408 in Art. 439 Zeile 5 von oben ist statt „diese“ zu setzen: „die“.

Druck von Seitz & Schauer, München.

FSC
www.fsc.org
MIX
Papier | Fördert gute Waldnutzung
FSC® C083411

Kolibri 360 GmbH
Ferdinand-Jühlke-Straße 7
99095 Erfurt, Deutschland
produktsicherheit@kolibri360.de